应用写作教程新编

张达芝　编著

ZHEJIANG UNIVERSITY PRESS
浙江大学出版社

图书在版编目(CIP)数据

应用写作教程新编 / 张达芝编著. —杭州：浙江大学出版社，2010.10 (2014.1 重印)
ISBN 978-7-308-08018-7

Ⅰ.①应… Ⅱ.①张… Ⅲ.①汉语－应用文－写作－教材 Ⅳ.①H152.3

中国版本图书馆 CIP 数据核字(2010)第 193981 号

应用写作教程新编

张达芝　编著

责任编辑　叶　抒
出版发行　浙江大学出版社
(杭州市天目山路 148 号　邮政编码 310007)
(网址:http://www.zjupress.com)
排　　版　浙江时代出版服务有限公司
印　　刷　德清县第二印刷厂
开　　本　787mm×1092mm　1/16
印　　张　21
字　　数　552 千
版 印 次　2010 年 11 月第 1 版　2014 年 1 月第 6 次印刷
印　　数　30001—34000
书　　号　ISBN 978-7-308-08018-7
定　　价　35.00 元

浙江大学出版社发行部联系方式　(0571)88925591;http://zjdxcbs.tmall.com

前　言

《应用写作教程新编》是原《应用写作教程》第六版的重新编著本。原版在上个世纪 80 年代后期经过浙江省部分高校内部试用后，于 1990 年由原杭州大学出版社公开出版发行，先后历经六次修订改版，到 2010 年已发行 30 多万册。原书虽然经过不断修订改版，内容也不断更新，但毕竟是 20 多年前的东西，总感觉有些落后于发展了的形势。有鉴于此，编著者和浙江大学出版社商定，决意在原《应用写作教程》六次修订本的基础上重新增补、删节和调整，以《应用写作教程新编》之名重新出版，以正其渊源，续其发展，为进一步反映应用写作的新经验、新成果，在教材方面为读者提供一种新的选择。

《应用写作教程新编》，一仍原先《应用写作教程》的框架，内容分为“上编”和“下编”两大部分。上编为“基础知识”部分；下编为“文体知识”部分。基础知识部分是在高中语文课的基础上把写作划分为“主题”、“材料”、“结构”、“表达方式”、“文风”和“拟稿与修改”等六章，分别力求准确阐述其精华和要义，以作为应用写作过程的理论基础和指导思想，达到理论联系实际和学以致用的目的。

下编为“文体知识”部分。文体知识分为“公务文书”、“规约文书”、“事务文书”、“经济文书”、“传播文体”等五个部分。原《应用写作教程》中的“业务文书”改为现在的“事务文书”；原传播文体中的第六章“杂文”，现作为传播文体的“附录”并扩大为三章。总之，下编是《应用写作教程新编》的主体部分；除了若干专用的文体未加列题讨论之外，几乎把现代社会生活中主要应用文体大都收在其中。

但是，这并非要求在讲台上把五种文体全都予以讲解和学习，只是为读者和师生们根据自身的专业特点提供一些合理的选择而已。并且，下编和本书上编的教学要求不尽相同。对于上编来说，它要求作为应用写作的基础理论或基本指导思想，普遍地进行阅读或教学；对于下编的各个部分则不尽然，它可以选择。

本书极为重视例文的意义。在下编各个部分中，凡各类具体文种都选用了 1～3 篇例文供分析和研究，全书共收入 100 多篇。这些例文目前大都仍在社会各个领域中实施或通行，可供读者和师生们了解当前应用写作的发展现状和实际经验参考。

顺便说一句：编著者认为例文对于应用写作教学来说，绝不是可有可无的。例文是真正理解应用写作基础理论和各类文体知识之必不可少的一个组成部分或环节；虽然它们在形式上只存在于、或附着于应用文体知识部分的各文种之中。所以，本书希望广大读者应重视例文的阅读和分析，把它看成是本书基础理论、文体知识之后的重要组成部分，是本书基础知识、文体知识和例文这三大块不可分离的重要内容之一。

原书《应用写作教程》另有参考“附录”三篇，它们都是有关公务文书写作的法定文件。但在《应用写作教程新编》中，鉴于在互联网上随时都可以查考参阅，故从删。本当原拟增加另一些附录文件，如国务院办公厅制定的“关键词表”等，但也出于同样的原因为节省篇幅，故未排入。

张达芝

2010 夏

目　　录

上编　基础知识

下编　文体写作知识

第一部分　公务文书

第二部分　规约文书

第三部分　事务文书

第四部分　经济文书

第五部分　传播文体

附:杂文三章

上编

基础知识

第一章 主 题

第一节 主题的含义

我们在提笔作文时，必须考虑以下问题：要说什么，为什么说，怎样说以及要达到什么效果和争取什么目的等。这些问题的答案都是文章的重要要素，它们通常被分别称为主题、材料、表达方式、结构、文风等等。

此外，写文章还有一个对谁说的问题，可惜过去很少有人提到。其实这个问题十分重要。因为如果作者不清楚文章是写给谁看的，话是对谁说的，就不能使文章达到预期的传播效果，甚至写了些不得体或引起读者反感的东西。这个具体问题我们留待本书文体部分去说明，这里暂按传统体例先谈主题等。

一、主题

主题又称主题思想或基本观点，亦称中心思想。“主题”两字，本来是文艺作品通过描述现实生活或塑造艺术形象所表现出来的思想倾向，是作品内在的思想核心。但是，如何称谓非文艺作品通过描写、叙述、说明、议论所表现的中心思想或基本观点呢？清人刘熙载称之为“主脑”。他在《艺概·文概》中说：“凡作一篇文，其用意俱可以一言蔽之，扩之为千万言，约之则为一言，所谓主脑者是也。”刘熙载所说的“用意”、“主脑”，也即是中心思想或基本观点，它是文章的灵魂，是统帅文章其他要素的主帅。

1. 主题是文章的中心思想　通常说，“集句成段，集段成文”。作者所写的每一句话、每一段文字都包涵某种观念。句、段集中起来成为一篇文章，哪怕它只有几十个字、几百个字，都包含着一定的思想观念，甚或丰富的思想内容。而在文章所包含的全部思想内容之中，有一个贯穿全篇的最主要和最基本的思想，一切其他思想都要围绕着它而展开，这就是主题或中心思想。

2. 主题不同于问题　问题是文章表现和论述的对象或范围；而主题则是对问题的看法和见解。例如：“中国当前物价上涨水平是高还是低?”这是一个问题。如果有篇文章说，“中国当前物价上涨水平低于50%”，这就是主题了。又例如：“中国加入世界贸易组织(WTO)的利和弊”，这也是个问题。如果有篇文章说，“中国加入世贸组织对国家经济发展既是机遇又是挑战”；或说，“加入世贸组织对中国利大于弊”，这都是文章的一个重大主题。

3. 文章的主题可以用一二句话来概括　文章的主题是全文的准确而又精炼的概括。它从形式上看是一二句话；从内容上说是一个命题；或从思想上说则是一种明确的思想。因此，对作者来说在动笔之前写出明确的主题句，有助于鲜明地表达中心思想，防止偏题、离题。对读者来说，善于概括主题句，是把握主题思想和准确理解文意的前提。

4. 根据文章内容的单纯与复杂和主题的小或大，主题可以不带子题，也可以由几个子题构成　一般主题比较重大或内容比较复杂的文章，往往在主题下面分列几个子题，以便从不同侧面和不同层次周详而透辟地阐明文章的基本思想。如《中共中央关于社会主义精神文明建设指导方针的决议》(一九八六年九月二十八日通过)，这个文件旨在提出如何在建设物质文明的同时，努力建设社会主义精神文明的指导方针。这个主题由以下几个子题组成：(一)社会主义精神文明建设的战略地位；(二)社会主义精神文明建设的根本任务；(三)用共同理想动员和团结全国各族人民；(四)树立和发扬社会主义的道德风尚；(五)加强社会主义民主、法制、纪律的教育；(六)普及和提高教育、科学、文化水平；(七)马克思主义在精神文明建设中的指导作用；(八)党组织和党员在精神文明建设中的责任。其中第一个子题说的是社会主义精神文明建设的重要性；第二个子题说的是社会主义精神文明建设的目标；第三至第六个子题，说的是社会主义精神文明建设的内容；第七、八两个子题说的是社会主义精神文明建设的思想保证和组织保证。这样就阐明了社会主义精神文明建设指导方针的全部内涵，既周密又深刻。

主题比较单纯或内容比较简明的文章，一般不需要配设子题；没有必要把简单问题复杂化。

5. 通常一篇文章只有一个主题　意多乱文。一篇文章一般只能有一个主题，它是文章的统帅和灵魂。文章的体裁确定、材料选择、结构安排、表达方式的运作以至遣词炼句，都要服从于主题的需要。清代学者王夫之在《姜斋诗话》中说："意犹帅也，无帅之兵，谓之乌合。李、杜所以称大家者，无意之诗，十不得一二也。烟云泉石，花鸟苔林，金铺锦帐，寓意则灵。"这里说的就是主题的统帅作用。虽然他是就诗歌创作而言"意犹帅也"，但也适用于文章。

6. 文体不同，主题的类型也不尽相同　在议论文中，它是作者对某个问题的观点、意见和看法；在记叙文中，主题是对某个人或某件事的客观的、或带倾向性的、或具有感情色彩的陈述、记录或报道；在说明文中，主题是对某个事物或事理的解说和解释；在应用文中，主题往往是对某个问题、某项工作或具体事务所提出的指导原则、方针政策、实施方案、计划总结等等。

二、主题与标题

1. 标题的含义　标题又称题目。标题的地位固定在文章的前面，它最先为读者所看到。因而好的标题容易引起读者把文章读下去的兴趣；反之文章则可能被人弃置不顾。

标题一般要求准确、简明、醒豁、生动。不要题不达旨，语不撮要；不要泛而寡当，也不要落俗入套。对应用文来说，标题应和文章的内容相一致，一般要求严肃、质直、明晰；要避免无用的花哨，切不可哗众取宠。

2. 标题与主题的关系　标题与主题是两个概念、两种东西，这点必须明确。但是两者之间具有密切联系。标题与主题的联系方式不尽一样，归纳起来主要有以下几种：

(1)同一关系。标题即主题。如：《实践是检验真理的唯一标准》(一九七八年五月十一日，《光明日报》特约评论员)。这种标题就是文章的中心论点或基本观点。

(2)提示关系。标题只提示主题的核心。如：《自学成才要有文史知识》(周培源)、《"大锅饭"养懒汉》(《人民日报》社论)等。前一篇文章提示成才的基础，后一篇文章揭示一般的倾向。

(3)导引关系。标题只提出主题所回答的问题，或所陈述的事物。如《苏步青效应》(赵红州、蒋国华作，刊《光明日报》)、《记朱光潜同志生平》(刊《人民日报》)等，均属此种。

(4)其他关系。在非应用文中还经常出现其他形式的关系。如象征性的标题《科学的春天》(郭沫若)；如设问性的标题《你听见冰川的脚步声吗?》(费金深，刊《兰州晚报》)等等。

3. 标题的种类　主标题，又称正题。文章如果使用不止一个题目时，这些题目便有了正副、主次、大小之分。其中在内容上揭示文章的主体内容和在形式上占据显著位置的题目，称之为主标题或正题。

主标题而外的题目，总体上都称为副题。但由于作用、位置不同，又有不同的名称：

副标题。副标题一般写在主标题的下面、前面，在副标题之前或加破折号，其作用主要是对主标题加以补充和说明。主标题和副标题往往是一虚一实，主标题重在揭示意蕴，副标题重在概括事实，两者虚实配合，相得益彰。

引题(又称肩题、眉题)和脚题，它们是副标题的一种具体叫法。有的文章特别是消息，为了充分显示题意，常常采用多行标题：在主标题之上的称为引题，又称肩题或眉题；在主标题之下的称为脚题，即上述的副标题。引题的作用一般是交代背景，烘托气氛，引出主标题；脚题往往是对主标题的补充和说明。

此外，一篇文章的主标题如果带有若干个子题，其子题就往往出现在文章正文之中。如党的十五大的报告《高举邓小平理论伟大旗帜，把建设有中国特色社会主义事业全面推向二十一世纪》一文，就有若干个小标题：一、世纪之交的回顾和展望；二、过去五年的工作；三、邓小平理论的历史地位和指导意义；四、社会主义初级阶段的基本路线和纲领；五、经济体制改革和经济发展战略；六、政治体制改革和民主法制建设；七、有中国特色社会主义的文化建设；八、推进祖国和平统一；九、国际形势和对外政策；十、面向新世纪的中国共产党。

三、主题与主题词

文章的主题是传统就有的，关键是题目出得如何，即是否能最切题、最引人注目和最能概括文章主要思想。现在在论文、公文和其他应用文中，又出现了“主题词”。主题词在正式论文之中，写在文章正文之前的“摘要”之后；在公务文书和其他文件之中则写在正文的最末落脚处。它也有种种特殊规定，通常用比正文为大的黑体字排印，目的是为了醒目，便于归档和检索。

主题词作为一个概念，和主题并不一致。主题两字当然和文章的主题思想有关系，但加上一个“词”而为“主题词”，便具有了特殊的意义。实际上主题词是一个广泛的范畴，其中可以分成各种各样的小范畴。比如工业、农业、文化、教育、传媒……这都是一些社会层次；在每个层次之下又分成若干小层次，如工业又分成钢铁、机械、造船等。然后又可以再分更小的层次。可以说，世界上有多少种类的事物和问题，就有多少用来概括它的主题词。这是第一。

第二，一篇文章也不止一个主题词，可以有三个五个，看需要而定。如一篇文章是处理税收问题的，则可以依据其可能涉及的程度不同，冠以经济、财政、税收或制度等关键词。

第三，确定文章的主题词总是先抓文章的归类，再按文章的中心议题，再按文章提出的主要论点(观点)等等，由大到小，依次类推下去。而这样做的目的，全在于分类归档和查找方便，又适用于计算机存储和调用。

但是，在一些领域中为了使主题词的分类规范化，国家的一些最高部门往往提出一张“主题词表”，用以统一规范填写主题词，避免使用时的混乱。而这是文章作者必须留意的，必要时还应该核查，作为填写指南。

第二节　主题的来源

一、主题来自生活

主题来自生活，来自社会实践，这个说法已为大家所熟悉。就文学作品主题的产生过程而言，从前被各种写作教材一再引用的高尔基的说法，仍然值得重视：“主题是从作者的经验中产生，由生活暗示给他的一种思想，可是它聚集在他的印象里还未形成，当它要求用形象来体现时，它会在作者心中唤起一种欲望——赋予它一个形式。”(《论写作》)这段话的意思是说主题来自作者对生活的体验、感触或领悟；然而这种感受、体验或领悟要凝聚成明确的主题，往往还需要一定的机遇或契机。鲁迅、巴金、老舍等人的创作经验都证明了这一点。但对于从事实际工作的人们来说，作家赵树理的创作经验也许更有借鉴意义：“我在做群众工作的过程中，遇到了非解决不可而又不是轻易能解决了的问题，往往就变成所要写的主题。”(《也算经验》)这个经验特别强调了社会实践与主题的源流关系。人们在社会实践中遇到了问题，然后根据经验和理论加以分析解决，再把这个过程写在文章中，这就是主题形成的路径。

二、应用文的主题来自实际需要

应用文主题的来源，与一般文章特别是文学作品有所不同，它主要来自实际工作的需要。无论是公务文书还是规约文书，或是经济文书、事务文书等，执笔者往往不过是单位和部门的代言人而已，因而文章的主题往往是机关、单位领导者的意图，其最先不一定是执笔者个人写作意图的体现。总之，应用文的主题往往是机关、单位领导人员的指示精神(包括法律、法规、政策、原则等)与客观实际需要结合的产物；有些应用文的主题还可能是领导、执笔者和群众共同讨论、反复酝酿的结果。

从实质上讲，一般应用文的主题思想都是过去、现在、将来的已经执行、正在实行或将要施行的实际工作、业务、生活等问题中的构想、进程或结果，是同人们脚踏实地的、活生生的实际活动息息相关的，是他们的生活道路和工作准绳。因此，不能允许出现半点凭空想象，一定要从实际中来，从经验中来，并根据实际需要确定文章的中心思想进行拟作撰写。

在“文化大革命”期间，“四人帮”有一套理论叫做“主题先行”，说的是各种文章必须先要确定了主题，然后再在经验中和实际中去凑材料，而不是先有了客观对象，先有了实践，又积累了材料，再提炼出主题。“四人帮”的理论是完全错误的，按照这种“主题先行”的观点，写出来的文章不管口号多么响亮，辞藻多么美丽，语言多么堂皇，到头来注定是“假、大、空”，即：凭空捏造材料、肆意曲解现实、制造假冒伪劣的共产主义理论，把他们大溃败、大破产吹嘘为大成功、大胜利，愚弄广大群众。“四人帮”垮台了，他们那套“主题先行”的怪论早已臭名昭著。

我们要提出的理论和“主题先行”的理论完全不同。对于应用文来说，我们主张实践先行，然后积累大量活生生的材料，再研究主题。主题在材料基础上逐渐成熟和最后确定之后，再写文章。各行各业的文章应当如此写；公务文书、规约文书、事务文书、经济文书、传播文体等应用文体都应该如此写。因此，学习应用文写作固然要注重写作技巧，重在本书各章节的一般知识；但真正要学会写好文章，还是要通过实践，掌握材料，根据实际需要，选定好的主题。

第三节　主题的标准

对于主题，从思想内容的角度来说，必须衡量一下它是否符合人民的利益，是否符合社会主义现代化建设的利益，是否符合事物的客观规律，是否有推进工作的实际效果，是否有深刻的认识价值等等。这些问题都应该成为评估应用文章主题的客观标准。这些标准概括地说，主要就是：是非、真伪、虚实。

一、主题应分是非

应用文主题的首先一条标准是在大是大非问题上加以区分，而不在于文章的结构形式和语言辞藻。对于应用文所宣传的理论、思想、观点、打算、看法等等，都要是其所是、非其所非，坚持真理，摈斥谬误，决不可以颠倒是非、混淆黑白，这是为文的首要标准。

二、主题应分真伪

应用文主题的其次一条标准是应该区分事实的真伪。对于文章引为论据的各种事实，不在于其生动与否、有趣与否，而在于是否真实可靠、是否查有实据。真实的事实有反映本质的真相，也有反映现象的假象。应用文章写作就应该坚持真相，传播真理，涤除假象，排斥虚伪，同时又反对使用抓起芝麻当西瓜、危言耸听、违背事实、攻其一点、不计其余等等恶劣手法；而这是应用文选择主题的第二条标准。

三、文章应分虚实

应用文主题的最后一条标准是辨别虚实。应用文是为实际应用而写的，不是为了卖弄文辞而写的。因此就要辨别它的主题是虚构的，还是发生在实际生活中需要解决的问题。那种貌似重要、言之成理、合乎逻辑，而实际上可有可无，甚或鸡毛蒜皮，乃至子虚乌有一类的主题，对于应用文写作有百害而无一利，全然没有意义；只有反映现实，解决问题，或有指导意义的主题，才是真实而非虚构的主题。

第四节　主题的要求

从写作角度来说，主题应做到正确、深刻、集中、鲜明、新颖。现从写作角度就这几点分述如下：

一、主题应正确

这主要是指文章的思想观点能经得起实践的检验。要保证主题的正确，作者就应有正确的立场、观点和方法。其中思想方法的问题，主要是指立意要防止片面性，概括要准确，说话要恰当。初学者往往易犯这样的毛病，即：说一件事好，就样样都好；讲一件事坏，就样样都坏。以偏概全，好走极端，结果影响了主题的正确性。

对于应用文来说，正确性还应包含着针对性和全面性相结合的要求，即文章的立意既要针对实际工作中迫切需要解决的问题，根据党和国家的政策、法规提出切实可行的原则、措施；又要防止一种倾向掩盖另一种倾向，而把话说满、说死、说过头。要尽量避免"法立弊生"的现象出现。

当然，所谓正确也总是相对的。随着形势的发展和情况的变化，原来的思想观点需要适时修正，这是常有的现象，也是正常的现象。有些事务或问题的好坏和是非，往往一时很难作出定论。在这种情况下就不能简单地判断，需要深入讨论或付诸尝试和实验，然后加以论定。

二、主题应深刻

写任何文章，最好能"见人所未见，发人所未发"，写出"人人心中皆有，人人笔下俱无"的意思来；否则人云亦云，便是古人所谓的"庸人思路"，是断然写不出有新意的文章来的。而要防止平庸，就要反复思考。元人陈绎曾在《文说》中云："师初先生曰：凡作文发意，第一番来者，陈言也，扫去不用；第二番来者，正语也，停止不可用；第三番来者，精语也，方可用之。"这就是说，要三思而后才能提笔写出主题真正深刻的文章来。

三、主题应集中

所谓集中，首先是指一篇文章只能有一个中心，解决一个问题；这就是所谓"一事一文"。不要希冀在一篇文章里就能说明或解决许多问题。"伤其十指，不如断其一指"，说的就是这个道理。

其次是指文章的范围要小一些，要集中笔力于一个问题或一个方面。现代著名语言学家王力说，"论文的范围不宜太大"；因为"范围大了，你一定讲得不深入，不透彻"（《谈谈写论文》）。这两句话不仅就论说文来说很对，就一般应用文来说尤其正确。古人有所谓"小题大做"法，就是提倡从小事情中发掘出深刻的大道理来把小事做成大文章。还有所谓"宽题狭做"法，就是从宽泛的范围中选取其一个方面来立意，集中"狭做"把问题说透，说的也是这个道理。

四、主题应鲜明

这是指文章的观点要明确，作者的态度要明朗，赞成什么，反对什么，爱什么，恨什么，都应清清楚楚，毫不含糊。应用文的写作目的，从根本上说是为了办好事情；因此，哪些事该办，哪些事不该办，事情该这样办，或该那样办，都应说得明白无误，不能含糊，不留歧义。

五、主题应新颖

文章的主题不但要深刻，而且要别开生面，使人耳目一新，富有独创性。写别人没有涉足过的事物或没有涉及过的问题，要出新意是较为容易的；而面对着别人已经写过的同一个事物或同一个问题，并要写出不与别人雷同的新意来就比较困难了。但是这也并不是无法办到的。古人作文有“移步换形”法。所谓“移步”，就是变换观察的角度；角度一变，所看到的事物面貌也必然随着变化，这就叫做“换形”。对同一件事或同一问题，我们如能从不同角度和不同方面去观察思考它，必能看出或悟出新意来。当然，我们在追求新意的时候，决不能离开客观事物的固有本质而去执意标新立异，以致牵强附会。那样不好，会弄巧成拙，反而不妙。

第二章 材　　料

第一节　材料的含义

“夫立言之要在于物。”(章学诚:《文史通义·文理》)这句话说明,一篇文章所立之“言”即主题,主要以“物”为基础。俗话说,“言之有物”,“言”来源于“物”;又通过“物”来演绎、来升华、来表达、来丰富,使“言”更质实、更丰满、更坚挺,可立于不败之地。所以材料是文章的基本要素,是主题思想的物质基础和主题思想的体现。概而言之,主题和材料共同构成了文章主要部分。

那么材料从哪里来?原则地说,材料是作家和撰稿人为着一定的写作目的,从生活、学习、工作中或通过专门的调查研究摄取、聚集起来的,并以此形成文章主题的材料;又反过来集中地表现主题,成为主题的具体材料和具体事理被表现出来。

对于专业文字工作者来说,下列这种情况或许有点特殊,那就是文章的主题也许是由上级领导或专家学者提出的。他们在提出特定主题任务的同时,居多一并提出若干材料供作为选择。而作者的任务是理解和把握主题,并根据表达主题的需要精心选择材料并拟稿;或者在上级领导或专家学者所提供的材料不够充分时,拟稿人就自己着力收集补充材料,直到创造性地完成写作任务:这是拟稿人的责任。

第二节　材料、素材、题材

材料是一个宽泛的概念。它既指形成主题思想的原始材料,又指特定主题形成和深化的材料,亦指经过选定写入文章以表现主题的材料。所以,我们只在对写作技巧细分时才把材料又区分为写作素材和文章题材两种。

一、素材

素材一般指作家、艺术家从社会生活中摄取而来,尚未经过提炼和加工的原始材料。但我们也可以把这里的作家、艺术家扩而大之,也包括一切人从社会生活中摄取而来的那种原始材料,只待提炼和加工而已。其中有一些人如作家、艺术家在某一天可以对自己积储起来的原始材料进行提炼和加工,从而写出成功的作品;另一些人如专业文字工作者也应该对自己积储起来的原始材料进行提炼和加工,从而撰写出材料充实丰富、主题集中鲜明的应用文来,并以此贡献给社会。因此,我们坚定地主张,一切专业文字工作者都应该尽力投身社会生活，并善于从中丰富自己的原始材料的矿藏，以备将来贡献给社会。

二、题材

题材也是专用于文艺作品分析的名词，指作品所描写和体现一定意图的社会历史生活中的事件或现象，是作者在观察体验社会生活的过程中经过选择、集中、加工和发展而确定的。这就意味着：第一，题材是写入作品中用以体现特定创作意图的社会、历史中的生活事件或现象；第二，题材之能被写入作品以体现创作意图，是要经过作者选择、集中、加工才定形的。在这里，文艺作品中的题材不同于应用文写作之处，是它的题材不仅经过作者选择、集中，而且可以“加工”。“加工”即“典型化”，不是指文字上加工，而是指题材和素材经过“加工”而具有一定代表性的典型化。而这却是应用写作中首先要特别忌讳的：因为应用文写作中的材料，最关紧要的是真实或绝对真实，万万不能对事实加以夸大、夸张或渲染。在应用文写作中要坚决维护全部材料的真实性，包括未写入文章中的素材或已写入文章中的题材。一句话：应用写作的材料都要绝对真实。

第三节　材料的种类

用以表达文章主题的材料，主要可粗分两大类。一类是展开和证明主题思想正确无误的知识性材料；一类是证明主题思想正确无误的实践性材料。

一、知识性材料

知识性材料，主要指作者用以论证或演绎文件和文章的主题思想为正确的真理（或反面思想之为谬误）的各种知识材料。它包括：

第一，系统的和严密的科学理论；

第二，一般的社会文化和生活知识；

第三，沉淀在人类语言中的成语、典故、箴言、谚语、警句等这些民间口耳相传的、反复验证过的常识。

这些知识都是写文章、文件必不可或缺的材料，应该备而待用。有时恰当地使用这些知识，往往可使文章、文件的立论和论证处于不败之地，而且常常会起到画龙点睛、一言中的的作用。

二、实践性材料

实践性材料亦是为作者用以证明或演绎主题思想的正确的真理（或对立思想的不正确、谬误）的各种实践活动中所获得的各种经验材料。它包括：

第一，当前人民群众实践活动获得的经验和教训的材料；

第二，政治党派、社会团体、企事业单位等在其社会中所获得的各种经验材料；

第三，科学技术界在科学研究和科学实验中所获得新材料。

以上这些文章和文件的材料对于指导当前各方面的活动都极有帮助，它对于从事应用文章写作的人来说，也是最可宝贵的材料，必要时专门设置专题进行实地调查，备而待用。

第四节　材料的作用和要求

前面说到章学诚的一句话:“夫立言之要在于物。”章学诚这句话无疑首先肯定了任何文章都是作者的所立之“言”。记叙文是立言,议论文是立言,应用文更是立言,区别只是所立之言或长或短、或高或低、或大或小而已。但是无病呻吟的文字再多,也不应视为文章。

但材料在文章的作用,归根到底是为了表达和表述主题思想,是围绕着主题思想的需要而展开材料的叙述,从而写成一篇完整无缺的应用文章。所以,应用文写作最主要的事情是在选定主题之后,如何通过材料完美表现主题思想的问题。这个问题实质上就是材料对于主题思想的表达和证明的作用;具体地说是证明和反驳的作用,即:用具体的事理和具体的事例来证明主题思想的正确可信;反驳对立思想和倾向的错误或荒谬。而在这种证明与反驳过程中,作者所使用的手段除了运用手中材料摆事实讲道理以外,别无他途。

明确了材料的作用之后,应用文字工作者原则上应该怎样处置日常的材料工作呢?这就是储材要多,选材要精,它是应用文写作中材料工作的基本要求。

储材要多,却最难做到“竭泽而渔”,但可以“兼收并蓄”,采取“韩信将兵,多多益善”的办法。材料多了,提笔才能左右逢源,游刃有余,凡有用处的材料都恰当地写进去;材料少了,捉襟见肘,势必到处材料不足,文章内容就显得干瘪、枯燥、不丰满。因此,如果说占有材料时应该以十当一,越多越好;那么选择材料时就必须以一当十,精益求精,文章才会显得精练。

为此,文章的选材要求如下:

一、材料要真实

材料的真实性是一切文章的生命。文学艺术作品所追求的真实,是在不违背现实情况下的艺术真实,即在不违背整体真实和宏观真实下的艺术真实。因之,它可以虚构,也可以夸张。而应用文和它所要求的真实是在整体真实和宏观真实的同时,也要求局部真实和微观真实,时时处处都应真实地反映客观事实。应用文写作在选材方面一定要和文学艺术作品划清界限,决不可混淆。因为应用文是处理各种现实事务的,它不仅要求绝对真实,合理操作,还要求人们按照必要的规范和规矩办事。所以,应用文所反映的事应是真有其事,并且连事实大小、范围和深度以至于细枝末节,都必须确凿无误。它所反映的人也应该恰如其人,其姓氏、籍贯、生平、事迹,以至于语言、行动、爱好等,都必须分毫不爽。如果应用文中的材料不真实,无论是涉及事理或涉及事实的,即使有百分之零点几失实,也会导致人们对全文的怀疑,从而丧失文章的应有价值。

造成材料失实的原因,除了“假、大、空”的文风谬种不绝于世之外,还有认识上和工作上及方法上的原因:一是学习不认真和调查不深入,浅尝辄止,一知半解,走马观花,偏听偏信;二是合理想象,添枝加叶,只求材料充实,不顾客观事实是否真实,滥竽充数:这些都是撰写应用文之大忌。

二、材料要典型

材料要典型，是指要选择最有代表性的，最能反映客观事物本质的，或最能揭示事物内在规律的材料。典型的材料在形式上最富有特征，在实质上最能代表一般，可以说是一种最准确、最生动、最精悍的材料。通过这种典型性的材料反映一般情况，可使文章篇幅短小，内容精辟，以少少些，胜多多些，这是应用文写作的致用常胜之道。

三、材料要新鲜

材料要新鲜是指这种材料对于广大读者具有新鲜及时、生动活泼的特点，具有能够使人耳目一新，增加见识，拓宽视野的吸引力。这也是应用文在面对生活现实时独显魅力之处，也是它最为得力和不可或缺之处。对应用文来说，举凡有新鲜事理和新鲜事实的材料，决不去选用过时的陈旧的材料。这种要求对于公务文书、规约文书、事务文书、经济文体以及传播文体等是最为紧要的，它们要引导读者随时关注新事物、新事实、新观点和新观念；而且从某种意义上说，应用文写作就是为促进这些新的东西而服务的。因此，应用文作者应随时防止因循守旧的惰性，杜绝引袭沿用习惯了的旧材料；即使那材料十分难得也要割爱。当然，在已知的旧材料中如果发掘出与前人不同的新意来，同样亦属新鲜的，也应该选用。

第三章 结　　构

第一节　结构的含义

一、结构的含义

所谓结构，就是谋篇布局及其框架，是文章内部的组织构造，准确地说也称篇章结构。它既是文章内容的重要表现形式，也是作者思路在文章中的具体体现。写文章在确立了主题、选定了材料之后，并不意味着文章也就自然形成了，还必须根据主题的要求把有关材料主次分明、有头有尾、条理清晰地编织贯穿起来，统一在一定的结构形态中，才能合成一个完整的篇章。这个写作过程，也就是人们常说的谋篇布局。

二、结构与主题和材料

时下流行着这样一个比喻，即把一篇文章比作一个人的身体：主题犹如人之“灵魂”，材料犹如人之“血肉”，而结构则如人之“骨骼”，三者缺一不可。这个比喻通俗而又形象地道出了文章主题、材料、结构之间的密切关系。

任何文章，总要借助于一定的结构形式来安排材料以体现主题思想的。文章是思想内容和表达形式的统一，倘无恰当完美的结构形式，即使内容再丰富，主题再深邃，形式再完美，也是难以得到充分表现的。

三、结构与思路

所谓思路，就是作者的思想脉络和线索，是作者反映客观事物的认识次序。一般说来，文章主题是解决“言之有理”的问题，文章材料是解决“言之有物”的问题，而文章结构是要解决“言之有序”的问题。文章做到有理、有物、有序就能行遍天下。

值得注意的是言之有序的“序”。言之有序并非只是客观事物及其发展变化规律在文章中的机械反映，而是作者根据写作目的与要求对大量材料进行创造性的思维加工后，所形成的思想脉络在文章中的具体体现。思想脉络或思路是文章结构形成的基础，因此欲求恰当、严谨的结构，必先要求符合逻辑、严密、清晰的思路；而欲求符合逻辑、严密和清晰的思路，则必须善于观察事物，准确理解和深刻认识事物，这是写文章的基本功。

第二节　结构的具体形式

一篇文章结构的具体形式，大致包括以下四个方面：

一、层次和段落

层次和段落是文章结构的主要部件。无论哪种体裁的文章，对结构的基本要求都应该是层次清晰，段落分明。

1. *层次*　所谓层次，也就是文章思想内容的表现次序。它是作者根据事物发展的阶段性，矛盾发展的各个侧面，以及作者认识和表达问题的思维过程，而给文章划分的各个相对独立的组成部分。这些相对独立的组成部分就是一个层次，有时人们也把它们称为部分、大段、节等。

层次的划分，应着眼于文章的思想内容，并体现作者思路展开的具体步骤。一篇文章表达的内容越丰富，作者的思维过程就越复杂，因而相对来说文章层次的安排，也就越显得困难和重要。这就要求作者对自己要反映的对象进行反复的观察、思考和研究。如果思路理清，文章的层次也自然明晰。这样，作者就能处纷繁而不乱，理万象而有序，对全局和局部就能作出恰当而又合理的安排了。

2. *段落*　段落则是指文章思想内容在表达时由于转折、间断、强调等情况的需要，所造成的文字上的分隔和停顿。段落是构成文章的基本单位，人们习惯地称其为自然段。从外在形式上看，段落具有换行、空格等明显标志。

段落的安排当然也是作者思路发展步骤的反映，但它更侧重于文字表达上的需要。而这也正是它和文章层次之间的主要区别。

段落的划分除了要受到文章内容和体裁的一定影响外，往往还与作者的个性、风格和写作习惯有关。好的文章，善于恰到好处地划分段落；它的段落不仅安排得有板有眼、眉清目楚，便于读者阅读、理解和思考，而且长短有序，行止有节，富有韵律，给读者以美的享受。

3. *层次和段落的辩证关系*　一般来说，文章的层次大于段落，即若干个小的段落连缀，组合成一个大的层次。但有的时候也会出现层次和段落相一致的情形，即一个段落就是一个层次。在某些特殊的情况下，例如不分段的古文，甚至会出现段落大于层次的现象，即在一个比较大的自然段落中包含着几个不同的层次。如在古代短篇小说中较易出现，这种情形除了古文惯例外，一般是由作者的思维习惯所决定的。

在记叙类文章中，层次往往所包含的段落较多，读者不易一下子从外表上区分清楚；而在议论、说明、应用类的文章中，层次和段落的划分就比较规范、明了，较易区分。

4. *层次和段落划分的原则*　文章的层次和段落的划分，要遵循以下三个原则：单一性、完整性、匀称性。所谓单一性，就是说各层各段的内容要相对集中，不能把庞杂、互不相关的意思凑合在一起。所谓完整性，是说切莫把一层或一段能表达清楚的意思硬性拆开，把文章搞得支离破碎、七零八落，丧失了层次和段落划分的独立意义。所谓匀称性，是指层次和段落的划分既要长短适度，又要开合有致。长无赘言，短不松散，该开则开，该合则合，于统一中求变化，于独立中求连贯，使文章的整体布局匀称、优美。

二、过渡和照应

过渡和照应，是使文章前后连贯、气脉畅通的重要手段。要把一段段文字和一层层意思连缀成严密合契、浑然一体的文章，就必须掌握和运用好过渡和照应。

1. 过渡　过渡是指上下文之间的衔接和承转，它在文章的各个层次和段落之间起着桥梁和接榫的作用，引导读者的思路顺利地由上文转到下文，而不致发生脱节和阻隔。

(1)过渡有三种情况：

①文章思想内容转换时需要过渡。如：记叙文中的人物、事件、时间、地点等发生变化时；议论文中的中心论点和分论点、分论点和分论点之间相转换时；说明文中被说明的对象或者观察的角度有所变换时：这些地方均应适当地安排过渡。

②文章表达方法转换时需要过渡。一篇文章单独运用一种表达方法的情况是较为少见的，在每当行文由叙述而议论，由描写而抒情，或由概括说明到具体叙述，或于顺叙中插入倒叙、补叙等情况时，往往需要进行过渡。

③文章结构形式转换时需要过渡。有时文章由于表情达意的需要，作者采用了比较复杂的结构形式。如：时而总论，时而分叙；时而收束，时而拓展；纵横腾挪，开合交替。在这种结构形式变化的关键处，也应进行适当的过渡。

(2)过渡方法主要也有以下三种：

①用段落过渡。凡两层或两段文章的意思相隔较远，或表达方法、结构形式变换幅度较大时，可用段落来进行过渡。这种承前启后或具有提示作用的段落，叫做“过渡段”；在文章层次间的过渡，一般多用这种方式。

②用句子过渡。在段落或层次之间，常用一个句子将上下文沟通起来，这个句子通常称为过渡句。过渡句既可安排在前一段末尾，也可放在后面一段的段首。

③用词语过渡。在一些转折不大或不必特别强调或特别显示的地方，也可以借助于关联词语或表示次序、方位的词语来完成过渡。这种方法较为简捷方便。常用的词语有：因为、所以、虽然、但是、那么、然而、首先、以下、总而言之、综上所述，等等。

2. 照应　所谓照应，是指文章前后内容上的照顾和呼应。在一篇文章里，通常是前边提及的，后边要有着落；后边交代的，前边也该有所暗示。所谓“前有暗示，后有交代”是也。

常见的照应方法有题文照应、前后照应、首尾照应等。

(1)题文照应。题文照应也就是标题和行文照应。这是突出文章主题、加深读者印象的有效手段。有的文章标题直接表明主题，而后通过内容对标题进行多次呼应、照顾，以达到展开主题、深化主题的作用。也有一些文章的标题较为含蓄和隐晦，读者难以直窥其含义，这种文章就通过题文照应的方法，借以帮助读者理解、体会作者精心构思的标题的深刻意蕴。

(2)前后照应。前后照应是指文章前后内容之间的相互照应。运用这种方法可以使文章结构更加紧凑，中心线索更加鲜明，主题和材料结合得更加圆满。前文设下伏笔，后文加以呼应；前文提出悬念，后面加以揭示。恰当运用这些方法，可以显示文章内容的连续性和完整性。

(3)首尾照应。首尾照应即文章开头和结尾的遥相呼应。运用这种照应方法时，文章的结尾处往往是开头部分的深化、补充和强调，具有卒章显志、画龙点睛之妙，使文章首尾圆合，结构和谐，统一完整。

应该注意的是照应应根据内容表达的需要。节外生枝，硬作照应，反而会使文章变得累赘，影响简洁。此外，照应并不等于简单重复，它应该做到每次照应都使文章的内容深入一层，以更好地表现主题。

三、开头和结尾

开头和结尾是文章的有机组成部分，在结构中占有非常重要的地位。我国古代文人学者曾对如何写好文章的开头和结尾发表过不少精辟深刻的见解。白居易力主文章应"首句标其目，卒章显其志"(《新乐府序》)。乔梦符提出要精心塑造"凤头"、"豹尾"(陶宗仪《南村辍耕录》)。这些警句言简意深，形象而又深刻地阐明了一般文章开头和结尾的作用及撰写方法。

1. *应用文的开头和结尾*　大多数应用文章为了使读者易于理解和把握其内容，在历史上逐步形成了某种公式化了的格式，有了稳定的写法和要求；其至要之点是：开头彰其大要，结尾显其结论。好的开头，还要紧紧抓住读者，使他们产生欲罢不能，激起急于阅读全文的强烈愿望和冲动。一般的结尾要求卒章显志，这对应用文也是正确的。好的结尾，应是文章内容发展的必然结果，是主题的深化和文章的总结；它能使读者或掩卷遐思，或明确方向，或备受鼓舞，或深得教益，或广留余韵，要之必有所得。

但是一般应用文的开头和结尾也有十分不同于前述的归纳。我们这里特提个百年来应用文形成的固定模式，即：开头开宗明义一二句话，结尾卒章显志一二条，这如某些公文、法规的体例格式等等，务请大家注意。虽然从根本上说，这种固定模式也未脱一般文章的基本写作规律。

2. *开头和结尾的两大模式*　开头和结尾没有一定的模式，基本上可归纳为平实、简明和形象、含蓄两大类型。

(1)平实、简明。即笔法朴实无华，表意简洁明确。开头落笔入题，结尾卒章显志，简洁明快地直接展开主题和意味深刻地显示结论。

(2)形象、含蓄。多是借用文学笔法写作或渲染铺陈，或描写抒情，或由远及近，或引而不发。开头重在引人入胜，借题发挥；结尾重在弦外之音，言外之意。除外交文件或某些杂论可用这类结尾以外，应用文一般不用。

3. *根据文章表现主题的需要，灵活处理开头和结尾*　一篇文章究竟采用何种写法，应根据文章的体裁、内容等具体情况而定，在这里我们难以把各种开头、结尾的实例一一包举，特转引白润生《写作趣闻录·文章的开头和结尾种种》一文，略加改动，供大家写作应用文时参考。

(1)开头：

一是说明写作动机　二是揭示全篇内容

三是开门见山点题　四是精彩事例引路

五是交代写作背景　六是引用神话传说

七是进行议论抒情　八是借用名人言语

九是先行景物描写　十是提出设问启后

(2)结尾：

一是提纲挈领作结论　二是承上启下题点明

三是戛然而止笔利落　四是由此及彼转笔锋

五是言犹未尽诱人思　六是有意重复打烙印

七是问己问人辨是非　八是引经据典回味浓

九是发出号召激斗志　十是抒发感情意远深

——这几种开头和结尾几乎概括了整个文章的写法，其中有好几条只是适用文艺作品文章的开头和结尾，不适宜于应用文的开头和结尾，请留意。

四、主次和详略

结构的任务不仅在于安排好文章的全局和局部、局部和局部之间的关系，把相关的材料精巧地连缀成一个完美的整体，而且还要分清主次，确定详略，使文章显得繁简合理，疏密得体。一篇文章倘若不分宾主轻重，不作增减藏露，各个部分用力均衡，平分秋色，甚至喧宾夺主，那是必不能讨好的。

文章的主次依靠叙述的详略来体现，详略则由强调的主次所决定。那么，写文章根据什么来确定主次、详略呢？

1. 主次详略必须根据文章主题的需要　古人说："详略者，要审题之轻重为之。题理轻者宜略，重者宜详。"(唐彪《读书作文谱》)这就是说，与主题关系小的要略写，取材从简，篇幅要短；与主题关系大的要详写，取材宜丰，篇幅亦要长。详写时可泼墨如云，密不透风；略写时当惜墨如金，疏可走马。只有这样，才能使文章重点突出，主题鲜明。如果不顾主题的客观需要，随心所欲地支配材料，该详不详，该略不略，主次颠倒，枝蔓横生，势必使读者难以准确把握和领会文章的主题。

2. 主次详略必须符合体裁特点的需要　不同体裁的文章对主次详略有不同的需求。议论文是用概念、判断、推理来阐明观点的，重点在论说。因此，剖析问题的事理和论证要详写，引用事例如叙述事实经过要略写。记叙文重在记人叙事，因而人物的活动、心理、语言及事件发展、变化和过程应详写，而用来阐述事理或抒发感情的文字应简略，做到画龙点睛，言简意深。其他如抒情性、说明性的文章对主次、详略也都有不同的要求，应根据各自的体裁特点分别处理。

3. 主次详略必须注重读者对象的需要　文章是写给读者看的，因而不能不考虑读者的需要。这道理具体到文章的主次、详略方面，就是要注意了解和掌握读者对象的不同特点和不同需要，包括读者的大小年龄、文化程度、工作性质、理解能力等等。在不影响表达主题的前提下，凡是读者需要了解而又不太熟悉、难以领会的，应该详写；而读者已经熟悉或容易理解的，就不用细加叙说了。

第三节　结构的原则

文章的结构是由文章所表现的内容及作者的构思所决定的。因此，一般地说结构不可能也不应该是千篇一律、固定不变的。但是文章结构虽无定式，却也不是毫无法则可循的。根据大量成功的写作经验，大致可以把文章的结构概括为以下几个原则。

一、结构要服从表达和突出主题的需要

主题是文章的主旨和灵魂。作为文章表现形式的结构，理应为表达和突出文章的主题服务。因此，写文章时不仅要根据主题的需要选择和确定材料，而且组织和安排材料也应服从主题的需要。诸如怎样划分层次和段落，怎样设置过渡和照应，怎样谋划开头和结尾，怎样确定主次和详略等，无不应该围绕文章的主题来进行，受着主题的制约和支配。在这一点上，那些内容集中、主题鲜明的文章自不必说，就是某些思想复杂、内容含蓄的文章也不能例外。

刘勰曾作过这样的论述："凡大体文章，贵多枝派，整派者依源，理枝者循干。是以附辞会义，务总纲领，驱万涂于同归，贞百虑于一致，使众理虽繁，而无倾置之乖，群言虽多，而无棼丝之乱。扶阳而出条，顺阴而藏迹，首尾周密，表里一体：此附会之术也。"（《文心雕龙·附会》）这就是说，文章的内容和格局无论多么复杂，都必须以纲统目，尊卑有序，紧密围绕中心思想来安排结构，那样文章才会严谨周密，条理井然。

二、结构要正确反映事物的内在发展规律和外部联系

世界上一切客观事物，总是有其内在发展规律和外在相互联系的。文章是客观事物的反映。因此文章的结构形式就必须正确反映这种规律和联系；而这是安排文章结构形式的又一条重要原则。

比如记叙性文章，一般是通过记人、叙事、状物、绘景来反映事物的。写人的文章，不仅要通过人物本身的某些要素（如外貌、语言、行动、心理）来表现人物，而且应以一定的时间和空间为背景，揭示人与人、人与事、人与环境之间的联系，这样才能从整体上来准确把握和再现人物的内在性格和真实面貌。而叙事的文章，一般则应按事件发展变化的动态过程来安排结构，所以叙事类文章的结构大抵都有"开端"、"发展"、"高潮"、"结局"等环节，这样才能符合事件本身的发展规律。又如议论性文章，其主要的结构形式是：提出问题—分析问题—解决问题的公式。而一个问题总有其矛盾的特殊性、矛盾的各个方面以及解决矛盾的途径等，作者也必须对所提出的问题加以分析、综合，也就是运用论据来证明论点，然后指明解决的办法。议论文的这种结构形式既符合客观事物本身的发展规律，也符合人们对客观事物的认识规律。

不过，我们还须看到，要求文章的结构反映客观事物的发展规律及其联系，并不意味结构一定要和事物发展变化的客观状况完全等同，也不是要求机械地复制和再现矛盾。作者完全可以根据更好地表现主题的需要适当调整、变动事件发展过程中的某些环节的顺序，采用倒叙、插叙等手法。这种在复述过程中有意在局部上的调度和节制，不仅并未违反客观事物的发展规律，反而更有利于推出主题，更有利于表达作者的思想感情，更有利于读者加深对文章所反映的客观事物的认识。这不但记叙文如此，议论文也是如此。

三、结构要适合不同文体的特点

文章的体裁是多种多样的。不同体裁的文章在反映生活的角度、容量、目的和表现的方式上是各不相同的，因而结构也不同。如记叙性文章一般通过记人、叙事、写景、状物来反映客观的社会生活，表达方式主要是叙述和描写。因此，它是根据人物活动和事件发展的过程

来布局的。议论性文章侧重于议论说理，它的结构以问题的提出、分析、解决过程为基础，主要通过论据对论点进行合乎逻辑的论证来解决，而对于作为文章论据的人物或事件则无需作完整的记叙和描写。抒情性的文章多数没有复杂的故事情节，它的结构主要服从于作者思想感情的发展和变化。

当然，我们说结构要与体裁特点相适应，并不是说同一种体裁只能有一种结构模式，如果这样那就是千篇一律，千人一面了。此外，我们还应知道，文体是在不断发展演变的，因此文章结构也应随之而变化。

第四节　体裁和格式

文章结构的原则之一就是要适应不同文体的特点。现将四种体裁的大体格式分别叙述如下：

一、记叙文一般按照事物发展的自然顺序或人物活动的时空转换次序安排结构

记叙文除写景和状物的文章以外，主要有叙事的和记人的两大类。以叙事为主的文章，它们的结构大致可分为：

1. *写事件的文章*　一般按事件发展的自然顺序来安排文章结构，先写事件的发生，再写事件的发展，末写事件的结果。但有时人们认识事物不一定先看到事情的发端，也许恰好看到的是事情的结局或最突出的部分，然后再回过头来探本溯源，以获得事情发展全过程的了解。因此，有些采用倒叙、插叙方式的文章同样也是符合人们认识事物的规律的。

2. *以记人为主的文章*　记人文章除了通过与之相关的事件的变化过程来刻画和反映人物的性格外，还有不少是按人物活动时空转换次序来安排文章结构的。有的文章是以空间地点的转换作为结构线索，也有的文章是以时间的变迁作为结构线索，还有的是将时间和空间这两者交错结合在一起，形成一种较为复杂而又丰富的结构形态。总之，文章利用时空转换为人物性格充分展示提供了活动的舞台。

二、说明文的结构相对来说要单纯、简单，便于读者阅读理解

说明文所解说的对象大致可分为实体事物和抽象事理两大类。由于被说明的对象本身的特点不同，在安排结构时也应有不同的方法和要求。

1. *按时间顺序*　一种是按时间顺序安排结构。如介绍某一产品的制作过程，某一事物的发展变化，某一人物的生平简历等，都常以时间为序进行说明。这类文章特别注意时间的阶段性和差异性，一般以过程为主线。

2. *按空间顺序*　一种是按空间顺序安排结构。如说明事物的构造和形态的，介绍风景名胜、自然景物的，都常以空间为序进行布局。有的从整体到局部，有的从外景到内幕，有的从前边到后边，有的从左侧到右侧，有的从上面到下面，等等；或者反过来，逐一加以说明。重要的是，说明应按部就班进行，不能忽前忽后、忽左忽右、忽上忽下，以免乱套。

3. *按主次轻重的顺序*　一种是按主次轻重的顺序安排结构。如说明事物的功能、特征

和用途的文章，就需要按其主次轻重分别加以安排；或由主而次，或由次而主，都要有规律地进行说明，使读者能全面而准确地认识该事物。

4. 按先定义后解释的顺序　一种是按先下定义后解释的解说和阐释。说明文的结构方式还有一些，但它们都有一个共同点：都是在对被说明的事物进行认真的观察了解和深入的分析研究，把握住客观事物的内外联系及其特点后，才理出恰当合理的顺序线索来写成文章的。

三、议论文一般是按照提出问题、分析问题、解决问题的顺序安排结构

这类文章的全文可大致分三个部分，分别称为“绪论”、“本论”、“结论”，这是议论文结构的基本划分方法，呈“总—分—总”的格式。其中绪论提出问题，明确议论的中心，以便下文展开讨论。有些文章的绪论部分还负有交代历史背景，说明写作动机，提示全文要点等任务。本论是议论文的主体部分，它要对绪论提出的问题进行具体分析和严密论证。结论是在本论分析、论证基础上作出论断或总结，是全文最后的结果。

议论文的本论部分是最富于变化的，它根据于本论与分论点之间的不同关系展开。它们之间的关系一般有三种形式，即纵式、横式或纵横式。

1. 纵式结构，也称递进式　文章本论层次（即分论）之间的关系是逐层深入的关系，各层次环环紧扣，层层推进，由浅入深，由表及里，或由因到果，由果溯因等，像竹笋剥壳、蚕茧抽丝一样，使问题的论述逐步趋向深入。写作时应注意各层次之间纵向递进的关系，前一层次是后一层次论述的基础；后一层次是前一层次的进一步深入。因此在论述时，要符合论点的先后、远近、表里和深浅的逻辑顺序，不能随意颠倒。

2. 横式结构，也称并列式　各论证层次之间呈现并列平行的关系。层次和层次之间，一般没有特别明显的主次、轻重的区别。它要对中心论点所涉及的几个主要问题或同一问题的不同侧面加以论述，常有“第一”、“第二”或“首先”、“其次”等序数词加以标示；也可以不用。

3. 纵横式结构　大多用于篇幅较长、容量较大、涉及面较广的议论文。这是一种纵式和横式相结合的结构方式，它既注意纵向的论证逐步推进，又注意横向的论证互相联系，使文章的论点能得到更为充分和广泛的论述。实际运用时，常常以某种形式为主，中间又杂以另一种形式，或两种形式相互交叉，同时进行。这种结构方式，相对来说较为复杂，要精心组织，合理安排，注意关键处的转换和承接，使之严密无隙，有条不紊。

四、特殊性应用文的特殊结构

特殊性应用文的结构格式较为稳定。其中党政机关、社会团体、企事业单位用以处理工作的公务文书、规约文书、事务文书等，对格式的要求又十分严格，一般不能擅废或自行变动。它的基本结构一般由缘由、正文、结尾三部分组成。用于公开传播信息的报章文体（传播文体）的结构，则相对宽松，尤其是杂文。总而言之，应用文体的结构不同于文学作品；文学作品相对自由些。

具体情况因不同体裁而异，详见下编文体部分。

第五节　结构的要求

一、结构要自然

所谓自然，就是要使文章的思想内容通过结构的各个环节如行云流水般地自然表露出来，既不能生拉硬凑，也不能矫揉造作，正如苏东坡评说自己文章时所讲的那样："吾文如万斛泉源，不择地而去，在平地滔滔汩汩，虽一日千里无难；及其与山石曲折，随物赋形，而不可知也。"

二、结构要严谨

所谓严谨，是指结构的精细严密，无懈可击。层次、段落的划分和安排要有内在的逻辑性。各个环节联系紧密，顺理成章，不可颠三倒四，前后脱节；也不可顾此失彼，漏洞百出。"一段话如果丢失仍于全文无害，那段话就是赘疣；一段话如果搬动位置仍于全文无害，那篇文章的布局就欠斟酌。布局愈松懈，文章的活力就愈薄弱。"（朱光潜《美学文学论文选集》）

三、结构要完整

所谓完整，是指文章结构的整体性。这种整体性既要求文章要连贯、首尾圆合，所谓"击首则尾应，击尾则首应，击腹则首尾俱应"就是这个意思。同时它又要求文章不能有主干不全、结构残缺的毛病。亚里士多德在《诗学》里讲到："我所谓完整是指一件事有头、有中段、有尾。"一篇文章不但应该是一个完整的有机体，而且还应该有一股生气贯注于全体，使文章脉络相承，神意相通。

四、结构要统一

所谓统一，是说文章的结构要和谐匀称，通篇一贯。文章各个部分要长短适度，详略得当，避免头重脚轻，大腹蜂腰，或尾大不掉。统一的结构使整篇文章不仅在思想内容上，而且在结构形式上给人一种饱满、协调、愉悦的美感。

五、结构要清楚

所谓结构清楚，即指条理清楚。它是要求文章的思路明晰，纲举目张，富有条理性和逻辑性。论理则条分缕析，逻辑严密，或由表及里，由浅入深，步步推进；或纵横捭阖，反复论证，有条不紊。记事则线索清楚，不枝不蔓；或以时间推移为线索，或以空间转换为线索，或以游踪行止为线索，或以感情变化为线索。要之，进退有据，步履稳健，给人一种有条有理，富有逻辑，极为清晰明白的感觉。

第四章　表达方式

表达方式指的是文章使用语言表达思想的不同方式。这种方式具体可划分为叙述、描写、说明和议论。它不是指语言文字的结构和使用的方式和风格，而是指用语言文字写成文章的种种表达方式。

第一节　叙　　述

一、叙述的含义

叙述就是把人物的经历和事件的发展变化过程叙写出来。它是写作中最基本、最常见的方法。

各类记叙文都要以叙述为主。议论文、说明文及其他应用文体，也离不开叙述。记叙文中的叙述，主要是介绍人物的经历，表现人物的性格或交代事件的发生、发展的过程。议论文中的叙述，主要是选择某些事实作为其提出问题、分析问题和解决问题提供充分的理由和论据。说明文及其他应用文体中的叙述，主要是介绍事件、事实、事理以及交代写作经过等。总而言之是在时间进行式里叙述事物发展的过程。

二、叙述的类别

叙述以语言文字的详略程度而言，可以分为概括叙述和具体叙述两种。概括叙述又称概叙、略叙，是对人物或事件作简括、概要的叙说或交待。具体叙述又称详叙、细叙，是对人物的经历或事件发生、发展的经过所作的详尽、具体的叙说。

概括叙述和具体叙述各有所长，各有其用，互为补充。如果只有概括叙述而没有具体叙述，文章就会流于概念化、简单化，失之空泛；反之，只有具体叙述而没有概括叙述，则会出现冗长繁杂的弊病。所以我们要善于交替综合运用这两种叙述方式。

三、叙述的方法

叙述的方法有顺叙、倒叙、插叙和分叙。

1. 顺叙　顺叙就是按照人物的生活过程或事件发生、发展和结局的先后顺序进行叙述。这是一种最常用、最基本的叙述方法。运用顺叙方法写出来的文章，层次、段落的展开同人物的经历和事件发展的过程基本一致，人们读后会感到文章有头有尾，脉络清楚，次序井然。

顺叙并不等于平铺直叙。它要注意材料的取舍、剪裁和叙述的详略，务使重点突出、主次分明、详略得当。

2. 倒叙　倒叙是把事件的结局或其中某个最精彩、最突出的片断提到开头先说，然后再按事件的发展顺序进行叙述的方法。倒叙可以造成悬念，激起读者强烈的阅读兴趣；也可以使文章变得波澜曲折、跌宕生姿。但在使用倒叙时，要注意文章内部结构的过渡和照应，在倒叙与顺叙的衔接处，过渡要自然，转换要明显，不要出现上下文断裂和意思混淆不清的现象。

3. 插叙　插叙是在叙述过程中为了某种表达的需要而暂时中断原来的叙述线索，插入另一片段的叙述。插叙的内容是多种多样的，可以是一件完整的往事，或与主体相关的另一件事，也可以是相关事件的一个片断。插叙的作用在于丰富情节，扩展内容，深化主题。但插叙应以需要为度，切不可节外生枝，喧宾夺主；此外还应注意起合承转的清楚。

4. 分叙　分叙亦称平叙，是叙述同一时间内在不同地方发生的两件或多件事情，通常采取先叙这里一件事，再叙那里一件事的方法，即所谓"话分两头说"的方法。复杂的事件也可以话分多头说，如《为了周总理的嘱托》这篇报告文学的第一节，齐头并进围绕吴吉昌写了三个方面："四人帮"一伙对他的残酷迫害；吴吉昌试验棉花新品种的决心和行动；广大群众对吴吉昌的同情和帮助。三条线索互相穿插，平行推进，从各个方面和各种角度突出文章要说明的事物和主题。

四、叙述的要求

1. 人称明确　叙述的人称就是指作者在叙述中的立足点和角度。人称可以分为第一人称和第三人称两种。

(1)第一人称。第一人称是作者直接叙述"我"或"我们"的所见所闻、所想所做、所历所感，是作者向读者讲述自己的见闻、看法和想法。但"我"和"我们"也并不都是作者或作者们自己。在文艺作品中往往是作者虚拟的主人公，有的是见证人，如《孔乙己》中的"我"。只有在应用文体中"我"和"我们"是指真实的"我"和"我们"；但有时并不一定明确是特指的"我"或"我们"。

使用第一人称的作品，在应用文体中是由于文体的实际需要。例如信函、采访记、报告之类，有些则非要用第一人称不可。在文艺作品中，往往是出于艺术表现的需要，因为第一人称的优点是使人感到真切自然，有真实感。但这种第一人称也有一定的局限性：叙述者只能从"我"或"我们"的所能观察到的角度去写；所叙述的事一般只能在"我"或"我们"的视野和想象范围以内，因而它在刻画人物、描写景物等方面，要受到时间和空间的限制。

(2)第三人称。第三人称是作者站在第三者的立场上，用叙述他人之事的口吻，把人物的经历、事实和事件的经过告诉读者。第三人称能突破时空的限制，自由灵活地反映客观事物的形式和内容，也可剖析人物的内心世界和刻画人物形象。

叙述的人称决定以后，一般要始终如一，不能改变；如果需要改变人称，那就应在人称转换处交代清楚或暗示，免得读者莫名其妙。

2. 头绪清楚　有些事件错综复杂，千头万绪，叙述起来要交互采用多种方法；因而必须理出一条主要线索，以使叙述有条不紊。有的可用人物的某个特征为主线，有的可用时间流逝为主线，有的可用空间变换为主线，有的可用作者的联想思路为主线，等等。有的文章只有一条线索；有的文章有主线，也有副线；还有的不仅有明线，也有暗线。暗线兴许是潜台词;兴许明里说“东”,暗中说“西”,即所谓“明修栈道,暗渡陈仓”的叙述方法。但这样写的时候,在应用文体中一定要有所暗示。

3. 交代明白　叙述事情应该做到交代明白,也就是把叙述的六要素(时间、地点、人物、事件、原因、结果)向读者说清楚,使读者有一个完整的概念。交代的方法要灵活:有的可直接交代,有的则间接交代;有的明白交代,有的可暗示交代。某些文章在不影响理解和接受的情况下,可省略某些要素;但主要的要素如人物、事件、原因、结局等,则一般不能省略。

4. 详略得当　写文章切忌平铺直叙,记流水账。为此就要在叙述中做到详略得当。对于表现主题的重点材料,对于读者不懂的、不甚了解的或感兴趣的内容,叙述时应具体详细,重彩浓墨。对那些次要材料,对读者已知已懂或不感兴趣的内容,叙述时就应概括简略,惜墨如金。这样写才能使文章重点突出,富有变化。

第二节　描　　写

一、描写的含义

描写就是用生动形象的语言把人物、事物、景物的形态与特征具体地描绘出来。但在议论文和应用文当中,较少使用。

在文章中描写与叙述往往交叉使用,有时两者很难分开。但两者既有联系又有区别:叙述侧重交代、介绍事物在时间空间中的动态,使读者对人物或事物有一个连续的概念。描写侧重描摹和刻画处在时间空间中的人物、事物、景物的静态,使人如闻其声,如见其形,如临其境。叙述与时间因素关系最密切;而描写则与空间因素关系最密切。假如文章在对人、对事、对物的介绍过程中把动态、静态两方面糅在一起写,那就使叙述和描写很难分开了。

在文艺作品和记叙性文章中,描写是常用的表达方式;在议论说理的文章及一般应用文体的文章中,主要使用论说和叙述的手段,描写有时偶尔也用,但切忌滥用。

二、描写的类别

描写的种类因角度不同而有多种方法。这里把描写分为:细描与白描,直接描写与间接描写,人物描写与景物描写。

1. 细描与白描　细描是对描写的对象作细致入微的刻画。这种描写浓墨重彩,精雕细刻,多方形容和比喻,多方修饰和渲染,多方对比和夸张。这种描写法多用于文学作品。白描就是用朴素平实的文字和简单明了的线条,三言两语就勾勒出事物的形象。这种描写形似轻描淡写,一般不用比喻、夸张等,也极少形容、修饰。在应用文体中白描比细描多用,但亦点到为止。

2. 直接描写和间接描写　直接描写亦称正面描写,就是从正面描绘人物、事件或环境,使其形貌直接地呈现出来。间接描写亦称侧面描写,或称烘托法,就是不直接描写对象,而是去着力描写与之相关的另一种现象,以烘托出描写对象的特征。清人刘熙载把这种手法概称为“睹影知竿”,其具体方法是:“正面不写写反面,本面不写写对面、旁面,须知睹影知竿乃妙。”(《艺概》)

3. 人物描写与景物描写　按描写的对象分类，可以分为人物描写和景物描写。

(1)人物描写。人物描写可分为肖像描写、语言描写、行动描写和心理描写等。

①肖像描写，就是对人物的身材容貌、衣着打扮、仪态风度等外部特征，用精炼、形象的语言描绘出来。肖像描写主要是为了反映人物的身份地位、经历遭遇、性格特性、内心世界和精神面貌。肖像描写既可用直接描写，也可以用侧面烘托；既可用细描，也可以用白描；既可一笔完成，也可以多笔或整段逐步定型。

②语言描写，就是运用个性化的独白或对话来突现人物个性特征；其作用不仅为发展故事情节，而且更是为表现人物的性格。

③行动描写，就是通过人物的举止、行为来刻画人物。人物的一举一动，都是其思想性格直接的、具体的反映。这种描写在文艺作品中，如小说《水浒传》、《三国演义》等作品写人物多用此法。

④心理描写，是对人物在某一情境中所产生的看法、感情、意识、愿望、联想、梦境、幻觉等的直接刻画。按照中国人的习惯，这种描写在文艺作品中一般不宜过多，在应用文体中一般不用。

(2)景物描写。主要有环境描写、场面描写和形态描写等。

景物描写就是对自然风景和社会状况两个方面的事物进行刻画。自然风景主要指山川原野、日月星辰、风雪雨露、花草鸟虫等等。社会状况主要指城乡建设、风土人情和居室陈设等等。这些事物，有的是作为人物活动的环境，有的是作为人物活动的场面而出现在作品中；它们的运动、变化、态势，则是这里所谓形态描写，它们是人物活动的环境。

三、描写的要求

1. 目的明确　描写是为刻画人物、表现主题服务的。在写文章之时，首先应确定文中要不要用描写。如果是公文，一般不需要用描写；如果是其他应用文，也只能适当地用些描写；即使是介乎文艺作品和新闻之间的文艺通讯、报告文学等，也该注意哪些地方该用，哪些地方不该用。文体不同，描写对象不同，场合不同，描写的作用也不同。总的来讲，必须全文来考虑，从表现主题和刻画人物的需要来考虑，不能为描写而描写。

2. 情调一致　描写要与文章的情调一致。文章的情调有沉郁、明快、婉约、豪放、严肃、平实等等的区别，描写就要依据文章的情调采用相应的笔调，并努力表现这种情调。如果不管文章的基调如何，想怎么描写就怎么描写，想描写什么就描写什么，写出的文章一定是通体不和谐、情理反悖的。

3. 形象逼真　形象性既是描写的基本特点，也是描写的基本要求。所以在描写时要求做到绘声绘色，活灵活现，形象逼真，描写什么像什么；不仅要“形”似，还要“神”似，要形神兼备，形神毕肖。只有这样才能收到如闻其声、如临其境、如见其人、如睹其事的效果，给人留下极其深刻的印象。

4. 特点鲜明　人物有个性，事物有特征。描写时一定要抓住特点，不能千篇一律、千景一色、千人一面；不能泛泛地描写，而要把不同人物的个性和不同景物的特征描绘出来，为文章增色，为表达主题思想服务。

第三节　说　　明

一、说明的含义

说明就是用简练明白的语言或把事物的形状、性质、特征、关系、构成、功能等等，或把人物的一般情况（如姓名、年龄、籍贯、履历等等），或把事理的概念、规律、定理、模式及其应用的范围等等，介绍清楚，表达明白。说明除在说明文中运用外，一般的记叙文、议论文及其他应用文体，都常常使用。

二、说明的方法

说明的方法很多，这里介绍以下几种：

1. 定义说明　定义说明通常称给事物（概念）下定义，就是用言简意赅的语言，把事物的本质属性概括出来，给人们一个明确的说明。定义说明要求把事物本质的内涵揭示出来，定义说明与被定义事物的外延彼此应是相等的。本教材中对众多的概念都进行了说明，这些都是在下定义，也就是在给事物作解释。

定义说明除了所下定义用以说明事物本身外，往往还有对于定义文字所表达的具体含义所作出的详细说明。这种详细说明包括被定义的对象所包含的范围、性质、特点，以及它和邻近事物之间的异同等等。

2. 分类说明　分类说明就是把被说明的事物，按照一个统一的标准划分成不同的类别，然后逐类进行说明。通过对说明对象的分类，显示出不同类别的差异性，使人们掌握不同类型事物（对象）的特性。例如：《辞海》把“文字”分为三种类型，说：“文字有表形文字、表意文字、表音文字，这三种类型标志着文字发展的不同阶段。表音文字最便于人们的学习和使用。”这就是分类说明。

分类说明，一要标准统一；如标准不统一，就会造成分类混乱。所谓标准统一，指的是划分的等级要按统一的标准分类，不能把不同层次的对象列在一起。二要包举内容，即要把被划分的事物的各个对象、小类等尽量列出，不可遗落。

3. 举例说明　举例说明是指选取某种事物、现象中最有代表性的实例，用以说明诸种事物、现象的共同特点、共同规律。这种举例方法是通过个别认识一般的方法，能给人以真实感，并有助于启发性。为了求得良好的说明效果，所举的事例必须精心选择，具有相当的代表性或典型性。这种方法在日常叙事议论中经常使用，唯在写作中应当严肃慎重对待。

4. 比较说明　比较说明就是用比较的方法来说明事物，揭示事物的特点，把握事物的本质。这种方法是用已知之事用以比附当前要说明之事，借以比较。比较的方法很多：有同类事物的纵比和横比；也有相近事物的比较和相反事物的反比。在日常叙事说理中，这也是一种经常使用的说明方法，唯在写作中应当特别注意对象的可比性。

5. 引用说明　引用说明指的是引用史实、故事、诗词、谚语等和有关数字，来补充说明对象的特征或属性。其中除引用的数字可能是对象本身的抽象特质而外，其余史实、故事、诗词、谚语等等都可能与对象本身并无关系，但其在事理上或与对象相关或相近，可以用来比附地补充说明对象，加深对于对象的理解。

说明的方法不止以上五种，如还有注释说明、图解说明等等。各种说明方法都有所长，在写作中通常是结合起来运用的。

三、说明的要求

1. 分清角度，讲究条理　一种事物要把它说清楚，就应该讲究说明的角度和条理：正面的与侧面的、上面的与下面的、前面的与后面的、外部的与内部的等等，这些都要根据表达的需要有条不紊、层次清楚地加以说明。

2. 置身局外，态度客观　说明着重解释事物的客观属性，所以在解释事物时，作者要置身局外，用客观的态度进行科学的说明，尽量不掺杂作者个人的主观见解、评论或感想，否则就会变成抒情或议论了。

3. 抓住特征，务求明白　为要把某一事物解说深刻和清楚，必须要抓住它的特征。例如中学语文所载茅以升写的《中国石拱桥》中的赵州桥，其特点是全桥由二十八道拱圈拼成的大拱；大拱的两肩上各有两个小拱；拱上加拱，拱桥美观。桥洞不是普通的半圆形，而是一个半月形，全桥结构美观匀称。这样一解说，人们就不会把赵州桥误认为其他桥了。

4. 言简意明，通俗易懂　说明的事物，要让人一看就明白。这就要求文字准确，语言简明。在说明中也可能有一定的描写，但描写也要突出事物的特征，使用简洁明了的语言。对于有些较深奥的事物或人们陌生的东西，说明最好不要用专业性的术语，而应借助于比喻或比较等方法，做到通俗易懂。

第四节　议　　论

一、议论的含义

议论就是议事论理，即作者对某一事物或问题进行分析评论，借以揭示事理，进而表明自己看法和观点的一种表达方式。议论的主要特点是运用概念、判断、推理等逻辑手段来阐明事理。它是议论文的主要表达方式，其他应用文体也常用议论。

议论如果与叙述一起使用，就是“夹叙夹议”，这种方法在应用文中用得比较广泛。议论如果与描写相结合，就叫“借端生议”。议论如果与抒情相结合，就称为“寓理于情”。议论如果与说明相结合，就称为“寓理于事”。

二、议论的要素

议论的要素是论点、论据和论证。

1. 论点　论点就是作者对所论述的问题所持的观点，也称论断。论点是议论的主旨和核心，它统帅论据和论证方法，要求后两者为其服务。

一篇议论文一般只有一个中心论点。有的事物比较复杂，需要分层论述；这样在中心论点下面就可能有几个分论点。但每个分论点都必须服从全文的中心论点。

2. 论据　论据是证明论点的理由和依据，也是形成论点的基础。论据分为事实性论据和理论性论据两种。事实性论据包括现实的和历史的事实材料、统计数据。理论性论据指的是科学原理、社会学说,也包括经典言论、箴言格言、民谣谚语、成语典故等。用事实性论据和理论性论据结合起来证明论点,就是人们常说的"摆事实,讲道理"。

选择论据应该注意典型、充分、准确可靠和简明扼要。所谓典型,就是指最有代表性、最能准确说明问题的实质、并且具有很强说服力的材料。所谓充分,就是要有从不同方面、不同角度去进行论述的充分的材料。所谓准确可靠,就是在用现实事例做论据时应认真核查其是否符合实际;用历史事实做论据时应考查其是否符合历史的真实;用经典著作和格言等做论据时应忠实于原文和原意,不可断章取义、任意篡改。所谓简明扼要,就是在援引比较复杂的事例时,要以简明的语言抓住事例的要点。

3. 论证　论证就是运用论据来证实、阐明文章论点的过程,也可以说是揭示论点和论据之间逻辑关系的过程。因此,如果说论点是观点,论据是材料,那么只有通过论证才能使观点和材料统一起来,进而得出合乎逻辑的结论。

总之,论点是解决"什么观点需要证明"的问题;论据是解决"用什么材料证明论点"的问题;论证是解决"如何进行证明"的问题。

三、论证方法

论证方法分为两类:一类是用充分有力的证据来阐明自己的观点,证实自己观点的正确,这就是证明,亦称为立论;一类是用充分有力的证据来反驳对方观点的错误,这就是反驳,亦称为驳论。它们都是文章使用的证明与反驳方法。

1. 立论　逻辑上又称证明,这是指正面证明作者的观点、主张和意见。文章所确立而要证明的论点,一要合乎客观,切忌主观片面;二要有的放矢,切忌不看对象和需要;三要深刻见解,切忌泛泛而谈;四要论据新颖,切忌陈词滥调。文章的论点还要有充分、真实、典型的事实和事理作依据;有合乎形式逻辑和辩证逻辑的推理论证作证明。刘勰说:"论也者,弥纶群言,而研精一理者也。"又说:"明理引乎成辞,征义举乎人事,乃圣贤之鸿谟,经籍之通矩也。"还说:"论如析薪,贵能破理。"(均见《文心雕龙》)这里说的就是对于立论的论点、论据、论证的要求。

立论重在正面宣传,因此特别要求作者态度恳切,实事求是,以理服人;切不可装腔作势,恫吓唬人。

2. 驳论　逻辑上也称反驳,这是指批驳特定论敌的观点、意见和主张。写好驳论的前提是洞悉论敌的矛盾和谬误。孟子说:"何谓之言? 曰:诐词(片面的言词)知其所蔽,淫词(浮夸的言词)知其所陷,邪词(不正的言词)知其所离,遁词(遮饰的言词)知其所穷。"(《孟子·公孙丑上》)这可谓深谙驳论的用意和道理。

驳斥论敌的观点,不能四面出击,而要选好重点作突破口,或反驳论点,或反驳论据,或反驳论证。对论敌的谬论引用要适当,抓住其关键句或关键段或摘引抄录,或提要概括,以便对准靶子,集中火力,务必击破。

反驳通常有反驳论点、反驳论据和反驳论证方法这样三种。

(1)反驳论点。就是指对论敌的论点进行批驳。通常用正确的理论和确凿的事实来指出论敌论点的荒谬和虚假;这是比较常用的方法,也是不难理解的方法。

(2)反驳论据。就是针对论敌的虚假论据进行批驳,指出这些论据是不真实的。由于论点是由论据来支撑的，批倒了论据，论点就站不住脚了。例如早年《人民日报》社论《很有必要明辨是非》一文，逐一驳斥吃“大锅饭”的种种论据。文中驳斥第一个论据时是这样说的：

有人说，吃“大锅饭”、“旱涝保收”，是一个比较“保险”的办法。然而，这种“旱涝保收”，是职工躺在企业身上，企业躺在国家身上，渐渐养成的一个依赖思想和习惯。它使企业和职工失去向上的动力，不仅不利于调动企业和职工的积极性，而且“吸引”着许多人想方设法挤进吃“大锅饭”的行列。对职工个人来说，这种分配方式似乎是“保险”的，而实际上，这样吃下去，使国家和企业越来越被动，职工所得也不可能逐步增加。“大锅饭”终究是不能长吃下去的。

(3)反驳论证方法。就是指出论敌的论点与论据之间的逻辑错误，进而指出其论点错误。有的文章常常由于作者使用诡辩和运用一些似是而非的推理，把错误的论点说得似乎很有道理。这种文章就要反驳他的论证。例如，从前英国记者费力克斯·格林曾问周恩来：“中国人口增长很快，将来会不会人口过多，向外扩张领土?”周恩来当时就抓住他在论证上所犯的逻辑错误，予以反驳：

英国人口在第一次大战前是四千五百万，不算太多，却是“日不没”的殖民帝国。美国面积略小于中国，而人口不及中国三分之一，但美国军事基地遍于全球，海外驻军一百五十万人。中国人口虽多，但没有一兵一卒驻在海外，更没有一个军事基地。可见一个国家是否向外扩张，并不决定它的人口多少，而决定于它的社会制度。

——“中国人口增加很快”，这是客观事实；但由此绝不能推出中国必然会“向外扩张领土”的结论；也就是说，周恩来在这里指出了格林的论点和论据之间存在着逻辑错误。

立论和驳论这两种方法，在议论文写作中常常是结合起来使用的，立中有破，破中有立，有时很难截然分开。从立论来说，确立了一个论点就可能涉及否定、批驳与它对立的观点；从驳论来说，批驳了一个观点一般要确立与它相对立的观点。在这种情况下，我们主要根据全文的旨归和占主导地位的表达方式来确定文章究竟属于立论还是驳论。

四、议论的要求

1. 论点要正确、鲜明、集中、有针对性　论点要正确、鲜明，这是因为议论文是为了宣传真理、明辨是非的，非要正确、鲜明不可。论点要集中，这是因为不集中必分散，一分散就无力，因此一段议论文只能有一个基本论点。在论述比较复杂的问题时，可以在中心论点下分几个分论点；但不管怎么样，议论时一定要围绕一个中心，所谓要有针对性，不能无的放矢，不看靶子乱放枪。有针对性就是有的放矢，做到论证必求说理透彻，真正做到以理服人。

2. 论据要充实、可靠、典型　论据要充实，是说决不能用特殊的、偶然的、个别的材料作论据，须知只有材料充实、理由充足才能令人信服。论据要可靠，是说即使论点再正确，如果论据是虚假的、杜撰的，那就经不起别人的推敲，文章不起作用，浪费笔墨。论据要典型，是说真实可靠的材料较多，在运用时应加精心挑选，须知把最具有代表性的材料当作论据，议论才会深刻有力。

3. 论证要周密、合乎逻辑，做到论点和论据相一致　论证时要把论点、论据恰当地加以安排。用论据证明论点时不应留有漏洞，要周密和完整，这是首先应做到的。其次，论证要合乎逻辑，务使证明或反驳都具有不可辩驳的力量。第三，论证中要抓住主要矛盾，突出论点，并用观点统帅材料，用材料说明观点，做到所有论点与论据完全一致。

第五章 文 风

第一节 文风的含义

文风就是文章的作风。

文风作为文章的作风，指的是从文章的内容、结构、表现方式等要素中实际体现出来的作风。这种作风是民族传统、时代风尚和作者立场观点、思维方式和思想作风等等在写作中的综合反映。

一、民族传播的影响

一个民族有一个民族的传统。每一个民族，不论其大小，在语言和文风上都有它的特点。鲁迅说："法人善于机锋，俄人善于讽刺，英美人善于幽默。"(《准风月谈·"滑稽"例解》)歌德说："中国人在思想、行为和情感方面更明朗、更纯洁，也更合于道德。"(《歌德谈话录》)这种民族的特殊性总会在作者自己的文章中不同程度地反映出来，给文风打上鲜明的烙印。某个时代、某篇文章的作者可以、也应该吸取和借鉴其他国家、其他民族的作者们成功的写作经验，但他势必不能脱离自己民族传统的轨道。因为文章作为反映生活和社会交际的重要工具，作者写作时总要自觉不自觉地顾及读者的思想、感情、性格、心理、艺术趣味和欣赏习惯等；否则，他的文章就很难得到社会承认为人们所接受。因此，文章的民族性愈鲜明、愈独特，它的感染力和生命力也就愈强。

二、时代风尚的影响

文风不但受着民族传统的深刻影响，而且还受到一定时代风尚的影响。任何一个作者都是生活在一定的具体的历史环境中的，他不可能遗世独立，超凡出尘。一定时代的政治、经济和社会风尚、文化风尚等，总以这样或那样的方式影响着当代作家的生活道路、写作倾向和审美意识，从而使文风带着明显的时代特征。关于这一点，刘勰早就有所阐述，他在《文心雕龙·时序》篇中指出："时运交移，质文代变"；"朴实染乎世情，兴废系乎时序。"在他看来，文章的变化和社会风气互相感染熏陶，文学的盛衰和时代的变迁相联系。

文风和时代的密切关系是早已被写作实践所证明了的。例如世人称道的"慷慨而多气"的"建安风骨"，正是那个"世积乱离、风衰俗怨"的时代所使然。鲁迅对此作了如下分析："'慷慨'就因天下大乱之际，亲戚朋友死于乱者特多，于是为文就不免带着悲凉，激昂和'慷慨'了。"(《而已集·魏晋风度及文章与药及酒之关系》)又如以韩愈、柳宗元为代表的唐代"古文运动"，大力倡导清除六朝骈体文那种晦涩艰深、浮靡绮丽的流弊，提倡"惟陈言之务去”，要求文章必须言之有物，使唐代文坛的风气为之一变，这也就在客观上适应了当时社会政治改革和经济文化发展繁荣的需要。即使到了当代，文风和时代的关系同样也是如此。人们还清楚地记得，“文革”十年动乱，“帮”八股流行，时代的悲剧造成了文坛的悲剧，“假、大、空”，“高、大、全”几乎成了这个时代文风的主要特征。这种恶劣的文风严重毒化了社会风气，污染了人们的灵魂，对社会的政治、经济、文化生活造成了十分有害的影响。

三、作者立场和思想作风的影响

文风还和作者的立场观点、思想作风等等主观因素有着密切的关系，它是在一个时代的文章整体中显示出来的基本倾向。而这种基本倾向总是由一篇篇具体文章汇合而成的，离开具体文章和具体作者，也就没有文风可言了。特别是那些对社会有巨大影响的文章作者和作品，更是我们在研究文风时要特别注意的。

第二节　文风的特点

由文风的来源可以看到文风的特点：社会性、民族性、历史性和倾向性

一、社会性

文风作为一个社会、一个民族、一个阶级在一定历史时期里带有倾向性的文章风貌和写作风气，并不是一两个人呼风唤雨所能造成的，而是由许许多多人的文章汇集而形成的。虽然某个知名的作家或某篇成功的文章会对整个社会的文风产生一定的影响和作用，但是终究不可能左右文风总的倾向和趋势。此外，当一种文风形成以后，它又会给众多的作者以一定的影响。一般而论，作者总会在自己的文章里以不同形式、从不同角度顽强地表现时代和社会的状况和风尚。文风一方面既要在作者个人的文章中具体体现出来，同时另一方面又或多或少地影响每个作者的写作，这就使文风具有了社会性。

二、民族性

文风的民族性这个特点是在悠久的民族文化传统的熏陶和影响下，通过历代作者长期写作实践而形成并体现出来的。反映本民族的生活题材、思想意识、道德风尚、性格情绪等，这是民族性在文章内容方面的体现。从形式方面来看，民族语言的特点对文章风貌的影响最为重要。如汉民族语言高度的概括力和丰富的表现力，和表现在语言结构上讲究和谐、对称、均衡，并运用排比句式和对偶句式较多，成语典故较多以及句子短而富有变化等等形式，这都是有别于其他民族语言的显著特征，而彰显着其文章的风貌。还有，用汉语写成的文章在体裁、结构、表现手法等方面，也都形成了许多为中国人所喜闻乐见的民族风格。

三、历史性

文风的形成并非是一朝一夕的事。纵观文风形成的全过程，可以看到它既分阶段性，又有延续性。所谓阶段性，是说不同的时代会产生不同的文风，它是一定时代的产物，具有鲜明的时代特征。所谓延续性，是说一定时代的文风不仅要受到过去的影响，同样也会对将来

的文风发生作用。如六朝文风浮靡，其危害并未随着六朝覆灭而消失，初唐时期依然受着这种不良文风的影响，直到中唐韩愈、柳宗元领导的“古文运动”兴起，才逐渐扫清六朝浮靡之风，树立起清新质朴的文风。晚唐“古文运动”渐趋式微，宋初骈俪之风又起，然后经过欧阳修和苏轼等人不懈努力，力挽颓风，终于又开创了一代新的气象。因此，充分认识文风的历史性特点，对继承发展优良文风和批判清除不良文风有着特别重要的意义。

四、倾向性

文风作为一定时代文章风貌的总表现，它受民族、传统、时代、阶级和传承以及众多作者个人因素等等的影响，也必然会体现出某种相应的倾向性。从总体上来看，大致可分为健康优良的文风和颓废腐朽的恶劣文风两种。凡是政通人和、天下安定，文风亦便清新活泼；反之，政治混乱、世风日下，文风亦随之浮靡衰朽。先进的阶级则要求文风体现出昂扬、奋发、积极、乐观的倾向；而没落阶级的腐朽意识则往往导致文风的虚伪、晦涩和消沉、堕落。值得注意的是，在同一时代里，不同文风往往同时并存着，此消彼长，斗争激烈，时而这种倾向占上风，时而那种倾向成主流。这种现象和当时的政治形势、社会风尚、道德观念、民众心理、经济状况、文化水准等等，都有十分密切的关系。

第三节　文体和风格

文体和风格是两个不同的概念。

一、文体

1. 文体是文章的体裁　所谓文体，也就是文章的各种体制样式。文章是人类反映客观事物、传递信息、表达思想而用书面语言组成的篇章形式，它是人类文明的产物。我国历史悠久，为适应人们交往的各种需要，文章随着时代的发展而发展，不同文体应运而生并日趋丰富多样。所以，文章写作的繁荣也带来了文体研究的不断创新，经过长期的研究，人们发现由于思想内容、思维方式、表现手法以及功用目的、意蕴旨趣的不同，文章可分为不同的体裁。

文体研究是不同文章的体制、样式的特殊规律的概括。当这些规律被我们认识并掌握后，写作时就可以根据文体的不同特点来进行选材、构思；同时在阅读时也可以根据文体的不同特点，细细考察比较作者所采用的结构、表达方式和语言等是否符合他所选用的文体的要求。比如，我们如果懂得议论文的主要任务是说理议事，所举事例仅是用来阐明观点和道理的一个论据，它不需要、也无必要对事物的形象进行细致的铺叙描写，只用高度概括的语言把事例讲清楚就行了。又如，应用文的语言宜准确、平实、简明，若大量运用文学笔法，语言华美艳丽、夸张雕饰，就会引出许多问题来。由此可见，明辨文体，以掌握各种体裁的不同特点，对于我们写好文章是十分重要的。

2. 文体的发展　文章的各种体裁是人类在长期写作实践中逐步形成的，具有一定的规律性和稳定性；但这并不等于说文体是凝固不变、世代如此的。文体在形式上是一个不断变化的概念，它会因时而变，也会因事而变。就以人们比较熟悉的散文为例，古代对散文这种体裁的认识且不去说，即在现代，散文被看作是与小说、诗歌、戏剧并列而同属于文学范畴的一种体裁。起先，举凡杂感、日记、书信、速写、游记、通讯、特写、回忆录、报告文学、科学小品、人物传记等，皆可归在散文的名下。但是后来随着时代的发展，很多体裁日趋成熟，显示出明显的独立性；于是逐渐从散文的“母体”中脱胎而去，自立门户，别为一体，如报告文学、通讯、人物传记、长篇回忆录、某些科普作品等。这就显示出文体是在不断发展的。

同时，文体的发展变化又不可能是爆发式的，而是由一点一滴的量变到焕然一新的质变。新文体和旧文体在形式上一般有着继承关系，但究其变化的根本原因，实在是由于内容表达的需要。当“五四”新文化运动的统一战线分化时，鲁迅心情彷徨而又满怀希望，为了打击敌人，他写下很多杂文，以他为代表创造了现代杂文一体。鲁迅的杂文犀利如匕首，尖锐若投枪；但是杂文是古已有之的东西，就是像鲁迅那样的讽刺杂文，早在唐末陆龟蒙、皮日休、罗隐等人手里就出现过。如果再往前追溯，我们甚至可以把《庄子》书也看成杂文，所以杂文一体也不是鲁迅一人独创的，它源远流长。

一方面文体是发展的，另一方面，文章的各种体制样式又是得到社会承认、约定俗成、不能随意改变的。因此，我们写文章的时候应遵循它们各自的特点，有继承，有创新，以免文不得体，贻笑大方。

3. *量体裁衣，避免僵化* 文章因其特点不同而分为不同的体裁，但从文体分类的角度看，人们对许多文体的概念的理解并不一致。特别是对于那些“同”大“异”小的相近文体，或具有“边缘性”、“两栖性”和“交叉性”的文体，倘若具体说到某一篇文章，有时就很难确断归属。我国当代杂文作家秦牧说：“自然，不管是粗分还是细分都只是大体的一个区别。文学体裁的区分决不像一块木材和一块铁那么容易截然分别。世界上许许多多事物都存在着‘交叉状态’，动物和植物之间有这种情形，陆生动物和水生动物之间有这种情形，文体也有这种情形。”（《散文创作谈》）之所以产生这种情况，除了区分各种文体的界限有待于进一步明确外，不同文体间的相互交融、渗透和影响不仅是经常发生的，而且也是不可避免的好现象，因为从中可以产生出新的文体来。因此，我们不仅要辨识文体，量体裁衣，按体写作，还要恰当地相互融通借鉴，避免僵化。

二、风格

1. *风格是文章的艺术特色* 讲到风格，人们便会马上想起法国18世纪启蒙主义思想家和文学家德·布封的一句名言：“风格即人。”（《论文章风格的演说》）这句话过于概括，我们可以用一句更为浅显通俗的话来给风格下个定义，即：风格就是文章艺术特色所体现出来的作者本人的艺术个性。

文章的艺术特色是能够感觉得到，概括得出的。它们各不相同，迥然而异，这一点我们可以从朱自清和俞平伯同以《桨声灯影里的秦淮河》为题的散文的比较中得到证明。他俩在同一时间，同一条画舫上泛游南京秦淮河，但写成文章，风格却全然不同。朱自清在文章中即景言情，通过秦淮烟月的描写，抒发了不能自已的感情；俞平伯却是即景言理，从哲学的角度叙说自己精神上的感受。一个言情，一个言理，当然首先是内容上的区别，同时显示出风格上的区别。

我国古代文学史上，有许多作家以其独特的艺术特色称誉于世，如“（孟）郊寒，（贾）岛瘦”、“韩（愈）潮，苏（轼）海”、“苏（轼）旷，辛（弃疾）豪”等。即以现代散文而论，许多作者别具特色的风格，我们也很容易就能体味到的，如当代一些作家的作品，热烈豪放，似奔腾呼啸的江涛海潮;而冰心、朱自清的作品,却悠扬委婉,似余音袅袅的夜半箫声;杨朔散文的诗情画意,令人陶醉;秦牧散文的浮想联翩,给人启迪。这些不同的艺术特色就构成了不同作者的不同风格。

风格是读者辨识作者的重要依据。具有独特艺术风格的作者,即使他的文章不标上自己的名字,读者也能观其文而知其名。因此说,风格具有作家鲜明的个性。例如鲁迅创作的大量杂文,迫于当时险恶的环境不得不经常变换笔名,但是留意的读者依然能判断出这些不同题材、不同笔名的杂文的作者是鲁迅。读者之所以会有这种"心有灵犀一点通"的判断力,正是由于极具个人特色的"鲁迅笔法"所致。

2. 风格由作者多方面原因而形成　风格的形式,是由多方面因素决定的。除了时代、民族、阶级等客观原因外,它和作者的个人经历、思想修养、文化修养、品格气质等主观因素有着直接的关系。这在诸多著名作家的作品中可以得到明证。例如,汉魏时代的曹操和曹植,同为杰出的、有代表性的诗人,处于大致相同的外部条件之下,但是他们的诗作在个人的风格上却有着极大的差异。曹操的诗悲壮苍茫、浑雄旷达,表现了他的宏伟气魄和豪迈胸怀;曹植的诗,前期有较浓的和奋发向上的豪迈气派,后期却总是流露着难言的抑郁与悲怆。又如李白和杜甫,他们同样不满"天宝"前后的现实,不满当时的政治状况;但杜甫偏重于"用世"的凝重,而李白则较多偏重于"出世"的飘逸,这就决定了他们在创作方法上的不同选择。杜甫对世界观察细致,体物入微,能够敏锐地捕捉生活中的形象,其作品风格沉郁顿挫;李白的作品则具有强烈的浪漫主义色彩,想象力丰富,不在细微处下工夫,往往是大处着眼,风格豪迈奔放。这种情形,在现代文学史上也不乏其例。总之,作者独特的主观因素,必然会强有力地影响着他的风格的形成。他们的处世哲学、思想修养、创作才能、性格爱好、艺术趣味等,决定着他们对生活的认识和态度,决定着他们反映客观事物的方式,也决定着他们对创作方法、表现手法和艺术语言的选择运用。

3. 应用文的风格问题　我们要特别强调的是,应用文不同于文学作品。除了主要具有庄重、严肃、讲究格式体例,崇尚实用的风格之外,应用文一般是不要求具有个人的艺术风格的,因为它的作用就在于叙述事实、交流情况、沟通观点、确立规范、传达政令、推动工作等,又经常是以领导人、负责人和机关、部门单位的名义制作的。凡此种种,均以明理达意为要。

第四节　优良文风的基本要求

文风不仅仅是如何写文章的问题,它的重要性主要在于对整个社会各个领域产生直接或间接的思想影响。不同时代、不同阶级、不同阶层必然对文风有不同的要求。在我们的时代,优良健康的文风应该是:文风应准确、文风应鲜明、文风应生动、文风应简练。

一、文风应准确

文风的准确性,同语言的准确性有联系,也有区别。文风的准确性,要求文章真实、贴切、恰如其分地反映客观事物,因之,它是文章具有一定的科学性的体现。这就要求作者具有实事求是的写作态度,做到观点正确、材料真实、语言准确。

1. 观点正确　观点正确这是衡量一篇文章成败、优劣的首要标准。写文章的根本目的是为了给人以有益的启示和教育。一篇好的文章，或以情动人，或以理服人，其最终目标应该是给人以知识，使人获益、给人鼓舞、促人深思，这就要求文章的观点一定要正确。

要使文章观点正确，作者的立场首先必须正确。没有先进的科学的思想作指导，不从正确立场出发，是不能正确认识客观事物并把正确的道理阐述出来的。但是这还不够，还要求作者对客观事物进行深入细致的观察、调查和研究，采取去芜取精、去伪存真、由表及里、由浅入深的方法，这样才能真正抓住事物的本质，形成正确的观点。正确的观点还要以准确可靠的材料为依据，如果文章的材料是虚假的，不确切的，那么，即使你的观点再正确，你的见解再精当，也属枉然。有谁会相信用虚伪的材料编织成的"真理"呢?!

2. 材料真实　所谓材料真实，包含以下两层意思：一是指文章的材料必须是真实可靠、准确无误的；二是指材料必须能充分地、合理地证明或体现文章的观点。

真实是应用文的生命。写进文章的材料必须真实可靠，不夸大、不缩小、不歪曲、不捏造，这样才能有助于读者。但客观事物常有盘根错节、真假难辨的情况，稍不留意就会被表象、假象所迷惑，造成变形或失真。因此，即使对于第一手的材料，也要鉴别分析。对于第二手材料，更应持慎重态度，要认真核实查对。引用他人文章时要了解其背景和原意，切忌望文生义，断章取义，胡搬乱套。在这方面，马克思堪称典范。拉法格写道："马克思引证的任何一件事实或任何一个数字，都是得到最有威信的权威人士的证实的。他从不满足于间接得来的材料，总要找原著寻根穷底，不管这样做有多麻烦。即令是为了证实一个不重要的事实，他也要特意到大英博物馆去一趟。"因而即使是"反对马克思的人从来也不能证明他有一点疏忽，不能指出他的论证是建立在受不住严格考核的事实上的"(拉法格《回忆马克思》)。

3. 观点材料相统一　文章材料的准确性，不仅要求材料真实可靠，而且要求能准确地表现观点，达到观点和材料的统一。请注意：一个观点可以用不同的材料来证明；同一个材料也可用来证明不同的观点。写文章时既要善于鉴别材料的真伪，也要善于决定材料的取舍，务使材料和观点之间关系的真实、可靠、符合逻辑。如果把互不相关的材料和观点硬拉在一起，即使材料是真实可靠的，也决计写不出观点准确的文章来。

4. 语言表达准确　首先要认真辨析词义，特别要仔细区分同义词、近义词在适用范围、词义轻重、搭配功能、风格特征等方面的细微差别。其次要注意词语的感情色彩。不仅要善于掌握词语的褒贬意义，而且要注意揣摩褒贬意味的浓淡，体味不同词语的感情色彩。

语言表达要准确，还必然要求遵守语言的基本法则，运用合乎语法和逻辑。合语法，能保证语言通畅；合逻辑，能使文章顺应事理。达到这两点要求，就能使思想成为有条理和可以理解的东西；否则就会产生句子成分残缺，词语搭配不当，概念不清，判断不当，杂乱无章和推理悖谬等毛病，轻则辞不达意，重则荒谬绝伦。

二、文风应鲜明

毛泽东在《对晋绥日报编辑人员的谈话》中说："我们必须坚持真理，而真理必须旗帜鲜明。我们共产党人从来认为隐瞒自己的观点是可耻的，我们党所办的报纸，我们党所进行的一切宣传工作，都应当是生动的，鲜明的，尖锐的，毫不吞吞吐吐。这是革命无产阶级应有的战斗风格。"这段话是对共产党所办的报纸和进行的一切宣传工作来说的，表明共产党从不隐瞒自己的观点，坚持真理，从不说假话。如果以前我们发现报纸上"假大空"不断导致社会上充斥大量谎言，那都是违背共产党从马克思以来所郑重承诺的，应引以为戒。对于现在说的应用文写作来说，则更应该不说假话，而应讲真话，说真理，而文风鲜明则是优良文风的重要特征。

1. *态度要鲜明* 要使文章文风鲜明，最根本的是作者对客观事物的认识和态度要鲜明。态度要鲜明虽然不能一概而论，但就应用文来说，文章赞成什么，反对什么，歌颂什么，批判什么，绝不能含糊其辞、模棱两可。因此文章的观点一定要鲜明。

2. *表达要鲜明* 文章有了鲜明的褒贬爱憎观点之后，还要努力通过表达、表现这种鲜明。表达是多种多样的，可以通过合适的结构，可以通过鲜明的比较，可以使用明确的语言。一篇文章如果只是甲乙丙丁，开中药铺，没有明确的观点作统帅，那绝对是算不得鲜明的；但是，虽有观点而不突出，没有重点，不分主次，甚至让次要观点淹没了主要观点，或使观点淹没在冗繁的材料之中，也难使文章表达鲜明。再者还可以适当运用技巧，如古今之比、中外之比、正反之比、善恶之比，还有成败得失、利弊功过等等的对比，都是使文章鲜明的行之有效的种种方法。

3. *语言要鲜明* 文章的鲜明性和语言也有关。若语多歧义，含糊不清，文章的主题就无法鲜明。语言拖泥带水，重复啰嗦，也会使作者的思想失却光彩；只有准确、简洁、鲜明的语言，才能使文章观点明朗，一目了然。

三、文风应生动

“言之无文，行而不远。”古今中外的优秀作者，莫不重视文章的生动性、可读性。他们以新鲜的内容、优美的文笔、真挚的感情获得了成千上万的读者。而一篇令人难以卒读的文章，其传播范围和教育效果肯定是大为不妙的。

文章如何才能生动呢？可以从以下几个方面来入手。

1. *内容要出新* 内容出新，就是要求作者能把握时代脉搏，敢于面对现实，及时反映新事物，研究新问题。同时还要求作者选择角度要新，提出见解要新。新事物一般都有较旺盛的生命力，新鲜、活泼，为世人所关注，这样的内容比较容易写得生动。——当然，以新事物、新问题为内容，文章不一定就生动，这里还有一个如何写的问题。倘若毫无创见，囿于旧俗，那完全可能把新事物、新问题写“死”，所以我们提倡内容要新。但也不排斥写那些人们早已熟悉、了解的事物；对于这样的事物，关键是能否推陈出新，以新的角度和方法，提出不同于前人的独创见解。比如人们非常熟悉的寓言故事《南郭先生》。以往的作者批评南郭先生“滥竽充数”的居多；但假如我们变换一个角度来论述南郭先生之所以能够“滥竽充数”混饭吃，正是由于齐宣王爱听大合奏，良莠不分，提倡奏乐“大锅饭”所造成的。以这样的见解写文章便能令人耳目一新，使古老的寓言有了新的时代气息，文章也有了生动性。

2. *笔端要带感情* “晓之以理，动之以情”，是文章对读者产生影响的两种主要手段。一篇优秀的文章不仅要以深刻的道理教育读者，还要以真挚的感情打动读者。无论是写记叙文，还是写议论文，都应笔端常带感情，做到情文并茂，情理兼存。写人也好，记事也好，都要注入作者的爱憎感情，或使读者喜笑颜开，或使读者横眉冷对，或使读者同情落泪，或使读者扼腕愤慨。即使是理论性较强的议论文章，也不可笔下无情而纯粹论理；只有理中带情，情中有理，才能使读者心悦诚服，乐于接受你的观点和见解。至于纯粹说明性、信息性以及法规性的应用文，则当然另当别论。

3. *材料要具体* 就人的认识规律来看，总是从一个个具体的“个别”开始的，然后随着人的阅历逐步加深，分析综合能力不断提高，才渐渐地由个别到一般，由具体到抽象，从而认识事物的本质。写文章也不能离开人的认识规律。一般来说，生动的东西大都是具体的。记叙文以记人叙事为主，这类文章写自然，就得让人触摸到其光泽和软硬；写人物就要让人感觉到他的音容笑貌，使读者如闻其声，如见其人；写事件，就应让人了解它的前因后果，使读者如亲历其境，如亲履其事。议论文主要表现手段是运用概念、判断和推理进行抽象说理，但并不排斥适当运用具体形象的材料来说明问题。这些材料既能有力证明论点，又能使文章显得活泼、生动。

4. *语言要形象* 语言的形象生动，首先离不开作者对所写对象细致入微的观察和深刻准确的认识；其次还得力于作者对客观事物新颖独特的感受。有了这个基础，再调动其他的写作手段就能达到语言的形象化了。再如，灵活地安排文章句式也可使语言形象生动。文章写作应根据表情达意的需要，适时调整句式，长短结合，整散交错。长句周密细致，短句简洁明快，整句连贯和谐，散句自由疏放。这样可以避免单调划一，给人以参差错落、富有韵律的美感。有时候作者不用形容，不加修饰，运用白描手法如实把事物本来面貌写出来，反而显得朴素自然，清新感人。另如表达方法的交替转换，结构形式的灵活变化和幽默笔调的适当运用等等，都能给语言带来生动性。

四、文风应简练

所谓简练，就是整篇文章篇幅小，字数少，容量大，用比较少的语言表达比较丰富的内容，具有高度浓缩的涵盖面。我国传统文论中说的炼字、炼句，实际上就是追求这种“以少少许，胜多多许”、“笔简意繁”、“文约而事丰”的境界。我们提倡简练的文风，要求文章尽可能写得短小些、精粹些，这在当今工作生活节奏十分紧张，文字刊物铺天盖地滚滚来，特别是长篇大论已成时髦的时代，更显示出它的重要性。请看下面巴金《我为什么写作》一文：

> 人为什么需要文学？需要它来扫除我们心灵中的垃圾，需要它给我们带来希望，带来勇气，带来力量。
>
> 我为什么需要文学？我想用它来改变我的生活，改变我的环境，改变我的精神世界。
>
> 我五十几年的文学生活可以说明：我不曾玩弄人生，不曾装饰人生，也不曾美化人生，我是在作品中生活，在作品中奋斗。

写作对于普通读者来说，是一件令人向往又似乎神秘的事。1985 年，巴黎图书沙龙通过法国驻各国使馆，分别邀请包括我国在内的世界各国著名作家就“你为什么写作”一题撰文。巴金应约写了如上一段文字，连标题在内才 120 字，但其涵义深刻，涉及了作家的创作动机、创作历程，以及他的生活追求和情感世界，文笔真是简练。

当然，我们不能机械地以文字的多少作为衡量是否简练的标准。少而精，不是越少越好，越简越好，应从文章的内容着眼。只要内容确实需要，短短数语不为简，连篇累牍不为繁，该短则短，该长则长，真正做到句中无余字，篇中无剩言。

怎样才能做到简练？

1. *胸有成竹* 思路清晰，易使文章简练。一篇稍微复杂些的文章便会涉及多方面的材料和关系。作者如果尚未把这些材料如何安排，关系如何处理等等问题想透理清就仓促动笔，文章必会“乱套”，捉襟见肘，闲言杂出。苏轼称赞文与可画竹：“必先得成竹于胸中，执笔熟视，乃见其所欲画者，急起从之，振笔直遂。”（《文与可画筼筜谷偃竹记》）庄子笔下的那个庖丁，但见他“动刀甚微”，偌大一头牛就“谍然已解，如土委地”，何等干脆利落！文与可所以能“振笔直遂”，是因为先“得成于胸”，又“执笔熟视”；庖丁之所以能做到游刃有余，刀起骨散，是因为他对整个牛体结构已烂熟于心，“未尝见全牛也”（《庄子·养生主》）。以上两例说的虽然是画竹、解牛的事，但对我们的写作具有启发意义。作者思路清晰了，写起文章来就能得心应手，言简笔顺。

2. 突出中心　突出中心也能使文章简练。除特殊情况外，一篇文章只能有一个主题、一个中心，全文要紧紧围绕这个中心来构思。集中笔墨、有的放矢、目不旁骛，调动一切手段来表现它、突出它就能避免枝节横生和行文繁杂的弊病。

3. 多加删改　要使文章简练还需在删改上多下工夫，这对初学写作的人来说尤为重要。托尔斯泰写的《为克莱塞尔乐章而作》一文只有5页，可他为写这篇文章所用的手稿却有800页之多。老舍先生说，有的文章“第一天可能就写成，第二天、第三天加工修改，把那些陈词滥调和废话都删掉”。由此可见，写文章一定要“将可有可无的字、句、段删去，毫不可惜”（鲁迅）。敷衍马虎不行，不忍割爱也不行。

第五节　当前应警惕“假、大、空、套”之风

中国自有历史以来，已出现过几次不正的文风。汉代出现过骈丽之风，六朝出现过浮靡之风，明清又出现过八股之风，到了当代又出现过“假、大、空”之风。二千年间居然陆续出现多种不正之风为害文坛，实在让人吃惊。前三种腐朽文风，都在历史上延续过几百年，实在为害匪浅。全国解放前后曾一度膨胀的“假、大、空、套”之风，不仅肆虐文坛，而且入侵政坛，腐蚀了许多干部的作风，也毒化了普通人们的言行，后果不堪回想。

现在能不能说已经不见“假、大、空”这种不正之风了呢？是不是已经恢复了实事求是的文风了呢？应该说，这种腐朽的“假、大、空”的文风并该有完全消失，说假话，说大话、说空话仍然不绝于耳；讲真话、讲实话、讲心里话的实事求是文风，却仍然要花很大力气来提倡。这是因为任何一种腐朽文风都有其社会基础，不能把它看成是几个人的瞎折腾。而任何一种先进的文风，也是有其特定社会基础的，不能单靠几个人倡导就可以风行起来。实事求是文风在全国解放以前的延安时期，共产党就曾大力提倡。虽然现在我们已经进步很大了，老八股、党八股似已销声匿迹，但却又出现了新的“假、大、空、套”的新八股。“套”就是老一套，陈词滥调，什么问题也不能解决。这是应该十分警惕。只有大家全力真正克服了这种“假、大、空、套”的腐朽文风，才能把实事求是的、科学的优秀文风真正地确立风行于文坛、政坛，使讲话、写文章、做决定等都能更好地为国家人民服务。

出人意外的是，目前又出现了“忽悠”之风，讲话、办事花样甚多，做报告、写文章，亦复是洋洋洒洒，花里胡哨，好听的多，好看得多，就是言行不一，人们把这种文风实实在在称之为“忽悠”。王蒙在上个世纪末尾写过一篇寓言小品《朝三暮四》，主要是揭露尽出花样以哄骗自己所管辖喂养的猴群，可为一读（见本书“传播文体”所附：“杂文三章”第一章[例文03]）。而现实生活中用作“忽悠”、哄骗人们的词语，也是层出不穷，有人曾罗列了一些，有一些词语很花哨，听了只叫人唉声叹气。有人说话、办事、写文章，要么根本不讲实际；要么就让人等到猴年马月亦终不知到底结果怎么样。这种文风其实是过去肆虐一时的“假”、“大”、“空”的当代版；只是“假、大、空”没有市场了，而改为“忽悠”以哄骗人。但社会上讲真话已成为真正的时尚，它会不断发扬光大，不久的将来人们就会用实际行动在文坛上树立起真正的、实事求是的、科学的新文风。

第六章 拟稿与修改

第一节 准 备

写作的准备有平时的准备和临时的准备。平时的准备范围不限于学习一般的写作知识和积累写作经验，还包括各类知识的积累和社会生活的体验观察。临时的准备指的是确定了某项具体写作任务之后、开始动笔之前的准备，包括明理、储材、辨体三个方面，三个方面对于应用写作尤为特别重要。

一、明理

应用文要有实际应用价值，政策性、思想性、真实性、业务性和时间性要求都很高。因此，我们必须以马克思主义基本原理为指导，正确理解党的方针、政策和国家的法律、法规，对于写作材料所涉及的专业中的实际问题，要能够正确地分析问题，实事求是地找出解决问题的办法，并要努力使文章言之有据、言之有序、言之有理，真正具有实际的功用。

要使文章言之有理，具有实际的功用，还要熟悉本行，精通业务。各行各业都有具体的法规条例、方针政策、规章制度、业务知识等等，都应备在身边，必要时拿出来看看。应用文写作的目的是为工作服务的，作者如不熟悉本行业务工作和实际情况，文章就免不了说外行话，讲外行理，写过时的事，贻笑大方是小事，贻误工作则是大事。所以，不懂政策、不熟悉业务、不了解情况，要做到明理还是一句空话。

应用文写作在明理环节的基本方面，不仅要学习马克思主义和党的方针政策，国家的法律法规，以及熟悉本行业务的情况等等，对于命题行文的文稿写作还应当认真听取本单位有关领导的指示。他们更了解方针、政策和上级意图，也更熟悉本单位本系统的实际情况，胸中有全局，心中有意图，手中有材料，文章为什么要写，写时要明什么理，甚至大致怎么写，都能够提出确切的意见来。作者应参考和依照领导的意见来写，这一点对于公务文书、法规文书、事务文书，以及其他各类文体中一些以机关、单位、部门等名义发布和传播的文章来说，尤为重要。

二、储材

储材也就是占有、积聚写作材料。我国古人就十分重视写作过程中的储材工作。曹植说过："街谈巷说，必有可采；击辕之歌，有应风雅。"（《与杨德祖书》）韩愈强调："贪多务得，细大不捐"，"俱收并蓄，待用无遗。"（《进学解》）写文章而无材料，只能写出空话连篇的八股。所以动笔之前要在储材上下工夫，又要多多向社会作调查，向社会要材料。

储材的主要方法是：研究社会，积累素材；观察生活，收集事例；熟悉业务，储备信息。其主要途径是：

1. *观察和体验*　社会生活是取之不尽、用之不竭的信息源。从认识论角度看，观察是认识的基础。一个人只有对周围事物不断地进行系统周密的观察，才能获得大量的感性认识，进而上升为理性认识。从写作学上看，观察是写作的入门，无论写哪种体裁的文章，第一须仔细观察。叶圣陶指出："在实际生活里养成精密观察和仔细认识的习惯，是一种准备功夫。"（《拿起笔来之前》）观察不细，体验不深，要想叙述、描写，则无从下笔；要想说理、议论，则找不到由头。茅盾在《大题小解》一文中说过："为初学者设想，凡技巧上诸问题（包括所谓'炼字'在内），固然不可不下一番功夫，但尤其不能不下工夫的，是观察力的养成。"

观察、体验，既要全面细致，又要捕捉特点，还要加强情感体味。如"横看成岭侧成峰，远近高低各不同"、"天街小雨润如酥，草色遥看近却无"，说的就是观察不可片面，需要作"面面观"。这包括多角度观察、分割观察、跟踪观察、比较观察等等。总之，要培养观察的兴趣，养成观察的习惯，讲究观察的方法。

2. *采访和调查*　这是应用文写作中获取外界信息的最重要方式。采访调查随工作性质不同而不同：作家往往采取体验生活的方式；各类业务人员往往采用听取汇报、专题普查、重点调查、抽样调查等方式；公安、检察、法院工作常常应用侦察、鉴别、审讯等方式；而新闻记者则应通过几乎一切方法进行采访调查。

采访调查要事先作好准备。一方面对采访对象要先有所了解，包括他的经历、事迹、言行、脾气、喜好、忌讳、处事，以及有关上下、左右、内外、周围对他的评价等等；另一方面要拟好采访调查提纲，对准备提出的问题要理清头绪，一一写下来；或牢记心上，有的放矢，有条不紊。采访调查中要讲清意图，注意谈话的态度，做到"心相近，语相通，善应变，不离宗"。要讲究艺术，从对方熟悉而又感兴趣的话题入手，迅速开启调查对象的心扉。要入乡随俗，因人制宜；要设身处地，或正问、或侧问、或设问、或反问、或追问，都要适时、得体、得当。一方面要注意随机应变，又要注意不离正题。要边听边想，随时注意分析思考。采访调查后，要及时对所得材料进行核对整理。

3. *阅读书刊，收听广播，观看影视，查询电脑*　今天的信息传播媒介主要形式是书籍、报刊、广播、影视和互联网。阅读书刊、听广播、看影视、查询电脑等是接收外界信息的一种重要方式。图书馆是信息的海洋，在那里可以采集到自己需要的各种信息。要熟悉图书分类法，善于利用书目、索引、工具书。方法上既要注意锐意穷搜，勤于笔录，又要学会使用照相、复印、联机检索等现代化手段来采集和储备信息。还要讲究阅读艺术，精于感受，采用快读浏览、选读研读等方法。广播和影视是现代传播信息的重要工具，一般具有新鲜活泼、形象生动等特点。经常收听广播看电视，接触影像信息，对于开阔视野，增长知识，储备写作信息等是很有好处的。互联网是最新的信息储存和传递工具，它具有无远不达、海量储运、文图并茂、操作简单等特点，是十分重要的当代信息工具，应高度重视并运用。

4. *社会交往*　这是人们获得最新信息的简捷手段之一，又是可以当即核对探讨的方法之一。现在有足够的资料表明，人们的意识和信息多半来自社会交往活动中人与人之间思想火花的自由碰撞。但长期以来社交被认为是浪费时间和精力的事情，反而倡导"面壁苦读"，提倡"板凳甘坐十年冷"；或只重视纵向上下之间的信息传递。目前这些观念得有所修正。在社会交往中人们交流信息的内容极其广泛，这些内容多属亲身感知的社会现象，或是从耳闻目睹的社会现象中概括升华出来的观念信息。在社会交往中人们交往越频繁，层次、结构越合理，信息交流就越具有深度和广度，有效信息量就越高，开拓、创造能力就越强。另外，社会交往还可以推动再学习，对人的行为进行不断调节和控制，有利于改善自己的知识结构，更好地认识客观世界。

三、辨体

“文章先于辨体”(徐师曾《文体明辨序》)。体，就是文章的体裁，又称“体式”，它是文章的文字定型的样式，是文章的外部表现形态。每类文章都有自己特殊的文体，都有自己特殊的写作要求，这些要求是从同类文章中概括出来的一般法则，每个作者在写作时都必须遵循这些法则，否则写出来的东西就会不伦不类。

文体既是表情达意的具体体式，辨体就必须力求适应内容的要求与写作的目的，尊重社会习惯，便于读者阅读。辨体应当做到以下几点：

1. 分清记叙文、议论文、说明文、抒情文的不同特点　这四大类文章分类是根据文章的主要表达方式划分的。在实际生活中，这一分类却不免失之粗略，因为每一大类都包含着许多特征不同的文种，文种又各有各的写法，因而是不宜笼统看待的。但是在学习写作的起步阶段，这一分类法有助于写作者的入门。

(1)记叙文是以叙述和描写为主要表达方式的常用文体。记叙文的写作要求：一是纪实；二是清楚；三是有情趣。

(2)议论文主要是以议论方式议事说理的常用文体。议论文的写作要求：一是观点正确；二是说理清楚；三是逻辑严密。

(3)说明文是以说明方式说明事物或事理的常用文体。说明文的写作要求：一是客观性；二是准确性；三是言简意明。

(4)抒情文是以抒情方式抒发感情的常用文体。抒情文的写作要求：一是要有真情实感；二是要有情趣健康；三是要形象生动。

2. 分清文艺文与应用文的不同特点　文艺文与应用文这两大类文章，都是客观事物的反映，其目的都在于认识世界和掌握世界。但是它们有五大不同：

(1)文艺文所反映的客观事物和生活都是经过艺术加工的，讲究的是艺术真实；应用文所反映的事理应是真实、准确、科学的事理，遵守的是事实真实的原则。

(2)文艺文主要运用形象思维，以生动鲜明乃至栩栩如生的典型形象来说话；应用文主要运用逻辑思维，用真实的事实和道理，包括统计数字、图表等来说话讲理。

(3)文艺文诉诸读者的是情感和想象；应用文诉诸读者的则是无可辩驳的客观事实和不可辩驳的客观真理。

(4)文艺文的表现形式尤重创新，最忌讳的是雷同；应用文却往往采取稳定的、常见的甚至是通用的结构和固定的体例格式。

(5)文艺文语言讲究文采和含蓄；应用文语言要求朴实和明白。

值得注意的是，近年来随着认识的深化，文艺文和应用文之间也有了互相渗透、交叉和融汇的现象，并且出现了交叉和边缘的文体，如科技小品等。但是，文艺文和应用文之间在真实性上的区别则断不可泯灭。

第二节　构　　思

构思是写作过程中大脑对信息和材料进行整理、加工、剔留、组合，从而开拓创造和构架谋篇的一个阶段，也是从进一步明确主题和筛选材料到文字表达之间的一个运思构想的中介阶段。构思是一种创造性的、复杂的思维活动，是文章写作的一个关键环节。

一、构思的任务

1. 明确主题　构思阶段首要问题是解决选题立意。俗话说："题好功半"，选题往往比研究和写作本身更重要。

选题有两个意思，一是选择研究和写作的课题；二是选择、确定文章的主题(同一个课题可能包含不同的主题)。选题立意的思维运动常常是"问题→课题→主题(雏形)"的形式，是一个对客观事物进行辨析、认识、提炼的过程。一方面作者借助活跃的想象，把各种各类符合选题方向的感受、意象、经验等串连起来，丰富构思的格局；另一方面则积极地对它们进行再认识，努力透过事物的表象和现象，抽象、概括出它的本质，挖掘出尽可能新鲜深刻的主题。

文贵创新。写作"必言前人所未言，发前人所未发"。文贵自得。写文章一定要有自己的见解，有自己的创造。一篇文章的水平高低、价值大小，主要标准之一是看它是否有创新和突破。具体地说，研究性文章看其有否新知灼见，应用性文章看其能否解决实际问题。

2. 理清思路　文章并不是客观事物、事理的机械反映，所以文章的主题虽已明晰，但还必须经过头脑的继续思索加工，解决一个怎样认识和怎样反映的问题。作者要根据文章的主题，精心寻求文章的最佳思路，不但要使文章做到"言之有理"，而且要做到"言之有序"。而文章对事物发展过程如何叙述，或对问题如何分析论证，都是作者思路的一种反映。言之有序全赖思之有路，"作者思有路，遵路识斯真"(叶圣陶《语文教学二十韵》)。朱自清把文章构思中的思路称为"文脉"或"语脉"；并说："多年批改学生作文，觉得他们最大的毛病是思路不清。"(《写作杂谈》)思路清晰了，即是有顺序，要连贯，善区分，也就有了逻辑性，起草行文就能精当得法，读者读得明白清楚，就是一篇好文章。

3. 选择材料　选材一般是与确立主题和理清思路同时进行的。但是，在上述过程中，材料仅是初步的集结；在下笔过程中还需要根据主题和思路，进一步审查和筛选材料。对于其中最能表现主题的材料要详写，一般的应略写，剔除关系甚少的东西。材料的主次详略主要是服从主题的需要，但与思绪的起伏曲折也有关系。选材还要扬长避短，注意从自己的阅历和实践中选取材料。对自己未经详核精审或理解不深不透的材料，使用时要慎之又慎，最好不用。因为材料的芜杂和失当，都会影响主题的突出和思路的清晰。

4. 搭建框架　思路的具体内容，则是构筑文章的框架，又是安排文章格局的具体材料。就应用文写作而言，公文有公务文书的框架格局，消息有新闻的结构格式，学术论文也有它的基本类型。在构思中，题目占多大位置，标题如何排列，怎样抬头、落款、提行，文章的段落如何安排等，都得仔细考虑。不仅如此，文章是写给别人看的，还应当根据发表的环境和对象的需要，再根据文章的写作目的，来选择适当的语言手段和文章体式。

因此在思路的展开过程中，及时编排提纲，对于理清思路，构筑框架十分有效。许多名家的写作经验中有一条：搭建框架时最好按编拟写作提纲，具体构思时再在提纲上多下工夫，这样就能做到“胸有成竹”，写起来就可以“目无全牛”，得心应手。这种方法对于那些在写作中感到难以落笔开头的作者按照思路拟定提纲，尤为有益。总之，一个即使比较简单的提纲，也会使文章更易有逻辑性。至于提纲的形式，通常有句子提纲，标题提纲和段落提纲等。

二、构思的方式

1. 十月怀胎，一朝分娩　有的作者在长期的生活、工作和学习中，勤于观察，勤于思索，勤于摘录，积累了大量的思想感受和社会经验，一旦遇到某种契机，原来那些互不相关的事物，或聚合凝结，或串珠成线，于是形成了佳构杰作。这种写作现象，前人把它叫做“机遇”或“灵感”，实际上这是作者长期积累的突然发作。这个孕育、积累的过程，人们把它比为“十月怀胎”；而积多必发，凝结成文，又好像是“一朝分娩”。

2. 接受任务，昼夜兼程　不少人写作需要有点压力，指令任务一下，时间安排又紧，他就会全身心投入写作，压力倒成了点燃思绪的火花，然后构思昼夜兼行，文章跃然纸上，真可谓：毛驴不骑不行，文章不逼写不出来。激烈的竞争，紧迫的任务，使命感和危机感，都可以成为激发思维的条件，任务一来文章就会在日夜构思中被“挤”出来了。

3. 凝神结想，打好腹稿　有的作者构思喜欢有一个较为幽静自在的环境，聚精会神，凝思默想。如鲁迅写作之前通常不写提纲，却极注重打腹稿。即使是写三五百字短文，他也不是摊开纸就动手。那张躺椅就是他构思的好所在，在那饭前饭后的休息时间里，他一语不发，在躺椅上先把所要写的文字打起腹稿。待这样凝神结想打好腹稿之后，他才点燃一支香烟，用“金不换”毛笔在稿纸上书写，常常是一气呵成，很少涂改。不惟写杂文要如此，其他文体一般也要事先酝酿成大纲或腹稿，然后坐下来撰写。

4. 商量讨论，集体筹划　有些事关大局的重要文章，需要集思广益，多方斟酌。为此往往成立写作小组，多人讨论，集体构思。或由领导、群众与作者三结合，上下一起筹划；然后大家一起讨论，拟定格局，写出提纲；再后或由一人执笔，或分头执笔等，最后成文。

构思的方式随作者的秉性、情绪、环境、用脑时间等因素的不同而呈多样性，上述四种方式仅是列举而已，重要的是要选择适合自己主客观条件，又能“出活”的构思方式来写作。

三、构思“三步曲”

古代文学理论家刘勰说：“凡思绪初发，情采芜杂，心非权衡，势必轻重。是以草创鸿笔，先标三准：履端于始，则设情以位体；举正于中，则酌事以取类；归余于终，则撮辞以举要。”(《文心雕龙·熔裁》)这著名的“三准”说，精辟地阐明了构思的方法。那意思是，作者的写作冲动一经激发，心中思绪纷繁，辞采杂乱，究竟写什么，不写什么，什么是重要的，什么是次要的，中心是什么，重点如何突出，等等问题，杂陈并出。人的“心”不是一杆标准的秤，因此一时“势必轻重”不知。这时第一步应“设情以位体”，就是确立文章的“情志”，并给它安排一个恰当的“体裁”。第二步则是“酌事以取类”，考虑如何适应情理表现的需要以及体裁的规范，选取典型材料来表现。接着第三步要“撮辞以举要”，就是选炼文辞，努力突出文章的要义。刘勰这“设情位体”、“酌事取类”、“撮辞举要”三步走的方法，抓住了构思中的核心内容和关键所在，要求明确，步骤清晰；又主次分明，轻重得宜，对于写作有很大的指导意义。

键所在，要求明确，步骤清晰；又主次分明，轻重得宜，对于写作有很大的指导意义。

第三节　起　　草

当构思成熟，提纲拟定，便可伏案行文，最好先打一个草稿。起草就是把自己的构思草创成文，把想好的内容用语言文字表现到纸面上或电脑屏幕上，成为有形的文章，然后经过修改定稿，成为待发的正式文稿。

一、起草方式

起草方式不外乎个人起草与集体分工起草两种。应用文的起草者往往不是文章或文件的法定作者，他们常常只是代单位立言或代人立言。因此，即使个人起草也必须体现上级的指示精神，单位领导人的意图，以及委托撰稿人的主观意向等，还要考虑客观实际情况等等。

个人起草的好处是可以保持文章的前后一贯和语气统一等，但在实际工作中，集体讨论、分头执笔的情况比较常见。但最后必须要由一、二人集中统稿，以免内容交叉重迭、前后牴牾矛盾和语言风格异趣等毛病和缺点。

二、起草方法

1. 疾书莫间断，一气呵成　起草初稿要有满腔的热情，按照拟定提纲一口气写下去，不要使思路中断。疾书莫间断可以保持思路贯通，做到首尾一致，不会因写作的中断延宕破坏了写作时那种奋发的热情与兴致。鲁迅说："十步九回头的作文法，是很不对的，这就是在不断的不相信自己——结果一定做不成。以后应该在立定格局之后，一直写下去，不管修辞，也不要回头看。"(《致叶紫》)这个经验之谈值得借鉴。

2. 大改不小动　要一气呵成，就必须先顾大体，后顾细节，先求整体达理明意为第一要务。除对于阻隔思路或走入歧途的部分可大刀阔斧砍削、改动外，对于一词一句或细枝末节不必费时劳神，可留待修改时再细思详酌。

3. 注意全文贯通，段落完整　为求整体达理，务要全文贯通；而段落完整又是全文贯通的基础。要用好关联词语，写好过渡句段，使文章承前启后，浑然一体。构筑段落要统一完整。刘勰说："章总一义，须意穷而成体。"(《文心雕龙・章句》)这说的是每一段落要集中表达一个意思，把它说深说透说完整，并合乎规格范例。构筑段落还要尽可能注意侧重、均衡和衔接，并有开阖、抑扬、层迭、疏密、虚实、正反等变化。

4. 遇到碍难，可暂搁置　文章也可以先从自己最有兴趣、最为熟悉的部分落笔去写，一经选定，立即动笔，要说的话便如泉水汩汩流出。行文遇到碍难部分，也可跳跃而过。有碍难并不全是坏事，因为它促使作者来一番精细的分析研究。若是材料储备不足，就可进一步调查搜集资料；若是认识尚不深刻，可以继续探讨求教。还可以翻阅报刊及有关著作，也可向别人请教。经过一番努力，"柳暗花明又一村"，写不出就会变成写得出、写得好了。

第四节 修　　改

古人说："善作不如善改"、"文章不厌百回改"，这是很有道理的。有经验的作者都有这样的体会：修改才是真正的写作，好文章是改出来的。

一、修改的意义

有的作者认为，应用文不是文学作品、不是理论专著，用不着艰苦地修改；甚至认为修改是"把关者"的责任，自己写就初稿就大功告成了。这些错误观念是提高应用文章质量的主要障碍。我们应当对工作负责，对读者负责，也应对自己负责。作为应用文，在内容上应当是深刻的，在表现形式上也绝不是干瘪乏味的，它可以而且应该富有创造精神，文采出众，思想跃然纸上。诸葛亮的《出师表》意深情浓，拳拳之心、恳切之情感染了多少人！骆宾王的《讨武曌檄》雄文豪气，"足以壮军声而作义勇"，为不朽之作！所以，应用文写作实在更应强调修改，使之文通字顺，表述准确，人能遵而行之，不生歧义；再进一步使之情理感人，人能信而服之，不生疑虑。

二、修改的方式

1. *读改式*　"写完至少看两遍"，这是鲁迅的话。实际上看三遍五遍也不嫌多。鲁迅又说：最好朗读或默读。边读边思索，遇有语意不畅的地方随手改定。鲁迅还说："竭力将可有可无的字、句、段删去。"(《答北斗杂志社问》)鲁迅又说过："我做完之后，总要看两遍，自己觉得拗口的，就增删几个字，一定要它读得顺口；……只有自己懂得或连自己也不懂的生造出来的字句，是不大有用的。"(《我怎么做起小说来》)这种仔细斟酌和认真推敲的优良作风，我们应当继承发扬。

2. *求助法*　可以把稿子交给别人，请别人帮助直接修改；也可以征求他人意见，然后自己动手修改。"当事者迷，旁观者清"，人们对自己写出来的东西往往偏爱，而旁人则能从比较客观的角度去评价，去发现问题。当然，博采众家意见还得胸有主见，对别人的意见要进行分析，对的就改，不对的就不改。

3. *"冷处理"*　写完之后如一时改不了、改不好，权且放一放，然后过几天再拿来复看。草稿一就，往往因大功告成而感到自满，不容易对自己的文章采取比较客观、审慎的态度。放一放，人的观念、思想就会事过境迁，重新过目时就比较能冷静客观地对待自己的文章了。当然，训练有素的作者可以像编辑一样，写好即对初稿进行修改；而大多数作者则需要一天或一天以上的时间间隔来对稿件做"冷处理"，然后才能进行卓有成效的修改。

三、修改的任务和范围

修改的任务，从消极方面说，就是要纠正文章所存在的毛病，使之符合规范；从积极方面说，就是要使文章准确、鲜明、生动、简练，充分体现优良的文风。

修改的范围，包括修改主题、修改观点、修改材料、修改结构、修改语言和修改标点符号等。下面介绍我国通常采用的增、删、改、调方法：

1. 增　凡文中内容不够全面、充分，文字上有疏漏之处，都应加以增补，如观点、材料、文字、图表、标点等。

2. 删　凡文中内容和文字表达上的赘余应当一概删削，如删削观点或段落，删削材料或字句等。

3. 改　凡文中不够正确、严谨、恰当之处，都应加以改动。改有大改、中改、小改。大改，就是对文章进行一次大手术，乃至变更主题，改换体裁(如果可以改变主题、体裁的话)，变动结构，推倒重写。中改，增删材料，改动格局，增减文字。小改，仅对文章进行小修小补，一般集中于锤炼字句，润饰语言，检查文面，修改病句等。

4. 调　就是调整、调动，包括对原有内容、结构、文字进行调整，以使文章思路明晰、条理清楚。

其他具体修改方法，包括修改程序、方法和手段等，都可以参照应用，以务求应用文写作水平的提高。

第五节　电脑拟稿的修改

目前普遍采用电脑打字的形式以撰写和修改文章。对于纯文本文稿来说，这种修改不用手写，手抄，只要使用鼠标点击即可。欲求增加、删除或拖动、剪贴等文字部分，无论是单字、词组、句子和段落，都极为方便。如果不是每一次稿子都要专门打印出来，预留草撰或复制粘贴草稿以备存储起来的话，唯一的遗憾是再进一步修改之后的草稿不留，又不便于还原，看不出修改过的思路和过程。但是在修改前可以先预留保存一份草稿、初稿、或是再改稿，以便日后检查修改过程，所以还是可以弥补的。电脑几乎没有完不成的任务。

对于文稿中的表格、图案、各种数理公式、影像、视频等的运用和修改，电脑操作也简捷许多，不过是调用多种符号和采取不同的操作而已。总的说来电脑技术也为我们提供了最强大的、最高速的、几乎是海量的信息收集、信息编辑、信息写作、信息储存和信息传递的强大工具，我们将在电脑技术迅速发展之下推进应用写作事业!

下　　编

文体写作知识

第一章 公务文书概述

第一节 公务文书的含义

一、公务文书的定义及其性质

公务文书简称公文。根据国家规定，国家行政机关的公文“是行政机关在行政管理过程中形成的具有法定效力和规范体式的文书，是依法行政和进行公务活动的重要工具”。（国务院 2000 年 8 月 24 日发布的《国家行政机关公文处理办法》。以下简称《公文处理办法》）。

据此，公文具有下列性质：

1. *法定效力* 法定效力指公文在管理国家中的法定约束力。这种法定约束力的范围、性质、能量等，是由公文制发机关单位的法定权限所决定的。机关单位的法定权限是公文法定效力的基础，它也在公文的制发和运作中体现和发挥出来。因此，在《公文处理办法》中把公文确切地表述为是国家机关“依法行政和进行公务活动的重要工具”。

2. *规范体式* 规范体式指公文的种类（文种）、名称、作用、具体格式、行文规则和收发文办理等，它们都应按照国家的统一规定和规范执行，不得擅自违反。

3. *来源于经验* 即指《公文处理办法》包括所有文件中的规定性文字，都属于“行政机关在行政管理过程中形成的”总结，其中包括来自于传达国家方针和政策，发布法规和规章，实施各种行政措施，请示和答复问题，报告情况和交流经验等等的工作实践性的经验。

二、公务文书的广义狭义之分

1. *广义公文* 广义公文的“广”，是指它所包括的范围、文种和内容比较宽泛，不仅国家行政机关、党的机关使用，社会团体、企事业等也使用；不仅使用的范围广泛、内容丰富，作用也较为巨大，凡用于公务活动的一切形式的文件，包括重要会议的发言记录、调查报告、报表、录音等等，都可归于广义公务文书。

2. *狭义公文* 狭义公文的“狭”，是指公文的使用范围和公文文种都非常严格，但不是平常意义的“狭窄”或“狭小”。以《公文处理办法》来说，它所指的正是这里说的狭义公文。按照《公文处理办法》的规定，用于国家行政机关处理公务的公文只有十三种，文种极少。但是，狭义公文尽管使用范围都有严格规定和仅有十三个文种，却无论就其应用范围大至全国来说，或就其法定效力权居法律之下来说，恰恰体现着它的权威性、严肃性，以及制发和执行中的崇高法定效力。

为了说明公务文书中的狭义公文的权威性和严肃性，而不是使用范围的褊狭性和一般性，我们可以拿公务文书中的“公告”为例。大家知道，2008 年 5 月 12 日四川汶川大地震后国务院发表公告决定 5 月 19 日至 21 日为全国哀悼日。公告连标题、标点只有 102 个字，但它的权威性、严肃性几乎无可比拟，它的覆盖范围不仅是中国 13 亿人民，而且也引起世界的震动。

三、通用公文和专用公文

公文可划分为通用公文和专用公文。

1. 通用公文　通用公文顾名思义，指在使用范围上的广泛和适用。首先，党和国家机关制发的公文，包括作为“附件”一并公布的一些文件，无论对全国哪个机关、部门、单位都有法定的或政治的权威，都有一定的约束力。其次，一切党的机关和国家机关及部门为执行公务所制发的而非专用的公文，均属于通用公文。例如法律、法规、章程等，都应称之为通用公文，因为它们都具有普遍的法定效力。

2. 专用公文　党和国家机关除使用通用公文以外，还使用一些专用公文。专用公文是除通用公文以外的公文文种，它们是适应各种专门系统、部门、单位的一般不具有普遍规范体式，但是都为它们自己所必需的文件；如工业、农业、财政、金融、文化、教育、外交、军事等单位，根据本系统、本部门、本单位的特殊需要而使用的一些专用规格的文件。这种文件起着联系、记录、交流、交易等作用。

四、狭义通用公文的实际应用范围

狭义通用公文或者称为严格意义上的通用公文，即是指党的和国家机关通行使用的十四种(党的)和十三种(国家的)公文。这种公文除了党的机关和国家行政机关广泛应用外，社会上也广泛地比照使用。

但是，实际上狭义通用公文不仅中国共产党和国家政权机关广泛使用，其他党派、社会团体、企事业单位都在不同程度上参照使用。它们或全盘照搬党和国家的规定而使用，或根据自己的需要变通应用，或在党和国家规定办法之外另行补充若干规定而应用。总之，不仅党的机关和国家行政机关人员要学习狭义通用公文的制发和处理办法，就是身在其他部门或企事业单位的工作人员，甚至普通平民百姓也应学习点公文知识。

第二节　公务文书的文种

公务文书的种类简称文种。例如命令、决定、公告、通知、报告等都是具体的文种。文种是指具有大致相同的内涵和共同的使用范围的文件的概括称谓，它内含着该类文件共同的特点、作用及制发机制和写作意图。文种又是公文分类的单位，它确定了公文分类的确指范围，把相同文件归为一个小类别办理。

我们国家历来十分重视确定公文的应用范围、分类和文种。自改革开放三十多年以来，党和国家多次发布公文处理办法。党中央办公厅 1996 年发布了《中国共产党机关公文处理条例》；国务院办公厅先后在1993年和2000年两次发布了《国家行政机关公文处理办法》。党中央和国务院发布的公文处理条例和办法，使党的机关和国家行政机关的公文处理工作，更加规范化、制度化和科学化。

一、《公文处理条例》和《公文处理办法》中所规定的文种

1. 党中央办公厅发布的《公文处理条例》中的文种 《中国共产党机关公文处理条例》(经中共中央批准，中共中央办公厅1996年5月3日印发。本书下文简称《公文处理条例》)规定，党的机关公文文种有十四种：一、决议；二、决定；三、指示；四、意见；五、通知；六、通报；七、公报；八、报告；九、请示；十、批复；十一、条例；十二、规定；十三、函；十四、会议纪要。

2. 国务院办公厅发布的《公文处理办法》中的文种 国务院办公厅2000年发布的《国家行政机关公文处理办法》(本书下文简称《公文处理办法》)规定，行政机关公文种有十三种：一、命令(令)；二、决定；三、公告；四、通告；五、通知；六、通报；七、议案；八、报告；九、请示；十、批复；十一、意见；十二、函；十三、会议纪要。

3. 党政两种公文文种的比较 党政两种公文文种虽然数目几乎相等，但比较它们的具体文种和名称却都有一些差别。国家行政机关公文和党的机关公文相同的公文种类有九种：决定、通知、通报、报告、请示、批复、意见、函、会议纪要。除此之外，决议、指示、公报、条例、规定共五种是党的机关内单独使用的公文；在行政机关内单独使用的公文只有四种：命令(令)、公告、通告、议案，而没有党的机关所使用的条例和规定，又增加了命令(令)一种。彼此相互告缺和多出的公文文种，大多是因为党和国家的机关性质不同或告缺或另行命名设定的。

相对比较而言，在日常工作中，国家行政机关公文的使用频率比党的机关公文的使用频率要高一些，并且应用范围也更为广泛一些。因此，本书以介绍国家行政机关公文为主，党的机关公文除国家与行政机关公文相同的文种一并介绍外，其他不同的文种谨请相互参照，触类旁通 。

二、公文的其他不同分类

在公文处理的实践中，为了适应实际工作的需要，通常对公务文书从其来源、行文方向、特点作用、机密程度、阅读范围和急切程度，以及文种使用范围等方面进行分类，以求准确认识和使用不同类型的公文，达到公文处理的规范化。根据上述几方面的划分，公务文书的分类可列表如下：

公务文书的分类

标　　准	类　　别
按公文来源	收来文件(收文)、外发文件(发文)
按行文方向	上行文、平行文、下行文
按特点作用	法规性公文、指挥性公文、知照性公文、报请性公文、记录性公文
按机密程度、阅读范围	秘密公文、普通公文
按急切程度	紧急公文、普通公文
按使用范围	通用公文、专用公文

1. 按公文来源分　可分为收来文件和外发文件：

(1)收来文件。简称收文，指的是本机关收进的外单位(包括上级、平级和下级机关)制发的文件。

(2)外发文件。简称发文，指的是本机关发送给外单位(包括上级、平级和下级机关)的文件。

发文中还有一类文件是由本机关制发、在本机关内部使用的文件，叫做内部文件。

在公文处理中，收文和发文的处理程序不同，办理的目的与要求也不同。因之，按公文来源进行分类，是公文处理的最基础工作。

2. 按行文方向分　行文方向是由行文关系决定的。行文关系指机关之间文件的授受关系，它受制于机关的组织系统与职权范围。根据授受关系文件可总分为三类：

(1)上行文。是指向所属上级机关报送的公文，有请示、报告、意见等。上行文体现了请求上级指示和接受上级的领导和指导关系。

(2)平行文。是指同级机关或不相隶属机关之间来往的公文，有通告、议案、意见、函等。平行文体现了机关之间相互平等的商洽、支持与协作关系。

(3)下行文。是指向所属下级机关发送的公文，有命令(令)、决定、公告、通告、通报、批复、意见、会议纪要等。下行文则体现了对下级机关实施行政指挥和指导的职能。

按行文方向分类对于公文处理极为重要。在十三种公文中除了通告、意见、函、会议纪要等少数文种外，绝大多数文种都有固定的行文方向，不能混淆使用。比如：对上级机关不能使用决定、批复等适用于下行文的文种。对下级机关不能使用请示、报告等适用于上行文的文种。对同级机关或不相隶属机关不能使用上、下行文的文种，否则，就会混淆了组织机构之间的关系。

3. 按特点作用分　可总分为法规性公文、指挥性公文、知照性公文、报请性公文和记录性公文五类：

(1)法规性公文。是指由国家权力机关、国家行政机关依据宪法规定的权限所制定的法律、行政法规和规章等，具有明显的强制性。法规性公文，一般使用命令(令)、通告的形式发布施行。

(2)指挥性公文。是指向所属机关传达、贯彻党和国家领导机关的方针、政策，体现领导意图，实施行政指挥的公文。主要文种有命令(令)、决定、批复等。

(3)知照性公文。是指向受文机关通报情况，知照事项，要求遵守或办理的公文。主要文种有公告、通告、通知、通报、函等。

(4)报请性公文。是指向上级机关报告工作，提出建议，请示问题的公文。主要文种有报告、请示。

(5)记录性公文。是指用于记载、归纳会议议定事项的公文。主要文种有会议纪要。

认识公文的特点和作用的分类，对于公文写作有着重要的指导意义。不同特点和作用的公文在谋篇布局、行文表述、词汇运用、语气把握上，均有不同的要求。例如在行文上，法规性公文的严密周全，指挥性公文的严肃决断，报请性公文的谦逊直叙，知照性公文的明白畅晓，记录性公文的客观忠实，都应很好把握。

当然，上述归类只是就其主要特点和作用来区分的，实际上一些文种的作用也有交叉现象。例如，行政法规既有规范作用，也具有行政指挥作用。以通知来说，既有明显的知照作用，也经常作为部署工作、实施领导的工具，具有相应的行政指挥作用。

4. 按机密程度和阅读范围分　可总分为秘密公文和普通公文两类：

(1)秘密公文。通称密件，指内容涉及党和国家机密的公文。涉及国家秘密的公文应当标明密级和保密期限。秘密公文只能在限定的时间、范围内传达和阅办，以确保机密公文的安全。

密件又按涉密程度分为绝密、机密、秘密三个密级，并应分别予以标明。绝密、机密文件应当标明序号、份数。《中华人民共和国保密法》对国家秘密的范围和密级，作了原则的规定。但是公文的密级不是一成不变的，时过境迁，情况发生变化以后，绝密件也可能成为普通件，有的解密甚至可以公布。

(2)普通公文。普通公文通称平件，平件按阅读范围又分为内部文件和公布文件。内部文件指文件内容虽不涉及机密，但也不对外公开发布，只在机关内部传递或传阅，现行的许多行政公文均属此类。公布文件是指向人民群众或国内外公布周知的公文，如公告、通告及法规类的公文，以及某些重要的方针政策性文件。这些文件均不属国家机密，而且常常通过报刊、广播、电视、张贴或口头传达方式，予以公布周知。

按机密程度和阅读范围划类，目的在于严格执行保密法规，加强密件管理，防止公文传递中的泄密和窃密，确保国家机密。

5. 按急切程度分　可总分为紧急公文和普通公文两类。紧急程度是就对公文发送和处理的时间要求紧迫和急切而规定的。紧急公文还分为特急和急件两种。拟制紧急公文应当体现紧急的原因，并根据实际情况确定紧急程度。对有紧急程度标识的公文，要作紧急处理。没有紧急程度标识的公文即属普通(一般)公文，则可按一般程序和方式处理；但也应及时，不能拖沓。

6. 按使用范围分　可分为通用公文和专用公文两类。关于通用公文和专用公文的划分，前文已经述及，此处从略。但这里需要补充的是，通用公文和专用公文各有其特定的行文规则和处理程序，在写作上也有不同的格式和要求。通用公文须依照国务院发布的《公文处理办法》和党的机关《公文处理条例》一体遵行，不得各行其是。专用公文则各有所据，如外交公文必须符合国际公法、国际私法和国际习惯的规范性；司法公文必须恪守国家程序法和实体法的规定等。

第三节　公务文书的特点和作用

一、公文的特点

国家机关公务文书的特点主要是两条：依法行政的有效性和严格、缜密、规范的体式。

1. 依法行政和进行公务活动的实际有效性　公文是代表国家机关立言，行使法定职务权限的意志，具有不可置疑的法定权威性和政治权威性。公文依靠它所具有的法定权威和政治权威即刚性特点，宣传国家的方针、政策和路线，依法行政，进行各种有利于国家和人民的公务活动，这就是党和国家依法制发公文所体现的有效性和约束力的特点。

2. 严格缜密的规范体式　公文的规范体式，一是严格，二是缜密。首先是严格：《公文处理办法》所选择的文种十分严格，只有十三种。其中每一文种的内涵及其作用都规定得十分严格、明确。其次是缜密：一件公文的内容从眉首、主体到版记三大块共有二十个项目，每一个项目该怎样填怎么写，不该怎样填怎么写，都有明确的选项。还有，文件的用纸规格、排版式样、用印位置等等，都制订了很缜密、很细致的规范，简直毫厘不爽；从而，使体现和反映整个国家运作的成千上万件的公文具有科学化、制度化、规范化的特点。

二、公文的作用

公文有五大现实作用，即：施法行规作用，领导与指挥作用，联系与知照作用，宣传与教育作用和凭据与记载作用。

1. *施法行规作用*　为了国家机关的正常运转，为了维持社会生活的正常秩序，国家经常需要颁布一些法律、条例、规定、办法等法规文件，这些法规文件都是由机关单位或机关首长以命令(令)、决定、通知等文件公布施行的。而所有这些公务文书及法规文件都具有法定效力或法定约束力，都是党和国家机关依法治国、依法办事的体现形式和重要工具。

2. *领导与指导作用*　在国家行政系统中，上级机关同下级机关有领导与被领导的关系。上级机关有对下级机关的工作发布命令、指示和指导性意见的权利和责任。上级机关还要经常听取下级机关的计划、总结、报告、请示等方式以了解下级单位所面临的情况和问题，及时地下达指挥性的文件如决定、通知、批复等，对下级机关的工作实施领导与指导，以及时调整各种行政措施等责任。

3. *联系与知照作用*　公务文书是机关上下左右之间进行公务联系与沟通的重要手段。机关单位之间和部门之间通过公文沟通信息，请示和答复问题，指导、布置和商洽工作，报告情况，交流经验和处理问题等；这也是公务文书在整体上发挥上下了解和彼此协调作用的一部分。

4. *宣传与教育作用*　公务文书在依法行政和进行复杂公务活动的过程中，要宣传党和国家的方针政策，教育群众为实现党和政府所确定各项任务而努力，这就是公务文书的宣传教育作用。因此，除了强制性的命令(令)等少数文种的内容只讲“必须怎样怎样”外，一般来说公文的内容之一也包括宣事达理，说明“为什么”和“应当怎样做”，以统一思想认识，使各方面自觉贯彻执行。一些政策性文件，如中共中央《关于经济体制改革的决定》，其本身就是宣传教育的教材。即令一些批评错误的通报或惩处决定，也因其包含着“因此”、“所以”的因果阐述，而能起到教育和鉴戒作用。

5. *凭据与记载作用*　公务文书是处理公务的凭证与依据，并作为公务活动的真实记载。有了公文这种书面材料，各项工作的进行才能做到有据可查，有案可考；才能避免不讲政策、不讲根据的非正规化的习气；也才能防止在工作中缺乏效果、走弯路和犯错误的缺陷。公文真实记载着公务处理的依据和处理的过程；同时也就是使公文得以转化为历史档案的基础。

上述五个方面的作用是就公文的整体而言的，不是说每件公文都要具备或都能完全具备上述作用的。有的公文兼有全部作用，有的公文可能只具备某几项作用，总之并不一定要求完全具备上述一切作用。

三、公文的现实作用和历史作用

公文的作用又可分为现实施行效用与历史资料效用。现实施行效用有一定的时间性，可以称之为公文的时效性。一般说来法规性、政策性公文时效性较长；而处理某一具体工作、某个实际问题的公文，时效性就较短。总之没有一份文件是永久有效的。一旦文件的具体使命完成了，或者随着时间推移、形势发展、情况变化等，原有文件的内容已不能适应，这时文件就失去了时效，需要代之以新的文件。

起着现实施行效用的文件，称为现行文件。然后现行文件失去时效，转化成为历史文件。这时一部分文件无保留价值经批准当场销毁；一部分文件有保存价值转为历史资料保存，进档案馆。历史资料是历史的真实记录；作为历史资料，可供人们正确认识历史问题而发挥其历史资料的作用。现实的施行效用和历史的资料效用都是工具性作用，唯它们在时段和性质上有所不同：一个制发专为施行；一个存档备为历史研究；研究是施行后的事情。

第四节　公务文书的体式和处理程序

制发公文是件极其严肃的事情。为了维护公文的严肃性，使公文的处理做到准确、及时、安全，以及实现科学化、规范化、制度化，国务院在《公文处理办法》中对通用公文有一套特定的格式、处理办法和运行管理程序。

一、公文文件与格式

公文以实用为目的，其表达方法兼有记叙文、说明文、议论文等一般文体的特征，而逐步发展出来的应用文体，严肃性、准确性、简洁性、程式性是公文文体的风格特征。所谓严肃性，是指公文事关国家大局、亿万公众，一字一句必须以极为严肃的态度出之，万万不可随意马虎。所谓准确性，是指公文所叙述的事实，所表达的观点和意向，都要实事求是、准确无误，断然不可胡编乱写。所谓程式性，是公文在篇章结构、行文款式中都具有的规范格式，通篇的眉首、主体、版记必须符合规范，任一项目不可乱填乱涂。所谓简洁性，是指公文用词、用句、用语都必须高度简洁；不可欲说还休、言不及义，也不可东扯西拉，废话连篇，更不可言辞失据，信口开河。这就是公文文体的体式的必备风格。

二、公文格式规范化

根据国务院办公厅发布的《公文处理办法》的有关规定，国家制发了中华人民共和国国家标准《国家行政机关公文格式》。标准格式除对公文形式、字形大小、纸张规格、图文、颜色、印刷等作出细致规定外，主要是对公文各个要素、标识、规则等一一作了具体规定。根据这个规定，公文总分为眉首、主体、版记三个部分。

1. *眉首*　眉首部分在公文首页上端，包括：(1)公文份数序号；(2)秘密等级和保密期限；(3)紧急程度；(4)发文机关标识；(5)发文字号；(6)签发人。眉首部分与主体部分之间用横线隔开，既醒目又庄重大方。

2. *主体*　主体部分包括：(1)公文标题；(2)主送机关；(3)公文正文；(4)附件；(5)成文

时间;(6)公文生效标识;(7)附注。

3. 版记　版记部分包括:(1)主题词;(2)抄送单位;(3)印刷机关和印发时间。

此外,《国家行政机关公文格式》又对页码、公文中的表格等,以及公文的特定格式即信函、命令、会议纪要三种公文格式,也做了专门规定。这三种公文格式通常比较混乱,故作专门规定。

三、公文主要构成部分的具体规定

1. 眉首　公文眉首共包括6项要素,它们是:

(1)公文份数序号。公文份数序号又简称为"份号",它是将一份公文文稿制成若干份数时,在每一份复制文件的特定位置上所标识的该份文件独有的份数序号;并且规定份数序号必须使用阿拉伯数字编定,如"001"、"002"……等。这种份数序号或"份号"是由于公文的保密需要,用于查考文件的制发总数和它们的去向。因此,只制发一、二份文件和无保密需要的文件,以及公告类的普发性文件,一般无需标识份数序号或份号。

(2)秘密等级和保密期限。秘密等级是标识公文保密程度的标志。公文如需标识秘密等级则分别根据情况用黑体字标注绝密、机密、秘密字样。如需同时标识文件保密期限,在保密级别后边亦用黑体标识年或月,并要在保密级别与保密期限两者之间加"★"号隔开。

(3)紧急程度。紧急程度是对公文送运时限的要求。紧急程度的公文分别标明"特急"或"急件"。其中电报应分别标明"特提"、"特急"、"加急"、"平急"。具体的"特急"、"急件"或"平急"的时限要求是多少,可由各级党政机关主管部门自行确定。

(4)发文机关标识。发文机关标识也就是人们通常所称的"红头",它是承担文件的制发者和责任者,由发文机关的全称或规范化简称加"文件"两字组成。对一些特定的公文可不加"文件"两字,只标识发文机关全称或规范化简称,如信函类。

联合行文时主办机关名称应当排列在前。党政机关与同级或相应的军队机关、人民团体的"文件",置于发文机关名称的右侧。

发文机关标识的具体位置有两种。一是用于平行文或下行文;另一种是仅限于上行文。主要的区别是上行文特为上级机关批示之用,文件预留的版面(版头)位置较为宽大一些,以便于书写文字。

(5)发文字号。发文字号简称"文号",也称文件编号。它是公文制发机关按照发文顺序编列的公文"代号",主要作用是便于对公文的统计、查询和引用。发文字号由机关代字、制发年份和序号组成。如在国务院"国发〔2001〕2号"文件里,"国发"是发文机关(国务院发文)的代字;"2001"是发文的年份;"2号"为文件的序号。

发文字号中的机关代字,一般有两个层次组成。第一个层次是制发文件机关的代字;第二个层次是发文机关主办文件部门及其有关事务(业务)的代字。如"浙政办〔2001〕2号"文件,其中"浙政"是浙江省人民政府机关代字,"办"是第二个层次,是指浙江省人民政府办公厅的代字,它是主办"2号"文件的具体部门。总起来说,发文字号,它的作用和意义一是便于及时了解已发文件的数目,利于控制与管理;二是便于查找、引用和归档,这对发文机关和受文机关都是必要的。

(6)签发人。签发人是公文眉首六要素之一。为使上级单位的领导人了解下级单位谁对上报事项负责,在请示、报告、意见等上行文中应标识签发人。会签人应是发文单位的主要负责人，即各级行政机关的正职或主持工作的负责人。在联合行文时，可能有多个签发人，都应在文件上会签；会签的次序，应在主办单位签发人之后，依次排列。

2. 主体　它是公文的核心。但按国家标准文件《国家行政机关公文格式》规定，主体一词是指整件公文中三大块即眉首、主体、版记之一的"主体"，是整件公文的主要构成部分。其位置在眉首与版记之间，它共有七项要素，其中第六项中有3个小项。

(1)公文标题。标题是公文的"眉目"，它一般由发文机关、事由和文种三部分组成。发文机关要一如法定名称或规范化简称，"事由"中应当准确简要地概括公文的主要内容，并明确写明文种。发文机关除法规、规章名称加书名号外，一般不用标点符号。例如《中共中央国务院关于治理向企业乱收费乱罚款和各种摊派等问题的决定》(1997年7月7日)，其中"中共中央"、"国务院"是发文机关；"关于治理向企业乱收费、乱罚款和各种摊派等问题"是事由；"决定"是文种。标题内不加标点符号，一句话念到底。公文标题采用介词结构形式，通常使用的介词是"关于"。

在实际工作中，公文标题按照发文机关名称、发文事由和公文种类三个要素是否完全具备及其组合情况的不同，可以将公文标题划为四种形式(略)。

有些法规性公文在标题之下，还有题注一项，用以说明某项法令、规定等获得通过或批准的时间、程序或开始生效的日期。题注一项的内容要写在括号中。

标题最应注意庄重、简短、明确，坚决杜绝冗词赘语。

(2)主送机关。主送机关是指公文的主要受理机关；受理机关应当使用全称或规范化简称、统称。它又称上款、抬头。上行文一般只写一个主送机关，不宜多头主送；如果还有其他机关需要掌握有关情况，可用抄送的形式发送公文。下行文有专发性和普发性两种。专发性的公文是专门向某一机关下发的公文；这种公文的主送机关也只能有一个。普发性的公文是指内容涉及面广，因而需要向多个机关下发的公文。这种公文的主送机关不止一个，但在排列主送机关名称时要确定一个合理的顺序。有时一份公文的主送机关有许多个，为使行文简洁可用泛称、泛指或统称，甚至可以不写主送机关。公开发布的普发性公文通常就不写主送机关。

(3)公文正文。正文是公文的核心。正文应当完整地表述公文的内容与制文的意图。公文质量的高低，主要取决于这一部分写得如何；因此它必须努力做到内容符合法规政策，反映的整个情况属实，思想观点鲜明突出，结构严谨，条理清晰，文字精练，标点准确，篇幅力求简短。在一份比较复杂的公文中，公文正文一般包括开头、主项、结尾三个部分，其中比较简单的文件，如命令(令)、决定、公告、通告等等，文字简短，一气呵成，整个文件的主体正文中的开头、主项和结尾在一段中说完，甚至只有一两句话。

(4)附件。应写在正文之后，成文时间之前。如果附件不止一份，还要依次注明顺序号"附件一"、"附件二"等。附件是对文件内容起说明和补充作用的文字参考材料，主要包括随文转发、报送的文件，随文颁发的规章、制度，以及文件中的报表、统计数字、人员名单等。

附件是一份公文的有机组成部分，有些公文的附件甚至是反映公文中的重要内容的补充部分，它和正文具有同等的效力。而一些公文正文只起发布或转发附件的作用。国务院发布《国家行政机关公文处理办法》的通知，正文只有两句话："现发布《国家行政机关公文处理办法》，自2001年1月1日起施行。1993年11月21日国务院办公厅发布，1994年1月1日起施行的《国家行政机关公文处理办法》同时废止"；而附件《国家行政机关公文处理办法》

才是文件所要反映的主要内容。

(5)成文日期。成文日期指公文生效的时间。它是公文一条重要的内容。一般公文上标注的成文时间应以领导人签发的时间为准。如有需要会议通过的公文,则以会议通过的时间为准。联合行文以最后签发机关负责人的签发时间为准。法规性公文则以批准时间为准。成文日期的年月日要完整,不能省略。如公文所述内容或另有生效时间,往往要十分重视地写在正文里;在法规类文书中,则单用一条写在最后。

(6)公文生效标识(印章)。公文生效标识具体说就是加盖制发机关印章(或签署人的姓名章),又称文件的落款、下款、署名,是发文机关正式确认公文效力的凭证,也和红头文件中的眉首部分第4项“发文机关标识”(或第6项“签发人”标识)相对应,一般来说加盖印章这个程序至关重要,在正式行文中除“会议纪要”和印制有特定版头的公文外,都应加盖发文机关或签署人(领导人)的印章;因为印章也是鉴定文件真伪的重要标志,必须重视。

公文用印分单一发文印章和联合行文印章两种标识方式。第一次发文机关制发的公文因为发文机关已在前面标识过,在落款处不再署发文机关的名称,只标识成文日期,加印。两个和三个以上联合行文加盖印章时主办机关印章排列在前,协办单位的印章按照发文机关标识的顺序依次排布。单一发文或联合行文都可能遇有特殊情况,即印章和正文严重脱离或分为两页。当造成易于造假的弊端时,应通过把正文的行距拉大或缩小的办法,务必将公文的正文和印章放在一个页面上,不得在正文之下采取“此页无正文”的方法解决。

(7)附注。有的公文有附注。附注是指与公文有关需要说明的其他事项;这如文件发到哪一级传达的范围,可否张贴或登报,贯彻的方法及名词术语的解释等。这是公文在其另外部分不便说明的项目。所有这些都可以在附注一栏中写明。

3. 版记　版记是印刷版记,共有五项:

(1)主题词。公文应该注明主题词。主题词是计算机时代管理文件的基础工作,也是管理公文的基础工作。简单地说,为运用计算机管理好公文,除其他公文特定格式外,所有公文都要标引主题词。主题词是标示公文内容的分类、特征和归属的关键性词语。正确标引主题词的方法是:审读文稿;提炼主题;查表选词;按序标引。标引出合理、准确的主题词为各类公文的处理、计算机存储、调出和检索提供方便。为了正确标引公文的主题词,国务院办公厅发布了《国务院公文主题词表》可供查阅使用。

标引主题词必须确定又要讲究层次性。确定就是选用的主题词十分准确;由大到小、讲究层次,使人们迅速找到文件的关键问题,了解文件的内涵。根据主题词本身的含义由大到小、由内容到形式地标引;即按照类别词、类属词、文种词的顺序,依次标注。一份公文的主题词,一般不得超出七个。

(2)抄送机关。抄送机关是指除主送机关外需要执行或知晓公文的其他机关。抄送机关应当使用全称或规范化简称、统称。确定抄送机关要从工作的实际需要出发,而不能乱抄乱送,免得给自己和对方增加不必要的工作负担。

(3)印发机关和印发时间。印发机关指发文机关的具体办公部门。印发时间不同于成文时间,前者是指公文印发的时间。

(4)版记中的反线。版记中的反线指版记中各要素之下均加一条反线,宽度同版心。

(5)版记的位置。版记的位置在公文末页。版记是公文的最后一个要素,置于公文的最后一行，其作用是确保公文的完整性。

四、党政公文格式的异同和公文处理的程序

1. 公文格式的异同　目前，党政机关和行政机关的公文格式标准总体一致，但在一些要素的标识位置方面有不同的要求。党政机关有时又需要联合行文，这就要求公文写作人员必须了解和掌握两种公文格式的不同之处，并能熟练应用。

2. 公文处理必须遵循处理程序　公文处理程序分为发文和收文程序。

(1)发文程序包括：拟稿、会签、拟定主题词、核稿、呈批、签发、注发、编号、登记、打字、校对、缮印、用印、封发、传递等。

(2)收文程序包括：签收、拆封、登记、翻印、分办、传阅、阅文、拟办、批办、承办、催办、办复、注办、暂存等。

收文与发文程序中每一环节都有特定的要求，环环扣紧，不能省略或倒置。

此外，公文处理的还有立卷、归档、销毁等。

第五节　公务文书的行文规则

公文的特点是定向表述。除公告、通告及法规文件等少数文种需要公开告知或普遍告知所有应该知晓或必须知晓的人们外，一般都有特定的受文对象。受文对象不同涉及行文关系问题。不同的行文关系在公文写作上又有不同的要求。明确行文关系，严格按照已定的受文对象作定向表述，这是公文写作的重要一环。

一、准确选择文种行文

不同的文种在撰拟要求上要根据行文对象和意图来确定文种，并要从行文方向上分清上行文、平行文、下行文，还应进一步在同一行文方向中确定合适的文种。目前在文种使用上比较突出的问题是：在上行文中请示与报告不分；在下行文中滥用公告、通告的现象屡有发生，并常见诸报端，应加纠正。

二、不要越级行文

越级行文指超越了隶属关系的行文。越级行文主要发生在上行文中，某些人想走捷径误以为越向高一级领导机关请示，越能迅速解决问题。殊不知上级机关收到越级文件后缺少被超越机关的意见，不便处理，仍要转往超越机关，造成公文往返，欲速不达，贻误公事。1985 年《国务院办公厅关于公文处理等几个具体问题的通知》中指出："目前一些省辖市和地区，经常越级向国务院报文请示问题，这是不符合国家行政机关办事规定的。这类文件国务院不便受理，往往要转回所在省，反而费时误事。越级行文，打乱了正常的行文关系，不符合组织原则，也有可能影响到领导与被领导的关系。"这个指示至今仍很重要。

三、党政分开行文

党的组织和行政机关具有不同的性质和职能，必须坚持党政分开行文。党组织与党的

领导机关不应单独向国家行政机关、企事业单位行文作指示、交任务。邓小平曾在中央政治局扩大会议上作的《党和国家领导制度的改革》的讲话中指出:"今后凡属政府职权范围内的工作,都由国务院和地方各级政府讨论、决定和发布文件,不再由党中央和地方各级党委发指示、作决定。"同样,国家行政机关也不能向党组织下命令、发通知等。属于行政方面的工作需向政府及上级行政领导部门请示、报告的,也不要不分问题的性质和内容,件件抄报给党的领导机关。

当然,这并不排除党政机关在某些必要情况下的联合行文。事实证明,必要时的联合行文可以解决某些重大问题。

第六节　公务文书的写作要求

一、公文写作要严格符合政策法令

一切公务活动都必须贯彻执行党和国家的路线、方针、政策。因而,公文作为处理公务活动的重要工具必然带有鲜明的政治性、政策性。公文所表达的基本观点与意图,提出的要求、意见和措施,必须符合国家的法律、法令,符合党和国家的方针、政策,绝不允许有任何的抵触和违背。背离政策法令的文件,是错误的文件。以错误的文件为根据来处理公务,必将导致工作失误,造成不必要的损失。因此,上级有权撤销或改变下级错误的文件,以维护法律的尊严和政令的统一。我国《宪法》规定,全国人大常委会有权"撤销国务院制定的同宪法、法律相抵触的行政法规、决定和命令","撤销省、自治区、直辖市国家权力机关制定的同宪法、法律和行政法规相抵触的地方性法规和决议"。同时,还规定国务院有权改变或撤销各部、各委员会、地方各级人民政府发布的不适当的命令、指示、规章和决定。

公文写作要符合政策法令不能简单地理解为"等因奉此"。公文一般不得照抄照转当"二传手",而是要把中央的方针、政策,上级的指示、决定,和本地区、本部门、本单位的实际情况结合起来,提出问题,分析问题,解决问题。诚如《中共中央关于各级领导干部要亲自动手起草重要文件,不要一切由秘书代劳的指示》(1981 年 5 月 7 日发)指出的:"一般说来,中央的指示是面向全国的,是带有普遍意义的。其中,有的属于原则性的指示,只有和各地区、各部门、各单位的具体实际相结合,使之具体化,才能真正解决那里的问题;有的属于对某项工作的具体指示、规定,也要由各地区、各部门、各单位提出实施的具体办法,才能有效地贯彻执行。"因此,公文撰拟人员不能闭门造车,要接触实际,深入调查研究,掌握真实确切的材料,"吃透两头",把政策法令和实际情况很好地结合起来,才能写出政策性强,能解决实际问题的好公文。

二、突出正文,抓住中心

公文的实施性特强。要根据文件的规定办理各种事务,就要求公文必须简明精练,严谨周密,条理清晰,通体畅达。为此,要一丝不苟,认真填写眉首部分,然后聚精会神写作主体,抓住公文正文的主项写作,以精确表达领导的意图。

写好正文应注意以下各点:

1. *注意回答文件三个问题*　一件公文前前后后有十多项文字要填要写，每一项都是文件依法有效的重要组成要素；但撰写文件的正文部分可能最为重要。正文部分要回答和解决三个问题，即：为什么要写（why）、要求做什么（what）以及怎么做（how）。为了什么目的、要求做什么和怎么做是一个文件的基本内容，是核心、是骨干，一定要撰写清楚。虽然有的文种如命令（令）等没有复杂的内容，只是某项重大的决策；但其他一些文种就较为复杂一些，可能包括全部上述三个问题。以《国务院办公厅关于停止发展多层次传销企业的通告》（国公发〔1995〕50号，1995年9月22日）为例，文件正文开头就直截点明问题的严重性："个别地方未对传销企业作清理检查，有的地方还陆续发展了一些传销企业，使非法传销活动又有所发展蔓延。"导致的恶果是"少数不法商人借此进行欺诈活动，严重侵害消费者的合法权益，对守法经营构成不正当竞争，也使大多数传销员蒙受了经济损失，引发了社会问题，扰乱了经济秩序"。这段文字，直陈事实，分析因果，自然地引出："为遏制不正当的传销活动，打击不法商人的欺诈行为，保护消费者权益，保护公平竞争，维护社会主义市场经济秩序，国务院决定停止发展多层次传销企业。"这就回答了发布该文的原因；然后该文提出了五条坚决有力的措施，把"做什么"和"怎么做"两个问题一并回答，既便于执行，又便于监督检查。写得好的公文，都是这样全面周全，明快清晰，直笔表述的。至于有些公文的正文在内容上由于具体情况不尽相同而有意省略某一方面，那是因为某一方面的问题或是不言自明，或是已有附件详细说明了的缘故。

2. *直笔表述，实事求是*　公文要使人一看就懂，以利办理或遵行。在具体行文中，叙事要概括，一般用顺叙不用倒叙或插叙，不作铺陈与细节描绘。议论要精当，不用广征博引，不作多层次、多角度的详细论证。说明要扼要，只对事物的性质和特点作出平直介绍，用语简洁明白。总之，公文表达贵用直笔，忌用曲笔；应露而不藏，直言不讳。不要像文学作品那样讲究委婉曲折，藏锋不露；不要追求所谓"言已尽而意无穷"。公文陈述事务，贵在抓住要点，平铺直叙，来龙去脉，一清二楚。汇报情况贵在一是一，二是二，实事求是。表达观点贵在提倡什么，反对什么，态度鲜明。提出意见贵在应当怎么办，不能怎么办，具体明确。这些看起来缺乏文采，实在是公文最重要的色彩。

3. *坚持一文一事*　党和国家在历次颁布的公文处理条例和办法中都有种种规定，其中"一文一事"制是长期以来公文处理实践所证明的行之有效的宝贵经验。一文一事指除了综合性的报告外，一个公文只提出或解决一个方面的问题。实行一文一事制可以使公文主旨鲜明突出，内容集中精练，说理透彻，篇幅简短。此外，公文由于内容单一，其处理就能单纯快捷，可提高办事效率；如立卷归档，问题单一，眉目清楚，便于检索。

三、注意主项，讲究结构

公文行文要严谨周密，就必须把握公文结构的特点，安排好层次段落，使公文行止有序，脉络清晰，自然成章，形成相对稳定的公文结构。公文正文的结构，一般是开头、主项与结尾三部分。这种结构有利于公文简捷顺畅地为办事服务。

1. *正文开头*　主要说明制发本件公文的根据、缘由和目的，要求开宗明义，开门见山，"立片言以居要"。说明行文的根据与缘由，通常有三种写法：

（1）引据式。也有称为缘由式。引据式要因事制宜；或引据法令和规定，或引证政策和指示；或引据来文来电；或引据事实或道理等。引据式的开头有理有据，可以引起严重关注并增强文件的说服力。

(2)目的式。直接说明行文的目的与意义，开宗明义，干净利落。一些内容比较单纯的公文常以此开场。

(3)综合式。即有引据部分，又直叙行文的目的，两者结合运用。这类开头能增强文件的起势，引起受文单位的关注和重视。

2. 正文主项　这是公文的核心部分，应表述公文的主要内容，要求层次段落井然有序。正文主项结构常有三种方式：

(1)并列式结构。这是用得最多的结构形式。把正文所提出的意见、措施和要求，分条列项，予以说明。各条之间是相互并列的关系，不是包容的关系。

(2)递进式结构。即正文的主项或按时序、或按事物发展过程、或按事物的逻辑层次分成若干段落，层层推进，逐步深入。这种写法紧凑自然，来龙去脉清晰，在内容比较单一的请示、决定、决议中使用较多。

(3)连贯式结构。即篇段合一式。全篇即为一段；一段中又包含几层意思。首尾连贯，一气呵成。一些简要批复和批转性通知一般采用这种结构形式。

3. 正文结尾　主要表述发文机关对文件的贯彻实施要求：或要求执行，或请求批复，或提出希望等等。然后首尾一贯，结束全文。写作上要求简洁明快，避免冗繁拖沓。正文的结尾通常以公文习惯用语作为尾语。诸如：上行文的尾语有“以上意见，如无不当，请批转各地执行”等；平行文的尾语有“特此函告”等；下行文的尾语有“以上通知，请研究执行”等。有些正文结尾写成结语段，它或强调说明，或提出希望与要求等等，以归结全文。也有一些公文在主体部分已将行文要求作了表述，言尽意止，干脆省略了结尾部分。总之，公文正文结尾要酌情掌握，没有严格的限定。

四、语言准确精当

公文语言是体现公文特色的规范化语言，其基本要求是：庄重、准确、简明。

1. 使用规范的书面语言　公文要使用合乎语法规范的书面语言，不用口语、方言或俗语，以使行文庄重。比如，撰拟有关经济贸易方面的文件，必然涉及“贸易”、“资金”、“盈利”、“亏损”等词语，使用这类规范性的书面语言，则显得凝练庄重。如果经常使用“做生意”、“花钱”、“赚钞票”、“蚀了老本”等口语，显然会破坏整个公文的庄重色彩，有损公文的尊严。

为使公文庄重典雅，公文还可适当地使用一些文言词语。文言词语使用恰当，文白相济，更显得简洁凝练。例如，1988 年 3 月 15 日《国务院关于 80 次特快旅客列车颠覆事故的处理决定》中指出铁道部长“有失职守”，说他已“引咎辞职”。这是文言语词，用在《处理决定》中显得严肃郑重，语义贴切，恰到好处。古汉语中的一些代词如“者”、“其”等，也常在公文中使用。例如，“违者，没收其非法所得”。成语在公文中使用更多。诸如“令行禁止”、“三令五申”、“当务之急”、“量力而行”、“有条不紊”、“因地制宜”、“因陋就简”，等等。文言词语要用得贴切自然；用得过多过滥，或使用晦涩深奥之词，既不合语体，效果也适得其反。

2. 广泛使用公文专用语　公文专用语是公文不断发展变化沿袭下来的一些文言词语。公文专用语在公文中使用的频率高，用法比较稳定和规范。主要有：

(1)开端用语。如“根据”、“遵照”、“依照”、“为了”、“关于”、“兹因”，等等。

(2)称谓用语。如“本厂”、“贵局”、“该单位”，等等。

(3)祈请用语。如“请”、“希”、“望”、“盼”、“拟请”、“恳请”、“切盼”，等等。

(4)经办用语。如“经”、“业经”、“兹经”、“责成”、“试行”、“贯彻”、“执行”，等等。

(5)征询用语。如“当否”、“妥否”、“可否”、“如无不妥”，等等。

(6)表态用语。如“应”、“似可”、“拟同意”、“原则批准”，等等。

(7)承启用语。如“为此，特作如下通知”、“特通知如下”、“提出如下意见”，等等。

(8)结尾用语。如“此复”、“特此通知”、“妥否，请批示”，等等。

3．经常使用介词结构　介词结构的使用，从目的、原因、范围、对象、依据、方式等各方面对被表述的对象进行限定，使公文表述更为确切和严密。公文常用的介词结构，主要有四类：

(1)表目的、原因的，有“为”、“为了”、“由于”、“鉴于”等。

(2)表对象、范围的，有“对”、“对于”、“关于”、“将”、“除了”等。

(3)表依据、方式的，有“根据”、“依据”、“按照”、“通过”、“随着”、“遵循”、“顺着”等。

(4)表时间、处所的，有“在”、“于”、“从”、“自”等。

其实，在同一公文中多重性的介词结构同时使用，并不少见。

4．公文修辞的一般特点　在修辞方法上，公文常用对偶、排比、对照、反复等手法，形成整散结合、骈散相间的语言风格，以有力地或突出主要精神，或强调重要事项，或增强行文气势，或加强表达效果等。此外，还适当使用简缩、统括的方法，如“拥政爱民”、“一国两制”、“四项原则”、“开放搞活”等，使词语化繁为简，行文高度简洁。但不宜使用夸张、象征、反语、双关等可能引起异文、歧义，并影响公文的准确性及庄重风格的修辞手段。

第二章　命令(令)　决定　公告　通告　通知

第一节　命令(令)

一、命令(令)的作用

依照有关法律公布行政法规和规章;宣布施行重大强制性行政措施;奖惩有关单位及人员,用命令(令)。

命令(令)属指挥性公文,它具有法定权威,必须坚决执行。

有权发布命令(令)的机关有严格限定。依据宪法,国家主席、国务院及所属各部委、县级以上各级人民政府,在法定权限内可发布命令(令)。

命令(令)按其内容可分为:(1)发布令,用于依照有关法律规定发布行政法规和规章。(2)行政令,用于宣布施行重大强制性行政措施,或撤销下级机关不适当的决定。(3)嘉奖令。此外,还有特赦令、通缉令、戒严令及宣布战争状态的动员令等。

二、命令(令)的体例格式

命令(令)由标题、正文、落款三部分构成。

1. 标题　命令(令)的标题由发令机关名称和其领导者职务加命令(令)发布,也可以发令机关加令发布;但标题省略事由一项,并在标题之下标列命令(令)的序号。命令(令)的序号不按年度编排,而是从发令机关领导人任职开始发令编为流水序列号,至任职届满为止;下任发令则另行编号,这是命令(令)的编号区别于其他公文文号的地方。

2. 正文　命令(令)的正文结构包括行令缘由与行令事项。行令缘由即正文开头,说明行令的原因、目的或依据。行令事项即正文主项,提出行令要求与行令措施,通常只有一二句话或几句话,说明公布的事项、事项批准或通过的时间以及公布或施行的起讫时间等。

3. 落款　落款为发布机关主要领导人的签字或盖章,注明行令的年、月、日。

【例文 01】

中华人民共和国主席令

第 1 号

根据中华人民共和国第三届全国人民代表大会第一次会议的决定,任命周恩来为国务院总理。

中华人民共和国主席　刘少奇

一九六五年一月三日

【例文 02】

中华人民共和国席令

第 65 号

《中华人民共和国劳动合同法》已由中华人民共和国第十届全国人民代表大会常务委员会第二十八次会议于 2007 年 6 月 29 日通过，现予公布，自 2008 年 1 月 1 日起施行。

中华人民共和国主席　胡锦涛

二〇〇七年六月二十九日

附：《中华人民共和国劳动合同法》（略）

【例文 03】

中华人民共和国国务院令

第 322 号

现公布《规章制定程序条例》，自 2002 年 1 月 1 日起施行。

总理：朱镕基

二〇〇一年十一月十六日

附：《规章制定程序条例》（略）

【例文 04】

中华人民共和国国务院令

第 492 号

《中华人民共和国政府信息公开条例》，已经 2007 年 1 月 17 日国务院第 165 次常务会议通过，现予公布，自 2008 年 5 月 1 日起施行。

总理：温家宝

二〇〇七年四月五日

附：《中华人民共和国政府信息公开条例》（略）

前述四令均极简明、扼要，基本上是一二句话，真所谓要言不繁。但都极为重要，对国家起到了长远的作用，值得深刻体会。

三、命令（令）的写作要领

1. 命令（令）的行文　命令（令）的最大特点是具有不容置辞的强制性，一经发布，下级机关和全体公民就要坚决服从和执行。行文严肃庄重，措词凝练确切，语气坚决果断，篇幅简短。

命令(令)一般不用尾语和结语段,唯嘉奖(令)有结语段以提出希望与号召。

2. 命令(令)的时间　当命令(令)的发布时间与批准通过时间、生效时间不一致时,应分别标明。例如,《中华人民共和国主席令》(第7号)发布施行《全国人民代表大会常务委员会关于惩治生产、销售伪劣商品的犯罪的决定》,批准通过时间为1993年7月2日,发布时间是1993年7月2日,施行时间是1993年9月1日(现已失效)。批准通过时间、发布时间、生效时间不同,三者均予一一写明。

第二节　决　　定

一、决定的作用

对重要事项或者重大行动做出安排,奖惩有关单位及人员,变更或撤销下级机关不适当的决定事项,用决定。

例如,2001年4月27日《国务院关于整顿和规范市场经济秩序的决定》(重大行动),2008年10月12日中国共产党第十七届中央委员会第三次全体会议通过的《中共中央关于推进农村改革发展若干重大问题的决定》(重大部署),都是关系国计民生的重要决定。

还有一种是对于已经不适应现实情况的法律、法规、规章等文件做出撤销、修改的决定,如《全国人民代表大会关于修改〈中华人民共和国全国人民代表大会和地方各级人民代表大会选举法〉的决定》,就是属于这一类。

决定是一种重要的指挥性和约束性的公文。党政机关、社会团体或企事业单位对某些重要事项或重大行动做出安排,都可以用决定。决定由权力单位和机构和领导机关在法定权限内作出,也可以由重大会议作出。

决定使用比较广泛。就其作用说可分为指挥性决定与知照性决定两类。指挥性决定是对某些重要事项或重大行动作出决策,进行部署,如上述两个决定都是重大事项、重大部署的决定。这类决定的指挥性、规定性更强,内容周详,篇幅稍长,能起到领导机关指挥部署工作和任务的作用。知照性决定是关于表彰或惩戒下级有关单位和人员以及事故的处理决定,或某一特定具体事项进行部署的决定等。这些决定一般也提出号召或告诫要求,但主要是起到确认和知照作用。它们的内容一般较单一,篇幅短小。

二、决定的体例格式

决定的体例格式比较自由灵活,篇幅可长可短,涉及的问题可大可小,内容由标题和正文构成。

1. 标题　标题往往由机关名称、决定事项和文种("决定")三个要素组成;有时把主题即具体的事项("该怎样做")的提示也扼要写上标题。

2. 正文　决定的正文结构,包括决定的依据、决定的事项与执行的要求三个部分:

(1)决定依据。即正文开头,一般要说明作出决定的原因、目的、意义及根据,要求开门见山,清楚有力。有的无需说明种种根据,直接写出种种决定,简洁明快。

(2)决定事项。即正文主项,它要写明决定的主要内容,以及具体的决策和部署。政策界限要明确，措施和要求要具体。

(3)执行要求。即正文结尾；结尾要前后呼应，有针对性地提出执行要求与希望。

【例文 05】

国务院关于2009年度国家科学技术奖励的决定

国发〔2010〕3号

各省、自治区、直辖市人民政府，国务院各部委、各直属机构：

为全面贯彻党的十七大和十七届四中全会精神，深入贯彻落实科学发展观，大力实施科教兴国战略和人才强国战略，推进科学技术的自主创新，国务院决定，对为我国科学技术进步、经济社会发展、国防现代化建设做出突出贡献的科学技术人员和组织给予奖励。

根据《国家科学技术奖励条例》的规定，经国家科学技术奖励评审委员会评审、国家科学技术奖励委员会审定和科技部审核，国务院批准并报请国家主席胡锦涛签署，授予谷超豪、孙家栋2位院士2009年度国家最高科学技术奖；国务院批准，授予“《中国植物志》的编研”国家自然科学奖一等奖，授予“太阳磁场结构和演化研究”等27项成果国家自然科学奖二等奖，授予“海洋特征寡糖的制备技术(糖库构建)与应用开发”等2项成果国家技术发明奖一等奖，授予“超细耐磨钛酸盐纤维制备新技术及其应用”等53项成果国家技术发明奖二等奖，授予“绕月探测工程”等3项成果国家科学技术进步奖特等奖，授予“超高压直流输电重大成套技术装备开发及产业化”等17项成果国家科学技术进步奖一等奖，授予“北方粳型优质超级稻新品种培育与示范推广”等262项成果国家科学技术进步奖二等奖，授予美国物理学家沈元壤等7名外国专家中华人民共和国国际科学技术合作奖。

全国科学技术工作者要向谷超豪院士、孙家栋院士及全体获奖者学习，继续发扬团结协作、顽强拼搏、奋力攀登、开拓创新、爱国奉献的精神，坚定不移地走中国特色自主创新道路，提高自主创新能力，培育战略性新兴产业，为建设创新型国家、促进科学发展做出更大贡献。

国务院

二〇一〇年一月七日

这份表彰和嘉奖用的是决定，而不是通常所用的通报，说明其规格最高，极为重视。这一决定在简要叙述获奖名次及获奖项目之后，庄严号召“全国科学技术工作者要向谷超豪院士、孙家栋院士及全体获奖者学习，继续发扬团结协作、顽强拼搏、奋力攀登、开拓创新、爱国奉献的精神，坚定不移地走中国特色自主创新道路，提高自主创新能力，培育战略性新兴产业，为建设创新型国家、促进科学发展做出更大贡献”。这里连用三个“创新”，意味深远！

三、决定写作的要领

1. 指挥性决定　指挥性决定一般是就某些重要事项或重大行动作出决策并进行部署的决定。故此行文严肃、周密果断和稳妥，所做的部署和安排的行动要思前想后，严密周全。然后对于可能的进退行止，要十分郑重明确，以便给予下级执行决定时有坚强的信心，并使之发挥独立的创造精神。

2. 知照性决定　表彰性决定、事故处理决定、某一具体事项的决定，均属于知照性决定。知照性决定只要求有关的下级单位确认、知照，并依据决定的有关内容执行；但一般不必提出特别的执行要求。在写作上要求行文简短，结构紧凑，内容明确具体，语气果断坚决。

第三节 公 告

一、公告的作用

向国内外宣布重要事项或者法定事项，用公告。

例如，宣布宪法的修改与实行，宣布国家领导人选，宣布国家领导人重大出访活动，宣布国家发射火箭导弹，等等。某些部门经授权也可以代表国家对内或对外发表公告。一些地方权力机构公布非常重要的事项或法定事项，如省人民代表大会公布选举结果，也往往使用公告。各级司法机关也经常使用公告形式知照有关法人或公民。其他各级政府机关也常用公告形式告知公众重大事项。公告有明显的知照性、新闻性。如：《中华人民共和国全国人民代表大会公告》；《中国人民银行关于进一步改革外汇管理体制的公告》和一些部门的招标、招聘公告等等。

二、公告的体例格式

1. 标题　包括三个要素，即：发文机关名称、事由和文种。但亦有许多公告的标题只包括两个要素，即发文机关和文种；也有公告的标题只有文种“公告”二字。所有这些形式都是允许的。

2. 正文　由开头、主项和结尾组成。开头写明公告的缘由和根据。主项阐明公告事项及要求。结尾常用“现予公告”、“特此公告”以告示公众之类的尾语。也有一些公告既没有开头部分，也没有结尾部分，只写宣告示知的事项。

【例文 06】

国务院公告

国务院决定 5 月 19 日至 21 日为全国哀悼日

为表达全国各族人民对四川汶川大地震遇难同胞的深切哀悼，国务院决定，2008 年 5 月 19 日至 21 日为全国哀悼日。在此期间，全国和各驻外机构下半旗志哀，停止公共娱乐活动，外交部和我国驻外使领馆设立吊唁簿。5 月 19 日 14 时 28 分起，全国人民默哀 3 分钟，届时汽车、火车、舰船鸣笛，防空警报鸣响。

二〇〇八年五月十九日

这则公告表达了各族人民对四川汶川地震遇难同胞的深切哀悼；也是中华人民共和国成立以来，更是中国有史以来第一次由国家政府发布公告向遇难同胞志哀三天。请回想那沉痛的三天和在那 13 亿人民伫足默哀三分钟时的情景：车船鸣笛，警报震响，这是何等的悲切、沉痛、庄严！仿佛地球停止了运转，每个人都屏息肃立、默默志哀的那一时刻！而这则公告只有三句话，连标题、标点在内总共 140 字左右！何等的简洁，何等的沉重！

三、公告的写作要领

1. 公告使用范围较为严格　发布公告的机关级别一般较高（但目下公告却似泛滥）。

"例文 06"这条公告是国务院"向国内外宣布重要事项或者法定事项"的公告。重大公告,也是在我国历史上无先例的公告,写得极短、极庄重,是公告的典范。而一般公告内容的表述,也必须庄重、准确、简练。

2. 公告内容可长可短,字数可多可少　一般说来,公布选举结果的公告,发布决议的公告,及告知具体事宜的公告等,内容比较简单,字数较少。发布政策的公告,提出要求的公告,宣布规定事项的公告等,内容相对繁复一些,字数也比较多。但总的来说,无论哪种公告,都必须写得简练,文字不能过长。短的公告,往往篇段合一,一气呵成,有的甚至只有一句话。

第四节　通　　告

一、通告的作用

公布社会各有关方面应当遵守或周知的事项,适用通告。

它也常用于发布就某一事项作出的若干规定,要求人民群众或有关人员普遍了解并遵照执行事项。通告的知照性与规定性比较突出;各级政府发布的通告则具有强烈的强制性。如:《中华人民共和国关于发行四种金属人民币的通告》;《深圳市人民政府关于严格禁止擅自以股票债券等形式集资的通告》;等等。

通告与公告同属知照性公文。

1. 通告与公告的共同点

(1)两者都是公开发布的文件,其内容均为群众应当周知或遵守的事项。因为要求广大群众即时周知,所以需要张贴、登报或广播,力求直接与群众见面,因而具有公开性和可广泛传播性的特点。同是为知照性公文,但公告与通告两者自应有所区别,实践上通告和公告常有界限不明之处应予重视。

(2)内容单一,篇幅简短,语言简洁和通俗易懂,便于群众阅读、理解、记忆和遵行。

2. 通告与公告的区别

(1)发布的单位不同。通告由国家行政机关,以及社会团体、企事业单位在自己的职权范围之内发布。公告因内容涉及向国内外宣布的重要事项或者法定事项,一般应由国家机关或国家授权机构发布。

(2)发布的对象、范围不同。通告的发布对象,往往在一定范围内,对这部分群众应予通告周知,而且应该知道得甚深。比如,交通运输部门的通告,对象是广大乘客与客户;作为乘客和运输客户,则必须具体详知通告的内容。公告的对象极为广泛,往往面向国内外社会各界有关人士,行文严肃。

二、通告的体例格式

通告在一定的范围内公布,但受文对象较为宽泛。正文结构包括通告缘由、通告事项和通告要求三项。

1. 通告缘由　即正文开头,写明发布通告的原因、目的或依据,开门见山,简括扼要。

通常以“特通告如下”作为承启用语。

2. **通告事项** 即正文主体，常用分条列项的写法，写明通告规定的事项。要求语意准确，规定具体，该遵守什么，不准许的是什么，以及奖惩规定等，要一清二楚，但不必细加解释。企事业单位发布的一类通告，语气较为缓和，对通告要求遵守的事项，一般带有企求受众理解、支持与协作的含意。

3. **通告要求** 即正文结尾，通常使用“此告”、“特此通告”之类尾语作结；也有的以宣布生效日期作结束的。

【例文 07】

中华人民共和国卫生部通告

（卫通〔2008〕16 号）

依据《化妆品卫生监督条例》和《卫生部健康相关产品检验机构认定与管理办法》等规定，现认定中国疾病预防控制中心环境与健康相关产品安全所等 14 家单位为卫生部化妆品卫生行政许可检验机构。具体通告如下：

一、获认定检验机构及检验项目范围

（一）中国疾病预防控制中心环境与健康相关产品安全所、广东省疾病预防控制中心、上海市疾病预防控制中心、北京市疾病预防控制中心、辽宁省疾病预防控制中心、江苏省疾病预防控制中心、浙江省疾病预防控制中心、四川省疾病预防控制中心和湖北省疾病预防控制中心 9 家单位为化妆品卫生安全检验机构，承担《化妆品卫生行政许可检验规定》规定的全部微生物、卫生化学和毒理学检验项目。

（二）中国人民解放军空军总医院、上海市皮肤病性病医院、中山大学附属第三医院、四川大学华西医院和中国医科大学附属第一医院 5 家单位为化妆品人体安全性和功效检验机构，承担《化妆品卫生行政许可检验规定》规定的人体安全性和防晒功效检测项目（人体法）。

（三）中国疾病预防控制中心环境与健康相关产品安全所、广东省疾病预防控制中心、上海市疾病预防控制中心和上海市皮肤病性病医院 4 家单位还可开展仪器法测定化妆品抗长波紫外线（UVA）能力的检测。

二、关于检验资质

以上检验机构检验资质有效期 4 年，在资质有效期内，按照《卫生部健康相关产品检验机构工作制度》、《化妆品卫生行政许可检验规定》等规定和被认定检验范围，为向卫生部申请卫生行政许可的进口化妆品和国产特殊用途化妆品出具检验报告。我部将对被认定单位进行不定期检查，并对违反相关规定的检验单位予以警告、暂停检验资质或取消检验资质等处理。

自 2009 年 1 月 1 日起，我部不再接受其他单位出具的《化妆品卫生行政许可检验规定》中所列检验项目的检验报告。

特此通告。

二○○八年七月二十八日

依据《化妆品卫生监督条例》和《卫生部健康相关产品检验机构认定管理办法》等规定，卫生部特发布通告。通告 14 家医疗卫生单位及卫生部化妆品卫生行政许可检验机构，并规定各机构的检验范围及检验项目，以及有关检验资质的规定。最后宣布自 2009 年 1 月 1 日起卫生部不再接受其他单位出具的检验报告。这则通告简明、清楚。

三、通告的写作要领

1. 行文务简洁、准确、通俗　通告受文的对象极为广泛，包括社会各界人士和普通人民群众。因此，行文要求更准确和通俗。但其内容却要果断决绝，以便于统一和遵循。

2. 严格实行一事一文　通告要严格实行一事一文，行文中不可多说一句无益的话语，免却生发歧义。

第五节　通　　知

一、通知的作用

批转下级机关的公文，转发上级机关和不相隶属机关的公文，传达要求下级机关办理和需要有关单位周知或者执行的事项，任免人员，适用通知。

例如：2000 年 2 月 27 日《国务院办公厅转发民政部等部门关于加快实现社会福利社会化意见的通知》，这是转发下级机关的公文。中共中央办公厅印发的中办发〔2006 年 30 号〕《关于党员领导干部报告个人有关事项的规定》的通知，这是要求下级机关及个人办理和执行的事项的转发性和指导性通知。2000 年 1 月 30 日《国务院办公厅关于调整中国人民银行货币政策委员会组成人员的通知》，这是任免人员的知照性通知。

通知要求受文单位了解、协助、执行和办理的知照性公文，其使用频率最高，使用范围广泛，可分为转发性通知、指示性通知和知照性通知三类。

1. 转发性通知　这类通知用于批转下级机关的公文，转发上级机关以及不相隶属机关的公文。

2. 指示性通知　这类通知是上级机关传达要求下级机关应当理解和周知，或者要求坚决执行的事宜，具有指示性和指挥性。党政机关、企事业单位、社会团体部署工作任务时，通常使用这类通知。

3. 知照性通知　这类通知侧重于将需要关照的事项告知下级或平级机关，一般不对受文单位提出贯彻执行要求。这类通知常见的有发布法规与规章、机构设置与变更、人事任免与聘用与解聘以及其他某些事项的通知。

二、通知的体例格式

根据通知三种主要用途，它们的体例格式具体分述如下：

1. 转发性通知　转发性通知是通知中最精炼的一类，往往采用篇段合一式，行文简约，程式固定，而且都带有附件（被批转的下级机关的公文、被转发的上级机关和不相隶属机关的公文）作为通知的组成部分。转发性通知的正文结构，有两种形式：

(1)只有单一的“转发(或批转，下同)决定”的通知。转发决定的通知包括转发态度(如“同意”、“基本同意”、“原则同意”等)，及执行要求(如“遵照执行”、“参照执行”等)。

(2)由“转发决定”和“转发指示”构成的通知。转发决定部分与上述相同。转发指示，主要是对被批转文件基本精神的撮要、强调与补充，以引起下级的重视和切实贯彻执行。

【例文 08】

中共中央办公厅印发《关于党员领导干部报告个人有关事项的规定》的通知

中办发[2006]30 号

各省、自治区、直辖市党委，中央各部委，国家机关各部委党组（党委），解放军各总部、各大单位党委，各人民团体党组：

《关于党员领导干部报告个人有关事项的规定》已经中央同意，现印发给你们，请遵照执行。

《规定》的颁布实施是新形势下加强对党员领导干部管理和监督的一项重要举措，对于坚持党要管党、从严治党的方针，促进党员领导干部廉洁从政，推动党风廉政建设深入开展，具有十分重要的意义。各级党组织要对本地区本部门本单位学习贯彻《规定》的工作作出具体部署，并进行广泛的宣传教育。党员领导干部要认真学习《规定》，进一步增强接受监督的意识，自觉报告个人有关事项。要加强督促检查，及时纠正违反《规定》的行为，切实维护党内法规的严肃性。

为了使党组织全面了解掌握党员领导干部需要报告的个人有关事项的基本情况，在 2007 年 1 月首次集中报告时，所有符合《规定》报告条件的党员领导干部，必须按照《规定》第三条所列事项全面如实报告一次。同时，要继续认真执行 1995 年中央颁布的《关于党政机关县（处）级以上领导干部收入申报的规定》。

各地区各部门在执行《规定》中有什么问题和建议，请及时报告中央。

中共中央办公厅

2006 年 9 月 24 日

这是中共中央办公厅转发《关于党员领导干部报告个人有关事项的规定》。该规定已经中央领导同意“遵照执行”。接着又阐述了中央这个规定的重要意义；同时又要求继续认真执行 1995 年中央颁布的《关于党政机关县（处）级以上领导干部收入申报的规定》。通知最后又提示：“各地区各部门在执行《规定》中有什么问题和建议，请及时报告中央。”

这是中央办公厅向全党所有机关印发的一个极为重要的通知，不纯是转发性知照性的通知。

2. **指示性通知**　这类通知的正文结构包括通知缘由、通知事项和执行要求三项：

(1)通知缘由。即正文开头，阐明通知的原因、目的、意义或依据。用语概括简练，突出通知的必要性。一般以“特通知如下”、“特作如下通知”等作为承启用语。

(2)通知事项。即正文主项，主要提出解决问题的原则、要求、措施和办法。内容具体实在，分条列项，文字简明，行文清晰。

(3)执行要求。即正文结尾，提出执行通知的希望和要求。有两种形式：一种是用结尾段，重申通知的意义，提请下级重视；或提出办理的要求和时限。一种是用习惯尾语，如“以上通知，请认真研究执行”或“以上通知，希望遵照办理”等等，收束全文。

【例文 09】

国务院办公厅关于加强政府系统值班和信息报送工作的通知

国办发[1999]98 号

各省、自治区、直辖市人民政府,国务院各部委、各直属机构:

从全国来看,政府系统的值班和信息报送工作做得是好的并取得了较大成效,为保证政府和部门工作的正常运转,帮助领导同志及时掌握情况、指导工作发挥了重要作用。但是,也有一些地方和部门对值班和信息工作重视不够,导致对紧急重大事件处置不力,迟报、漏报、瞒报紧急重大信息的情况时有发生,有的造成了严重后果和不良影响。为改变这种状况,进一步加强政府系统的值班和信息报送工作,现将有关事项通知如下:

一、各地区、各部门必须充分认识政府值班和信息工作的重要性。当前,国际形势复杂多变,我国改革、发展、稳定的任务十分繁重,各种新情况、新问题不断出现。在这种情况下,做好值班和信息工作,确保政府机关工作正常运转,搞好上情下达、下情上报,是正确应对各种情况,及时妥善处置紧急重大事件,维护社会稳定,促进经济和社会各项事业健康发展的需要。各地区、各部门必须提高认识,转变观念,把值班和信息工作摆上重要位置。办公厅(室)要把值班和信息报送工作作为重要工作内容,采取切实有力的措施抓紧抓好。

二、大力加强紧急重大信息的报送工作。凡是发生在本地区、本部门或本系统的重大突发性事件、重要社会动态、重大灾情和疫情及其他紧急重大事件,各地区、各部门在及时做好处置工作的同时,必须尽快将有关情况报送国务院,并跟踪掌握事态进展和处理情况,随时续报,直至事情处理完毕。

三、进一步明确紧急重大信息报送工作的责任。各地区、各部门主要负责同志要对向国务院报送紧急重大信息负责,并督促值班人员和信息部门认真做好具体报送工作。国务院办公厅将建立紧急重大信息报送情况通报制度,定期汇总分析各地区、各部门向国务院报送紧急重大信息的情况,对做得好的地区或部门予以表扬;对迟报、漏报、瞒报紧急重大信息的地区或部门予以批评;对因迟报、漏报、瞒报信息造成重大影响或严重后果的,要追究有关单位和领导的责任。

四、认真做好日常政务信息报送工作。要充分发挥地方各级政府和部门办公厅(室)的主渠道作用,紧紧围绕党中央、国务院的中心工作报送信息。要做到及时、准确、全面,既要报喜,又要报忧。要坚持以质量为中心,努力挖掘信息的深层价值,为国务院领导同志提供优质高效的信息服务。

五、要建立健全各项规章制度。各地区、各部门必须实行 24 小时值班制度和严格的岗位责任制度,建立一套完善的信息搜集、处理和报送制度。要加强对值班和信息工作的管理和考核,健全考核和奖惩制度。凡制度不健全,措施不得力,管理不到位的,要尽快加以改进。

六、各地区、各部门要切实加强对值班和信息工作的领导。主要负责同志要亲自过问值班和信息工作,办公厅(室)要指定专人负责,并选派政治敏锐性高,责任心强,熟悉业务,有较强综合分析能力和协调处置能力的人员充实值班和信息工作岗位。要加强对值班和信息工作人员的培养教育,不断提高其综合素质。要重视政府信息网络建设,不断改善条件,保证信息传递畅通,提高值班和信息工作的质量和效率。

国务院办公厅

一九九九年十二月十四日

这是一份指示性通知。通知开头指出发文缘由,它在肯定全国政府系统的值班和信息工作的成效和作用的同时,又指出了存在的问题。正文部分从六个方面提出了加强政府系统值班和信息报送工作的要求:“充分认识重要性”、“大力加强报送工作”、“进一步明确报送责任”、“认真做好政务信息报送工作”、“建立健全规章制度”和“切实加强领导”。本通知的知照事项和执行要求合在一起，又没有单独的结尾部分。

3. *知照性通知* 知照性通知，常用于发布规章，设立或撤销机构，任免和聘用干部，迁移办公地址，启用或更换印章，召开会议等。其行文简洁，内容集中，篇幅较短。

知照性通知的正文结构，由通知缘由和通知事项两部分构成。全文重在知照，不提出执行要求，常以“特此通知”的尾语结束全文。知照性通知的缘由一般直陈依据或原委，不必像指示性通知那样进行说理分析，因此更为简约。通知的事项只讲决定怎么办，直截了当，充分显示其知照的作用。

【例文 10】

国务院办公厅关于成立国家
能源委员会的通知
国办发〔2010〕12 号

各省、自治区、直辖市人民政府，国务院各部委、各直属机构：

根据第十一届全国人民代表大会第一次会议审议批准的国务院机构改革方案和《国务院关于议事协调机构设置的通知》（国发〔2008〕13 号）精神，为加强能源战略决策和统筹协调，国务院决定成立国家能源委员会，现将有关事项通知如下：

一、主要职责

负责研究拟订国家能源发展战略，审议能源安全和能源发展中的重大问题，统筹协调国内能源开发和能源国际合作的重大事项。

二、组成人员

主　任：温家宝 国务院总理

副主任：李克强 国务院副总理

委　员：（12 人，名单略）

国家能源委员会办公室主任由发展改革委主任兼任，副主任由能源局局长兼任，办公室具体工作由能源局承担。

国务院办公厅

二〇一〇年一月二十二日

这是关于新成立的国家能源委员会机构的知照性通知。其中首先说明成立委员会的根据；再说委员会成立后的作用。然后是将有关事项具体通知如下：主要事项是关于委员会的职责，领导人员的组成；又通知了委员会办事机构的负责人和办事机构的名称。这个通知显然是机构设置和人员任命的通知，属于知照性通知，简单明了。

三、通知的写作要领

1. *通知的着重点是一个“知”字* 通知要求所有被通知的受众都能了解通知的内容。因此，不论哪类通知，写作的要点首先是简短明了，通俗易懂。最忌故作庄重，咬文嚼字。尤要绝对避免含糊、紊乱和不清楚。

2. *按照不同的通知类型写作* 三种类型的通知作用不同，体例格式也有些区别，故要求按照不同的类型进行写作。但归根结底到一点，仍然是要简短畅晓，明白易懂，否则贻误大事。

第三章 通报 议案 报告 请示 批复

第一节 通　　报

一、通报的作用

表彰先进，批评错误，传达重要精神或者情况，用通报。

通报属于机关、团体、企事业单位内部使用的知照性公文。它的作用在于表彰先进、批评错误以及传达重要精神或重要情况。表彰先进、批评错误的通报，是运用个别事件或典型人物对干部和群众进行启发教育的传统方式，也是鼓励先进、鞭笞落后的重要方法。传达重要精神或重要情况的通报，是把上级机关对形势的看法告诉下级；对于当前工作中一些带有倾向性问题的情况也通报下级，提醒注意。

通报可以分为三类：

1. 表彰性通报　如 1999 年 7 月 12 日《国务院办公厅关于表彰奖励中国女子足球队的通报》，即属表彰性通报。

2. 批评性通报　如 1993 年 4 月 27 日《国务院办公厅关于对少数地方和单位违反国家规定集资问题的通报》，即属批评性通报。

3. 情况性通报　如 1999 年 1 月 22 日《国务院办公厅关于水利专项资金审计情况的通报》，即属情况性通报。

目前使用较多的是批评性通报。这种通报重在揭露严重问题，批评错误倾向，纠正不正之风。

二、通报的体例格式

根据其主要表达方法，通报可划分为直叙式通报和转述式通报。

1. 直叙式通报　它是将事实直接予以通报，或表扬，或批评，或通报重要情况，分别直接通报下级。表扬或批评是直叙式表达的。应批评则严加批评，应嘉奖鼓励的就通报嘉奖鼓励，实话实说，提高认识，比较简单。难写的是重要情况的直叙式通报，因为情况要综合、分析、比较，相对复杂。直叙式的通报大都是既要写出通报中的事实，也要分析事实，更要写出通报中的决定和精神，以便教育干部和群众。

2. 转述式通报　转述式的通报无需事实的细节，而着重分析事实的过程和结果，写出通报的决定即可。至于通报中提到的详细事实以及原先下级处理的决定等，则通常作为通报的附件下发。

【例文 11】

国务院农民工办关于表扬农民工工作先进集体的通报

各省、自治区、直辖市、新疆生产建设兵团农民工工作协调机构，国务院农民工工作联席会议各成员单位：

改革开放以来，各级党委政府和各有关部门认真贯彻落实党中央国务院关于农民工工作的战略部署，推动农民工工作不断取得新进展。各级农民工工作机构和服务单位积极落实《国务院关于解决农民工问题的若干意见》，切实解决涉及农民工利益的问题。他们有的排忧解难，积极为农民工提供优质公共服务；有的敢抓敢管，坚决维护农民工的合法权益；有的深入基层，扎实为农民工落实政策；有的真情扶助，让农民工感受到全社会的关爱，在劳动工资、就业培训、安全生产、社会保障、子女教育、疾病防控、计划生育、权益维护、文化宣传、社区服务等方面做了大量卓有成效的工作，涌现出一批取得显著成绩的先进集体。

为充分肯定农民工工作机构和服务单位的重要作用，宣传他们的突出业绩，树立农民工工作的先进典型，进一步营造全社会关心和支持农民工工作的良好氛围，国务院农民工工作联席会议办公室决定，对北京市东城区职业介绍服务中心等100个农民工工作先进集体予以通报表扬。

希望受到表扬的农民工工作先进集体发扬成绩，再接再厉，在开展农民工工作中更好地发挥示范带头作用。各级农民工工作机构和服务单位要学习农民工工作先进集体的优秀事迹，深入贯彻落实党的十七届三中全会精神，开拓进取，勇于创新，坚定不移地推进农民工工作，千方百计为农民工搞好服务，为开创农民工工作的新局面，夺取全面建设小康社会新胜利做出新的更大的贡献！

附件：农民工工作先进集体名单：全国共112个单位，（名单略）

国务院农民工工作联席会议办公室
由国务院人力资源和社会保障部代章
二〇〇八年十一月三日

这是一则国务院农民工工作联席会议办公室公布表扬全国各省市“农民工工作先进集体”的名单。通报指出：“为充分肯定农民工工作机构和服务单位的重要作用，宣传他们的突出业绩，树立农民工工作的先进典型，进一步营造全社会关心和支持农民工工作的良好氛围，国务院农民工工作联席会议办公室决定，对北京东城区职业介绍服务中心等100个农民工工作先进集体予以通报表扬。”然后提出希望，要求受表扬的单位“发扬成绩，再接再厉”、“发挥示范带头作用”。又要求各级农民工工作机构和单位要学习先进集体，“为开创农民工工作的新局面，夺取全面建设小康社会新胜利做出更大的贡献”。

文件为农民工工作先进单位发出通报表扬，显示国务院对农民工工作的重视。

【例文 12】

国务院安委会办公室关于浙江杭州“11·15”地铁工地重大塌陷事故的通报

各省、自治区、直辖市及新疆生产建设兵团安全生产委员会，有关中央企业：

2008年11月15日15时20分，浙江省杭州市地铁1号线湘湖站工段施工工地（露天开挖作业）发生地面塌陷事故，造成长约100米、宽约50米的正在施工区域塌陷，施工现场西侧路基下陷达6米左右，将施工挡土墙全部推垮，自来水管、排污管断裂，大量污水涌出，同时东侧河水及淤泥向施工塌陷地点溃泻，导致施工塌陷区域逐渐被泥水淹没。事故造成在此处行驶的11辆汽车下沉陷落(车上人员2人轻伤,其余人员安全脱险),施工人员7人死亡、14人下落不明。事故发生后,党中央、国务院领导同志高度重视并做出重要批示,要求抓紧搜救失踪人员,全力以赴抢救受伤人员,妥善做好事故善后,查明事故原因,严肃追究事故责任。同时,要加强城建地质勘查工作,防止再次发生塌陷事故。国务院安委会办公室副主任、国家安全监管总局副局长、国家煤矿安监局局长赵铁锤率相关人员赶赴事故现场,传达中央领导同志重要批示精神,指导事故抢险救援工作。

据初步调查,浙江省杭州市地铁1号线湘湖站工段建设单位为杭州地铁集团有限公司,设计单位为北京城建设计研究总院,施工单位为中国中铁股份有限公司中铁四局,监理单位为上海同济工程项目监理咨询有限公司。

经初步分析,此次事故暴露出五个方面的问题:一是企业安全生产责任不落实,管理不到位;二是对发现的事故隐患治理不坚决、不及时、不彻底;三是对施工人员的安全技术培训流于形式,甚至不培训就上岗;四是劳务用工管理不规范,现场管理混乱;五是地方政府有关部门监管不力。

当前,各地建设项目大量开工,安全生产任务十分繁重,为认真贯彻落实中央领导同志重要批示精神,深刻吸取事故教训,遏制重特大事故发生,进一步强化公路、铁路、地铁、机场、码头、电力、水利、城市建设等施工安全管理,加强城建地质勘查,现就做好建筑安全生产工作提出以下要求:

一、切实加强对建设工程项目的安全监管。各地区、各建设施工安全主管部门要结合本地区特点,针对建筑施工中存在的突出问题和薄弱环节,采取切实有效措施,进一步加强对在建工程项目的安全监管;要完善建筑施工安全的规章制度,规范建设市场管理,强化全过程监管;要督促工程建设、勘察设计、施工、监理单位等各方主体严格执行建筑施工法律、法规和安全规程,杜绝违法违规行为发生。

二、切实落实企业安全生产主体责任。各有关部门要督促工程建设、勘察设计、施工、监理等单位明确各自安全职责,加强工程现场的沟通协调和配合,进一步建立健全安全生产管理机构,配备专职安全生产管理人员,完善安全管理各项规章制度,切实落实企业安全生产的主体责任。建设单位应向施工单位提供真实、准确、完整的工程地质及水文等有关资料,督促施工单位落实安全投入;勘察、设计单位要依法依规进行地质勘察和工程设计,满足建设工程安全生产、安全操作和防护的需要;监理单位要严格监督工程建设强制性标准和施工方案、安全方案的落实;各参建单位要针对建设工程的特点,科学编制施工组织方案,完善并落实施工防护措施,严格按照施工操作规程作业,严防施工过程中发生坍塌、坠落、突水、突泥、爆炸等各类事故。各单位要完善事故应急救援预案并加强演练,使之具有针对性和可操作性,确保事故发生时实施有效的救援。

三、现场安全管理。施工企业要认真制定施工方案、安全方案并严格执行,严禁擅自改变设计施工方法或者简化工序流程,严肃作业纪律。应重视地下工程开挖过程中对围岩变化的预测监控。要强化作业人员安全技术培训,提高其安全意识和安全技能。要保证安全投入的落实,严格按照现场安全的实际需要配备人员、配置设备。健全事故预防和应急体系,加强隐患排查,如发现安全风险,要迅速、正确地做出应急处理并及时上报,该停工的必须果断停工。

四、落实监理单位现场安全监理职责。监理单位要严格执行监理规范,健全安全监理制度,落实安全监理责任,严格审查安全方案、严格督促现场安全管理、设备设施安全管理、施工人员安全技术教育培训等相关措施的落实,及时发现和纠正现场施工人员的不安全行为、设备设施缺陷等安全隐患,加强现场巡视,一旦发现威胁到施工人员人身安全的重大隐患,要责令施工单位及时停止作业,整改完毕方能复工。

五、深化建筑安全隐患排查治理工作。各相关单位要举一反三,吸取事故教训,继续按照《国务院办公厅关于进一步开展安全生产隐患排查治理工作的通知》(国办发明电〔2008〕15号)的部署要求,进一步加大建筑施工安全隐患排查治理工作力度。建设工程各参建单位要把建筑施工中防坍塌、坠落、突水、突泥、爆炸等作为隐患排查治理的重点,对排查出的隐患要立即进行整改,对一时难以整改的,落实整改责任、整改措施、整改资金、整改时间和安全监控措施,确保限期整改到位。各地区、各相关部门要加大监管力度,对重大隐患要实行政府挂牌督办,对可能危及作业人员人身安全的重大隐患要责令停工停产整改,对拒不整改或整改不到位的，要依法进行处罚，并追究相关人员责任。要严厉打击建筑施工中的违章指挥、违章作业和违反劳动纪律等行为，确保建设工程施工的进度合理、质量可靠和作业人员的生命安全。

六、严格事故责任追究。各地区、各相关部门要按照有关法律法规的要求，在每一起事故的调查处理中坚持“三项基本要求”(即实事求是、依法依规、注重实效)和“四不放过”的原则，查明事故原因，认定事故责任，针对存在的突出问题提出针对性整改措施。要严肃追究事故责任人特别是直接责任人的责任，严厉查处违法违纪和失职渎职行为。要严格事故报告制度，加大对事故发生后瞒报、逃匿行为的惩治力度，坚决杜绝迟报、谎报、漏报和瞒报违法行为。

国务院安全生产委员会办公室

二〇〇八年十一月十八日

这是一篇典型的安全事故通报，又是一篇对事故原因有明确责任分析的通报。在通报重大安全事故之后，它又对各地建设项目的安全生产工作提出了十分具体的六条要求。这六条要求可以被认为是国家对基本建设战线上的重大举措，必须坚决实施以杜绝安全事故的发生，保证安全生产。通报不仅提出及时、全面、具体的六条要求，还特别提出要“严格事故责任追究”，以杜绝此类事故再度发生。这是一篇写得较好，发表及时的通报。

三、通报的写作要领

通报写作要领如下：

1. 通报的要点在于“报”　通报是把某项事实和决定通报给一定范围的人，因此，它首先要突出事实并让读者清楚了解。其次要正确分析事实，弄清真相，目的是分清性质，查清原因、区别对待。再次要做出决定，该表彰的表彰，该批评处分的批评处分，赏罚分明，树立正确的共识。

2. 注意情况通报的特殊性　情况通报不以批评或表彰为目的，而是上级领导站在全局立场上及时把有关工作和形势发展通报有关单位或群众，并要求对某些动向或倾向事先有所准备。故其内容要重在讲清事实，分析形势，指出方向，说明观点。

3. 通报的材料要求筛选　通报的事例不仅要有典型性，还要把握材料的即时性，避免时过境迁，失去通报的意义。

4. 及时、简明、准确、通俗　因为是通报，人们往往容易写得拖沓；但是无论何种通报，材料都要及时，内容都要简明，材料都要准确，行文都要通俗。

第二节　议　　案

一、议案的作用

各级人民政府按照法律程序，向同级人民代表大会或人民代表大会常务委员会提请审议事项，用议案。

议案具有以下特点和作用：

1. 议案制作的法定性　我国《宪法》规定：国务院可以“向全国人民代表大会及其常务

委员会提出属于全国人民代表大会及其常务委员会职权范围内的议案”;“地方人民代表大会举行会议的时候,本级人民政府可以向本级人民代表大会提出属于本级人民代表大会职权范围内的议案”。这就是说,只有乡(镇)以上各级人民政府才有权向本级人民代表大会及其常务委员会提出属于本级人民代表大会及其常务委员会职权范围内的议案。议案并非任何部门和个人都可以制作。

议案和提案不同。提案是代表个人或一定数目的集体草拟的建议,应列入事务性文体,它和议案的主要区别是作者本人的法定性和组织关系的不同。提案作为代表个人或部分人的制作和建言,不具有法定性质。

2. 议案审定的法定性　各种议案的审议和通过,只能是各级人民代表大会及其常务委员会进行的事情。议案的审议也有严格的程序规定。议案只有由本级人民代表大会或者人大常务委员会半数以上同意,方为通过。

3. 议案内容的法定性　各级人民政府提请审议的事项,不能超出同级人民代表大会或者人大常委会的法定职权范围。

4. 议案时限的法定性　议案必须在人民代表大会规定时间内提出,超过了截止期限就不能列入表决议程。

5. 议案效力的法定性　议案一经通过,就以国家行政公文和法律法规文件颁布施行,并具有特定的权威性和法定效力,其同级或下级政府机关及其工作人员及所辖范围内的全体公民都必须严格遵守执行。

二、议案的分类

1. 议案按性质划分　可以进一步分为三种:

(1)立法议案。即国家各级行政机关提请同级权力机关审议行政法规、地方性法规的议案。国务院制订的法律草案;省、自治区、直辖市人民政府,以及省会市、较大的市人民政府制订的地方性法规草案,须报经同级人民代表大会或其常务委员会审议通过。

(2)任免议案。即行政机关提请权力机构审议人事任免事项的议案。行政机关重要工作人员的任免,须要用议案形式报请同级人大常委会审议通过。

(3)决议议案。即行政机关提请权力机构对本辖区内经济发展、社会稳定以及与人民群众密切相关的重大问题或事项,应提请同级人民代表大会及其常务委员会审议批准。

2. 根据议案提出者的职权不同　议案又可再分为公文议案和事务性议案两种:

(1)公文议案。公文议案是各级人民政府和国家权力机构向相应的人民代表大会及其常务委员会提出的议案,任何个人不得擅自以个人名义制定此类公文议案。

(2)事务性议案。事务性议案是各级人民代表大会及其常务委员会会议期间由代表们提交的,此类议案通常是经由一定代表人数组成的提案人小组集体酝酿提交的,是代表着一部分代表的提案。

三、议案的体例格式

公文议案的结构由标题、正文、附件、落款四部分构成。

1. 标题　标题由某级人民政府名称、事由、文种三部分组成。标题是议案主要内容的概括,要求准确、简明。标题之下居中,往往有题注一项,用以说明某项议案获得通过或批准的时间或开始生效的时间。题注一项的内容，如“某时、某级人民代表大会或人民代表大会常务委员会某届某次会议通过”，文字要写在括号中。其中有的议案以人大会议或人大常委会讨论通过的时间为此议案生效时间。

2. **正文**　正文是议案内容的具体体现。正文的结构又分为开头、主项和结尾三部分。

(1)开头(引言)部分：说明提请本议案的起因、目的、依据及意义。通常说明本议案颁布的重要性和紧迫性，或揭示本议案涉及的问题的现实意义。

(2)主项部分：提请审议的议案的具体内容或条款。这部分要求条理清晰，阐述明确，用语准确。这一部分视内容繁简而写法各异。内容较多的，可分段写，或用序数表明条款；主项部分还通常针对某一重大问题或事项进行调查、分析，找出其问题产生的根源，提出具体的改进意见和措施。内容单一的，可以写得简短明了。

(3)结尾：议案的结尾通常在结合实际的基础上有针对性地提出改进措施、今后打算、努力方向及奋斗目标等；通常以“请大会审议决定”或“现提请审议”作结。

3. **附件**　议案最常见的附件是随议案而拟请通过的某项行政法规、规章制度以及重大事项。它们是议案的真正内容，是议案得以成立的重要组成部分。附件的标题是标注在议案正文、落款之下的前左面。有两件及两件以上附件时，应标明顺序号码和名称，不能只写“附件×件”或“附件如文”字样。

4. **落款**　议案的落款是在正文的右下方，写上提请议案机关的名称或政府机关首长的职务，加盖印章，标明时间。

【例文13】

在中华人民共和国第十一届全国人民代表大会第三次会议上新疆代表团提请审议的议案之二
关于修改《中华人民共和国监狱法》的议案

一、《监狱法》执行过程中出现的问题

《监狱法》颁布实施十五年来，为监狱依法行刑提供了规范的法律制度，发挥了应有作用。但由于改革开放和社会经济快速发展，《监狱法》的某些滞后性使监狱执法工作面临着许多新的问题和挑战，主要表现在以下几个方面。

(一)《监狱法》配套法律体系尚未建立。《监狱法》实施至今日仍未健全或完善相配套的法律体系，使监狱在执法实践中缺乏明确的指导性和具体的操作性，一定程度影响了监狱行刑的规范性和公正性。

(二)收监送达司法文书的界定还不完善。《监狱法》第16条虽然规定了收监的程序和条件，但过于笼统。如：罪犯在收押时，交付机关既不告知罪犯有无重大疾病、有无精神病司法鉴定等情况，也不移交相关材料，甚至罪犯在羁押期间因各类缘故身体受到伤害或伪病装瘫等行为也无任何材料说明，致使罪犯在入监后其与家属因诊治和赔偿问题与监狱纠缠不息等。

(三)罪犯服刑期间保外就医规定不完善。《监狱法》第17条虽对保外就医有规定，但对罪犯保外就医期间的管理、考察上规定不具体，对患精神病的保外就医罪犯如何监督管理、对保外就医期间应当重新收监的情形、保外就医期满由何机关、何种方法收监都未做出明确规定，在具体的工作实践中不易把握，造成监狱与公安机关责任不清、协调不力，甚至推诿扯皮。

(四)对罪犯破坏监管秩序的行为及惩处不明确。《监狱法》第58条规定了罪犯破坏监管秩序，监狱可以给予警告、记过或者禁闭的八种情形，但这些破坏监管秩序行为具体须达到什么程度可以给予何种处分、何种程度达到立案标准、构成犯罪以及某种行为应当对应适用哪一种处罚却没有具体规定。这就使得监狱在对“大错不犯，小错不断”的罪犯进行管理教育时缺乏法定的惩罚依据，难以操作，影响了罪犯改造工作的依法、有序、规范运行。

（五）《监狱法》中关于减刑、假释的条件、幅度程序的规定非常原则，未对作为减刑、假释基础的日常考核做出规定，监狱和法院在减刑假释的具体标准上不统一，致使罪犯在日常考核成绩同等的情况下，减刑的标准、幅度却差别很大。监狱是罪犯改造期间监管和日常行为监督考核的具体执行者，最了解罪犯的改造表现，但只有减刑、假释的建议权，最终的决定权在法院，这样往往引起罪犯对监狱执法工作产生极不信任感，给监狱的改造工作带来一定的困难。

（六）对监狱人民警察监管权利规定不明确。由于《监狱法》对监狱民警在监管权利的行使上规定不明确、不充分，从事监管工作的权力界限不明，造成一些民警在管理罪犯中不敢大胆管理，怕管理严格了“违法”，对顽固、危险罪犯心存畏难情绪，对打击狱内的歪风邪气极为不利；个别民警虽然大胆管理却容易越权，难以把握合法与违法的界限，这对惩罚和改造罪犯工作造成一定的障碍。

二、建议

针对以上存在的主要问题，结合监狱建设和罪犯改造的实际，就完善监狱法律体系提出以下建议。

（一）希望立法部门进一步完善《监狱法》配套法律体系，确保刑罚执行的合法性、程序性、准确性。应尽快依据《刑法》、《刑事诉讼法》和《监狱法》制定用以协调解决在刑罚执行过程中监狱与其他部门关系的法规。如：《监狱法实施条例》、《监狱武装警戒条例》、《监狱执法监督》、《刑满释放人员保护办法》等，依照《刑法》、《刑事诉讼法》和《监狱法》条文规定和立法精神，对相关内容进行细化、释义、延伸和补充，形成较为明确、统一、规范的国家标准法律规定。

（二）完善司法文书材料移交范围。应当明确规定，收监时，交付机关除法定的法律文书外还应交付专档和副档材料，包括：罪犯是否有原损性伤残或在看守所羁押期间因多种原因造成伤害有碍正常服刑的证据材料或说明材料、是否有正规有效的法医或医学鉴定证明罪犯患有无服刑能力的精神疾病，以及罪犯在看守所羁押期间的鉴定材料、思想动态材料、奖惩材料等，便于监狱了解掌握罪犯全面真实的情况。

（三）完善罪犯保外就医和罪犯服刑期间死亡的相关规定。应对监狱关于保外就医期间罪犯的管理、考察做出规定，明确责任和应有的权利，明确列举罪犯在保外就医期间予以收监执行的情形，对精神病、艾滋病等保外就医罪犯制定专门的监督管理规定，对罪犯在狱内正常死亡的处理作出具体规定。

（四）完善减刑、假释规定，充分发挥减刑和假释制度的积极作用。要进一步量化、细化现行法律体系中关于减刑、假释的规定，统一罪犯日常考核标准，建立科学的罪犯改造质量评估体系，统一监狱和法院在减刑、假释上的标准，规范协调二者的关系，可尝试性地赋予监狱减刑、假释的决定权，充分发挥减刑、假释制度的激励作用，提高罪犯改造积极性，提高行刑效益。

（五）立足于实际，完善民警执法权利保障，坚决维护监狱的监管秩序。明确规定监狱民警执法的权利和保障措施，明确规定罪犯违反监规制度、抗拒改造应受到的惩罚措施和处理程序，确保民警能够依法按程序处置改造罪犯中出现的各种问题，从根本上解决民警中存在的打骂体罚罪犯行为。针对顽固危险类罪犯，应给予民警充分的法律保障和行使特殊手段的合法权利，以利于对这部分罪犯实施有效管控，有力地维护监狱安全稳定。

（六）整合社会资源，拓宽罪犯教育渠道，努力减少和预防重新犯罪。社会各界应给予监狱工作更大的关注和帮助，积极参与到教育改造罪犯工作中来，丰富社会帮教形式，努力构建一个集家庭亲情帮教，社会知名人士帮教，法律、文化、心理专业人士帮教等各种形式并存的全方位、多层次辐射、齐抓共管的社会帮教体系，积极消除因心理问题而诱发重新犯罪的可能。除监狱要在落实“首要标准”，加强罪犯职业技能教育，确保罪犯刑释时掌握一技之长，为刑后就业创造条件做大量工作外，各级政府部门和社会各界更要关心帮助刑释人员解决实际困难和后顾之忧，最大程度地预防和减少刑释人员的重新犯罪率，最大程度地增加社会和谐因素。

（据：中广网新疆频道）

这是由出席全国第十一届人大第三次会议的新疆代表团提请大会审议的议案。该议案分为议据和建议两部分。议据是议案的根据，提出现在执行的《监狱法》面临某些新问题和挑战：(一)《监狱法》配套法律体系尚未建立。(二)收监送达司法文书的界定还不完善。(三)罪犯服刑期间保外就医规定不完善。(四)对罪犯破坏监管秩序的行为及惩处不明确。(五)《监狱法》中关于减刑、假释的条件、幅度程序非常原则，标准不统一，幅度差别大。(六)对监狱人民警察监管权利规定不明确。据此议案提出如下建议：(一)希望立法部门进一步完善《监狱法》配套法律体系，确保刑罚执行的合法性、准确性。(二)完善司法文书材料移交范围。(三)完善罪犯保外就医和罪犯服刑期间死亡的相关规定。(四)完善减刑、假释规定，充分发挥减刑和假释制度的积极作用。(五)立足于实际，完善民警执法权利保障，坚决维护监狱的监管秩序。(六)整合社会资源，拓宽罪犯教育渠道，努力减少和预防重新犯罪。议案对于议据提出的六个问题，都在六条建议中提出中肯的意见，以供全国人民代表大会审议和定夺。这个议案写得非常明确、简洁、清楚。

【例文 14】

国务院关于提请审议
《中华人民共和国反不正当竞争法(草案)》的议案

全国人民代表大会常务委员会：

为了维护社会主义市场经济秩序，鼓励和保护公平竞争，制止不正当竞争行为，保障经营者的合法权益，国家工商行政管理局经过调查研究，广泛征求意见，草拟了《中华人民共和国反不正当竞争法(草案)》。这个草案已经国务院常务会议讨论通过，现提请审议。

国务院总理　李　鹏

一九九三年六月十日

附：《中华人民共和国反不正当竞争法(草案)》(略)

这是一份提请审议法规的议案(草案)。标题即由提出议案的国家最高行政机关国务院的名义；事由是“关于提请审议《中华人民共和国反不正当竞争法(草案)》”。文种名称为议案。共由三个要素组成。正文写明提交议案的缘由以及提请审议的事项。在本例文中，提交议案的缘由写得很简要；提请审议的事项很单一。有的议案提请审议的事项较多，就要分条列项写出。

四、议案的写作要领

1. 文短意长，重在请求审议和通过批准　议案本身比较简括。一是要说明为了什么目标而需要同级人民代表大会或人大常委会审议通过某项议案。为此应该简明扼要地陈述各种理由，以使人代会或人大常委会充分理解审议通过该议案的现实必要性而予以审理。二是要对送审议案的附件产生的过程、程序和结果作简要汇报，请求同级人代会或人大常委会给予审议通过批准。这样的议案类似一份简明的“报告”，只是它引出的结果是某项具有法规意义的正式文件之通过、颁布和实施。

2. 焦点在附件　议案本身的文字简短，含义单纯，结构单一；但作为附件送交审议批准的事项，却是十分重要的审核焦点。因此，事前要集中足够的时间和充分的精力于附件的调查研究和撰写；因为正是这个附件的内容才是议案所要关注的焦点，是同级人代会或人大常委会所要审议通过和批准的。所以附件之于议案，实际上是它的真正内容。而对议案的内容，一定要严肃研究，过细斟酌，务必求其全面、完善，并且做到三个“确”，即明确、正确、准确。也就是：观念、态度、视角要明确；观点、意见、办法要正确；概念、词语、叙述要准确。这样的议案至少在写作方面是可以通过审议并起到议政作用的。

第三节　报　　告

一、报告的作用

下级向上级机关汇报工作、反映情况，或答复上级机关的询问，用报告。

报告是一种单向性、上行性、陈述性的文种。如 1993 年 12 月 21 日全国人大常委会的执法组向全国人大常委会所作的《关于检查〈全国人大常委会关于惩治生产、销售伪劣商品犯罪的决定〉等法律执行情况的报告》（向上级机关汇报工作的报告）；1993 年 5 月 13 日林业部向国务院作的《关于进一步加强森林防火工作的报告》（反映情况的报告）等。报告是下级机关呈送上级机关的上行文种，是中下级机关、特别是基层单位和部门经常使用的公文文种。

公文报告和非公文文种的一般报告不同。两者最主要的不同是制发机关、报告对象、内容性质和体例规格等都有明显的区别，必须严格区分。

二、公文报告的分类

1. 按报告的性质不同划分　可以分为综合报告和专题报告。

(1)综合报告，是指为使上级机关全面了解工作状况和有关情况，由下级制发的定期或不定期的报告。

(2)专题报告，是指下级机关为使上级机关了解某一事项或某一方面的情况，而专门制发的不定期或一次性的报告。

2. 按报告内容不同划分　可以分为工作报告、情况报告和答复(建议)报告。

(1)工作报告，是下级向上级机关汇报本机关总的工作报告。

(2)情况报告，是下级机关专门向上级机关反映某种情况，包括日常工作的新动向、新近发生的重大事件、临时出现的重大问题、重要工作成果的报告等等。

(3)答复报告，是回复上级布置的某项工作或就某个问题的询问而作的答复报告。

有一点应予说明：1996 年党中央办公厅发布的《机关公文处理条例》中，在公文报告里保留着“提出建议”一语。故此至今有的教科书仍有设置“建议报告”一说，亦应视为正确。而在 2000 年国务院办公厅发布《公文处理办法》的公文报告中没有“提出建议”一语，而是将下级机关所提的建议纳于公文“意见”之中。本书则以 2000 年国务院的文件为体例，谨此说明。

3. 按报告行文目的不同划分　可以分为呈报性报告和呈转性报告。

(1)呈报性报告，用于单纯向上级汇报工作、反映情况及答复上级的询问事项，目的是接受上级的领导与监督，其行文并不要求上级的批转。

(2)呈转性报告，国家机关一般不用，在党的机关普遍适用。呈转性报告除了向上级汇报工作和反映情况外，党内文件有的还提出改进工作的建议，以请示上级党委审核、批准或批转有关地区或部门执行。

三、报告的体例格式

报告的正文结构，由报告缘由、报告事项及尾语组成。

1. *报告缘由*　它是正文开头。开头主要用概括的文字说明报告的缘由。

2. *报告事项*　它是正文主项。主项要把有关事项实事求是地申述明白。其中主要是有关工作的主要意图过程、措施、成效或出现的问题。党的机关尚有呈转性报告；呈转性报告要有针对性地提出切实可行的意见与建议。

3. *尾语*　它是正文结尾。呈报性报告通常使用“特此报告”、“以上报告当否，请指示”。党内机关的呈转性报告通常使用“以上报告，如无不当，请批转各地执行”等为尾语。

【例文 15】

关于依法清收拖欠银行利息的报告(摘要)

国务院：

当前，企业拖欠银行利息问题十分突出，严重危害了银行业的正常经营活动。进一步采取有效措施，集中力量抓紧依法清收拖欠利息，已成为化解金融风险、缓解财政收支压力的一项重要任务。现将有关情况报告如下：

一、企业欠息基本情况

近年来，企业拖欠银行利息问题日益严重，收息率逐年下降。企业欠息增加，一方面是企业效益不好，经营困难；另一方面是企业恶意欠息现象日益严重，一些具备还本付息能力、效益较好的企业有意逃避付息。据人民银行的典型调查，目前恶意欠息约占欠息总额的20%左右。

企业大量拖欠银行利息，后果十分严重。一是违反了《中华人民共和国商业银行法》，扰乱了社会信用秩序，破坏了银行同企业之间正常的信用关系，影响了国民经济的正常运转。二是占压了大量的信贷资金，影响银行财务状况，削弱了银行筹集资金支持企业生产经营活动的能力。三是减少了财政收入，影响财政预算平衡。四是加剧了银行业的金融风险。

二、采取有效措施，依法收回企业欠息

为了维护正常的社会信用秩序，防范金融风险，维护金融业的稳健经营，必须采取果断措施，依法收回企业拖欠银行利息，严厉打击各种逃避银行债务的行为，各地区、各部门和各单位要统一认识，齐心协力，切实做好清收欠息工作。

(一)落实清收利息目标责任制，加大收息力度。各金融机构要制定清收欠息的具体目标，确保今年贷款收息率比去年有所提高，并逐步提高到正常水平。要建立健全分行行长和信贷职能部门收息目标责任制，加大收息目标责任制的考核力度。各级银行要把收息率作为考核指标，年终根据贷款收息率情况进行考评、奖罚。人民银行各分支机构要加强对清收欠息工作的指导监督。

(二)建立企业欠息档案和账户查询中心，实行企业欠息大户披露制度。人民银行各分支机构要在当地建立统一的企业欠息档案和账户查询中心。将欠息企业的基本情况输入档案库，并向当地金融机构和经贸委定期通报欠息企业情况。各金融机构要加强计算机联网，强化信贷管理，对欠息企业区别对待，分类管理，防止企业多头贷款和恶意欠息。与此同时，要建立企业欠息大户披露制度。对恪守信誉、按期还本付息的企业要给予奖励,向社会宣传,并在贷款、承兑、贴现等方面给予优惠倾斜政策。人民银行各分支机构要根据商业银行报送的欠息企业情况,编报当地欠息企业清单,并及时将欠息大户在金融业内部通报,在信贷、结算等方面实施统一的同业限制、惩罚措施。对有还款能力,故意欠息的企业,由人民银行列入《恶意欠息企业名单》,在向经贸委通报核实后发布,并通过新闻媒体向社会披露;对其中的上市公司,人民银行要向证监会通报。各金融机构对恶意欠息企业,要在对一般欠息企业制裁的基础上,进一步采取联合停止或收回贷款等形式进行金融同业制裁。

(三)改进金融服务,建立新型银企关系。各金融机构要按照建立社会主义市场经济的要求,把支持企业的改革和发展与加强清收欠息工作结合起来,努力提高信贷资产质量,防范和化解金融风险;要改进金融服务,积极做好开户结算、提供担保、要据承兑、贴现、信息咨询、经营决策和完善财务管理等工作。

(四)加强企业信用观念,规范企业转制行为,严禁违反规定减息免息。企业应当严格按照《中华人民共和国商业银行法》和《贷款通则》等有关规定,履行借款人的义务,按借款合同清偿贷款本息。企业不得违反国家有关规定,借承包、租赁、分立、合资、联营、兼并、破产、股份制改造等途径,逃避银行的信贷监管和偿还贷款本息的责任。各级经贸委要进一步规范企业转制行为,严格执行国家减免息政策,严禁超越范围减息、免息。任何地方和单位无权自行减免利息。各金融机构要认真执行国务院关于在企业转制过程中加强金融债权保护的有关规定,与各级政府部门加强配合,切实保障银行依法收息和银行债权安排。

(五)依靠各方面的力量,切实改善信用环境。各金融机构在加强清收欠息过程中,要取得各级人民政府的支持,依靠社会力量,强化收息力度。要与有关部门充分协商,密切配合,对恶意欠息企业联合采取下列措施:各级工商行政管理部门不予批准新办企业、不通过工商年检并作出相应的处罚,直至吊销营业执照;各级财政部门不予以资金支持;各级外事、公安部门停止审批企业领导人出国出境手续;各级证券管理部门不予批准企业上市,并加强对各上市公司欠息情况的核查,提高上市公司信用度;在分清情况、明确责任的基础上,各级人事部门将企业欠息情况纳入企业领导人业绩考核的重要内容。同时,各级宣传新闻部门要做好宣传报道工作,广泛开展信用宣传,及时公布守信用企业和恶意欠息企业典型名单,努力形成良好的社会信用环境。

(六)加大对违规欠息案件的查处力度。人民银行各分支机构要下大力气检查徇私舞弊、行贿受贿或经营管理严重失职所造成的欠息、以贷收息等行为,公布一批典型案例,严肃处理有关责任人员。

以上报告如无不妥,建议国务院办公厅转发各地区、各部门贯彻执行。

人民银行
国家经贸委
一九九九年一月六日

这是一份反映情况、提出建议的呈转性报告。正文的开头简述情况,指明问题及解决问题的迫切性。主体包括两部分内容:一是介绍企业欠息的基本情况及危害性;二是提出解决问题、要求及措施(六条建议),这部分是报告的重点。结尾部分提出转发请求。

四、报告的写作要领

报告的写作要求是态度或谦逊、或平和、或急迫,依情而定,但都应实事求是。切忌行文不恭,倨傲失礼;或行文低下,曲为承迎。要结构紧凑、条理清晰;要多用陈述、简约、准确的语言。

1. 客观严肃,实事求是　公文报告是一种单行性的上行文。这个性质本身就决定了态度必须谦逊,客观严肃,实事求是,规规矩矩向上级写出报告。其中最重要的是"实事求是"四个字。实事求是是要求事实一定要准确,成绩一定不可夸大,缺点一定不可缩小。有问题也不能够夸张,又不可以隐瞒。决不可以只报喜不报忧,也不可以只报忧不报喜。弄虚作假，故意欺骗的行为，都是绝对不允许的。对上级领导机关一定要忠诚老实。又必须明确每一个公文报告都是关系到人民大众的事业。

2. 根据报告的不同特点，各制所宜　报告有多种类型，综合报告、专题报告、答复报告都有不同作用和特点。综合报告一般是例行的、常规的、汇报性的报告，因之应按规定及时写出有全局性的、有重点的工作情况。写这种报告强调"按时"汇报的观念，主动争取上级机关的监督和领导。专题报告常常是"因时"的，无先例的，所以要及时反映情况，争取上级机关的指挥和指示；而把情况反映得越及时、越准确，就越能得到领导的帮助。答复报告是被动答复上级机关的询问，是下级对上级"释疑解惑"的。下级单位应及时把上级询问的事项回答清楚，基本上是"因问设答"、"有问必答"，以利于上下沟通，正确处理问题。掌握三种报告的各自特点和作用，就容易写好。

第四节　请　　示

一、请示的作用

向上级机关请求指示、批准，用请示。

请示的事项往往是对上级机关文件规定中的某些政策界限领会不深、把握不准，或者是本机关无权决定而必须办理的，或者是有权决定但难以把握与处理的，等等。有的请示对问题已有明确的意见和预案，只需请求上级批准实施即可。

请示与报告是两类不同的文种，不能混淆使用。两者的主要区别是：

1. 行文目的、性质不同　报告属陈述性公文，目的是让上级了解、掌握情况，不要求直接批复。请示属陈请性公文，专为解决某一事项、问题而请求上级审核、指示与批准，要求上级给予批复。

2. 内容含量不同　报告可以"一文多事"，而请示必须"一文一事"；否则，往往因为其中某一件事未被批准而影响其他事项的及时核准。

3. 主送单位不同　报告因不需批复，可以同时主送几个单位；但请示必须批复，需认准一个单位为主送单位，便于这个单位批复。

4. 行文时限不同　报告行文一般不受时间限制，可以在事前、事后或事情进行过程中进行；而请示必须事前行文，绝不允许先斩后奏。

目前，请示与报告不分的问题比较突出，究其原因，主要在于对呈转性报告的批转与请示的批复混淆不清。党中央办公厅1996年发布的《公文处理条例》对公文报告规定，下级机关有责任向上级提出的意见、建议以请上级决策；如属可行，上级机关批转有关方面贯彻执行。但在国务院办公厅2000年发布的《公文处理办法》中，已经不再要求在报告中"提出建议"；建议或意见可在公文"请示"或"意见"中上报批准。请示提出的问题则要求上级的直接指示与批准，并由请示单位贯彻执行；如请示提出的问题又关涉到其他单位则应说明或由上级批示。

二、请示的体例格式

请示的结构由标题、正文和结尾三部分组成。

1. 标题　有两种写法：一种是公文规范标题的写法，即由发文单位、事由和文种组成。另一种是在标题中省略规范性标题中的某一部分，多数情况是省略发文单位，写作“关于×××的请示”。

2. 正文　由请示缘由、请示事项组成。请示缘由，主要写明请示的原因、目的，包括“请示什么”和“为什么请示”。请示事项可用列项式写明处理某件事的具体措施。这里的关键部分是应作必要的分析，并提出具有说服力的、切实可行的解决问题的意见和建议。请示里提出的问题要十分准确，意见或建议的措施应有针对性，并应提供上级可选择的选项。文字要求言简意赅。

3. 结尾　通常使用“以上请示，当否，请批复”、“当否，请指示”一类习惯性词语。

【例文 16】

关于进一步加强期货市场监管工作的请示

国务院：

按照国务院的部署，国务院证券委员会和中国证券监督管理委员会(以下简称证监会)加强了对期货市场的规范整顿工作。经过两年多的努力，我国期货市场盲目发展的势头得到了一定的遏制，市场行为逐步规范，监管能力进一步加强，试点工作步入正轨。但是，目前期货市场仍存在一些不容忽视的问题，最为突出的是少数大户凭借资金实力，联手操纵市场，牟取暴利；少数人挪用公款进行期货投机，损公肥私，或利用银行贷款、拆入资金以及变相集资进行炒作；个别客户在交易中蓄意违规，甚至进行金融犯罪活动。这些行为不仅干扰了企业从事套期保值等合法的经营活动，而且严重破坏了期货市场的正常秩序，妨碍了期货市场的健康发展。为进一步遏制过度投机活动，加强对期货市场的监管工作，现提出以下意见：

一、国有或者国有资产占控股地位的企业、事业单位(以下简称国有企事业单位)只能从事与其生产、经营有关商品期货品种的套期保值交易，不得进行投机交易，更不允许进行恶性炒作。国有企事业单位从事套期保值交易应当向期货交易所或期货经纪机构出具主管部门或者董事会的批准文件。对未能出示批准文件的，期货交易所不得接受其为会员，期货经纪机构不得接受其为客户。对违反上述规定的期货交易所和期货经纪机构，证监会将根据情节轻重对其作出责令改正、罚款、停业整顿、取消试点交易所资格或取消期货经纪业务资格的处罚，并追究主要负责人的责任。国有企事业单位未经主管部门或董事会批准，擅自进行期货交易或者因从事期货投机交易发生亏损的，要追究主要负责人的责任。

二、各类金融机构一律不得从事商品期货的自营和代理业务。凡从事商品期货自营业务的金融机构，从1996 年 3 月 4 日起 40 个交易日内，要将已持有头寸全部平仓；凡从事商品期货代理业务的金融机构，从 1996 年 3 月 4 日起，不得接受新客户，并在 40 个交易日内通过平仓或者将客户头寸转移到其他期货经纪机构的方式了结所有代理业务。各期货交易所对已成为会员的金融机构，要监督其在规定的时间内了结所有期货自营和代理业务，并在清理债权债务后，取消其会员资格。期货经纪机构对于已成为客户的金融机构，要监督其在规定时间内平仓，并在清理债权债务后取消其客户账号。

任何金融机构不得出具期货交易资金保函。严禁用银行贷款或拆入资金进行期货交易。各级金融机构要加强监管，防止信贷资金流入期货市场。

三、期货经纪公司一律不得从事期货自营业务：凡从事自营业务的期货经纪公司，从 1996 年 3 月 4 日起40 个交易日内，要将已持有自营头寸全部平仓。对违反规定继续从事自营业务的期货经纪公司，证监会根据情节轻重对其作出责令改正、罚款、停业整顿、取消期货经纪资格的处罚，并追究主要负责人的责任。

四、为了加大对期货市场的监管力度，有效地防止和查处操纵市场行为，证监会可以按程序对期货交易所、期货经纪机构和客户在商业银行和其他金融机构开立的账户进行查询。

五、各期货交易所要结合各自的具体情况建立“市场禁止进入制度”。对于操纵市场或者进行期货欺诈造成严重后果的机构和个人，一经查实，要宣布其为“市场禁入者”，并报证监会，由证监会通报各交易所；除平仓指令外，各期货交易所和期货经纪机构要立即停止接受其新的交易指令；对触犯刑律的，移交司法机关追究刑事责任。对受到证监会通报的“市场禁入者”，各期货交易所和期货经纪机构3年内不得为其办理期货交易开户手续。对违反规定接受“市场禁入者”的期货交易所和期货经纪机构，证监会将对其作出责令改正、没收非法所得、罚款、停业整顿、取消试点交易所资格或取消期货经纪业务资格的处罚，并追究主要负责人的责任。

六、为了充分发挥期货市场套期保值和发现价格的功能，避免大量资金恶炒小品种，使期货市场摆脱品种越来越小、投机越来越盛的恶性循环，在适当时机选择一些在国际上比较成熟、最具套期保值功能的大宗商品品种，在少数规范化程度较高的期货交易所上市交易，在严格监管的条件下进行试点。

以上意见如无不妥，请批转各地区、各部门贯彻执行。

国务院证券委员会
中国证券监督管理委员会

一九九六年一月三十一日

这是一份请求上级机关批准的请示。文中就进一步加强期货市场监管工作提出了六个方面的意见(即方案)，请求上级机关给予批准。“如无不妥，请批转各地区、各部门贯彻执行”，这与单纯请求上级机关予以指示的请示写法有所区别。文中请求批准的六条意见写得具体、可行。

三、请示的写作要领

请示的写作应注意：

1. **内容要单一，文字应明确** 需要请求上级指示的问题也许很多，但一定要“一文一事”，便于上级机关研究答复，有利于问题的迅速解决。文字必须明确、简洁，直接表达请示的问题。

2. **不要事事请示** 需要请示的就请示；不需要请示的就不要请示。凡属本机关职权范围之内并已有明确的方针、政策或法规、规定作参照的一般问题，都应自行处理，而不必向上级机关请示。

3. **避免多头请示** 要坚持“谁主管就请示谁”的原则，主送单位只能一个。如果有其他需要了解请示内容的上级机关，应以抄送的形式将请示送阅，但不得抄送其下级单位。抄送范围要根据各单位的隶属关系和职权范围视文件性质来确定，并要遵循党政分工、业务归口的原则，也不能越级请示。

第五节 批 复

一、批复的作用

上级答复下级机关的请示事项，用批复。

批复是指挥性公文，针对性和指令性强。以批复形式答复的请示事项，一般是比较重要且涉及面又比较窄的事项。如1999年6月5日国务院给北京市人民政府和科学技术部的《关于建设中关村科技园区有关问题的批复》；2001年3月29日最高法院《关于情节严重的传销或者变相传销行为如何定性问题的批复》等等。

批复按作用可分为指示性批复和批准性批复。

1. 指示性批复　这种批复对应的是请求指示的请示，一般不是三言两语能够说清楚；但要对有关问题做出较详细的批复，亦应简要明瞭为宜。

2. 批准性批复　这种批复对应的是请求批准的请示，一般可简洁明瞭。

二、批复的体例格式

批复的正文结构，由批复引语、批复内容与批复尾语组成。

1. 批复引语　即正文开头，是批复的缘由和依据，它主要引述所批复下级请示的来文时间、发文字号或标题；也有简要引述来文中的事项的，其程式较为固定，便于受文机构查找请示的原件。

2. 批复内容　即正文主体，应针对请示的事项作明确的答复，以表明态度。如批复同意请示的事项；或必要时也可作某些指示。如若不同意请示的意见，则应简要阐明理由或依据。

3. 批复尾语　即正文结尾，一般以“特此批复”、“此复”收束全文。也可不写尾语，自然结束。（批复的行为严谨，文字简约，措词准确，语义周密、清晰，一般不作议论。）

【例文 17】

国务院关于黄河流域防洪规划的批复

国函〔2008〕63 号

山西省、内蒙古自治区、山东省、河南省、四川省、陕西省、甘肃省、青海省、宁夏回族自治区人民政府，发展改革委、财政部、国土资源部、环境保护部、住房城乡建设部、交通运输部、铁道部、水利部、农业部、林业局、气象局：

水利部《关于审批黄河流域防洪规划的请示》（水规计〔2008〕226 号）收悉。现批复如下：

一、原则同意《黄河流域防洪规划》（以下简称《规划》），请你们认真组织实施。力争到 2015 年，初步建成黄河防洪减淤体系，基本控制洪水，确保黄河下游防御花园口洪峰流量 22000 立方米/秒堤防不决口，逐步恢复主槽行洪能力，初步控制游荡性河段河势；基本控制人为产生的水土流失，减轻河道淤积；上中游干流、主要支流重点防洪河段的河防工程基本达到设计标准，重要城市达到规定的防洪标准。到 2025 年，建成比较完善的防洪减淤体系，基本控制洪水和泥沙。

二、《规划》的实施，要坚持“上拦下排、两岸分滞”调控洪水和“拦、排、放、调、挖”综合处理泥沙的方针，进一步完善以河防工程为基础，水沙调控体系为骨干，水土保持、干流放淤和分滞洪工程措施相结合的流域防洪减淤工程总体布局，辅以防汛抗旱指挥系统建设、防洪调度和洪水风险管理等非工程措施，构建较为完善的流域防洪减淤体系，全面提高黄河流域防御洪水灾害和治理泥沙的综合能力。

三、加强防洪骨干工程建设，不断推进黄河治理。继续加强黄河下游标准化堤防建设，大力开展河道整治，控导河势，提高主槽过流能力；加强河口整治和管理，相对稳定入海流路；加强病险水库除险加固，确保水库安全运行；抓紧做好古贤、东庄水库的前期工作和黑山峡河段开发方案的论证工作，有计划地建设黄河干流和主要支流的控制性防洪减淤水库，逐步完善黄河流域水沙调控体系，拦蓄洪水泥沙，调水调沙；搞好蓄滞洪区和滩区安全建设，完善补偿政策措施。加快黄河上中游干流及主要支流重点防洪河段的河防工程建设。加强城市防洪工程建设，不断完善重点城市防洪工程体系，制订城市防御超标准洪水预案；加大水土流失治理力度，特别是中游多沙粗沙区治理；加强山洪灾害防治，建立健全山洪灾害防灾减灾体系。

四、认真做好规划建设项目的前期工作，按照基本建设程序报批。对防洪工程建设要严格实行项目法人责任制、招标投标制、工程监理制和合同管理制，认真组织，加强监督检查，确保工程质量。

五、加强防洪管理，提高洪水风险管理水平。严格按标准建设堤防，不得超过《规划》确定的标准；河道上特别是河口处的建设项目，必须实行洪水影响评价制度，任何工程建设均不得超越规划治导线。地方各级人民政府及相关单位要加强对防洪设施的管理与维护，确保工程正常运行。黄河流域管理机构要切实履行规划、管理、监督、协调、指导的职责，加强流域防汛抗旱的统一管理和调度，加快流域防汛指挥调度系统建设，全面落实防洪法的配套法规和防洪管理措施，抓紧研究制订防洪骨干水库联合调度运用方案。各类工程在汛期必须服从流域防洪调度。

黄河水少沙多、水沙异源，水旱灾害频繁、复杂难治。黄河流域是中华民族的发祥地，是我国重要的粮棉生产基地和工业基地。《规划》的实施，对保障黄河流域人民群众生命财产安全，促进经济社会又好又快发展，构建社会主义和谐社会，具有十分重要的意义。各有关地区和部门要加强领导，密切配合，精心组织实施，确保黄河流域防洪安全。

国务院

二〇〇八年七月二十一日

这是一份国务院关于黄河流域防洪规划的批复。国务院用“国函”编号行文到黄河两岸九个有关省、市、自治区人民政府和国务院直属八个委、部、局(包括水利部)，不独批复水利部，说明事关重大，涉及面广，需要各部门通力合作才可能实现黄河流域的防洪规划。

这份批复是指示性的批复，十分重要，又言简意赅。一、二、三、四、五，几条简明扼要地说明了国务院“原则同意”《黄河流域防洪规划》的态度和实施《规划》的方针。同时又指出应加强防洪骨干工程建设，认真做好规划建设项目的前期工作，以及加强防洪管理，提高洪水风险管理水平等等。然后又严肃地告诫：“黄河流域是中华民族的发祥地，是我国重要的粮棉生产基地和工业基地《规划》的实施，对保障黄河流域人民群众生命财产安全，促进经济社会又好又快发展，构建社会主义和谐社会，具有十分重要意义。”最后又要求：“各有关地区和部门要加强领导，密切配合，精心组织实施，确保黄河流域安全。”而这最后两句话则是这份批复的重要意义和它的激情所在，它鼓励号召大半个中国投入黄河的治理工程！

三、批复的写作要领

1. 要力求简短明确　批复是同意还是不同意，是批准还是不批准，都要果断表示，简短明确，而断然不能含糊其辞，模棱两可；语言文字绝不能闪烁其词，回避问题。

2. 要考虑全面　对请示中所有有关问题，都要一一交代答复。应考虑全面，不要顾此失彼、自相矛盾；应仔细斟词酌句，不可粗枝大叶，遗漏重要问题。

3. 要迅速及时　下级机关是在遇到疑难问题时才制发请示，故应尽量迅速及时答复，避免拖延，造成损失。

4. 要根据情况可长可短　批复有的一二句话不算少，有的颇似一篇文章，上千字也不算多。要依据请示的问题和批复内容的不同，在力求简明的前提下适当行文；绝不可模棱两可、拖泥带水。

第四章 意见 函 会议纪要

第一节 意 见

一、意见的作用

对重要问题提出见解和处理办法，用意见。

意见可以用于上行文、下行文和平行文。下行文如 1999 年 7 月 3 日国务院《关于〈中国教育改革和发展纲要〉的实施意见》；上行文如国家经贸委 1995 年向国务院上报的《关于深化企业改革搞好国有大中型企业的意见》等。但意见以下行文居多，上行文和平行文相对少一些。

意见在未被列入正式公文文种之前，上级机关对重要问题提出见解或处理办法时，往往要用指示、命令等行文。指示有伸缩余地，而命令却是具有刚性文件的特性，下级机关要不折不扣地执行。增加"意见"之后，因它有一定的灵活性、柔性，增加了上下沟通的空间，上对下的意见可以百分之百地照办，也可以结合本单位的情况适当变通执行；下级对上级的意见则可提供问题的情况和处理的建议，便于上级参考（这也是下级的报告公文中不再要求提出"建议"的原因之一）。因之，写好意见是很重要的，它有利于各级领导上下左右的沟通协调合作，有利于事业的快速发展，有利于机关作风的改进。

意见按内容划分，可分为指示性意见、建设性意见和参考性意见等。

1. 指示性意见　指示性意见是上级对下级机关行文的意见，一般涉及具体问题或特别问题而做出的补充性指示或专项性指示，下级原则上应遵照执行。它也有一定的灵活余地，如国务院办公厅下发的《关于实施〈国家行政机关公文处理办法〉中涉及的几个具体问题处理意见》可就根据实际情况参照执行。

2. 建议性意见　建议性意见通常都是上行文的意见，是下级机关行文上级机关的呈报性和呈转性的意见。呈报性属建议性意见，上级机关可直接答复。呈转性中的建议意见，上级机关如同意则可用通知批转有关单位。

3. 参考性意见　参考性意见属于平行文，一般不常用。《公文处理办法》规定，它是"作为平行文，提出的意见供对方参考"。这种意见只是一种建议性的意见。

二、意见的体例格式

1. 标题　与其他公文文种标题的写法相同。但有的意见的标题根据行文实际需要，加上了修饰词语，写成"实施意见"、"若干意见"或某项具体问题的"处理意见"等。

2. 正文　意见的正文，是发文机关对重大问题所提出的意见和处理办法。正文由开头、主项、结尾三部分组成。

开头概述情况，说明行文目的。

主项，其文字表述方面有两种写法：一种是分条列段的写法；这种写法较为普遍。如国务院办公厅《关于实施〈国家行政机关公文处理办法〉涉及的几个具体问题的处理意见》，分成十一条对“意见文种的使用”、“函的效力”等十一个问题作出具体表述。另一种类似“章断条连”式的写法，即用“大点相断，小点相连”的方法表述意见。

结尾提出要求，以对应或强化开头部分。也有的意见无结尾，只有开头、主项两部分。

【例文 18】

国务院纠正行业不正之风办公室
关于2009年纠风工作的实施意见

为贯彻落实第十七届中央纪委第三次全会和国务院第二次廉政工作会议关于纠风工作的部署和要求，现提出2009年纠风工作实施意见。

一、总体要求

2009年的纠风工作，要以邓小平理论和“三个代表”重要思想为指导，深入贯彻落实科学发展观，围绕保增长、保民生、保稳定这条主线，坚持标本兼治、纠建并举、突出重点、统筹推进，坚决纠正损害群众利益的不正之风，为落实中央扩大内需、促进经济平稳较快发展政策措施提供坚强保证。

二、主要任务

（一）落实强农惠农政策，坚决纠正损害农民利益的突出问题。

督促各地严格落实中央强农惠农政策，进一步完善补贴资金发放办法，严肃查处截留、挪用、克扣强农惠农补贴资金和乱收费、乱罚款、乱摊派等违法违纪行为；切实保障农民土地承包经营权益，坚决纠正和查处农村土地承包、流转、征收中的违法违纪行为；加强涉农价格和收费监督检查，巩固清理整顿成果，防止出现反弹。做好“家电下乡”、“农机下乡”、“汽车、摩托车下乡”工作，督促用好中央财政补助资金，确保农民得到实惠。做好农资打假工作，严肃查处制售假劣农资行为，对区域性制假、售假及造成农民减产绝收、影响人畜安全等问题实行行政问责。维护农民工合法权益，加强对农民工培训经费的监管，依法保障返乡农民工土地承包权益。

（二）落实监管责任，确保食品药品安全。

督促地方各级政府和有关部门依照《中华人民共和国食品安全法》、《中华人民共和国药品管理法》明确分工，落实监管责任，逐步建立健全食品药品安全责任体系和预警、处置体系，加强对食品药品全过程的监管；强化行政监督和技术监督，完善食品药品质量管理规范，实行严格的市场准入制度和产品质量追溯制度、召回制度，严把产品质量关，防范安全风险；深入开展食品药品安全专项整治，严厉打击制售假冒伪劣食品药品行为，严肃查处食品药品安全事故，切实保障人民群众生命健康安全。

（三）推行药品集中采购，进一步纠正医药购销和医疗服务中的不正之风。

继续推行以政府为主导、以省（区、市）为单位的网上药品集中采购办法，积极推进医疗器械集中采购，加强对集中采购全过程的监督。推进建立国家基本药物制度，基本药物实行集中采购和统一配送，政府举办的基层卫生机构按购进价格实行零差率销售。加强对新型农村合作医疗资金和城镇职工医保资金、城镇居民医保资金的监管，确保资金安全，提高资金使用效率；规范诊疗服务行为，在保证质量和安全的前提下，推行辅助检查结果互认和单病种限价措施；加强医药价格监管，坚决纠正和制止各种乱加价、乱收费行为；加强医德医风建设，制定医疗卫生系统违法违纪行为处分规定。严厉打击虚假违法医药广告，严肃查处医药购销和医疗服务中的各种违法违纪案件。

（四）完善义务教育经费保障机制，继续治理教育乱收费。

督促地方各级政府和有关部门切实履行投入和监管责任，完善教育经费拨付、学校经费收入和使用情况的经常性审计监督制度，确保国家免费义务教育各项措施落实。积极推动区域内义务教育均衡发展，认真解决义务教育阶段择校问题，切实维护群众公平受教育的权利。规范学校办学收费行为，严肃查处违规设立收费项目或提高收费标准、以合作办学或改制为名乱收费高收费、统一征订教辅材料、开办有偿补习班、义务教育阶段学校收取与入学挂钩的赞助费、公办普通高中招收择校生违反“三限”(限分数、限人数、限钱数)政策等问题。

(五)建立健全长效机制，继续加强对社保基金、住房公积金和扶贫、救灾专项资金的监管。

加强社保基金监管。对基金管理、运行中的风险隐患进行全面排查和防范，抓好重点抽查和督察，严肃查处贪污、截留、挤占、挪用、骗取社保基金等违法违纪行为。

加强住房公积金监管。完善公积金管理机构内控机制，实现对大额资金的实时监控；加大对各类违规资金的清理回收力度，坚决纠正和查处挤占、截留、挪用住房公积金等违法违纪问题；扩大住房公积金制度覆盖面，提高使用效率，充分发挥住房公积金在住房保障中的重要作用。

加强救灾、扶贫资金监管。督促各地强化对各类救灾救济、扶贫等专项资金的审计和财政监督，规范资金管理和运行，坚决纠正滞留、浪费、违规使用资金等问题，严肃查处贪污、挤占、挪用、骗取救灾、扶贫资金等行为，严格实行责任追究。加快建立救灾、扶贫资金监管体系，确保资金安全、及时、公平、有效发放。

(六)落实成品油价格和税费改革政策，加大治理公路“三乱”工作力度。

督促各地和有关部门落实成品油价格和税费改革政策，清理审核涉及交通和车辆的行政事业性收费，全面取消公路养路费等收费项目，逐步有序取消政府还贷二级公路收费，及时向社会公布撤销收费站点名录和时间表，严禁违反规定新设涉路、涉车收费项目；完善鲜活农产品运输“绿色通道”政策并及时进行公示，确保通道畅通，确保车辆通行费免缴政策落实；加大对超限超载的源头治理力度，强化运输装载环节的监管；规范上路执法人员的执法行为，规范道路交通标识和电子执法设备的设置、使用和管理，严肃查处各种名目的公路“三乱”问题。

(七)查处乱收费、高收费等问题，进一步规范行业协会、市场中介组织、公共服务行业的服务和收费行为。

督促各地和有关部门做好扩内需、保增长，减轻企业负担措施的落实，严肃查处违反规定向企业乱收费、乱罚款和各种摊派行为。坚持行业自律与外部监督相结合，加强对行业协会、市场中介组织和公共服务行业的监管，规范服务和收费行为，坚决纠正指定服务、强制服务以及乱收费、高收费、价格欺诈等企业和群众反映强烈的问题，严肃查处典型案件。有关部门和各省(区、市)要在调查研究、摸清底数的基础上，积极开展行业协会与行政主管部门在职能、机构、人员、财务等方面脱钩的试点。

(八)开展基层站所民主评议，加强部门和行业作风建设。

普遍开展对基层站所和学校、医院的民主评议活动，积极开展评议省直机关作风活动，引导各部门、各行业整改突出问题，努力为群众办实事、办好事。建立民主评议结果逐级报告和向社会公开制度，并纳入党风廉政建设责任制和部门绩效考核内容。深化政风行风热线工作，创新形式，提高质量，力求解决问题更加有效、人民群众更加满意。

进一步加强部门和行业作风建设。各部门、各行业要坚持“谁主管，谁负责”和“管行业必须管行风”的原则，把以人为本、服务群众作为政风行风建设的重要内容，采取多种方式强化对本系统行风建设的指导。要教育和引导广大干部增强宗旨意识和纪律观念，大力弘扬优良作风；以群众满意为标准，坚决纠正损害群众利益的不正之风；坚持把制度创新贯穿于行风建设全过程，进一步完善行为准则和职业道德规范；继续开展创建文明行业和人民满意的政府部门活动，促进各部门、各行业切实转变作风、改进服务。

此外，继续清理规范评比达标表彰活动，着力解决过多过滥问题，加快建立规范评比达标表彰活动的长效机制。严格控制党政机关举办庆典等活动，纠正各种铺张浪费和增加基层及群众负担的违规行为。各地区、各部门要针对存在的突出问题开展专项治理工作。

三、工作要求

(一)认真落实责任制。各地区、各部门要进一步健全纠风工作责任制，切实加强对纠风工作的领导。

要充分发挥纠风工作联席会议制度的作用，做到协调行动、综合治理。纠风专项治理工作的牵头部门要积极协调有关方面抓好各项措施的落实；相关责任部门要努力完成所承担的纠风工作任务；各部门、各行业都要结合实际探索加强政风行风建设的新举措；各级纠风工作机构要切实履行组织协调和监督检查职责，确保各项任务落到实处。

（二）切实加强监督检查。要把推动中央决策部署和改革措施的落实摆在监督检查的首要位置，着力解决“上有政策、下有对策”的问题，确保政令畅通。对有令不行、有禁不止、顶风违纪的典型案（事）件，要严肃查处、公开曝光。要增强监督检查的针对性和时效性，针对群众来信来访、网上举报、热线投诉等多种渠道反映的问题，建立查处不正之风的快速反应机制。要注重发挥查处案件的治本功能，努力实现解决问题、教育警示、加强监管、完善机制的目的。

（三）全面加强基层纠风工作。各地区、各部门及各级纠风工作机构要坚持工作重心下移，切实加强对基层纠风工作的领导，明确工作任务和目标要求，统筹安排，统一部署，加强检查，确保各项任务落实到基层。市（地）纠风工作机构要抓好任务分解，加强具体指导，注意发挥基层纠风工作先进典型的示范带动作用；要督促和帮助县（市、区）创新方法、抓好落实，积极主动开展工作。

（四）努力从源头上防治不正之风。要以国家各项重大改革为契机，加强源头治理，不断铲除滋生不正之风的土壤。专项治理工作要加大改革力度，确保中央已经明确的改革任务和出台的改革措施不折不扣地执行到位，努力解决导致不正之风滋生蔓延的深层次问题。政风行风建设工作要与创新管理体制和工作机制相结合，在健全制度、规范行为、加强监督上下工夫，努力向广度和深度推进。

这是国务院纠正行业不正之风办公室制发的《关于 2009 年纠风工作的实施意见》。该“意见”经国务院同意，并由国务院办公厅于 2009 年 3 月 27 日通知转发各省、自治区、直辖市人民政府，国务院各部委、各直属机构，“请结合实际，认真贯彻执行”。《意见》分别就纠风工作的总体要求、主要任务、工作要求三大问题提出了分行业的具体实施意见。《意见》最后提出，认真落实责任制，切实加强监督检查，全面加强基层纠风工作和努力从源头上防治不正之风等四项纠风工作目标，作为 2009 年纠风工作的工作要求。《意见》简洁一些，这是因为像纠风这种的工作，只能提出一些大致的原则意见。

三、意见的写作要领

1. 适时而发，掌握分寸　意见行文方向具有多向性，它都应适时而发，不应干扰上下左右的布局，造成不当影响，甚至得不到答复或响应。对不同行文方向的意见，要据情掌握好表述的分寸。作为上行文的意见，应按请示性公文的程序和要求办理。所提意见如涉及其他职能部门职权范围内的事务，主办部门应当主动与有关部门协商，取得一致意见后方可行文；如有分歧，主办部门的主要负责人应当出面协调；仍不能取得一致时，主办部门可以列明各方理据，提出自己的建设性意见，并与有关部门会签后报请上级机关决定。下行文的意见，如文中对贯彻执行事项有明确要求的，下级机关应遵照执行；无明确要求的，下级机关可参照执行。作为平行文的意见，提出的意见可供对方参考。总之，意见是供别人执行或参照的；而上行、下行、平行文的对象不尽相同，所以表述和措词一定要适当。

2. 针对性强，便于操作　意见所表述的见解、看法或所提出的处理办法，都是针对实际工作中需要解决的问题，进行有的放矢的分析研究而形成的。因此意见写作应该表现出对于实际问题的针对性、相关性和切实有效性，不能夸夸其谈，漫无边际地讲空话。须知意见的制发是供人参照实施以求解决问题的。

第二节　函

一、函的作用

不相隶属机关之间商洽工作，询问和答复问题，请求批准和答复审批事项，用函。

函属于知照性公文，它的用途比较广泛。不相隶属机关之间商谈公务、接洽工作、询问事情、征求意见、答复问题、请求帮助及通报情况、催办事务等等，可以用函；单位或下级向归口管理部门或上级请求对某一事项予以批准，归口单位或上级答复审批事项，都可以用函。

函既可以在平行机关及不相隶属的机关之间使用，也可以在上下级机关之间使用。它的特点是轻便、简捷。

复函在法定权限内批准或答复问题，同样具有行政约束力。但作为私人沟通的函、便函，它们一般没有相应的公文格式，不编文号，不列标题，不必归档，不是正式的通用公文。

函，从内容上划分，可以分为商洽性函、询问性函、答复性函和请求性函。

1. 商洽函　它用于不相隶属机关之间（党的《公文处理条例》规定，函适用于“机关之间”其他未加限制）商洽工作。例如参观考察、人员培训、职工调动等，可用商洽函。

2. 询问函（答复函）　它用于不相隶属机关之间（党的《公文处理条例》规定，还适用于机关之间）询问和答复问题。

3. 请求批准函（答复审批函）　它用于不相隶属机关之间请求批准与答复审批事项等。

从行文方向划分，函可分为发函与复函两类。发函是本机关主动向受文单位商洽工作、询问问题、知照情况或向有关主管部门请求批准事项；而复函则是本机关答复受文机关所提出的有关联系工作、询问问题或请求批准诸事项的回函。

二、函的体例格式

函的正文结构，由函请（复函）缘由、函请（复函）事项与尾语组成。

1. 函请（复函）缘由　即正文开头，要写明发函的缘由和目的。复函如同批复一样，要引据来文，一般为“×年×月×日来函（文号）收悉”。

2. 函请（复函）事项　即正文主项。发函应把函请事项与要求表述清楚，使对方明白需要了解或必须作复的问题；复函则要有针对性，针对来函所提事项或问题，给予明确的答复，不能不置可否或答非所问。发（复）函均应直陈直叙，不作引申议论。

3. 尾语　即正文结尾。发函用“即请函复”、“专此函达”等；复函用“特此函复”、“此复”等。不用“敬礼”尾语。

【例文 19】

国务院办公厅关于公开发布
天气预报有关问题的复函

中国气象局：

你局《关于加强发布公众天气预报归口管理问题的报告》（国气发[1993]13 号）收悉。经国务院同意，现将有关问题复函如下：

一、为保证向社会公开发布天气预报和灾害性天气警报的准确性，更好地为国民经济建设和保障人民生命财产安全服务，国家对公开发布天气预报和灾害性天气警报实行统一发布制度。由中国气象局管辖的各级气象台(站)负责发布，其他部门、单位及个人未经省级或省级以上气象部门同意，均不得向社会公开发布各类天气预报和灾害性天气警报。

二、其他部门所属的气象台(站)或机构，只负责向本部门发布专业天气预报。

三、通过广播、电视、报刊、电话等手段向社会公开发布的天气预报和灾害性天气警报，一定要利用气象部门提供的适时气象信息。

国务院办公厅

一九九三年七月一日

这是一份为答复问题而制发的复函。标题三要素齐全。尤其是发文事由十分具体；文种一项还标明了函的类别(复函)。正文开头首先引述对方来文的标题和文号；这是对发文缘由的说明，也是复函写作中一个十分明显的特点。“现将有关问题复函如下”，是常用于复函中开头和主项两个部分之间的过渡性语句。主项部分针对来函内容提出具体的答复意见；这些答复意见具有明显的政策性和指导性。这份复函没有单独的结尾部分，也没有使用“特此函复”之类的习惯性用语。三个问题的答复意见写完，正文也就结束。因为所有答复都得到肯定，不存在疑问。

【例文 20】

商务部办公厅关于请报送农轻纺、医药产品出口基地和商务平台情况的函

商办贸函〔2010〕65 号

为加快外贸结构调整和发展方式转变，努力实现外贸“保份额、调结构、促平衡”，2010 年起，我部将着力加大支持力度，建设一批农轻纺、医药产品出口基地，培育若干商务平台。为进一步了解各地有关产品出口基地、商务平台建设情况，请协助提供以下情况：

一、出口基地

(一)各地已经形成、产业集群优势明显的轻工、医药产品、纺织服装出口基地情况，包括：基地特色产业名称、内容、品牌及研发能力等。

农产品出口基地包括：种植基地、畜禽养殖基地、水产养殖基地(围栏养殖、网箱养殖、池塘养殖、工厂化养殖、滩涂/吊养/底播)、农产品及食品加工基地等。

(二)各轻纺、医药出口基地特色产业相关统计数据，包括：特色产业总产值、销售收入、进出口总额、出口供货值、利税总额、从业企业及人员、研发投入等情况。详见附表 1。

农产品出口基地有关情况包括：基地名称、年产值、年销售额、年出口额、基地规模、主要出口产品、出口品牌、主要出口企业、主要出口企业是否为龙头企业(注明：国家级/省级)、卫生注册/备案情况、认证情况、实验室/研发中心建设情况、地方扶持政策及对农产品出口基地建设的意见和建议等。详见附表 2。

二、出口基地产品涵盖范围

轻工产品：塑料制品、箱包、鞋类、伞具、发制品、陶瓷、玻璃制品、珠宝首饰、乐器、家具、玩具、工艺礼品、文具、旅游休闲用品、五金制品、眼镜等。

医药产品：中药材及饮片、提取物、保健品、中成药、西药原料、西成药、生化药、医疗器械及设备类。

纺织服装(含丝绸类制品)。

农产品:海关统计农产品口径范围,即《海关进出口税则》1—24章及相关编码。

三、商务平台

平台总体情况:包括名称、特色、规模、运行模式、扶持政策等。

平台统计数据:包括交易额、出口额、出口供货额、从业人员等。详见附表3。

有关材料请于2010年1月29日前反馈商务部(外贸司)。

特此通知。

联系人:(共四人,略)

商务部外贸司:

附表1:各地轻工、医药产品、纺织服装出口基地情况调查表(略)

2:各地农产品出口基地情况调查表(略)

3:商务平台情况调查表(略)

商务部办公厅

二〇一〇年一月十九日

这是主动发出的事务性的函,比较翔实。它是最近商务部办公厅要求下属各单位就其“出口基地”、“出口基地产品涵盖范围”和“商务平台”等情况(均有附带的表格)的公函,并要求有关单位与商务部外贸司四位具体工作人员联系。此函最主要的是函告的事项极为清晰、简要,便于下级知照执行,是一份有代表性、事务性的联系函。

三、函的写作要领

函(去函和复函)的行文要求简洁明快,语言质朴,直陈直叙。因为这是公文,不是社交活动。此外应注意:

1. 用语讲究分寸　注意对方机关的职权范围与隶属关系,公事公办;但亦应有分寸,语气恳切平和为宜,态度一般应留有商讨余地。

2. 简明扼要　去函应力求说清问题的来龙去脉和关键的所在;复函应针对来函提出的问题简明扼要予以答复。如有再讨论的余地,则可提出(如对平行文和下行文)不同建议再请发函机关斟酌。函的行文比较缓和,不同于其他公文那么严峻。

第三节　会议纪要

一、会议纪要的作用

记载、传达会议情况和议定事项,用会议纪要。

会议纪要属实录性公文。它应简明扼要,又真实地反映会议的结果。它要根据会议记录、会议临时文件以及其他有关材料精细加工、整理综合,把会议过程的主要情况和会议的议题、议定的事项,包括会议的基本精神等等,都通过纪要反映出来。会议纪要对于上级机关能起到反映情况、汇报工作的作用;会议纪要对下级机关能起到统一认识、指导工作的作用。抄送平行机关或不相隶属机关的会议纪要，则能起到沟通情况、知照事项，有益于相互配合和协作的作用。

经过与会代表或有关与会人员所通过的决定、决议等具有法定约束力，与会单位应遵照执行。会议纪要如经行政机关正式批转下达，则在发文范围内具有指挥作用和行政约束力。

会议纪要是会议文件。但并非一切会议都要形成会议纪要，通常只有县级以上机关的办公会议，以及大中型会议或比较重要的会议，才要求写作公文会议纪要，一般会议则并不需要写作会议纪要。另外，国家机关常有两个平行单位之间为共同关心的事项经过会商达成一致的意见而发布正式的会议纪要以为约束。如2007年间铁道部和各省政府之间为铁路建设事业经会商而发表的一些会谈纪要，都记录了双方的共同意见。

二、会议纪要的分类

会议纪要按其内容和功用的不同，可以分为指示性会议纪要、通报性会议纪要和信息性会议纪要。还有一种是例行性的如各级党政领导内新的会议纪要，一般不另行文。这类会议纪要大多记录简明，以为传达、执行存档和备考的依据，包括一般决定和工作安排，人员调配和任免等等，较少需要另行发文。

1. **指示性会议纪要**　这主要是指在传达会议的一般情况以外，重点放在传达指示精神。因此这类纪要写作的难度较大，要把精力更多放在把握会议的基本精神之上。

2. **通报性会议纪要**　这类会议纪要在上下机关通气、会内会外通气，以沟通会议精神和决定，并要求全力贯彻会议决定事项。

3. **信息性会议纪要**　它实在就是会议新闻，不过要作为文件发布和归档。但既然是会议新闻，就无需保密，内容也就应该鲜活、通俗和易懂。这样的会议纪要的价值就和会议新闻几近相等了。

三、会议纪要的体例格式

会议纪要的标题由事由和文种构成。纪要使用第三人称，通常以“会议认为”、“会议要求”、“会议提出”等作为一段的首用语。正文结构包括会议概述与内容纪要。

1. **会议概述**　即正文开头，它应简单记述会议的时间、地点和会议的主题，以及会议的召集(主办)单位、主持人、与会范围与出席人员(身份)等。然后也要简明扼要地对会议的结果做出恰当的评价。

2. **会议内容纪要**　会议内容纪要是正文的主项，包含了会议的主要精神和议定事项。会议的主要精神是指对会议议题在经过讨论后形成的主导思想，它是整个会议的思想基础，其次是会议的议定事项。议定的事项是指会议所讨论的问题及所达成的工作部署、措施和要求。会议的目的是为了解决问题而开的；而议定的事项正是会议成果的具体体现。因此会议纪要撰稿者一要抓住要点，认真提炼，理清思路，概括综合，务使会议纪要写得脉络分明，简洁清楚。

3. **结尾**　会议纪要的结尾，除了例行会议纪要不需要结尾以外一般应写一个结尾。结尾都以概括总结会议的主要成果为内容，并可对会议(如有)未了问题简要提及以供进一步研究。有的会议纪要还在末尾提出希望或号召，以作为会议纪要的重要内容之一。以上种种写法，可视酌情况而定。

【例文 21】

国务院办公厅转发关于研究耕地占用税征收、管理、使用问题会议纪要的通知

（一九八八年二月一日）

《关于研究耕地占用税征收、管理、使用问题的会议纪要》已经中央和国务院领导同志批准，现转发给你们，请研究执行。

关于研究耕地占用税征收、管理、使用问题的会议纪要

（摘要）

1月4日，田纪云同志主持会议，研究耕地占用税征收、管理、使用问题。中央财经领导小组成员杜润生，国务院秘书长陈俊生，副秘书长白美清、李昌安，国家计委刘中一，财政部迟海滨，农牧渔业部陈耀邦，林业部高德占，水电部钱正英、杨振怀和中央农村政策研究室刘堪等同志参加了会议。

会议认为，去年全国各地加强了对农业的领导，采取多种措施，使粮、棉、油等主要农产品都有一定幅度的增长，农业生产形势是好的。但是，必须清醒地看到，近几年粮、棉生产发展缓慢，农业面临的形势是严峻的。要使我国农业生产特别是粮食生产能够稳定发展，上一个新的台阶，除要进一步深化农业改革、完善有关政策外，必须采取有力措施增加对农业的投入，加强农业的开发和建设工作，以增强农业发展后劲。增加对农业的投入，需要多方努力，通过各种渠道。国务院已经决定，将已开征的耕地占用税全部用于扶植农业生产。这是一笔相当可观的财力，如使用得当，将对增强农业发展后劲，实现“七五”计划及本世纪末奋斗目标起着重要作用。为此，会议讨论了耕地占用税的征收、管理、使用等问题，议定了以下意见：

一、财税部门要切实加强耕地占用税的征收工作。要加强基层征收力量，适当增加税收人员，把征收耕地占用税作为一项重要任务来完成。要按照税法办事，按照税则、税率征收，不准擅自减免。要建立和逐步完善税收制度、办法，防止跑冒滴漏。要做好监督、检查工作，把该收的税款收上来。土地管理部门要积极配合财税部门做好征收工作。

二、耕地占用税款一半上缴中央，一半留地方。但都必须按照“取之于土，用之于土”的原则，用于开发农业，不能挪作他用。上缴中央的部分，由财政部单列账户，实行列收列支。

三、为了搞好土地开发，拟设立国家土地开发建设基金。为协调各部门工作，管理、使用好土地开发建设基金，以发挥更大的经济效益，建议成立国家土地开发建设基金管理领导小组。其任务是负责制订全国农业开发建设的方针、政策，审批重点地区的开发建设规划，统一管理和统筹安排使用土地开发建设基金。基金来源，除了上缴中央的耕地占用税外，还可以利用一部分国外的优惠贷款。

四、土地开发建设基金要统筹规划，集中使用，重点用于一些重要地区的土地开发和商品基地建设。全国土地开发建设，要有计划有步骤地进行。根据目前的实际能力，拟先开发东北三江平原和黄淮流域这两大片地区。这两片开发建设搞好了，每年将可增产粮食七八百亿斤，再加上开发西北地区增产200亿斤，这样到2000年每年大体可增产1000亿斤左右，这对实现本世纪末1000亿斤粮食的目标有着重要的意义。开发地区要实行农林牧副渔全面发展，土水林田路综合治理，争取建成功能完善、稳产高产的农业商品基地。

五、土地开发建设基金主要采取经营和有偿的办法使用。一开始就建立周转机制，真正使这部分资金能够滚动起来，形成一笔较大的投资。基金实行按项目投资，大的项目要经专家论证评估，并实行招标承包，签订经济合同，承担经济责任。上述两大片地区政府所得的耕地占用税和其他开发投资，也要结合国家的开发规划，统筹安排使用，尽快把这两大片商品粮基地建设好。

这份纪要的首段概述会议时间、主持人、出席人员及其身份。第二段说明会议的议题，指出了所议问题的重要性和必要性。在会议内容纪要方面，会议分析了关于增加对农业的投入，把耕地占用税全部用于扶植农业生产的重要作用；这是会议解决问题的指导思想。议定的五个方面的事项，包括耕地占用税的征收、管理与使用等方面，既有原则意见，又有具体要求和措施；与会单位均可根据议定的意见，各自组织实施。纪要观点鲜明，重点突出，文字准确，条分缕析，要求与措施具体。

三、会议纪要的写作要领

1. 抓主题、抓主流、抓实质　一个会议，通常有一个中心主题，围绕这个主题，展开讨论，达成共识，决定要做的事务；会议纪要就是要抓住这个主题写到底。有时参加会议的人多，发言的人也多，且往往谈话的人没有文稿，显得发言分散；甚至也有节外生枝，游离主题；或者时有反复，议论不一等等。在此种情况下纪要更要紧抓中心主题，抓住会议主流，忠实、准确地抓住会议议论的实质，不为支流迷惑，不为局部意见左右，求大同而存小异，客观地写出纪要。

2. 抓观点、抓结论、抓落实　一个会议的组织者往往对于会议有一个既定方针，对讨论的议题有一些预定方案，对可能的结论贯彻落实也有一套预先打算。总之有一些预定的计划。这些计划能否兑现，要看与会者的是否大力支持。纪要就要抓住这些问题，把基本的思想观点、议定的事项和准备落实的措施一一详细记录下来，不为其他高谈阔论所迷惑，不为一些人的妙趣横生空谈所左右，忠实、朴素、简约地抓住观点，抓住结论，抓住落实举措等问题，并一一写将出来。

【例文 22】

中国民用航空总局　福建省人民政府
关于加快海峡西岸经济区民航发展的会谈纪要

为支持海峡西岸经济区建设，加快推进福建省民航事业发展，2007 年 4 月 5 日，中国民用航空总局与福建省人民政府就加快海峡西岸经济区民航机场建设和航空运输发展进行会谈，现纪要如下：

一、双方一致认为，改革开放以来，海峡西岸经济区机场建设和航空运输得到了长足的进步，为福建经济社会发展做出了重要贡献。民航总局高度评价福建省对民航事业的重视、支持以及各项事业所取得的巨大成就。福建省人民政府对民航总局长期以来大力支持和帮助福建省民航事业和经济社会发展表示感谢。

二、双方一致认为，为全面贯彻中央“支持海峡西岸经济发展”的精神，加快推进海峡西岸经济区建设，服务全国发展大局和促进祖国和平统一，双方共同努力，创造良好的政策环境，采取有效措施努力扶持和培育航空市场，全力推进海峡西岸经济区民航基础设施建设和航空运输事业发展，促进福建与台湾的民航合作与交流，形成海峡两岸航运便捷的主通道。

三、“十一五”期间，民航总局和福建省人民政府按照“建设枢纽、培育骨干、拓展支线、完善体系”的民用机场发展战略，将进一步加大对福建省民航基础设施建设的支持力度，促进福建民用航空业持续快速发展。

(一)双方共同研究制定海峡西岸经济区民航发展规划及民用机场中长期布局规划，并纳入全国民航发展规划。加快建设以福州、厦门机场为枢纽，以泉州、武夷山机场为骨干，三明、连城等一批小型机场为补充的海峡西岸经济区民用运输机场区域性网络集群。

(二)“十一五”期间加快三明新机场建设；改扩建厦门、武夷山、泉州机场；完善福州、连城机场；开展宁德、莆田、漳州、平潭等新机场前期准备工作。

(三)为保证福建省机场建设的顺利进行,双方商定"十一五"期间加大投资力度,民航总局考虑福建是革命老区、又有对台工作的特殊性,为支持海峡西岸经济区建设,对福建民用机场建设项目参照中西部地区政策给予补助,福建省政府也将安排一定资金用于支持机场建设。双方将按照"十一五"投资总需求的40%配置资本金,其中,民航总局支持40%,其余由福建地方政府会同有关项目单位筹措。

(四)积极开展沿海航路资源开发工作,共同争取军方支持新航路建设,根本解决东南沿海航路、空域资源紧张状况,提高航班正常率。民航总局将安排资金用于福建省内民航空管设施建设。

四、加快海峡西岸经济区民航运输业发展。双方一致同意采取特殊政策支持福建机场增开国内外航线、航班,共同努力协调取消对福州、厦门、泉州、武夷山机场增开航班的限制,合理设置航线、安排航班时刻;支持基地航空公司做大做强,鼓励更多航空公司入驻海峡西岸机场;在推进支线航空和红色旅游发展等方面给予政策性扶持;支持福州机场利用第五航权增开国际航线。

五、积极推动福建与台湾便捷的空中通航。充分发挥海峡西岸经济区作为扩大两岸人员往来和经贸交流与合作前沿平台的作用,民航总局支持将福建省内对外开放的各机场列为对台"三通"的重点机场,支持发展海峡两岸的"海空联运"和"一票通"业务,支持海峡两岸旅游优先使用福建海空联运通道,支持海峡两岸直航包机优先使用福州、厦门、泉州机场,在两岸直航中发挥主通道作用。

六、双方表示将采取严格措施,合理规划布局和预留机场建设和发展用地,切实保护机场环境及净空,确保规划的全面落实和民航事业可持续发展。福建省将进一步理顺省内机场的管理体制,研究出台加快机场建设和民航发展的优惠政策,对机场建设征地、拆迁、建设过程中涉及的地方有关税费给予减免优惠政策,为机场建设和民航发展创造良好的外部环境。

七、双方一致同意建立长效的沟通协调工作机制,根据需要不定期研究解决福建民航机场建设和航空运输发展的重大问题,全面推进福建民航事业发展。

民航总局规划发展司与福建省发展和改革委员会作为双方协调办事机构,具体负责民航总局与福建省人民政府协商议定事项的落实。

中国民用航空总局

福建省人民政府

二〇〇七年四月五日

这是国家民用航空总局同福建省人民政府于2007年初夏间发表的双方《关于加快海峡西岸经济区民航发展的会谈纪要》。该纪要包含了有关双方共同发展福建省民航事业的原则规划和具体目标。其中主要商定在"'十一五'期间加快三明新机场建设;改扩建厦门、武夷山、泉州机场;完善福州、连城机场;开展宁德、莆田、漳州、平潭等新机场前期准备工作",并且,双方将采取严格措施,合理规划,全面落实民航事业可持续发展,为机场建设和民航事业发展创造良好的条件。该文件是两个平行机构为建设事业经过平等协商而达成的会谈纪要,双方目标一致,观点相同,将共同为发展福建省的民航事业共同努力。

第二部分 规约文书

第一章 规约文书概述

第一节 规约文书的含义

规约文书不是一个严格规范的概念，只是作为教学需要而自行设定的临时概念。它包括国家和社会一切具有约束力的，由国家权力机构和国家行政机关、社会政党、企事业单位、群众团体，甚或由部分法人和公民个人等制定的一切法规性文种，包括法律、条例、规定、办法、规则、准则、细则、章程、公约等，及一部分常见的法人和公民的司法诉讼文书。这最后一部分因其司法程序认定后才具有不同程度的法律、法规方面的约束力，文体格式又基本一致，故放在此处一起叙述。

第二节 规约文书的分类

规约文书的文种不是很多，但它们所涵盖的领域和范围却相当广大。就它所涵盖的范围说，从国家权力机构到行政机关所制定的法律法规文书，到社会各个党派、企事业单位、群众团体所制定的法规文书，直到社会法人和公民个人撰呈的司法诉讼文书等等，都属于规约文书。规约文书涉及机构、组织、公民和群众各方面的权益，关系国家的前途，想象起来不由得对规约文书肃然起敬。

就规约文书所涵盖的领域看，从国家政治生活、经济生活、文化生活等各个领域中一切大政方针和各行各业的社会分工、具体业务和工作、职业操守和道德规范等，都在规约文书类的种种规定、规范和支持、关注、保护之下，国家、社会、公民、群众在法制社会之下办理任何事情都离不开规约文书。

本书规约文书包括以下三类：

一、法规文书

法规文书是指国家权力机构和国家行政机关所制定的宪法、法律、行政法规、地方性法规等。首先是由最高权力机构即全国人民代表大会及常务委员会制定的宪法。宪法是国家的根本大法，权阶最高，法定效力最大，统领整个国家的法律体系。其次是法律，包括基本法、普通法、特别法，它们也由全国人大及其常务委员会制定，是国家法律体系中的基本骨干。接下来是国务院及省、自治区、直辖市的人民代表大会及其常务委员会制发和审定的行政法规、地方性法规；以及国务院各部、委、办等部门，和地方上较大的市以上人民政府制发的各种规章等。所有这些法律法规共同构成国家法律和行政法规（或称行政法律）体系。很显然，整个国家的法律、法规体系十分庞大，无所不包、无所不及，它们使我国逐步成为一个法制完善的国家。

二、规程文书

除了国家制定宪法、法律、法规、规章构成国家的法律法规体系之外，社会上各政治党派、各国有民营企事业单位、各社会群众团体等，由于各种管理工作和发展业务的需要，也依照和使用国家法规文书的原则而制定一些诸如章程、公约、规定、办法、规则、准则、细则等类的规程文件。它们的这些文种虽然和国家法律、法规、规章中的文种一样，但其性质是有不同的。这之中如果其制定主体属于国家机构所制定的章程、公约、规定、办法等，自然归于国家法规文书当中，具有一定的法的效力；如果不属于国家机构，也不属于国有、公营等企事业性质的组织，而是具有民办、私有性质的社会组织如私人企业事业等，那么它们所制定的章程、公约、规定、办法、规则、细则等文件，虽然不具有国家法律、法规的意义，但它们又都是在法律规定的权限范围内制定的，其种种规定不与宪法、法律、法规等相冲突，是在宪法、法律、法规允许的范围内实施用以规范各个单位系统内的成员以及相关群众的行为，借此保证其业务工作顺利进行的，因而，它们完全是合情、合理又合法的，也完全是必要的。事实上这类依照国家法规文书制定的规程文书，在政治、经济、文化等事业的建设中发挥着极为重要的作用。所以，本书把同样是以规定、办法、规则、准则、细则、章程、公约等具有一定范围内的约束力的文件，归之于规程文书，以此说明它们的约束力所具有的特点。

但是，由于规程文书的文种种类和国家法规文种种类完全一致，只是在其适用范围和法律效力方面有所区别，故二者仅是在理论上的区别，在写作上和使用上只要严加区分就行。只是本书为了学习、研究的方便，而必须说明的。

三、诉讼文书

诉讼文书主要指一切有关民事案件、刑事案件、行政诉讼案件中发生的司法诉讼文书，如诉状、控告状、申诉状、答辩状、各类申请书、委托书等。它们是通过司法程序、对既成事实的追诉和追究，在经过司法程序的完成即通过法院的裁定或判决后，上述各种书证就具有法定的约束力。因此它们是依法判定是与非、罪与非罪、罚与免罚的具体文件，又是群众日常多见的司法文档；故而将它们列为规约文书之一类，对于学习应用文写作是有益的。至于一切公安、检察、法院等为行使职权而制定的其他司法文书，如立案书、起诉意见书、公诉词、判决书、裁定书、调解书、抗诉书、执行通知书等，都属于司法专业文书，本书从略。

以上三类文书，是按照规约文书的制定主体和它们各自的性质而进行分类的。但是，除国家对法律、法规文书的制定规范已有《中华人民共和国立法法》、《行政法规程序条例》、《规章制定程序条例》三个重要文件明确规定之外，社会各界制定和实施的规约文书大多缺少明确的规定，他们一般按国家的上述三个文件的规定并参照过去的惯例制定各种规程文书；但是，在制定和实施中有的显得不够规范。

第三节　规约文书的特点

本书所述的规约文书，无论是国家的法规文书，还是一般社会组织的规程文书，及至部分司法类为个人写作的诉讼文书，它们最大和共同的特点就是都具有一定的法定效力即法的约束力。只是这种约束力的性质、范围、强度、条件等不尽相同；这些不尽相同的约束力，是由规约文书其他一些特点决定的。它们是：

一、规约文书的法定效力

所有的规约文书都具有一定的法定约束力或法定效力。概括这种法定效力的来源，最主要的是文件的约束权不同，制定主体不同，因之文件的法定效力也不同；并且效力的高低大小也随着主体的地位不同而自然形成效阶的层次，最主要的是下位法不得违反上位法，这对于一切规约文书都是一个硬性的规定(除执政党及其领导下的国家体制外)。

一方面主要由社会各政治党派、群众团体、民营企事业单位等制定的章程、公约、规定、办法、规则、准则、细则等等，在本书内也统称之为规程文书，以区别于国家的法律法规文书，另一方面，它们又都是在其合法权限内制定的，又在各自系统范围内实施的；所以，它们也都具有合法的约束力；也是一切有关的人都必须遵守和执行的，概莫能外。

至于社会法人、公民为了自己的合法权益而写的诉状、上诉状、答辩书、申请书等各类诉状在其司法程序内完成，即经司法机关裁定或判决后也具有法的约束力，对有关单位或法人、公民也是具有强制性效力的。

总之，规约文书的约束力高低、大小、强弱，幅度极大，一切要视每一规约文本的具体情况而定。

二、规约文书的层次性

上述的法定约束力，也是出自规约文书的制定主体职权上的层次性，即他们都在一个金字塔式的结构中发挥作用，必然产生不同层次的规约文书。如一切法规文书必须服从于宪法；全国总公司的章程可以约束整个公司；而任何下级单位都不可违反上级的规定等等。

具体说来如下：

1. **法规文书**　规约文书是现代国家依法治国的整个法制体系。在这个法制体系中，宪法、法律、行政法规、地方性法规、规章等共同构成我国的广义法律法规体系的第一个层次。这个层次是较为规范的层次，它确定了国家的国体和政体，健全了国家的政治、经济、文化等制度，确立了中国特色的社会主义前进方向。

2. **规程文书**　社会各党派、企事业单位、群众团体等在各自的职权范围内，按照国家法规文书的模式，除不得制定法律、条例以外，可以独立制定章程、公约、规定、办法、规则、准则、细则等等。这类规程文书虽然不具国家法规地位，在理论上只在自己系统范围内有一定的法规的效力；但它们却是整个国家的第二支重要的规约文书，承担了社会经济、文化、教育等方面的实际规范事务。

3. **诉讼文书**　在上两类文书以外，还应加上法人和公民使用的专用诉讼文书，即各类民事、刑事诉状和上诉状，各类行政复议的诉状等等。它们从另一种角度进入维护法人和公民权益，维护国家法律、法规尊严的力量，为解决各种社会矛盾和人际纠纷发挥不可替代的作用，并和已出台的法律、法规文件一同形成规模更大的规约体系或系统，把我国政治、经济、文化等通统构造成为一个法制社会，一个凡事有法可依、有规可循、有理可讲的社会。

这里应注意，一切参与规约文书各个层次的稿件的撰拟、修改等项工作的人员，都应认真研究规约文书的制定知识，为国家的法制建设而努力。

三、规约文书的生效时间

规约文书都有一个生效时间问题。它的生效时间一般都在文件中予以说明：或在文件公布令(通知)中，或在文件标题下的题注中，或专门写在文件附则部分中；总之必须加以明确而郑重的限定说明。其中在《立法法》涉及的类似规约文书文本中的生效时间尤为严格，一般必须注明年、月、日。

总的说来，规约文书的生效时间，有以下几种情况：

1. 即时生效　发布时间即为生效时间，即日生效。

2. 先发布后生效　先发布，后生效；但此种情况的生效年、月、日要在文件中明确说明。至于在发布时间之后究竟要延缓多少时间才生效则视情况而定，唯务必在文件中予以明确说明或在文件的附则中明确规定。应该留意的是，这种先发布后生效的情况并非是个例，究其原因则并不是因为文件本身有什么不确定之处，而是为了在规定实施之前留给相关人员一个实施准备时间。这包括：传达文件精神；建立文件执行的新机制；处理文件新规定之前有待了结的问题；等等。

3. 既规定生效日期，又规定截止日期　既规定了文件的生效时间，也规定了截止或失效时间，这种在发布时间就明确规定了规约文件从施行到截止或失效的时间表，一般暗示将来或有新的规定，或根本无需新的规定，或届时肯定其种种规定业已完成了历史任务，等等。

不论规约文书采取怎样的时间规定，都突出地告诉人们，规约文书和许多公务文书、事务文书、经济文书和传播文体一样，都是属于时间性很强的(有的只是时间或长或短的区别)应用文体，它和时代、国情及制定主体的职权大小等都有直接、密切的关系。

第四节　规约文书的体例格式

整个规约文书的体例格式，是伴随着现代法治国家的建立与法治社会的发展而逐步产生和形成的。它是一种稳定的，基本相同的，以编、章、节、条、款、项、目为框架的严谨的规范体例格式。其中编、章、节、条四项用中文数字依次表达；款不编序号；项的序号用中文数字加括号依次表述；目的序号用阿拉伯数字依次表达。其中的“编”较少使用，通常多以章、节、条、款、项、目出现。

法律、法规、规程文书的写作在体例格式上，也有某些变通，此处不一一列举，可在每一具体文种上加以说明。要之，编、章、节、条、款、项、目这种结构，是按照规约文书的内在逻辑层次安排的，是一种完善的和严密的体例格式。

尽管规约文书看似刻板，可谓千篇一律的稳定结构形式，实际上自有它的内在需要。其中最为重要的是它可以严格确保法律、法规和规章文书中都具有确凿的完整性、确定性和可操作性。而这一点在现代法制国家和法制社会出现以前，是难以想象和难能做到的。因为封建国家和封建社会即使有过所谓法律、法规和规章一类文书，一般也没有逐一分条列项式的严密结构，无非几句官话或一篇短文而已。“法律法规在官府，规章制度在豪门”。法和规从来与庶民无关，即使有明文的法律、法规和规章也绝少公正透明、翔实和具体。所谓专制独裁就这样在模糊之中“长治久安”下去；也因此，在封建专制时代尽管法规文件可以有序言、有正文、有结尾，如通常文章者然，但裁夺一切的大权几乎都是在掌权者的手中。所以，现代法制国家和法制社会中的一切法律、法规、规章文书都必须选择具有条款式的结构形式，以保严谨、准确、简洁和通晓以示人。

仔细分析，法律、法规、规章文书这种条款式结构成为唯一的结构形式原因，实在是与条款式形式具有结构上的内在逻辑性和外在的确定性，以及它在整体上的不可或遗性和不易割裂曲解等是密切相关的：它既不容许条款分割撕裂和断章取义，又不容许曲解遗忘和混淆是非。这种行文结构上的安排实在是具有深刻意义的。

第五节　规约文书的写作要求

依据规约文书的一般特点，它的写作要求如下：

一、郑重严肃的拟稿态度

规约文书的拟稿者应抱着郑重严肃的态度，严格履行法定拟稿的全部程序，多方积累和勤于送审资料，然后才有可能完成草拟工作。拟稿人应该认识到他是在为国家、为人民、为事业而拟稿，不是为私人、为个人而写作。虽然规约文书从来不能、也不应署上拟稿者个人的名字，它却既需要许多人的集体努力和共同合作，又需要许多人参加座谈、讨论、修改和定稿，以及需要正式会议的审议和通过等法定程序等等才能完成。但是，在拟稿过程中的你或你们一些共同的拟稿人是否尽心尽力，尽职尽责，这涉及文稿的思想是否全面正确，规定是否合法合规，逻辑是否严谨周密，文字是否明确清晰，奖罚判断是否恰当合理等等；所有这一切都关系到千百万人的合法权益，关系到国家的尊严和各项事业的发展，往往也涉及是非曲直和法律责任的归属问题。所以责任重大，万万要战慄之和慎待之！

二、认真践行规约的拟稿程序

为了保证拟稿过程遵循立法立规的程序，努力撰拟一个好的稿件，受命拟稿的作者首先要学习了解居上位的法律、法规以及有关的规定；其次要了解撰拟的某一法规的特定需要和特定目的；再次要深入调查有关事项的实际情况，收集各种不同意见和资料，其中尤应做好笔记资料等等，然后才能运笔撰拟或修改。撰写中应慎重考虑各方意见，权衡各方利害关系，力求做到拟稿中的章、节、条、款等的规定内容，都出之有据，言之成理。然后再进行语言文字方面的深度加工，做到所拟撰之稿从精神到文字都可以达到报送领导审核或会议通过的水平；或虽有退回加工、修改之虞，但总称尽职尽责地初步完成了任务。

三、要素齐备，行文周密，语言准确、简洁，具有可操作性

规约文书总体要求具有必要性、现实性和针对性；除此以外，就其文字表达来说，要求要素齐备，行文周密，语言准确、简洁，具有可操作性。

1. 要素齐备，备而不繁　它指的是规约文书所应包括的制定主体、通过时间、发布时间、生效时间、针对事项、具体规定、奖惩力度等等，都应明确写清。对于合乎规定或违反规定的处置一项，尤要适当、清楚、明确地予以界定，绝不可疏忽或遗忘，以使规约文件具有切实可行的可操作性。

2. 行文周密，符合逻辑　它指的是行文要周详缜密，语言、概念、判断、推理等都要符合逻辑。尤其要避免在判断推理中使用"本质上"、"实际上"或"客观上"等模糊推论和判定字眼；也要避免行文中过分运用修辞手段。须知行文华而不实，必然有害周密，贻害匪浅之嫌。

3. 语言准确、简洁　语言准确和简洁，这是一切应用文体都要求的，又是法律、法规和诉讼等文件所特别强调的。在临文写作面对着一个概念——无论是名词、动词、形容词、副词、介词等时，都要选择最能表达对象的、人人不至误解的那个词；在这个前提下，组成的句子或段落还要再求简练、洁净，不啰嗦、不烦琐。

4. 可操作性概念　语言方面要求"具有可操作性"概念，说的是在语言表达中的主词谓语之间、上句下句之间、上段下段之间，都要合乎规则，在乎常理，并直白了然地能够在所规定程序和目标、手段和目的之间解读出客观必然性来，即：解读出看得见、摸得着、拖得动、拎得起的必然性来，这就叫可操作性。这也就是说，法律、法规和规程等都是切实可行或具有必然之理的，不是纯托空言、做花架子、不切实际的。因此，可操作性这个要求也是法律、法规、规程和诉讼文书的最为实际的要求，拟稿者必须切切注意。

第二章 法　　律

第一节　法律的含义

法律是国家最高权力机构即全国人民代表大会及其常务委员会制定，由国家主席签署发布，由最高行政机关即中央人民政府国务院和地方各级人民政府实施、执行的规范性、强制性文件，各级政府和全国人民都有维护国家法律权威与尊严的责任和义务。

国家法律指国家的整个法律体系。这里除将要述及的上述法律文件以外，还包括国家行政法律即由国务院制定的行政法规，和省、自治区、直辖市以及较大的市人民代表大会及其常务委员会制定的地方法规，以及地方政府部门制定的规章等，它们将在具体法规、规章等文本中分别述及。

国家法律整体上是在逐步健全和完善着的。从本质上说，法律是依据国家根本大法即《宪法》的原则，调整国家与社会各阶层之间的关系，调整国家与公民之间的关系，调整公民与公民之间的关系；并按照公正、公开、公平的原则，确保国家的社会主义制度和其繁荣昌盛而制定的各种行为准则的规范性文件。

国家法律具有强制性约束力。法律的约束力源于文件制定主体的法定权限的高低；法学界称之为法律的"权价"，它是法律制定主体权限高低的一个衡量尺度。而根据某项法律、法规文件本身法定约束力的大小，则一般称之为"效阶"。权阶和效阶是一致的，因此《中华人民共和国立法法》第七十八条规定："宪法具有最高的法律效力，一切法律、行政法规，地方性法规，自治条例和单行条例、规章都不得同宪法相抵触。"

第二节　法律的内容和有关内容的规定

一、《中华人民共和国立法法》有关内容的规定

根据《中华人民共和国立法法》的规定，下列事项只能制定法律：

"(一)国家主权事项；

(二)各级人民代表大会、人民政府、人民法院和人民检察院的产生、组织和职权；

(三)民族区域自治制度、特别行政区制度、基层群众自治制度；

(四)犯罪和刑罚；

(五)对公民政治权利的剥夺、限制人身自由的强制措施和处罚；

（六）对非国有财产的征收；

（七）民事基本制度；

（八）基本经济制度及财政、税收、海关、金融和外贸的基本制度；

（九）诉讼和仲裁制度；

（十）必须由全国人民代表大会及其常委会制定的其他事项。”

二、我国法律的立法原则

我国法律的内容及内容的种种规定如上所述，而它们的立法原则又规定如下四条：

1.“立法应当遵循宪法的基本原则，以经济建设为中心，坚持社会主义道路，坚持人民民主专政，坚持中国共产党的领导，坚持马克思列宁主义毛泽东思想邓小平理论，坚持改革开放。”（见《立法法》第三条）

2.“立法应当依照法定的权限和程序，从国家整体利益出发，维护社会主义法制的统一和尊严。”（见《立法法》第四条）

3.“立法应当体现人民的意志，发扬社会主义民主，保障人民通过多种途经参与立法活动。”（见《立法法》第五条）

4.“立法应当从实际出发，科学合理地规定公民、法人和其他组织的权利与义务、国家机关的权力与责任。”（见《立法法》第六条）

所有以上各条，都是立法机关的法律、法规文稿拟制人员应贯彻执行的。但考虑到改革开放的客观形势，上述有一些提法目前似已或有修正。

第三节 法律体系的构成

国家法律一般由三个层次构成：

一、宪法

宪法即《中华人民共和国宪法》，它是国家的根本大法。

二、法律

按法学界的说法，基本法又可分为普通法和特别法两类。普通法是民法、刑法、国家机关组织法、民事诉讼法、刑事诉讼法、行政诉讼法以及其他法律。这些法律是普遍实施有效的。而特别法是一般适用于特定范围或相对具体事项的法律，如《中华人民共和国教师法》、《中华人民共和国残疾人保护法》等法律。此类法律只在特定领域、特定范围、对特定对象具有效力。以上构成了国家法律的基本框架。

三、其他法规

除了宪法、法律以外，还有国家行政法规、地方性法规、规章等等，这些称为国家行政法律，它们共同规定和规范了我国社会主义制度和改革开放、全面发展的道路。

第四节　法律文书的结构形式

法律文书的结构形式，由标题和正文构成。

一、标题和题注

标题是法律文本的名称，由三个要件组成，即：法律的“适用范围”、法律的“调整对象”、法律的“效力等级”。分别解释如下：

1. 法律的“适用范围”　它指的是该法律应在什么范围施行。它是在全国范围（即“中华人民共和国”），还是在某个地区、某个领域范围内施行。

2. 法律的“调整对象”　法律的调整对象是法律规定的对象即人和事。不同的调整对象也应在标题中指明。如“刑法”、“民法”或“选举法”等，刑事、民事或选举事宜都属于法律的调整对象，都应在法律标题中标示。

3. 法律的“效力等级”　依照国家《宪法》和《立法法》规定，法律有不同的效力等级。如“法”（“法律”）、“法规”（其中包括某一特定形式如“条例”、“规定”、“办法”等）、“规章”（它也有不同的名称）等。它们名称不同，效级也不同，都应予在标题中出现。

所有这些法律（法规、规章等）名称前前后后也或附有“临时”、“暂行”、“试行”、“补充”等定语，借以附带说明法律的效力，使标题更为严密。

此外，标题下面必须和有括号的“题注”文字。它的内容是说明该项法律的制定主体、审议程序、通过时间等。它主要是体现法律的尊严；或说明文本的原先文本、历史沿革和当前文本的制定等，以利于法律的施行。

二、正文

法律文本也和一切应用文一样，一般包括三大部分，即：开头、主体和结尾。这原因也很简单，即应用文都是一个完整个体，有开头、有主体、有结尾，法律也不例外。法律更像公务文书那样，有头、有尾，中间则是公文的主体部分，承担全文的主要表述任务。但法律文本与公文不同的是，法律文本从来不称开头、主体和结尾，而一般只称“总纲”（“总则”）、“分则”、“附则”三个部分。而且结尾也不同于公文，法律称为“附则”。“附则”可视为结尾，但它只是一个附着于、有关于该法分则之后的若干几条，不是由分则推出的结果或结论。虽然，法律文本在实践上多有所变通，有繁、有简，但大体上也可以比拟为公文写作的模式。

具体情况如下：

1. 总纲（总则）　总纲（总则）是文本的起首部分，主要内容是表述该法律所以制定的原因和目的等。也有相当多的法律文本并不单独标示总纲（总则），只在开头以章、条等予以表述该法制定的原因和目的等。然后便直接进到文本的分则部分。

2. 分则　分则在绝大多数法律文本中不予标示。因为一般应读得出来：举凡在总纲（总则）之下，附则之上的内容，都是分则部分。

分则是法律文本中的主体部分，它对调整对象作出明确的、具体的程序性的规定。由于调整对象不同，故分则繁简区别极大。如《刑事诉讼法》（1979 年通过，1996 年公布，1997 年施行修改)共设有五编,除第一编为“总则”外,其第二编为立案、侦查和提起公诉;第三编为“审判”;第四编为“执行”。它们都属于文本分则的内容。最后为第五编“附则”。

分则尽管一般不在开始表述之前标示出来,却极为重要,因为它是法律规范的主要部分,无论写作、拟稿或通过、公布、施行、引用,都应集中精力于分则,不可懈怠。

3.附则　附则一般都明确标示于法律文本的尾部。附则的内容仅限于十分必要、十分相关的问题;故其条文不宜过多、过长。

三、法律文本的编次及其序号规定

关于法律文本的编序及其序号形式,《中华人民共和国立法法》规定如下:

“法律根据内容需要,可以分编、章、节、条、款、项、目。编、章、节、条的序号用中文数字依次表述,款不编序号,项的序号用中文数字加括号依次表述,目的序号用阿拉伯数字依次表述。”

该条规定,可理解如下:

1.法律文本的编次和序号是法律内容的形式　法律的编、章、节、条、款、项、目,都是法律内容的表述形式,它以内容而定,不可局限内容。如《中华人民共和国宪法》中有“序言”部分;该序言以中国人民百年革命斗争胜利的历史,叙述了中华人民共和国建立的历史经验,并概述了中国人民所面临的伟大任务。这个序言近乎“特例”。由此可见,法律文本的法定编序标号形式,是为了将法律内容构成及其内在联系分清层次地和有机地表现出来,目的是方便于立法、审议、通过、施行及引用等。

2.量体裁衣,灵活处理　一部法律的内容是否分为以及如何分为编、章、节、条、款、项、目,完全取决于法律内容的复杂或简单;也就是说,法律文本可以分为编、章、节、条,也可以只分为条、款、项、目;这完全是为了将法律的或繁或简的内容表达得更清楚明白和更具有逻辑性。

3.条在法律文本中的含义　条在法律文本中具有特别的意义。如果一部法律文本的内容简单,可以不设编、章、节,却一定要有条(款、项、目)。条表示法律内容的最基本和完整的单位。一条的条文只规定着同一的内容;同一的内容则应当被表述在同一条的条文之中。所以,一部法律所有各条的条文,都必须按照中文数字顺序排序,一贯到底。这样的设置是为了人们更准确、更快速、更有效地理解和把握法律的最基本的主旨和内容。

第五节　法律的写作要领

一、法律不是个别伟大人物灵机一动杜撰出来的

就我国法律来说,它是人民群众历经几十年、上百年的流血牺牲、艰苦奋斗的斗争中总结归纳出来的,它应该集中了亿万人民群众的意愿,反映着国家的前进方向。因此从一定意义上说,法律不是“写”出来的,而是人民群众“做”出来的。它的整个写作过程就是贯穿于和存在于全部立法过程之中,经过严格、严密的立法程序,从立案到最后通过、批准、颁布、施行,往往要长达一年、或几年、甚或更长的时间。在这一过程中,每一步都要求写资料、撰稿、

修改,直到最后提交全国人民代表大会及其常务委员会审议通过,再由国家主席发布命令实施。所以,法律或法规的写作第一要领,就是贯穿于全部立法程序之中,包括法案的立项、调查、听证、审议,反复修改,最后获得通过等等,其中每一步对草稿都可能有所修正。

二、法律是集体制定的

对于法律文件来说,根本不存在是哪一个人写作成文的问题;也不存在个人的文笔风格问题。法律的内容可以不同,但它所要求的篇章结构包括语言风格,几乎可以说是“千篇一律”的。

三、法律要求于语言文字的风格

法律所要求于语言文字风格的,几乎都以严密、周全、精确、适当、简洁、明了等等为标准,决不允许些微可能导致歧义或曲解的字眼,也不容许个人的偏好和个人色彩的存在。在法律、法规中不存在拟稿人的任何个人特征,只要求语言文字充分表达广大人民的意愿和国家的未来。庄严、严密、准确是它理想的风格,它既是我国的传统风格,也是国际上风行的风格。

四、严格按照逻辑思维方式写作

法律要严格按照逻辑思维方式写作,全文都要符合逻辑规则,概念都要绝对准确。一个问题一般用一段话、或用几句话来表述。句子多用短句,是或非、真与假、可与不可等,多用二分法进行判断,非此即彼,不允许似是而非,模棱两可,务使文件绝无丝毫漏洞。语言文字常可用简练准确、入木三分的古代词语。

【例文 01】

中华人民共和国就业促进法

(2007 年 8 月 30 日第十届全国人民代表大会常务委员会第二十九次会议通过)

目　　录

第一章 总 则

第一条 为了促进就业，促进经济发展与扩大就业相协调，促进社会和谐稳定，制定本法。

第二条 国家把扩大就业放在经济社会发展的突出位置，实施积极的就业政策，坚持劳动者自主择业、市场调节就业、政府促进就业的方针，多渠道扩大就业。

第三条 劳动者依法享有平等就业和自主择业的权利。劳动者就业，不因民族、种族、性别、宗教信仰等不同而受歧视。

第四条 县级以上人民政府把扩大就业作为经济和社会发展的重要目标，纳入国民经济和社会发展规划，并制定促进就业的中长期规划和年度工作计划。

第五条 县级以上人民政府通过发展经济和调整产业结构、规范人力资源市场、完善就业服务、加强职业教育和培训、提供就业援助等措施，创造就业条件，扩大就业。

第六条 国务院建立全国促进就业工作协调机制，研究就业工作中的重大问题，协调推动全国的促进就业工作。国务院劳动行政部门具体负责全国的促进就业工作。

省、自治区、直辖市人民政府根据促进就业工作的需要，建立促进就业工作协调机制，协调解决本行政区域就业工作中的重大问题。

县级以上人民政府有关部门按照各自的职责分工，共同做好促进就业工作。

第七条 国家倡导劳动者树立正确的择业观念，提高就业能力和创业能力；鼓励劳动者自主创业、自谋职业。

各级人民政府和有关部门应当简化程序，提高效率，为劳动者自主创业、自谋职业提供便利。

第八条 用人单位依法享有自主用人的权利。

用人单位应当依照本法以及其他法律、法规的规定，保障劳动者的合法权益。

第九条 工会、共产主义青年团、妇女联合会、残疾人联合会以及其他社会组织，协助人民政府开展促进就业工作，依法维护劳动者的劳动权利。

第十条 各级人民政府和有关部门对在促进就业工作中作出显著成绩的单位和个人，给予表彰和奖励。

第二章 政策支持

第十一条 县级以上人民政府应当把扩大就业作为重要职责，统筹协调产业政策与就业政策。

第十二条 国家鼓励各类企业在法律、法规规定的范围内，通过兴办产业或者拓展经营，增加就业岗位。

国家鼓励发展劳动密集型产业、服务业，扶持中小企业，多渠道、多方式增加就业岗位。

国家鼓励、支持、引导非公有制经济发展，扩大就业，增加就业岗位。

第十三条 国家发展国内外贸易和国际经济合作，拓宽就业渠道。

第十四条 县级以上人民政府在安排政府投资和确定重大建设项目时，应当发挥投资和重大建设项目带动就业的作用，增加就业岗位。

第十五条 国家实行有利于促进就业的财政政策，加大资金投入，改善就业环境，扩大就业。

县级以上人民政府应当根据就业状况和就业工作目标，在财政预算中安排就业专项资金用于促进就业工作。

就业专项资金用于职业介绍、职业培训、公益性岗位、职业技能鉴定、特定就业政策和社会保险等的补贴，小额贷款担保基金和微利项目的小额担保贷款贴息，以及扶持公共就业服务等。就业专项资金的使用管理办法由国务院财政部门和劳动行政部门规定。

第十六条 国家建立健全失业保险制度，依法确保失业人员的基本生活，并促进其实现就业。

第十七条 国家鼓励企业增加就业岗位，扶持失业人员和残疾人就业，对下列企业、人员依法给予税收优惠：

（一）吸纳符合国家规定条件的失业人员达到规定要求的企业；

（二）失业人员创办的中小企业；

（三）安置残疾人员达到规定比例或者集中使用残疾人的企业；

（四）从事个体经营的符合国家规定条件的失业人员；

（五）从事个体经营的残疾人；

（六）国务院规定给予税收优惠的其他企业、人员。

第十八条　对本法第十七条第四项、第五项规定的人员，有关部门应当在经营场地等方面给予照顾，免除行政事业性收费。

第十九条　国家实行有利于促进就业的金融政策，增加中小企业的融资渠道；鼓励金融机构改进金融服务，加大对中小企业的信贷支持，并对自主创业人员在一定期限内给予小额信贷等扶持。

第二十条　国家实行城乡统筹的就业政策，建立健全城乡劳动者平等就业的制度，引导农业富余劳动力有序转移就业。

县级以上地方人民政府推进小城镇建设和加快县域经济发展，引导农业富余劳动力就地就近转移就业；在制定小城镇规划时，将本地区农业富余劳动力转移就业作为重要内容。

县级以上地方人民政府引导农业富余劳动力有序向城市异地转移就业；劳动力输出地和输入地人民政府应当互相配合，改善农村劳动者进城就业的环境和条件。

第二十一条　国家支持区域经济发展，鼓励区域协作，统筹协调不同地区就业的均衡增长。

国家支持民族地区发展经济，扩大就业。

第二十二条　各级人民政府统筹做好城镇新增劳动力就业、农业富余劳动力转移就业和失业人员就业工作。

第二十三条　各级人民政府采取措施，逐步完善和实施与非全日制用工等灵活就业相适应的劳动和社会保险政策，为灵活就业人员提供帮助和服务。

第二十四条　地方各级人民政府和有关部门应当加强对失业人员从事个体经营的指导，提供政策咨询、就业培训和开业指导等服务。

第三章　公平就业

第二十五条　各级人民政府创造公平就业的环境，消除就业歧视，制定政策并采取措施对就业困难人员给予扶持和援助。

第二十六条　用人单位招用人员、职业中介机构从事职业中介活动，应当向劳动者提供平等的就业机会和公平的就业条件，不得实施就业歧视。

第二十七条　国家保障妇女享有与男子平等的劳动权利。

用人单位招用人员，除国家规定的不适合妇女的工种或者岗位外，不得以性别为由拒绝录用妇女或者提高对妇女的录用标准。

用人单位录用女职工，不得在劳动合同中规定限制女职工结婚、生育的内容。

第二十八条　各民族劳动者享有平等的劳动权利。

用人单位招用人员，应当依法对少数民族劳动者给予适当照顾。

第二十九条　国家保障残疾人的劳动权利。

各级人民政府应当对残疾人就业统筹规划，为残疾人创造就业条件。

用人单位招用人员，不得歧视残疾人。

第三十条　用人单位招用人员，不得以是传染病病原携带者为由拒绝录用。但是，经医学鉴定传染病病原携带者在治愈前或者排除传染嫌疑前，不得从事法律、行政法规和国务院卫生行政部门规定禁止从事的易使传染病扩散的工作。

第三十一条　农村劳动者进城就业享有与城镇劳动者平等的劳动权利，不得对农村劳动者进城就业设置歧视性限制。

第四章　就业服务和管理（共十二条，略）

第五章　职业教育和培训（共八条，略）

第六章　就业援助（共六条，略）

第七章　监督检查

第五十八条　各级人民政府和有关部门应当建立促进就业的目标责任制度。

县级以上人民政府按照促进就业目标责任制的要求，对所属的有关部门和下一级人民政府进行考核和监督。

第五十九条　审计机关、财政部门应当依法对就业专项资金的管理和使用情况进行监督检查。

第六十条　劳动行政部门应当对本法实施情况进行监督检查，建立举报制度，受理对违反本法行为的举报，并及时予以核实处理。

第八章　法律责任

第六十一条　违反本法规定，劳动行政等有关部门及其工作人员滥用职权、玩忽职守、徇私舞弊的，对直接负责的主管人员和其他直接责任人员依法给予处分。

第六十二条　违反本法规定，实施就业歧视的，劳动者可以向人民法院提起诉讼。

第六十三条　违反本法规定，地方各级人民政府和有关部门、公共就业服务机构举办经营性的职业中介机构，从事经营性职业中介活动，向劳动者收取费用的，由上级主管机关责令限期改正，将违法收取的费用退还劳动者，并对直接负责的主管人员和其他直接责任人员依法给予处分。

第六十四条　违反本法规定，未经许可和登记，擅自从事职业中介活动的，由劳动行政部门或者其他主管部门依法予以关闭；有违法所得的，没收违法所得，并处一万元以上五万元以下的罚款。

第六十五条　违反本法规定，职业中介机构提供虚假就业信息，为无合法证照的用人单位提供职业中介服务，伪造、涂改、转让职业中介许可证的，由劳动行政部门或者其他主管部门责令改正；有违法所得的，没收违法所得，并处一万元以上五万元以下的罚款；情节严重的，吊销职业中介许可证。

第六十六条　违反本法规定，职业中介机构扣押劳动者居民身份证等证件的，由劳动行政部门责令限期退还劳动者，并依照有关法律规定给予处罚。

违反本法规定，职业中介机构向劳动者收取押金的，由劳动行政部门责令限期退还劳动者，并以每人五百元以上二千元以下的标准处以罚款。

第六十七条　违反本法规定，企业未按照国家规定提取职工教育经费，或者挪用职工教育经费的，由劳动行政部门责令改正，并依法给予处罚。

第六十八条　违反本法规定，侵害劳动者合法权益，造成财产损失或者其他损害的，依法承担民事责任；构成犯罪的，依法追究刑事责任。

第九章　附　　则

第六十九条　本法自2008年1月1日起施行。

这是全国人民代表大会常务委员会于2007年8月30日通过，由胡锦涛主席于同年8月30日明令公布自2008年1月1日起施行的《中华人民共和国就业促进法》。这个“就业促进法”从国家的政策支持到就业服务和管理、职业教育和培训，以及监督检查和法律责任等诸方面，都根据多年的经验一一作出了全面、周密、具体的法律规定，以确保“劳动者享有平等就业和自主择业的权利”，和“劳动者就业，不因民族、种族、性别、宗教信仰等不同而受歧视”（第三条），而对于一切违反本法规定的行为都规定处以处罚。这些规定对于规范劳动市场和职业中介机构的活动以及企业和劳动者关系诸方面，都将带来全新的面貌。

第三章 条　　例

第一节　条例的含义、地位和作用

一、条例的含义

条例和规定、办法、规则、准则、细则等，属于国家行政法律范畴，但条例的地位和法定效力位居同级制定主体的规定、办法、规则、准则，细则等等之上，而仅在国家宪法和法律之下。同时，《中华人民共和国立法法》又明确规定，同是法规文件、又是同一个主体制定的文件，如规定、办法、规则、准则、细则等等，都不得称为“条例”。由此可见条例在法规中的较高地位而不可僭越。

二、条例和法规中的不同层次

法规中的条例不仅在与规定、办法、规则、准则、细则等在同一制定主体中存在着不同层次，即不能被超越和混同，而且条例本身也因其制定主体的不同而不同。简单地说，法规文书可分为行政法规地方性法规和规章，而条例因此也有行政法规中的条例和地方性法规中的条例。二者的法定的效力和施行的范围不同。行政法规的条例（包括行政法规中的其他法规文件）在全国有效；地方性法规中的条例（包括地方性法规中的一切法规文件）只在本地域、本辖区有效。

三、条例制定的不同主体

1. 国务院常务委员会通过、发布、实施的条例　国务院常务委员会通过、实施的条例即行政法规中的条例，无需全国人民代表大会及其常务委员会的批准即可施行。这种行政法规中的条例高于地方性法规中的条例，具有全国范围内的法定效力。

2. 省、自治区、直辖市制定的条例　由省、自治区、直辖市人民代表大会及其常务委员会通过批准的条例，并在本省、本区、本市范围内实施，具有地方性的法定效力。

3. 较大的市制定的条例　此种条例由较大的市的人民代表大会及其常务委员会通过，但需报经上一级人民代表大会及其常委会批准后在本市范围实施，具有本市的法定效力。

4. 自治县以上制定的条例　根据民族自治政策，除全国自治区人民代表大会制定的条例以外由少数民族自治县以上的人民代表大会及其常务委员会可以制定自治条例和单行条例，但在通过之后亦需报经上级人民代表大会及其常务委员会批准，在本自治区施行。

以上条例的三级制定主体，即各省、自治区、直辖市的人民代表大会及其常务委员会；经国务院批准的较大的市的人民代表大会及其常务委员会；和民族自治县以上人民代表大会及其常务委员会所制定的自治条例和单行条例。除省、自治区、直辖市制定的条例有权批准施行外，其余几种条例都应报经上级人代会及其常委会批准才可施行，以确保条例的质量和上一级机关对于下级制定主体所制定的条例施行进行必要的监督。

第二节　行政法规、地方性法规的立法要求

起草行政法规、地方性法规中的条例和规定、办法、规则、准则、细则等等，除应当符合宪法和法律的规定外，还应遵循《中华人民共和国立法法》、《行政法规制定程序条例》以及《规章制定程序条例》等立法原则的以下规定：

“(一)体现改革精神，科学规范行政行为，促进政府职能向经济调节、社会管理、公共服务转变。

(二)符合精简、统一、效能的原则，相同或者相近的职能规定由一个行政机关承担，简化行政管理手续。

(三)切实保障公民、法人和其他组织的合法权益，在规定其应当履行的义务的同时，应当规定其相应的权利和保障权利实现的责任。

(四)体现行政机关的职权与责任相统一的原则，在赋予有关行政机关必要的职权的同时，应当规定行使职权的条件、程序和承担的责任。”

以上规定是以条例为首的行政法规、地方性法规的立法要求；或者说，是条例、规定、办法、规则、准则、细则等的立法要求。它们以此补充法规体系中的总体性、概括性和一般性诸方面的不足，使一般法规更具有灵活性、直接性和具体性的特点，从而成为国家机器中极为重要的组成部分和较为生动活泼的部分。

第三节　条例及法规文书的内容和功用

条例以及行政法规、地方性法规中的其他文件形式的内容和功用，可分为以下四类：

一、法律性的条例

这类条例主是根据法律和以法律为目的而按照法定程序制定的，并由国家最高权力机构通过实施。如《中华人民共和国学位条例》即是一例。该条例原为1980年2月12日由第五届全国人民代表大会常务委员会第十三次会议通过，1981年1月1日起施行。其后2004年8月28日由第十届全国人民代表大会常务委员会第十一次会议《关于修改〈中华人民共和国学位条例〉的规定》修正。该条例为具有法律性质的少数条例之一。

二、执行性的条例

这类条例为执行已行法律而制定，是现行法律的配套文件。如《中华人民共和国劳动合同法实施条例》，即是以《劳动合同法》为母法的条例。这类条例还可以法规文件的其他名称

发布。如"××××若干规定"、"××××实施办法"、"××××实施细则"等等。《中华人民共和国学位条例暂行实施办法》就是由国务院批准实施的。此种条例和法规文书不能超过母法；母法若日后有修订或截止生效，条例或其他法规文件亦应修订或截止生效。

三、补充性的条例

这类条例是为了补充现有法律或行政法规而制定的。其所以有补充制定的必要，是因为现有法律或法规在形势发生了变化或有某些未尽事宜，或产生新的行政需求时，不得不以修正和补充某些条款以相适应，使之更为切合实际和更加完善。这类情况一般在条例以下的法规文件中比较多见，可用"补充规定"、"补充办法"、"补充规则"等文字加以限定。

四、自主性的条例

这类条例所规定的事项是在制定主体的职权范围内依法独立行政权力而制定的。此类条例在不违反宪法、法律的前提下，独立依法处理行政机关所遇到的实际问题，一般不需要授权。另外，制定这种法规是行政体系中独立行使职权的最高体现，通常的名称不仅有条例，也有规定、规则等等。如《中华人民共和国国库券条例》，和其他独立行使职权的规定、办法等。

以上四类条例或规定、办法等似以执行性和自主性的法规文件居多。同时，在以后将要介绍的规定、办法和其他法规文件中也是以执行性和自主性的居多，不再赘述。

第四节　条例的结构

条例以及规定、办法等等的结构，与法律的结构基本相同，由标题和正文构成。

一、条例的标题

标题由制发主体加主题和文种"条例"构成。标题下一般有题注，注明该条例于某年某月某日，由某某制定主体或由某届某次会议通过或批准，于某年某月某日起施行。

二、条例的主体部分

条例的主体部分包括总则(总纲)、分则。总则(总纲)一般是说明条例的目的和依据等。分则二字不出现在章条标题中，它是条例的调整对象，即所规定的具体事项，包括该条例所规范的工作或事务，它的性质、目的、要求、措施、方法和责任与监督等；以及对于违反条例规定所应处的惩戒等等条例，此种调整对象与法律及其他法规文本相同。

三、条例的结尾部分

结尾部分为附则。附则用来说明实施要求、生效时间、解释与修改权属及其与原来有关文件的关系和未尽事宜的处置等，亦与法律及其他法规文本相同。

第五节　条例的写作要领

一、条例写作，如同法律

条例写作，如同法律。条例不同于法律以及其他规定、办法等的地方，只是在制定主体、法定效力、规定事项诸方面的不同，在体例格式、语言文字等方面完全一致，无非是重要或次要、繁杂或简约而已。在写作方面最重要之点是要重申：抛弃个人的风格，也扔掉个人的偏好，通过郑重严肃的态度，采取符合逻辑周密谨严的语言文字，表述人民的意愿和国家的发展方向，务使内容有条有例，明白无误。

二、斟词酌句，坚持使用法律法规语言

条例除了要在态度上、导向上要求写作如同法律一样之外，在语言上也应同于法律。它要求要素齐备，行文有据，备而不繁，务求简练；也要求斟词酌句，语言准确。俗言说“差之微厘，错为千里”，需知法律法规在语言表达上容不得半点含糊和差池，准确、准确、再准确！至于语言的其他要求，还在其次。

【例文 02】

中华人民共和国政府信息公开条例

（2007 年 1 月 17 日国务院第 165 次常务会议通过，自 2008 年 5 月 1 日起施行）

第一章　总　　则

第一条　为了保障公民、法人和其他组织依法获取政府信息，提高政府工作的透明度，促进依法行政，充分发挥政府信息对人民群众生产、生活和经济社会活动的服务作用，制定本条例。

第二条　本条例所称政府信息，是指行政机关在履行职责过程中制作或者获取的，以一定形式记录、保存的信息。

第三条　各级人民政府应当加强对政府信息公开工作的组织领导。

国务院办公厅是全国政府信息公开工作的主管部门，负责推进、指导、协调、监督全国的政府信息公开工作。

县级以上地方人民政府办公厅（室）或者县级以上地方人民政府确定的其他政府信息公开工作主管部门负责推进、指导、协调、监督本行政区域的政府信息公开工作。

第四条　各级人民政府及县级以上人民政府部门应当建立健全本行政机关的政府信息公开工作制度，并指定机构（以下统称政府信息公开工作机构）负责本行政机关政府信息公开的日常工作。

政府信息公开工作机构的具体职责是：

（一）具体承办本行政机关的政府信息公开事宜；

（二）维护和更新本行政机关公开的政府信息；

（三）组织编制本行政机关的政府信息公开指南、政府信息公开目录和政府信息公开工作年度报告；

（四）对拟公开的政府信息进行保密审查；

（五）本行政机关规定的与政府信息公开有关的其他职责。

第五条 行政机关公开政府信息，应当遵循公正、公平、便民的原则。

第六条 行政机关应当及时、准确地公开政府信息。行政机关发现影响或者可能影响社会稳定、扰乱社会管理秩序的虚假或者不完整信息的，应当在其职责范围内发布准确的政府信息予以澄清。

第七条 行政机关应当建立健全政府信息发布协调机制。行政机关发布政府信息涉及其他行政机关的，应当与有关行政机关进行沟通、确认，保证行政机关发布的政府信息准确一致。

行政机关发布政府信息依照国家有关规定需要批准的，未经批准不得发布。

第八条 行政机关公开政府信息，不得危及国家安全、公共安全、经济安全和社会稳定。

第二章　公开的范围

第九条 行政机关对符合下列基本要求之一的政府信息应当主动公开：

（一）涉及公民、法人或者其他组织切身利益的；

（二）需要社会公众广泛知晓或者参与的；

（三）反映本行政机关机构设置、职能、办事程序等情况的；

（四）其他依照法律、法规和国家有关规定应当主动公开的。

第十条 县级以上各级人民政府及其部门应当依照本条例第九条的规定，在各自职责范围内确定主动公开的政府信息的具体内容，并重点公开下列政府信息：

（一）行政法规、规章和规范性文件；

（二）国民经济和社会发展规划、专项规划、区域规划及相关政策；

（三）国民经济和社会发展统计信息；

（四）财政预算、决算报告；

（五）行政事业性收费的项目、依据、标准；

（六）政府集中采购项目的目录、标准及实施情况；

（七）行政许可的事项、依据、条件、数量、程序、期限以及申请行政许可需要提交的全部材料目录及办理情况；

（八）重大建设项目的批准和实施情况；

（九）扶贫、教育、医疗、社会保障、促进就业等方面的政策、措施及其实施情况；

（十）突发公共事件的应急预案、预警信息及应对情况；

（十一）环境保护、公共卫生、安全生产、食品药品、产品质量的监督检查情况。

第十一条 设区的市级人民政府、县级人民政府及其部门重点公开的政府信息还应当包括下列内容：

（一）城乡建设和管理的重大事项；

（二）社会公益事业建设情况；

（三）征收或者征用土地、房屋拆迁及其补偿、补助费用的发放、使用情况；

（四）抢险救灾、优抚、救济、社会捐助等款物的管理、使用和分配情况。

第十二条 乡（镇）人民政府应当依照本条例第九条的规定，在其职责范围内确定主动公开的政府信息的具体内容，并重点公开下列政府信息：

（一）贯彻落实国家关于农村工作政策的情况；

（二）财政收支、各类专项资金的管理和使用情况；

（三）乡（镇）土地利用总体规划、宅基地使用的审核情况；

（四）征收或者征用土地、房屋拆迁及其补偿、补助费用的发放、使用情况；

（五）乡（镇）的债权债务、筹资筹劳情况；

（六）抢险救灾、优抚、救济、社会捐助等款物的发放情况；

(七)乡镇集体企业及其他乡镇经济实体承包、租赁、拍卖等情况；

(八)执行计划生育政策的情况。

第十三条 除本条例第九条、第十条、第十一条、第十二条规定的行政机关主动公开的政府信息外，公民、法人或者其他组织还可以根据自身生产、生活、科研等特殊需要，向国务院部门、地方各级人民政府及县级以上地方人民政府部门申请获取相关政府信息。

第十四条 行政机关应当建立健全政府信息发布保密审查机制，明确审查的程序和责任。

行政机关在公开政府信息前，应当依照《中华人民共和国保守国家秘密法》以及其他法律、法规和国家有关规定对拟公开的政府信息进行审查。

行政机关对政府信息不能确定是否可以公开时，应当依照法律、法规和国家有关规定报有关主管部门或者同级保密工作部门确定。

行政机关不得公开涉及国家秘密、商业秘密、个人隐私的政府信息。但是，经权利人同意公开或者行政机关认为不公开可能对公共利益造成重大影响的涉及商业秘密、个人隐私的政府信息，可以予以公开。

第三章　公开的方式和程序(共十四条，略)

第四章　监督和保障

第二十九条 各级人民政府应当建立健全政府信息公开工作考核制度、社会评议制度和责任追究制度，定期对政府信息公开工作进行考核、评议。

第三十条 政府信息公开工作主管部门和监察机关负责对行政机关政府信息公开的实施情况进行监督检查。

第三十一条 各级行政机关应当在每年 3 月 31 日前公布本行政机关的政府信息公开工作年度报告。

第三十二条 政府信息公开工作年度报告应当包括下列内容：

(一)行政机关主动公开政府信息的情况；

(二)行政机关依申请公开政府信息和不予公开政府信息的情况；

(三)政府信息公开的收费及减免情况；

(四)因政府信息公开申请行政复议、提起行政诉讼的情况；

(五)政府信息公开工作存在的主要问题及改进情况；

(六)其他需要报告的事项。

第三十三条 公民、法人或者其他组织认为行政机关不依法履行政府信息公开义务的，可以向上级行政机关、监察机关或者政府信息公开工作主管部门举报。收到举报的机关应当予以调查处理。

公民、法人或者其他组织认为行政机关在政府信息公开工作中的具体行政行为侵犯其合法权益的，可以依法申请行政复议或者提起行政诉讼。

第三十四条 行政机关违反本条例的规定，未建立健全政府信息发布保密审查机制的，由监察机关、上一级行政机关责令改正；情节严重的，对行政机关主要负责人依法给予处分。

第三十五条 行政机关违反本条例的规定，有下列情形之一的，由监察机关、上一级行政机关责令改正；情节严重的，对行政机关直接负责的主管人员和其他直接责任人员依法给予处分；构成犯罪的，依法追究刑事责任：

(一)不依法履行政府信息公开义务的；

(二)不及时更新公开的政府信息内容、政府信息公开指南和政府信息公开目录的；

(三)违反规定收取费用的；

(四)通过其他组织、个人以有偿服务方式提供政府信息的；

(五)公开不应当公开的政府信息的；

(六)违反本条例规定的其他行为。

第五章　附　　则

第三十六条　法律、法规授权的具有管理公共事务职能的组织公开政府信息的活动，适用本条例。

第三十七条　教育、医疗卫生、计划生育、供水、供电、供气、供热、环保、公共交通等与人民群众利益密切相关的公共企事业单位在提供社会公共服务过程中制作、获取的信息的公开，参照本条例执行，具体办法由国务院有关主管部门或者机构制定。

第三十八条　本条例自 2008 年 5 月 1 日起施行。

《中华人民共和国政府信息公开条例》是国务院制定发布的行政法规文件，属自主条例。该条例设总则、分则、附则三大部分，共五章三十八条。其中第一章为总则；第二至第四章为分则；第五章为附则。总则共八条是概述。分则共三章二十条，分述“公开的范围”、“公开的方式和程序”及“监督和保障”(其中的行文按通例不将“分则”在各章小标题中标示)。附则共三条，分别对条例的适用范围和条例的施行日期做了规定。这个条例对于政府信息公开报告的内容和报告中的必要界限等，都做了全面、具体、细微的规定，具有极高的可操作性，首次用行政法规的形式做出了严格规范，它必将推进政府和人民之间的互动关系，有效发挥政府信息对人民生产、生活和经济社会活动的服务作用。

第四章 规定 办法 规则 准则 细则

第一节 规 定

一、规定在法规文书中的地位

规定是法律文书中应用最为广泛的文件形式，它在行政法规里次于条例，是行政法规中使用较多的文件之一。国务院制定的《行政法规制定程序条例》中说："行政法规的名称一般称为条例，也可以称规定等。"后来国务院制定的《规章制定程序条例》中又指出："国务院各部、委、办等部门和地方政府的规章的名称一般称为规定、办法……"这就意味着：规定以及其他法规文件虽然一般低于条例，但却是行政法规、地方性法规和规章中相当重要的文件形式。规定在条例之下、在办法之前的较高文件形式；在三类行政法规、地方性法规、规章中都是相当重要的规范性文件形式，有着极为重要的法制功能。如果再把社会组织的政治党派、企事业单位和群众团体等依照国家法规文书的模式而制定并在各自系统范围内使用的规定等放在一起，那么规定等这类法规文书对于国家和社会的贡献令人惊叹。

二、规定的法律效力

规定因制定主体的权限不同，它的法规效力也随之不同。第一、行政法规中凡规定由国务院和其部门制定的，它们的法律效力遍及全国，全国人民必须遵照执行。第二、地方性法规，包括由省、自治区、直辖市和较大的市的人民代表大会制定的以及由地方人民政府制定的规定等，只能在本地区有法律效力，其效阶相对就比由国务院制发的行政法规中的规定要低。第三、各政治党派、企事业单位、群众团体等社会组织制发的规定，由于制定主体除国营性质属国家机构外，举凡不属于国家权力机构和行政机关之内，其文件的规范性效力只能限于自己的系统范围之内，而不能行之于自己系统范围之外。其中，企事业单位有些规定的作用，虽然波及本系统范围之外与之有一定关系的法人组织及公民，但那也不超出暂时交往的业务性需要，也不在持续性、稳定性关系的范围之内。

但是，我们却也绝不可低估社会组织制定的规定等具有社会上法规和纪律方面约束力的作用；相反，各种社会组织所制定的规定等法纪文件的庞大发布数量和频率，都比国家行政机关制定的规定等要多得多，也是不可和不应忽视的一种巨大的社会约束力。

三、规定等的立法原则

在法规中规定等的立法原则，除了在《行政法规制定程序条例》中确定的四条要求（见本书“条例”)已经叙述外，在《规章制定程序条例》又在其第三条至第六条中予以规定：

“制定规章，应当遵循立法确定的立法原则，符合宪法、法律、行政法规和其他上位法的规定。”(第三条)

“制定规章，应当切实保障公民、法人和其他组织的合法权益，在规定应履行的义务的同时，应当规定相应的权利和保障权利实现的途径。

制定规章，应当体现行政机关的职权与责任相统一的原则，在赋予有关行政机关必要的职权的同时，应当规定其行使职权的条件、程序和应承担的责任。”(第四条)

“制定规章，应当体现改革精神，科学规范行政行为，促进政府职能向经济调节，社会管理和公共服务转变。”(第五条)

“制定规章，应当符合精简、统一、效能的原则，相同或者相近的职能应当规定一个行政机关承担，简化行政管理手续。”(第六条)

这几条主要的立法原则，是所有参与拟稿的人都必须执行的。

四、规定和其他法规文种的一致和区别

规定和其他法规、规章都是法规类的书面形式，在具有法规效力方面是一致的。但规定和办法等也有某些不同，其中最大不同是规定和办法等在功能上的不同。笼统地说，规定是更具规范的规定性；而办法以及其他文件等似乎更具规范的程序性。这就是说，规定更多关注某项事务的规格和目标的规范；而办法等似更关注某事项事物的程序和操作中的规范。一句话，法规文书中除条例外，几乎所有文件都可以从它们的名称的朴素含义中找到它们之间的质的差别，即：所以规定之为规定，办法所以之为办法，乃至规则、准则、细则以及章程、公约等等不同文类的质的差别。例如，中共中央批准的《关于党员领导干部报告个人有关事项的规定》(2006 年 9 月 24 日)，其中的文种“规定”二字不能改成不同文种的“办法”、“规则”、“准则”、“细则”等等；而《浙江省〈实施中华人民共和国红十字法〉办法》(1997 年 9 月 9 日)中的各种“办法”二字，也不可以改成“规定”；如果改了就会逻辑不通，改了就会让人误以为你把“办法”误写为“规定”了。准确地体味这一点差别，对于法规文书的拟稿写作是十分重要的。

五、规定的结构形式

规定的结构形式同条例基本相同，和其他法规文件也基本相同，都以严肃、严密、确当、简洁为要；也和社会组织中的政治党派和社会团体、企事业单位等制定的规定等，除内容有较为复杂或简单之别以外，都大致相同。要之，全文可设章、划节、分条，亦可标明总则(总纲)、主体(分则)、附则三大块；然后章断条连，全文分章设条，一贯到底。也有不明划为三块，即不设总则、分则和附则；也不设章划节，而从第一条开始一直贯穿到底；但文件内在逻辑划分依旧存在，也有开头(总则)、主体(分则)和结尾(附则)，条与条之间也依然要求逻辑严密。

六、规定的写作要领

1. *努力贯彻法规文件的立法原则和立法精神*　规定的拟稿写作，与其他法规文书基本相同。主要是在拟稿写作过程中努力贯彻法规文件的立法原则，彰显立法要求，检查是否体现和满足法规的立法精神。

2. *既强调法规的规范性，又要贯彻实事求是原则*　一般地说，规定重在规范事务或行政行为，强调它的法定约束力。在这一点上不能有些微懈怠和降低要求。规定允许做的事情就可以做，不允许做的事情就不能做；做了就要依法处理，轻则教育，重则惩办。所有的规定都是经实践检验过的归纳或总结，还要按照一定的法规标准严格要求和制定。

3. *在语言方面要求*　规定以及其他规章类都和条例一样，都要“备而不繁，逻辑严密”。法规和规章用语应当准确、简洁，条文内容应当“明确、具体，具有可操作性”。

4. *明确标识文件的具体施行性质*　规定或包括大多数法规文件，均可以根据其不同分类在文种前面予以限定为“实施”、“补充”、“试行”、“暂行”等等。“实施”是对已通过法律、法规文件的实施。“补充”是对已有法律、法规文件的补充。“试行”是对已通过法律、法规的试行。“暂行”是对已通过法规文件的暂行。要之此类法规文件首先是对已有法律、法规之贯彻执行的文件，它在总体上、原则上要依附于母法、母规而成立，也随着母法、母规失效而失效，这是它的根本的属性。但在另一方面，法规和规章中也有相当一部分文件是在机关职权范围之内独立立法的。这样一些的规定以及其他法规、规章文件就无需在文种之前附加“实施”、“补充”等限制词。

【例文03】

关于党员领导干部报告个人有关事项的规定

中办发[2006]30号

第一条　为加强对党员领导干部的管理和监督，促进党员领导干部廉洁从政，根据《中国共产党章程》、党内有关规定和国家有关法律法规，制定本规定。

第二条　本规定所称党员领导干部包括：

（一）各级党的机关、人大机关、行政机关、政协机关、审判机关、检察机关县处级副职以上（含县处级副职，下同）的党员干部；

（二）人民团体、事业单位中相当于县处级副职以上的党员干部；

（三）国有大型、特大型企业中层以上领导人员中的党员，国有中型企业领导人员中的党员，实行公司制的大中型企业中由上级党组织、行政机关或者国有资产授权经管单位委派、任命、招聘的领导人员中的党员以及其他经上述单位批准执行职务的领导人员中的党员。

副调研员以上非领导职务的党员干部报告个人有关事项，适用本规定。

第三条　党员领导干部应当报告下列事项：

（一）本人的婚姻变化情况；

（二）本人持有因私出国（境）证件的情况；

（三）本人因私出国（境）的情况；

（四）子女与外国人、港澳台居民通婚的情况；

（五）配偶、子女出国（境）定居及有关情况；

（六）配偶、共同生活的子女（指同财共居的子女，下同）私人在国（境）外经商办企业的情况；

（七）配偶、共同生活的子女担任外国公司驻华、港澳台公司驻境内分支机构主管人员的情况；

（八）配偶、子女被司法机关追究刑事责任的情况；

（九）本人认为应当向组织报告的其他事项。

第四条　党员领导干部发生本规定第三条所列事项的，应当在事后30日内填写《党员领导干部个人有关事项报告表》，并按照规定报告。因特殊原因不能按时报告的，特殊原因消除后应当及时补报，并说明原因。

第五条　党员领导干部应当于每年1月31日前集中报告一次上一年度本规定第三条所列事项，所列事项没有发生或者没有变动的，应当予以明示。

第六条　党员领导干部报告个人有关事项，按照干部管理权限由相应的组织（人事）部门负责受理：

（一）属于本单位管理的党员领导干部，向本单位的组织（人事）部门报告；

（二）不属于本单位管理的党员领导干部，向上一级党委（党组）的组织（人事）部门报告，报告材料由该党员领导干部所在党委（党组）的组织（人事）部门转交。

党员领导干部因发生职务变动而导致受理机构发生变化的，原受理机构应当及时将该党员领导干部的报告材料按照干部管理权限转交新的受理机构。

第七条　组织（人事）部门应当于每年3月1日前将上一年度党员领导干部报告个人有关事项的情况汇总后报所在党委（党组）和纪委（经检组）。

党委（党组）应当于每年4月30日前将党员领导干部报告个人有关事项的情况向上级党委（党组）和上级纪委（纪检组）综合报告一次。

第八条　党员领导干部报告个人有关事项不清楚、不完整的，受理报告的组织（人事）部门应当要求报告人限期补充报告或者重新报告。

第九条　党员领导干部在执行本规定过程中，认为有需要请示的事项，可以向受理报告的组织（人事）部门书面请示。受理报告的组织（人事）部门应当认真研究，及时答复报告人。报告人应当按组织答复意见办理。

第十条　对报告的内容，应当予以保密。组织认为应当予以公开或本人要求予以公开的，可采取适当的方式在一定范围内公开。

第十一条　党员领导干部必要时应当在参加民主生活会、进行述职述廉时，对发生的个人有关事项情况进行说明。

第十二条　纪检机关和组织（人事）部门要加强对本规定执行情况的监督检查，根据工作需要经审批可查阅本地区本部门党员领导干部报告个人有关事项的材料。

组织（人事）部门和纪检机关应当把报告个人的有关事项的情况作为考察、考核党员领导干部的一项重要内容。

第十三条　党员领导干部有下列情形之一的，有关单位、组织或者部门应当调查核实，并视情节轻重，采取批评教育、限期改正、责令作出检查、诫勉谈话、通报批评等方式予以处理：

（一）无正当理由不按时报告的；

（二）不如实报告的；

（三）隐瞒不报的；

（四）不按党组织答复意见办理的。

第十四条　中央军委可根据本规定，结合中国人民解放军和中国人民武装警察部队的实际，制定有关规定。

第十五条　各省、自治区、直辖市党委可根据本规定，结合各自工作实际，提出本地区党员领导干部应当报告的个人有关事项，制定具体实施办法，报中共中央纪律检查委员会、中共中央组织部备案。

第十六条　本规定由中共中央纪律检查委员会、中共中央组织部负责解释。

第十七条　本规定自发布之日起施行。1997年《关于领导干部报告个人重大事项的规定》同时废止。

二〇〇六年九月二十四日

人们都记得，中共中央办公厅、国务院办公厅经中共中央、国务院批准公布的《关于领导干部报告个人重大事项的规定》（1997年1月31日生效）受到人们的普遍欢迎，在现实生活中发挥了一定的作用。这次中共中央办公厅又重新公布了《关于党员领导干部报告个人有关事项的规定》，并在新办法中最后宣布："本规定自发布之日起施行。1997 年《关于领导干部报告个人重大事项的规定》同时废止。"在原文件的基础上增加了五条，变成一个新的重要的党内法规，它充分体现了中央对党员领导干部的加强监督管理和关心爱护的精神。它的颁布实施对保证党员领导干部队伍的纯洁性和先进性以及对于推动党风廉政建设的深入开展，应该具有重要意义。至于对行政机关非党员的领导干部，则应由行政处置。

第二节　办　　法

一、办法的含义

办法是各级政府及其办事机构根据党和国家的方针、政策和法律，就新近提出而一时还没有明确法律、法规规定，以及虽有规定但不尽具体，或虽有某种具体规定但各地在实施中尚很不一致的一些专门性问题，提出种种必须遵循的原则和具体的措施作为解决和处理的办法。如《中华人民共和国保守国家秘密法实施办法》等。

办法就是处理事务和解决问题的规范性文种，它是一种应用范围很广的法规文书。对于这类应该以"办法"名称制定的有约束力的文件，目前许多单位往往以"条例"名义公布；但根据国家规定，条例是用于调整国家生活及处理某一方面事务的准则性的重要的法规文件，只有国家行政机关如国务院和省、自治区、直辖市和较大的市的人民代表大会及其常务委员会才有权制定或批准。如《国家建设征用土地条例》等。因此，过去一些由单位以"条例"名义发布的文件，有些均应视实际情况以"办法"、"实施办法"、"暂行办法"、"细则"或"实施细则"等名称修改公布。

办法同条例、规定都是法规性文种，但它们包含的内容、使用范围或涉及问题的大小是不同的。条例多使用于某些重大问题、重大事项，但规定的范围相对限于一个方面又暂无法律规范的问题；而办法一般使用于具体事务和单一事项，甚至是比较一般的事务上。比如，关于某种资金的管理、某项税费的征收、银行票汇的结算、建筑安装工程的招标投标、科技成果的管理等。

办法从制定主体上分，可分为国务院直接发布的，各部委制定由国务院批准的，地方行政机关制发的，以及企事业单位制定的等。从性质上分，有行政管理、技术管理和专门业务管理等。

二、办法的结构

1. *办法的结构*　结构由标题、正文、附则组成。由于它的结构和条例、规定等的性质相似或相同，而可以参照应用，这里就不再赘述了。办法如属临时性的或者是试行等限制的，应在办法之前加"暂时"、"试行"等；有的如过去已由其他法规文件原则规定的，则还应加上"实施"二字。

2. *办法一般使用条目式结构*　条目式的结构是全文不分章节，也不用总则、分则、附则标注，整个文件用条文贯穿到底。看似省去划分编或则等的麻烦，实则文件还是一个有头、有体、有尾的整体，无非一看就易明白了然而已。

三、办法的写作要领

办法的写作，主要应注重规定性、程序性、具体性和可操作性：

1. 规定性　所谓规定性，是指文件对某些事务作出处理的办法是作为人们行为必要的规范；否则，人们将莫衷一是。

2. 程序性　所谓程序性，对于法规来说，它是共同的特点之一；不过在草撰办法时鉴于“办法”强调规范调整对象的规范性的程序，故尤要注意和选择最合理的程序，绝不可掉以轻心。

3. 具体性　所谓具体性，是指这种规定的处理办法不是抽象的，而应是具体的，有时具体到非常精细的操作程度。

4. 可操作性　所谓可操作性，是指人们有了办法规定在手之后，可以照章具体处理问题。一般地说，法规文件都应讲究可操作性，但办法的写作应与条例、规定等写作在关注可操作性上应该是个重要区别。

【例文04】

中华人民共和国环境保护部令

第6号

《限期治理管理办法(试行)》已经2009年6月11日环境保护部2009年第1次部务会议通过，现予公布，自2009年9月1日起施行。

部长　周生贤

二〇〇九年七月八日

限期治理管理办法

（试行）

第一章　总　　则

第一条　【立法目的】为督促排污单位在限期内治理现有污染源，纠正水污染物处理设施与处理需求不匹配的状况，推动水污染物工程减排，根据《中华人民共和国水污染防治法》(以下简称《水污染防治法》)，制定本办法。

第二条　【适用范围】排污单位的污染源有下列情形之一的，适用限期治理：

(一)排放水污染物超过国家或者地方规定的水污染物排放标准的(本办法以下简称“超标”)；

(二)排放国务院或者省、自治区、直辖市人民政府确定实施总量削减和控制的重点水污染物，超过总量控制指标的(本办法以下简称“超总量”)。

第三条　【不适用情形】排放水污染物超标或者超总量，但有下列情形之一，法律法规相关条款另有特别规定的，适用特别规定，不适用限期治理：

(一)建设项目的水污染防治设施未建成、未经验收或者验收不合格，主体工程即投入生产或者使用的，根据《水污染防治法》第七十一条处罚。

（二）建设项目投入试生产，其配套建设的水污染防治设施未与主体工程同时投入试运行的，根据《建设项目环境保护管理条例》第二十六条处罚。

（三）不正常使用水污染物处理设施，或者未经环境保护行政主管部门批准拆除、闲置水污染物处理设施的，根据《水污染防治法》第七十三条处罚。

（四）违法采用国家强制淘汰的造成严重水污染的设备或者工艺，情节严重的，根据《水污染防治法》第七十七条处罚。

第四条 【级别管辖】国家重点监控企业的限期治理，由省、自治区、直辖市环境保护行政主管部门决定，报环境保护部备案。

省级重点监控企业的限期治理，由所在地设区的市级环境保护行政主管部门决定，报省、自治区、直辖市环境保护行政主管部门备案。

其他排污单位的限期治理，由污染源所在地设区的市级或者县级环境保护行政主管部门决定。

第五条 【特殊管辖】下级环境保护行政主管部门实施限期治理有困难的，可以报请上一级环境保护行政主管部门决定限期治理。

下级环境保护行政主管部门对依法应予限期治理的排污单位不作出限期治理决定的，上级环境保护行政主管部门应当责成下级环境保护行政主管部门依法决定限期治理，或者直接决定限期治理。

排污单位排放水污染物超标或者超总量造成的社会影响特别重大，或者有其他特别严重情形的，环境保护部可以直接决定限期治理。

上下级环境保护行政主管部门，对同一污染源的同一违法行为，不得重复下达限期治理决定。

第六条 【期限】环境保护行政主管部门应当根据完成限期治理任务的实际需要，合理确定限期治理期限。

限期治理期限最长不得超过1年。但完全由于不可抗力的原因，导致被限期治理的排污单位不能按期完成治理任务的除外。

环境保护行政主管部门不得通过重复下达限期治理决定等方式，变相延长限期治理期限。

第七条 【信息公开】环境保护行政主管部门应当通过报刊、门户网站等便于公众知晓的方式，将下列信息向社会公开：

（一）被责令限期治理的排污单位名称、《限期治理决定书》、排污单位的限期治理方案等相关文件；

（二）完成限期治理任务后，被依法解除限期治理的排污单位名称；

（三）因逾期未完成限期治理任务，被依法责令关闭的排污单位名称。

环境保护行政主管部门不得公开涉及国家秘密、商业秘密、个人隐私的政府信息。

第二章 决定程序

第八条 【立案调查】环境保护行政主管部门现场检查时，可以凭环境保护行政主管部门工作人员现场即时采样或者监测的结果，判定污染源排放水污染物是否超标或者超总量。

对经现场检查判定排放水污染物超标或者超总量的污染源，环境保护行政主管部门应当及时分析原因。经分析判断超标或者超总量可能是由水污染物处理设施与处理需求不匹配原因造成的，环境保护行政主管部门应当按照本办法有关限期治理管辖权限的规定立案调查，并确定负责立案调查的机构。

第九条 【判断步骤】对已被立案调查的排污单位，负责立案调查的机构应当通过以下步骤，对排放水污染物超标或者超总量是否因水污染物处理设施与处理需求不匹配所致作出判断，并报环境保护行政主管部门：

（一）现场监测：组织环境监测机构按照污染源监测规范规定的采样频次，对污染源在生产周期内所排水污染物进行监测；

（二）技术评估：组织行业生产专家、污染物处理技术专家和企业代表，采用工艺流程分析、物料衡算等方法，对排污单位水污染物处理设施与处理需求是否匹配进行分析评估。

第十条　【事先告知】环境保护行政主管部门根据监测数据和技术评估结果，判断水污染物处理设施与处理需求不匹配导致排放水污染物超标或者超总量的，应当向排污单位发出《限期治理事先告知书》。

第十一条　【告知内容】《限期治理事先告知书》应当载明以下内容：

（一）排污单位名称；

（二）水污染物处理设施与处理需求不匹配导致排放水污染物超标或者超总量的事实和证据；

（三）拟作出的限期治理决定和法律依据；

（四）未完成限期治理任务的法律后果；

（五）排污单位陈述、申辩和申请听证的权利。

环境保护行政主管部门认为必要时，可以就污染源限期治理事项，约谈排污单位的法定代表人或者其他主要负责人。

第十二条　【申请听证】排污单位对排放水污染物超标或者超总量的事实以及是否应当适用限期治理有异议的，可以自收到《限期治理事先告知书》之日起7个工作日内，向环境保护行政主管部门进行陈述、申辩，或者以书面形式提出听证申请。

第十三条　【组织听证】排污单位提出听证申请的，环境保护行政主管部门应当自收到听证申请之日起7个工作日内，决定听证的时间和地点，并通知排污单位。

依据本办法组织听证的具体程序，参照环境行政处罚听证程序的有关规定执行。

第十四条　【认定事实】环境保护行政主管部门应当在综合考虑监测数据和技术评估结果、排污单位的陈述申辩意见或者听证结果的基础上，对水污染物处理设施与处理需求是否匹配作出认定。

第十五条　【决定限期治理】环境保护行政主管部门对因水污染物处理设施与处理需求不匹配导致排放水污染物超标或者超总量的，应当作出限期治理决定，并制作《限期治理决定书》。

第十六条　【决定书内容】《限期治理决定书》应当载明以下内容：

（一）排污单位的名称、营业执照号码、组织机构代码、地址以及法定代表人或者主要负责人姓名；

（二）事实、证据和作出限期治理决定的法律依据；

（三）限期治理任务，即排污单位在限期治理后应当稳定达到的排放标准或者总量控制指标；

（四）限期治理的期限。

第十七条　【告知相关事项】对被决定限期治理的排污单位，环境保护行政主管部门还应当在《限期治理决定书》中告知以下事项：

（一）排污单位负责自行选择限期治理具体措施；

（二）限期治理期间排放水污染物超标或者超总量的，环境保护行政主管部门可以直接责令限产限排或者停产整治；

（三）逾期未完成限期治理任务的，环境保护行政主管部门将报请人民政府责令关闭。

第十八条　【送达】环境保护行政主管部门应当自作出限期治理决定之日起7个工作日内，将《限期治理决定书》送达排污单位。

《限期治理决定书》自送达之日起生效。

第十九条　【重点湖泊流域】对国家确定的重点湖泊流域内，因排放水污染物超标被要求在2008年6月底前完成治理而逾期未完成，且排放水污染物超标是因水污染物处理设施与处理需求不匹配造成的，环境保护行政主管部门应当依据国务院办公厅转发的《关于加强重点湖泊水环境保护工作的意见》，按照本章规定的程序直接责令停产整治。

第三章　执行与督察

第二十条　【企业采取治理措施】排污单位接到《限期治理决定书》后，应当根据限期治理任务和期限，制定限期治理方案，并报知作出决定的环境保护行政主管部门。

限期治理方案，应当确定具体污染治理措施、进度安排、资金保障和责任人员。

第二十一条 【监测记录】限期治理期间，排污单位应当按照污染源监测规范，对所排水污染物进行监测，保存原始监测记录，以备查核。

不具备环境监测能力的排污单位，应当委托环境保护行政主管部门所属监测机构或者经省、自治区、直辖市环境保护行政主管部门认定的其他监测机构进行监测。

第二十二条 【不得超标超总量】限期治理期间，排放水污染物不得超标或者超总量。

第二十三条 【试运行监管要求】限期治理期间，水污染物处理设施需要试运行并排放污染物的，排污单位应当事先书面报知环境保护行政主管部门。

试运行期间，排污单位应当在污染源监测规范规定的采样频次基础上，相应增加采样频次，进行加密监测。

在试运行期间，因水污染物处理工艺调试等原因所产生的水污染物不可避免超标或者超总量的，排污单位必须将所产生的水污染物存放于应急储存池或者其他临时储存设施，不得直接向环境排放；确需排放的，必须事先报经环境保护行政主管部门批准，并制定突发环境事件应急预案。

第二十四条 【跟踪检查】环境保护行政主管部门作出限期治理决定后，应当制定跟踪检查方案，明确负责跟踪检查的工作机构。

负责跟踪检查的工作机构，应当根据跟踪检查方案，通过现场检查、采样监测等方式，对排污单位执行限期治理决定的治理进度和排放水污染物状况加强后督察。

试运行期间，负责跟踪检查的工作机构应当加强现场监督检查，相应增加监测频次。

第二十五条 【限产限排、停产整治】负责跟踪检查的工作机构发现被责令限期治理的污染源在限期治理期间排放水污染物超标或者超总量的，应当报由环境保护行政主管部门责令限产限排或者责令停产整治。

第四章 解除程序

第二十六条 【解除依据】被责令限期治理的污染源，经过限期治理后，符合下列条件的，可以认定为已完成限期治理任务：

（一）在工况稳定、生产负荷达75%以上、配套的水污染物处理设施正常运行的条件下，按照污染源监测规范规定的采样频次监测认定，在生产周期内所排水污染物浓度的日均值能够稳定达到排放标准限值的。

（二）生产负荷无法调整到75%以上，但经行业生产专家、污染物处理技术专家和企业代表，采用工艺流程分析、物料衡算等方法，认定水污染物处理设施与处理需求相匹配的。

（三）所排重点水污染物未超过有关地方人民政府依法分解的总量控制指标的。

第二十七条 【届满核查】限期治理期限届满之日起7个工作日内，作出限期治理决定的环境保护行政主管部门应当及时组织现场核查。

现场核查，应当采取现场监测、实地察看水污染物处理设施、查阅监测记录、工程建设资料以及投资报告等方式；对因排放水污染物超标或者超总量造成较大社会影响，或者造成跨行政区环境污染的，环境保护行政主管部门还可以通过走访或者举行座谈会等方式，听取公众意见。

负责跟踪检查的工作机构应当对现场核查情况进行记录，形成限期治理现场核查笔录，并由环境保护行政主管部门所属监测机构或者经省、自治区、直辖市环境保护行政主管部门认定的其他监测机构出具限期治理监测报告。限期治理现场核查笔录应当由现场核查人员签字。

第二十八条 【核查意见】负责现场核查的工作机构，应当制作限期治理核查意见，连同限期治理现场核查笔录、限期治理监测报告，一并报本部门负责人。

限期治理核查意见应当提出对排污单位解除限期治理决定或者依法关闭的建议和理由。

限期治理核查意见、现场核查笔录、监测报告，应当与限期治理决定文书，一并存档备查。

第二十九条 【核查后处理】环境保护行政主管部门应当根据不同情况，分别作出如下决定：

（一）对已完成限期治理任务的排污单位，解除限期治理。

（二）对逾期未完成限期治理任务的排污单位，报请有批准权的人民政府责令关闭。

第三十条 【申请提前解除】排污单位在限期治理期限届满前，认为其已完成限期治理任务，可以向决定限期治理的环境保护行政主管部门提出解除申请。

申请提前解除的，应当提交解除限期治理申请书，并附具能够证明其已完成限期治理任务的监测报告等相关资料。

第三十一条 【核查和决定】环境保护行政主管部门应当自收到解除限期治理申请书之日起7个工作日内，按照本办法有关限期治理核查的规定组织核查，分别作出如下处理决定：

（一）对确已提前完成限期治理任务的排污单位，环境保护行政主管部门应当作出提前解除限期治理的决定。

（二）对未提前完成限期治理任务的排污单位，环境保护行政主管部门应当书面告知其必须采取有效措施，并在期限届满前完成限期治理任务。

第三十二条 【企业后续管理】被解除限期治理的排污单位，应当建立健全环境保护责任制度，保持水污染物处理设施的正常使用，并加强设施的检查和维护，确保所排水污染物稳定达到排放标准或者总量控制指标。

第三十三条 【部门后续监管】环境保护行政主管部门应当将被解除限期治理的排污单位确定为重点监管对象，并加强监督检查。

对被解除限期治理后12个月内再次排放水污染物超标或者超总量的排污单位，应当从重处罚。

第三十四条 【终结情形】被责令限期治理的排污单位，有下列情形之一的，环境保护行政主管部门应当终结限期治理决定：

（一）依法被撤销的；

（二）依法解散的；

（三）依法被宣告破产的；

（四）因其他原因终止营业的。

第五章 附 则

第三十五条 【个体工商户】排放水污染物超标或者超总量的个体工商户的限期治理，依据本办法执行。

第三十六条 【生效】本办法自2009年9月1日起施行。

这份《限期处理办法》是环境保护部于2009年发布的，每条方括号内的小标题黑体字，都是根据中华人民共和国中央人民政府网站中从《国务院公报》上下载的。这篇法规文件是由国务院《关于落实科学发展观加强环境保护的决定》以及此后发布的相应的《条例》而进一步做出的试行办法。该办法内容较具体；而最为重要的：一是从这份文件中可以了解国家针对同一事项环境问题制定了不同等级的法规系列，从行政公文“决定”到行政法规的条例、办法等。二是这个试行“办法”的每一条都插进一个黑体字小标题，从中可以了解该条的内容梗概，有利于细细体会行文的严密逻辑性，对于理解“办法”的实质大有裨益，对于提高写作能力也非常有利。三是试行“办法”中比原决定和条例更加具有可操作性，也值得仔细体会。

第三节　规　　则

一、规则的含义

规则是国家机关、政治党派、企事业单位、群众团体等制定的规范性文件之一，它们的性质和约束力依照制定机构的权限和法定地位而定。国家机关制定的规则具有法规效力；政治党派、企业事业单位、群众团体等制定的规则具有一般性的法规效力，但也只限于本组织、本系统范围内具有法规的约束力。

规则所处理的问题一般是各个机构所面临某个具体事项的程序性、步骤性、操作性较强的事务，让所有工作人员都有所遵循。很显然，一般属于此类事务的是有关行政性、事务性、业务性、科技性等方面的规则，如违背这些规则就注定要失败。所以规则是刚性的，即非此不可的、无选择性的一些规定。

二、规则的特点

1. 科学性　科学性指的是规则的必然性逻辑。而欲找到规则的必然性，首先必须是有规律的事项，不能是毫无规律，或偶有规律的事项；这种无规律的事项无法找出规则。其次必须是具有稳定性的事项，不能是毫不稳定的事项；这种不稳定的事项也无法做出规则。再次必须是可再生再续的事项，不可是偶一发生的事项；这种不可再生再续偶一发生的事项也无法做出规则，即使做出规则也无法断定它是否可靠。只有既有规律、又有稳定性和可再生再续的事项才能谈得上规则的科学性；它们是制定规划或曰规则得以成立的首要条件，是能够体现规则的刚性、稳定性和有效性。

2. 程序性　由科学性而带来规则的第二大特点，是要求规则具有运作上的程序性，即按照一、二、三等步骤逐一实施执行。规则的这种程序性很像数理逻辑一样不可越逾；越逾了虽不能至于就完全彻底破坏了规则，但至少要受到处罚。

3. 操作性　规则，包括其他的细则、准则、守则等法规和后面将述及的规程文书，都应具有很大的可操作性特点，规则只是作为它们之中的一个典型而已。“有规有则”、“遵规循则”是它的根本含义。故此，规则的语言文字都是通俗可喻，看得到、摸得着、抓得住的语言。

三、规则的体例格式

规则的体例格式同于准则、守则等，可大可小，而常常较为重要；但后两者准则、守则一般用于关涉个人行为职守和道德方面的事项，通常不宜用于重大的立法项目，特别是守则。体例格式与规定等同，谨从简。要之规则涉及重大事项可用繁式结构，分总则、分则、附则三部分；下再设章、条等格式；章、条等按法规一般格式适当安排。而简式结构一般只按条目式结构安排内容，在形式上可变通处理。

四、规则的写作要领

规则不像条例可以有较原则的规定，也不像规定可以有较概括的内容，亦不像办法那样可以较灵活的处置;规则的写作要领,首要是把握树立规则的标准,即是掌握“标杆”或水准。设若为一个地区作为标准,就要掌握一个地区的标准;设若为一个中型厂矿做规则,就要以一个中型厂矿为标准。对象不同,要求不同,制定的标准不同。有些事项涉及科技方面的规则,那里的标准一般可以大致相同。但若涉及经济领域的规则,则“豪富”和“小康之家”就不能一致了,只能求其一个平均水平作为规则的标准了。要之,选择规则的标准是首先要认真做的。

其次是动笔拟稿。在拟稿过程中,必须记住规则的科学性、程序性、操作性等特点,在写作中应予特别注意,留心检查。其中,检查科学性强不强,不仅单看规则是否合理,还要看是否切合实际。至于规则体现的程序是否合理,可操作性是否易于把握,不仅要看程序性和操作性在头脑里想象的如何,还要看在语言文字中表述得是否真实、准确和具体;是否看得见、摸得着、抓得稳。能够看得见、摸得着、抓得稳的程序和步骤,就是可操作的好规则。

【例文 05】

中国证券监督管理委员会公告

证券期货规章草案公开征求意见试行规则

〔2009〕7 号

现公布《证券期货规章草案公开征求意见试行规则》,自 2009 年 5 月 8 日起施行。

证 监 会

二〇〇九年三月三十日

第一条 为了贯彻科学立法、民主立法的原则,增强公众参与证券期货规章制定的程度,提高制度建设的质量,根据《立法法》、《规章制定程序条例》、《证券期货规章制定程序规定》的规定,制定本规则。

第二条 中国证券监督管理委员会(以下简称中国证监会)制定证券期货规章,应当向社会公开征求意见。涉及国家秘密、国家安全或者证券期货市场敏感问题的,采取其他方式征求意见。

第三条 向社会公开征求意见,应当履行批准程序后实施。

第四条 向社会公开征求意见,应当将征求意见稿及其起草说明在中国证监会网站、中国证监会指定的上市公司公开披露信息的报刊等媒体上刊登,并按照要求报送国务院法制办有关部门。

起草说明应当阐明制定的背景、需要解决的主要问题、拟采取的主要措施和设定的制度等。

必要时,可以就征求意见涉及的事项,设计清晰、简洁的问题或者问卷供公众回答。

征求意见稿修改或整合有关现行规定的,应当一并制作并公布修正前后条文对照表或者条文来源对照表,供公众参阅。

第五条 向社会公开征求意见,应当提供意见反馈途径,公布传真号码、电子邮箱和通讯地址,或者指定专门的意见征求管理系统,提供其详细的网址。

公开征求意见的公告,应当载明征求意见活动的截止时间。征求意见期间原则上为 15 日,但因情况特殊,需尽快发布、施行的除外。

第六条 征求意见办理部门应当及时收集、整理、归纳、分析、研究公众反馈意见,形成向社会公开征求意见报告。对拟采纳的意见,报告应当提出具体的修改建议;对于拟不采纳的意见,报告应当说明理由。

在提请主席办公会议审议或者签发规章草案时,应当一并报送向社会公开征求意见报告。

第七条 中国证监会公布规章全文及其征求意见稿、起草说明、发布新闻稿或答记者问等,方便社会公众查阅。

第八条 中国证监会制定涉外规范性文件，以及直接涉及公民、法人和其他组织切身利益或者涉及向社会提供公共服务、直接关系到社会公共利益的其他规范性文件，适用本规则。但是，涉及国家秘密、国家安全或者证券期货市场敏感问题的除外。

前款所称涉外规范性文件，是指涉及下列内容的规范性文件：

（一）对外开放的方针性、政策性、原则性的制度设定或调整；

（二）规范境外个人和企业、组织或其活动的制度设定或调整。

第九条 本规则自2009年5月8日起施行。

《证券期货规章草案公开征求意见试行规则》是证监委2009年3月30日公布的，并定于2009年5月8日起施行。这个规则条款不多但较慎重，是明确说明根据《立法法》、《规章制定程序条例》以及《证券期货规章制定程序规定》的规定而制定本试行规则的。将来随着证券期货市场的发展，逐步从本试行规则中取得更多的经验而达到完善。

第四节 准 则

一、准则的含义

准则是国家机关、政治党派、群众团体、企事业单位等制定的具有法规、规程效力的规范性文件。准则是依据有关法律、法规、规程文件的精神，甚或参照民俗、民规以及道德风尚等相关传统，再根据本机构实际需要而制定的。它要求一切相关人员严格遵循，坚决执行，不得违反。一旦违反，重则违法，中则违纪，轻则违德；如给国家造成损失，必定受到适当处分。

准则的使用十分广泛，上起中共中央、国务院等国家党政机构，下到民间团体和企事业单位，差不多各行各业都有准则。通过这些范围大小不同、内容性质各异的准则，使得整个国家和社会的各项工作运作有序，各种工作岗位有规有矩，整个事业和谐发展，欣欣向上。

二、准则的特点

准则的特点如下：

1. *着眼于人* 准则首先是针对于人的，是人的社会职业行为的准则，它包括人的职务行为、职业行为、劳作行为、道德行为诸方面行为准则，要求相关人员都要达到一个基准原则之上才行。为此它应考虑人的意识、观念、知性、态度等诸方面的问题，要求各种人在同一社会部门、同一职业、同一工作中保持着同一的准则，而不能各是其是，各非其非。

但是，准则绝不是抹杀人的个别性，不是抹杀个人的才力和能力；恰巧相反，它仅是规定个人必须在满足准则的起码要求下，充分地发挥自己的才力和能力，为工作和事业作出更大贡献。所以准则只是对同一类人的一般性要求，而不是最高要求。但是人们不应满足于一般要求，而应争取达到最高要求。

2. *以工作为目的* 准则着眼于人，但不是为了这个人和这些人，而是为了最基本的事务、工作或角色。准则不是为了规定一个人如何才能做到“完人”；而是规定为了从事特定职业、做好工作和扮演特定角色的特定素质，包括职业、技术、道德诸方面的特殊要求。准则不应该只提出一般道德或职业方面的要求，它还应该把从事特定工作和履行特殊责任的人也列为规范的目标和最高目的。

当然，社会上有一些准则是关注于职业道德的。其实，职业道德也没有太多“原则”可“准”、可“守”，如果它不涉及职业、技术上和程序上的问题的话。

3. 可操作性　准则的最后一个特点是它的可操作性。以前我们讲到一些法规、文书的特点时讲到针对性、具体性等，其实针对性、具体性都应该最后落实到运作中的可操作性上。不具可操作性的法规文书较难成立。

三、准则的体例格式

1. 准则的体例格式同于规则　准则、细则、守则它们的适用范围、调整对象或效力等级有宽狭、繁简和高低之分，但是国家机关、政治党派、群众团体、企事业单位等差不多都要制定准则、细则和守则。其中的守则常常是一种低于准则的法规文件形式，一般在制定准则之前先制定守则，经一个实践阶段比较成熟后再升级制定为准则。如从《证券会工作人员守则》到《证券会工作人员准则》，历经几年实践以后才制定出来。

2. 准则最为紧要的条文必须简洁、准确、明瞭，不宜复杂、繁琐、含蓄。行文最宜简单扼要，要义不繁，一般用于较重大的事项，特别强调一个标准的“准”字。

四、准则的写作要领

1. 调查研究　在动手草拟准则之前，首先要研究某一职业群体的特点及某一特定事项的工作流程，从中准确梳理准则所面临的关键问题，然后草拟文本大纲。在此基础上还要向有关人员广泛征求意见，以测定准则的可行性，进行必要的修改。

2. 语言文字　除一般要求明确、简洁、具体和操作性强以外，应特别强调通俗易懂。因为准则涉及各种职业人员；特别是涉及领导人员和科技人员，他们的职业地位、特点要求有特殊的操守和涉及很多的名词术语；但这一切都应化深奥为浅显，化细琐为简明，使人人都能看懂准则并记熟它的意思。

【例文 06】

中国共产党党员领导干部廉洁从政若干准则

执政党的党风关系党的生死存亡。党员领导干部廉洁从政是新时期从严治党、端正党风的重要前提，是贯彻落实党的路线、方针、政策，促进改革开放和经济建设，维护政治、社会稳定的重要保证。保证党员领导干部廉洁从政，要立足于教育，着眼于防范，筑起思想道德防线.党员领导干部必须在党员和人民群众中发挥表率作用，自重、自省、自警、自励；必须坚定共产主义信念，身体力行共产主义道德；必须清正廉洁，艰苦奋斗，全心全意为人民服务。

为进一步促进党员干部廉洁从政，根据《中国共产党章程》，结合近几年中做出的领导干部廉洁自律的若干规定，制定《中国共产党党员领导干部廉洁从政若干准则》。

第一章　廉洁从政行为规范

第一条　党员领导干部要廉洁奉公，忠于职守。禁止利用职权和职务上的影响谋取不正当利益。不准有下列行为：

（一）索取管理、服务对象的钱物；

（二）接受可能影响公正执行公务的礼物馈赠和宴请；

（三）在公务活动中接受礼金和各种有价证券；

（四）接受下属单位和其他企业、事业单位或个人赠送的信用卡及其他支付凭证；

（五）以虚报、谎报等手段获取荣誉、职称及其他利益；

（六）用公款公物操办婚丧喜庆事宜和借机敛财。

第二条 党员领导干部要严防商品交换原则侵入党的政治生活和国家机关的政务活动。禁止私自从事营利活动。不准有下列行为：

（一）个人经商、办企业；

（二）违反规定在经济实体中兼职或者兼职取酬，以及从事有偿中介活动；

（三）违反规定买卖股票；

（四）个人在国（境）外注册或者投资入股。

第三条 党员领导干部要遵守公共财物管理和使用的规定。禁止假公济私、化公为私。不准有下列行为：

（一）用公款报销或者用本单位的信用卡支付应由个人负责的费用；

（二）借有公款逾期不还；

（三）公费出国（境）旅游或者变相出国（境）旅游；

（四）用公款参与高消费娱乐活动和获取各种形式的俱乐部会员资格；

（五）以个人名义存储公款。

第四条 党员领导干部要遵守组织人事纪律，严格按照干部选择任用工作的制度办事。禁止借选拔任用干部之机谋取私利。不准有下列行为：

（一）采取不正当手段为本人谋取职位；

（二）泄露酝酿讨论干部任免的情况；

（三）在工作调动、机构变动时，突击提拔干部，或者在调离后干预原地区、原单位的干部选拔任用；

（四）在干部考察工作中隐瞒或者歪曲事实真相；

（五）在干部选拔任用工作中封官许愿，打击报复，营私舞弊。

第五条 党员领导干部对涉及与配偶、子女、其他亲友及身边工作人员有利害关系的事项，应当奉公守法。禁止利用职权和职务上的影响为亲友及身边工作人员谋取利益。不准有下列行为：

（一）要求或者指使提拔配偶、子女、其他亲友及身边工作人员；

（二）用公款支付配偶、子女及其他学习、培训的费用；

（三）为配偶、子女及其他亲友出国（境）旅游、探亲、留学向国（境）外个人或者组织索取资助；

（四）妨碍涉及配偶、子女、其他亲友及身边工作人员案件的调查处理；

（五）为配偶、子女及其他亲友经商、办企业提供便利和优惠条件。

省（部）级以上领导干部的配偶、子女及其他配偶，不准在领导干部管辖的地区及管辖的业务范围个人经商办企业和在外商独资企业任职。

第六条 党员领导干部要艰苦奋斗，勤俭节约。禁止讲排场、比阔气、挥霍公款、铺张浪费。不准有下列行为：

（一）在国内公务活动中接受超过规定标准的接待；

（二）违反规定用公款装修、购买住房；

（三）擅自用公款包租或者占用客房供个人使用；

（四）违反规定配备、使用小汽车；

（五）擅自用公款配备、使用通信工具。

第二章　实施与监督

第七条　各级党委(党组)负责本准则的贯彻实施。党员领导干部要以身作则,模范遵守本准则,同时抓好主管地区、部门和单位的贯彻实施。

党的纪律检查机关协助同级党委(党组)抓好本准则的落实,并负责对实施情况进行监督检查。

第八条　贯彻实施本准则,要发挥民主党派、人民团体、人民群众和新闻舆论的监督作用。

第九条　党员领导干部参加民主生活会,要对照本准则进行检查,认真开展批评与自我批评。

第十条　党员领导干部组织实施和执行本情况,应列入干部考核的重要内容,考核结果作为对其任免、奖惩的重要依据。

第十一条　党员领导干部违反本准则的,依照有关规定给予批评教育、组织处理或者纪律处分。

第三章　附　　则

第十二条　本准则适用于党的机关、人大机关、行政机关、审判机关、检察机关中县(处)级以上领导干部;人民团体、事业单位中相当于县(处)级以上党员领导干部;国有大型、特大型企业中层以上党员领导干部,国有中型企业党员领导干部,实行公司制的大中型企业中由国有股权代表出任或者由国有投资主体委派(包括招聘)的党员领导干部、选举生产经主管部门批准的党员领导干部、企业党组织的领导干部。

县(市)直属机关的科级党员领导干部,乡(镇)党员领导干部,基层站所的党员负责人参照执行本准则。

第十三条　本准则由中共中央纪律检查委员会负责解释。

第十四条　本准则自发布之日起施行。

这是中国共产党中央政治局会议(2009 年 12 月 30 日)上审议并通过的《中国共产党党员领导干部廉洁从政若干准则》。这个准则开头有一段序言式的简要文字用以说明准则的重要意义,指出“执政党的党风关系党的生死存亡”;“为进一步促进党员干部廉洁从政,根据《中国共产党章程》,结合近几年中做出的领导干部廉洁自律的若干规定,制定《中国共产党党员领导干部廉洁从政若干准则》”。然后进入分则,共二章、十一条。第一章是“廉洁从政行为准则”;第二章是“实施与监督”。最后第三章为附则,共分三条,分别是准则适用的范围和级别、解释权和施行日期。文件非常简洁。这个文件集中于党员领导干部,将他们和政府机关工作人员分别开来。使用这个“准则”来替代早先中央办公厅和国务院办公厅联合行文的《关于领导干部报告个人重大事项的规定》,使对党政干部的要求和管理不再混同。

第五节　细　　则

一、细则的含义

细则是国家行政机关、政治党派、群众团体、企事业单位等为贯彻实施上级制定的法律、法规、规程等文件,结合本辖区、本系统实际情况的需要,而在职权范围内制定的法规和规程文件。细则依据母法、母规的精神,进行解释性、从属性、补充性的详细规定,它同样具有法规、规程的效力。

但是,细则也决不等于细屑末节;有些细则则是国家机关的重要法律、法规文件的配套文件。

二、细则的特点

细则具有以下特点：

1. 从属性　细则第一个特点是它的从属性。细则根据母法、母规而制定，具有法规、规程效力。也会因母法、母规截止生效而失效。

2. 阐释性　细则第二个特点是它的阐释性。细则在原则问题上并不是创新性文件，它要恪守母法、母规的精神；但细则应对之进行解释以适应本地区、本系统的具体情况。这种解释也是必须因新情况、新形势而产生，不是纯然重复守旧。因而，它也必须在新情况和新形势下做出新的解释和更有益的说明。

3. 补充性　细则第三个特点是它的补充性。这个补充不是大原则的补充，而是细节的变通，是具体的补充。这种补充可使母法、母规的原则规定更加具体、更加丰富、更有活力。

4. 操作性　细则比其母法、母规具有更多的可操作性。这并不是母法、母规未考虑操作性问题；而是由于我们国家太大，地域太广，人口太多，形成实施法律法规的客观环境很不一致。因此，国家法律、法规乃至规程的文件只能照顾一般，而不及特殊，为地方政府和下级机构着想，诚有制定细则的必要。这就意味着，细则必须且必然比母法、母规具有更大、更高的可操作性。

三、细则的体例格式

细则作为法规文件之一，它的体例格式和其他法规文书基本一致，分标题与正文两部分构成。

1. 标题　细则标题的唯一不同之处，是它要写明母法、母规作为主题（适用及范围）重要的成分，这是由于细则的附属性所决定它必须附加于母体的原因。然后加“实施细则”或“细则”等字样。

2. 正文　正文一般可分为总则、分则、附则；也可用章条式或条目式结构。总则、分则、附则的内容如一般法规文件。总则要特别写明制定细则的母体法律、法规的根据和制定细则的目的。分则是细则的主要部分，它必须遵循母体法律、法规文件的精神，只能在必要的、具体问题上进行解释、补充以增加其可操作性。附则简要说明生效时间、解释权等。

四、细则的写作要领

主要的写作要领如下：

1. 细则写作要吃深吃透两头　一头是母法、母规的文件精神，应该彻底吃深吃透，包括从要点到细节，从语句到文字。一头是吃深吃透本地域、本系统的实际情况，准确阐明细则所要解决的真正问题。

2. 细则在于“细”　细则对于它的规定，应当在于“过细”二字；要求从细节遵循法规，这是首先应予强调的。但细则同样要求严于逻辑，禁止啰嗦，杜绝重复，力求使用明确、简洁、通俗，用具体的语言说到要处。细则也不允许抽象、含糊、歧义百出，毫无“细则”可言。

【例文 07】

营业税暂行条例实施细则

第一条 根据《中华人民共和国营业税暂行条例》(以下简称条例),制定本细则。

第二条 条例第一条所称条例规定的劳务是指属于交通运输业、建筑业、金融保险业、邮电通信业、文化体育业、娱乐业、服务业税目征收范围的劳务(以下称应税劳务)。

加工和修理、修配,不属于条例规定的劳务(以下称非应税劳务)。

第三条 条例第一条所称提供条例规定的劳务、转让无形资产或者销售不动产,是指有偿提供条例规定的劳务、有偿转让无形资产或者有偿转让不动产所有权的行为(以下称应税行为)。但单位或者个体工商户聘用的员工为本单位或者雇主提供条例规定的劳务,不包括在内。

前款所称有偿,是指取得货币、货物或者其他经济利益。

第四条 条例第一条所称在中华人民共和国境内(以下简称境内)提供条例规定的劳务、转让无形资产或者销售不动产,是指:

(一)提供或者接受条例规定劳务的单位或者个人在境内;(二)所转让的无形资产(不含土地使用权)的接受单位或者个人在境内;(三)所转让或者出租土地使用权的土地在境内;(四)所销售或者出租的不动产在境内。

第五条 纳税人有下列情形之一的,视同发生应税行为:

(一)单位或者个人将不动产或者土地使用权无偿赠送其他单位或者个人;(二)单位或者个人自己新建(以下简称自建)建筑物后销售,其所发生的自建行为;(三)财政部、国家税务总局规定的其他情形。

第六条 一项销售行为如果既涉及应税劳务又涉及货物,为混合销售行为。除本细则第七条的规定外,从事货物的生产、批发或者零售的企业、企业性单位和个体工商户的混合销售行为,视为销售货物,不缴纳营业税;其他单位和个人的混合销售行为,视为提供应税劳务,缴纳营业税。

第一款所称货物,是指有形动产,包括电力、热力、气体在内。

第一款所称从事货物的生产、批发或者零售的企业、企业性单位和个体工商户,包括以从事货物的生产、批发或者零售为主,并兼营应税劳务的企业、企业性单位和个体工商户在内。

第七条 纳税人的下列混合销售行为,应当分别核算应税劳务的营业额和货物的销售额,其应税劳务的营业额缴纳营业税,货物销售额不缴纳营业税;未分别核算的,由主管税务机关核定其应税劳务的营业额:

(一)提供建筑业劳务的同时销售自产货物的行为;(二)财政部、国家税务总局规定的其他情形。

第八条 纳税人兼营应税行为和货物或者非应税劳务的,应当分别核算应税行为的营业额和货物或者非应税劳务的销售额,其应税行为营业额缴纳营业税,货物或者非应税劳务销售额不缴纳营业税;未分别核算的,由主管税务机关核定其应税行为营业额。

第九条 条例第一条所称单位,是指企业、行政单位、事业单位、军事单位、社会团体及其他单位。

条例第一条所称个人,是指个体工商户和其他个人。

第十条 除本细则第十一条和第十二条的规定外,负有营业税纳税义务的单位为发生应税行为并收取货币、货物或者其他经济利益的单位,但不包括单位依法不需要办理税务登记的内设机构。

第十一条 单位以承包、承租、挂靠方式经营的,承包人、承租人、挂靠人(以下统称承包人)发生应税行为,承包人以发包人、出租人、被挂靠人(以下统称发包人)名义对外经营并由发包人承担相关法律责任的,以发包人为纳税人;否则以承包人为纳税人。

第十二条 中央铁路运营业务的纳税人为铁道部,合资铁路运营业务的纳税人为合资铁路公司,地方铁路运营业务的纳税人为地方铁路管理机构,基建临管线运营业务的纳税人为基建临管线管理机构。

第十三条 条例第五条所称价外费用,包括收取的手续费、补贴、基金、集资费、返还利润、奖励费、违约金、滞纳金、延期付款利息、赔偿金、代收款项、代垫款项、罚息及其他各种性质的价外收费,但不包括同时符合以下条件代为收取的政府性基金或者行政事业性收费：

(一)由国务院或者财政部批准设立的政府性基金，由国务院或者省级人民政府及其财政、价格主管部门批准设立的行政事业性收费；(二)收取时开具省级以上财政部门印制的财政票据；(三)所收款项全额上缴财政。

第十四条 纳税人的营业额计算缴纳营业税后因发生退款减除营业额的，应当退还已缴纳营业税税款或者从纳税人以后的应缴纳营业税税额中减除。

第十五条 纳税人发生应税行为，如果将价款与折扣额在同一张发票上注明的，以折扣后的价款为营业额；如果将折扣额另开发票的，不论其在财务上如何处理，均不得从营业额中扣除。

第十六条 除本细则第七条规定外，纳税人提供建筑业劳务(不含装饰劳务)的，其营业额应当包括工程所用原材料、设备及其他物资和动力价款在内，但不包括建设方提供的设备的价款。

第十七条 娱乐业的营业额为经营娱乐业收取的全部价款和价外费用，包括门票收费、台位费、点歌费、烟酒、饮料、茶水、鲜花、小吃等收费及经营娱乐业的其他各项收费。

第十八条 条例第五条第(四)项所称外汇、有价证券、期货等金融商品买卖业务，是指纳税人从事的外汇、有价证券、非货物期货和其他金融商品买卖业务。

货物期货不缴纳营业税。

第十九条 条例第六条所称符合国务院税务主管部门有关规定的凭证(以下统称合法有效凭证)，是指：

(一)支付给境内单位或者个人的款项，且该单位或者个人发生的行为属于营业税或者增值税征收范围的，以该单位或者个人开具的发票为合法有效凭证；(二)支付的行政事业性收费或者政府性基金，以开具的财政票据为合法有效凭证；(三)支付给境外单位或者个人的款项，以该单位或者个人的签收单据为合法有效凭证，税务机关对签收单据有疑义的，可以要求其提供境外公证机构的确认证明；(四)国家税务总局规定的其他合法有效凭证。

第二十条 纳税人有条例第七条所称价格明显偏低并无正当理由或者本细则第五条所列视同发生应税行为而无营业额的，按下列顺序确定其营业额：

(一)按纳税人最近时期发生同类应税行为的平均价格核定；(二)按其他纳税人最近时期发生同类应税行为的平均价格核定；(三)按下列公式核定：

营业额＝营业成本或者工程成本×(1＋成本利润率)÷(1－营业税税率)公式中的成本利润率，由省、自治区、直辖市税务局确定。

第二十一条 纳税人以人民币以外的货币结算营业额的，其营业额的人民币折合率可以选择营业额发生的当天或者当月1日的人民币汇率中间价。纳税人应当在事先确定采用何种折合率，确定后1年内不得变更。

第二十二条 条例第八条规定的部分免税项目的范围，限定如下：

(一) 第一款第(二)项所称残疾人员个人提供的劳务，是指残疾人员本人为社会提供的劳务。

(二) 第一款第(四)项所称学校和其他教育机构，是指普通学校以及经地、市级以上人民政府或者同级政府的教育行政部门批准成立、国家承认其学员学历的各类学校。

(三) 第一款第(五)项所称农业机耕，是指在农业、林业、牧业中使用农业机械进行耕作(包括耕耘、种植、收割、脱粒、植物保护等)的业务；排灌，是指对农田进行灌溉或排涝的业务；病虫害防治，是指从事农业、林业、牧业、渔业的病虫害测报和防治的业务；农牧保险，是指为种植业、养殖业、牧业种植和饲养的动植物提供保险的业务；相关技术培训，是指与农业机耕、排灌、病虫害防治、植物保护业务相关以及为使农民获得农牧保险知识的技术培训业务；家禽、牲畜、水生动物的配种和疾病防治业务的免税范围，包括与该项劳务有关的提供药品和医疗用具的业务。

(四) 第一款第(六)项所称纪念馆、博物馆、文化馆、文物保护单位管理机构、美术馆、展览馆、书画院、图书馆举办文化活动，是指这些单位在自己的场所举办的属于文化体育业税目征税范围的文化活动。其门票收入，是指销售第一道门票的收入。宗教场所举办文化、宗教活动的门票收入，是指寺院、官观、清真寺和教堂举办文化、宗教活动销售门票的收入。

（五）第一款第（七）项所称为出口货物提供的保险产品，包括出口货物保险和出口信用保险。

第二十三条 条例第十条所称营业税起征点，是指纳税人营业额合计达到起征点。

营业税起征点的适用范围限于个人。

营业税起征点的幅度规定如下：

（一）按期纳税的，为月营业额1000－5000元；（二）按次纳税的，为每次（日）营业额100元。

省、自治区、直辖市财政厅（局）、税务局应当在规定的幅度内，根据实际情况确定本地区适用的起征点，并报财政部、国家税务总局备案。

第二十四条 条例第十二条所称收讫营业收入款项，是指纳税人应税行为发生过程中或者完成后收取的款项。

条例第十二条所称取得索取营业收入款项凭据的当天，为书面合同确定的付款日期的当天；未签订书面合同或者书面合同未确定付款日期的，为应税行为完成的当天。

第二十五条 纳税人转让土地使用权或者销售不动产，采取预收款方式的，其纳税义务发生时间为收到预收款的当天。

纳税人提供建筑业或者租赁业劳务，采取预收款方式的，其纳税义务发生时间为收到预收款的当天。

纳税人发生本细则第五条所称将不动产或者土地使用权无偿赠送其他单位或者个人的，其纳税义务发生时间为不动产所有权、土地使用权转移的当天。

纳税人发生本细则第五条所称自建行为的，其纳税义务发生时间为销售自建建筑物的纳税义务发生时间。

第二十六条 按照条例第十四条规定，纳税人应当向应税劳务发生地、土地或者不动产所在地的主管税务机关申报纳税而自应当申报纳税之月起超过6个月没有申报纳税的，由其机构所在地或者居住地的主管税务机关补征税款。

第二十七条 银行、财务公司、信托投资公司、信用社、外国企业常驻代表机构的纳税期限为1个季度。

第二十八条 本细则自2009年1月1日起施行。

这是国税总局最近发布的《营业税暂行条例实施细则》。该细则在附则中规定自2009年1月1日起施行。在差不多的同一时间里，国税总局还公布了《消费税暂行条例实施细则》、《增殖税暂行条例实施细则》。三个细则都是对三个条例的配套文件。作为实施细则，三个文件都定得非常细致、具体，其可操作性都非常强烈，极为便于对不同的税户进行具体运作，可引为范例。

第五章　章　程

第一节　章程的含义

章程是政治党派、群众团体、企事业单位等社会组织按照合法程序自主制定的、具有全面效力的纲领性或专题性的文件。它对于制定章程的各个国家和社会机构、社会组织的全体成员一无例外地具有法纪的效力，是相关机构、组织、人员必须执行实施的。

章程也是一定的国家和社会组织机构向公众公开宣布纲领性和权威性的信息文件，其他组织和公众不仅因之从中获得准确有效的信息，最主要的是可与之发生正常合法的政治、经济、文化等方面的关系，从而达到相互合作的共同目的。

章程一经国家行政机关的批准、登记、注册之后便获得了法律效应，具有了合法性，政府也就有权依法维护该章程的合法效力，从而维护章程制定主体的合法权益。

现今世界上影响最大的章程应是上个世纪中期联合国成立时共同签订的《联合国宪章》。《联合国宪章》是 1944 年 6 月 26 日在美国旧金山签订，当年 10 月 24 日生效的。《联合国宪章》被认为是联合国的基本大法，它既确立了联合国的宗旨、原则和组织机构设置；又规定了成员国的责任、权利和义务；以及处理国际关系，维护世界和平与安全的基本原则和方法。最初有 40 多个国家签字，至目前共有 187 个国家签字，成为各国交流意见，维护和平的场所。中国是联合国五大常任理事国之一，担负着重要的责任和义务。

第二节　章程的分类

章程按内容大体划分，可分三类：

一、纲领性章程

纲领性章程亦可称为组织章程。它是国家联合体、政党、社团和企事业单位等组织所制定的章程之中最基本的一类，也就是上面所说的章程(有时亦称宪章或简章)。此类章程的内容包括组织名称、社会宗旨、工作业务、组织机构、成员资格、权利和义务，以及收益和费用的管理等项目。每个项目都应真实、明确、具体。这类纲领性章程大至几个国家，中至一个政党、甚或各党之间的联合体，小到一个极小社团组织，都可制订。如：《全国政治协商会议章程》、《中华全国总工会章程》、《浙江省社会科学联合会章程》等。

二、事务性章程

事务性章程一般多为经济单位制定的。其内容包括组织名称、地址、社会宗旨、财政状况、主要经营项目、内外管理体制、交易或生产规则等等。这类章程把自己的主要项目向公众公开，既便于自我管理，也便于投资者、债权人和第三方与该经济组织发生交往关系提供了资信依据和客观条件，更为国家行政管理机关和社会随时监管和了解情况提供方便。总之，经济组织或大的公司的章程是自己组织活动的基本准则，是经济实体或公司的"宪法"。这类经济实体或大的公司章程比较稳定，通常在实体或公司成立之初即行拟定并作为登记、注册的主要文件。

三、专项业务性章程

专项业务性章程不是该组织首次向国家行政部门登记注册的章程，也不一定是第一次向社会公众发布的章程；而是企事业单位在具体办理某一项业务时而制定的章程。此类章程有一些是按照严格程序制定的，如《招商银行国际信用卡章程》，它制定得十分规范、细致、稳定。因为处理的虽然是小小的信用卡，但一个掌心大小的信用卡账户可以涉及千万、百万、十万国际性的货币，绝对马虎不得。而《北京大学招生章程》和同类章程却较为粗放些，严格地说，此类章程并非都是按章程的一般规定而制定的，也有不按章程制定的严格程序制定的，其中有的仅是组织领导委托和交付给一个部门或个别人拟写操作，然后经主管部门或单位领导批准即可发布，如许多大学的《招生简章》即属此类。它们的作用是实务性作用少于宣传性功用。有的章程也甚至往往徒有章程的框架，而无章程的实质。尤其是某些文化场所、游艺场所，或更大、更高级的场所，常有这种类似的章程张贴出来，仿佛是作为高级宣传品或广告。此类章程已失却了它的本义。

第三节　章程的制定程序

一、章程制定必须合法

章程虽是组织自立制定，但都必须严格执行该组织规定的合法程序。因为只有章程合于程序，才能为组织所有成员所同意；才能为国家行政机关所认可（登记或注册）；才能建立信誉为本组织的下级单位和全体成员所遵守；才能为有关联的其他社会组织或群众所诚信。要之，章程即为组织的纲领性、工作性、业务性的文件，欲要起到它的作用，经国家机关的批准是一件事，必须严格按本组织的合法程序制定，更是首要的一回事。

二、章程制定的合法程序

章程制定的一般程序，是先由该组织的领导机关责成有关部门成立起草小组，小组拟出大纲或草案，然后广泛征求意见。最后经过反复讨论并修改草案，由领导批准交由小范围的咨询委员会通过；或提交本组织最高权力机构批准，或经有效的代表大会或股东代表大会等讨论通过。最后再呈报国家行政机关登记、注册，公布实施。

不与宪法、法律、法规相抵触，按照严格合法程序制定的章程，可以确保其合法性的权威，按照章程能够处理各种事务。这样的章程就会具有强大的生命力。

第四节　章程的体例格式

章程的体例格式和法律、法规文书一致，用的是章条式或条款式结构。它在形式和内容方面就像一般的法规文本，而更像国家的一部宪法。因为章程的地位相当于一个小的社会组织的“宪法”或根本大法；有的还可有较长的序言作为章程的总纲或总则之一部分，然后有正则或分则，最后有附则。

一、章程的标题

章程的标题，一般由组织名称加文种构成。标题下加有题注，其中写明已经该组织的特定权威会议通过。如果未经通过，则文稿上注明是“草稿”。

二、章程的正文

正文一般包括总则、分则和附则三部分。

1. 总则　亦称总纲。它从总体上说明组织的性质、宗旨、任务和指导思想、工作作风或运作模式等等。

2. 分则　分则是章程的主体部分，包括组织成员的条件、权利、义务和纪律等，组织机构，包括全国机构、地方机构、基层机构的组成等。公司章程可依公司的具体情况，变通书写分则或附则，但其中一定应包涵主要业务的具体运作规程等。

3. 附则　是结尾部分，书写章程生效日期、实施要求，附带说明章程的修改权限和解释权限等问题。

第五节　章程的写作要领

一、重视章程的制定

章程不像有些法规文书那样只具有操作意义，而常常是关系一个独立组织的总体性、纲领性、指导性的权威文件。章程制定的好坏，不仅关系细节或局部的事宜；更重要的是关系到一个社会组织的整体形象、整体效益、整体前途。因此，章程的起草、撰稿、制定，首先要引起该组织领导的高度重视，以作为争取社会声誉、社会效益和社会成就的开局第一步来对待。

二、严格按照程序制定章程

章程的制定和写作是一件大事。按照程序首先要通过制定章程的撰拟阶段，即要把本组织各个重要方面的设置、目的和运作情况收集起来；然后再按照章程写作的体例格式分头起草、拟稿和修改。总纲（或序言）部分应选择最简洁准确的语言表达，主要的关键是分则部分要写好。和法律、法规、规章文书一样，章程的分则是章程的主体和核心，务必分章立项叙述明白。最后的附则应用最简短的文字说明一切必要的条款。

三、庄重的语言风格

在语言方面，首要确保章程语言的严肃、庄重的风格，时时意识到它要代表整个组织说话，具有最高的权威性和确定性。要具有要言不繁的简洁性、准确性和一般的可操作性。有关具体业务性运作的章程，应避免过多、过繁、过细的技术性术语，多用一般人能接受的语言，以彰显业务类章程的通俗性，提高它的宣传沟通作用。

【例文 08】

中国科学技术协会第七次全国代表大会章程

（2006 年 5 月 25 日中国科学技术协会第七次全国代表大会通过）

第一章　总　　则

第一条　中国科学技术协会是中国科学技术工作者的群众组织，是中国共产党领导下的人民团体，是党和政府联系科学技术工作者的桥梁和纽带，是国家推动科学技术事业发展的重要力量。

第二条　中国科学技术协会的宗旨是：坚持以马克思列宁主义、毛泽东思想、邓小平理论和“三个代表”重要思想为指导，全面落实科学发展观，团结和动员科学技术工作者以经济建设为中心，坚持科学技术是第一生产力的思想，实施科教兴国战略、人才强国战略和可持续发展战略，建设创新型国家。促进科学技术的繁荣和发展，促进科学技术的普及和推广，促进科学技术人才的成长和提高，促进科学技术与经济的结合。反映科学技术工作者的意见，维护科学技术工作者的合法权益。为经济社会发展服务，为提高全民科学素质服务，为科学技术工作者服务，推动社会主义经济建设、政治建设、文化建设和社会建设，构建社会主义和谐社会，为实现中华民族伟大复兴而努力奋斗。

第三条　中国科学技术协会由全国学会、协会、研究会（以下学会、协会、研究会简称学会）和地方科学技术协会组成。

地方科学技术协会由同级学会和下一级科学技术协会及基层组织组成。

第四条　中国科学技术协会贯彻国家科学技术工作自主创新、重点跨越、支撑发展、引领未来的指导方针，弘扬尊重劳动、尊重知识、尊重人才、尊重创造的风尚，倡导献身、创新、求实、协作的精神，坚持独立自主、民主办会的原则和“百花齐放、百家争鸣”的方针。

第五条　中国科学技术协会高举爱国主义旗帜，加强与香港特别行政区、澳门特别行政区和台湾地区的科学技术交流，维护民族团结，促进祖国统一。

第二章　任　　务

第六条　开展学术交流，活跃学术思想，促进学科发展，推动自主创新。

第七条　组织科学技术工作者为建立以企业为主体的技术创新体系、全面提升企业的自主创新能力作贡献。

第八条　依照《中华人民共和国科学技术普及法》，弘扬科学精神，普及科学知识，传播科学思想和科学方法。捍卫科学尊严，推广先进技术，开展青少年科学技术教育活动，提高全民科学素质。

第九条　反映科学技术工作者的建议、意见和诉求，维护科学技术工作者的合法权益。

促进学术道德建设和学风建设。

第十条 组织科学技术工作者参与国家科学技术政策、法规制定和国家事务的政治协商、科学决策、民主监督工作。

第十一条 表彰奖励优秀科学技术工作者，举荐人才。

第十二条 开展科学论证、咨询服务，提出政策建议，促进科学技术成果的转化；接受委托承担项目评估、成果鉴定，参与技术标准制定、专业技术资格评审和认证等任务。

第十三条 开展民间国际科学技术交流活动，促进国际科学技术合作，发展同国外的科学技术团体和科学技术工作者的友好交往。

第十四条 开展继续教育和培训工作。

第十五条 兴办符合中国科学技术协会宗旨的社会公益性事业。

第三章 会　　员

第十六条 全国学会是中国科学技术协会的团体会员。各级地方学会是同级地方科学技术协会的团体会员。县级以上科学技术协会发展团体会员。基层组织发展个人会员。

第十七条 团体会员的义务和权利：

团体会员的义务：遵守本章程，执行科学技术协会的决议和决定，开展符合章程规定的各项活动。

团体会员的权利：推选代表参加科学技术协会代表大会，参加科学技术协会的活动，对科学技术协会的工作提出建议和批评并进行监督。

第十八条 基层组织规定个人会员的义务和权利。

第四章 全国领导机构(共十条，略)

第五章 全国学会(共七条，略)

第六章 地方科学技术协会(共五条，略)

第七章 基层组织

第四十一条 科学技术工作者集中的企业事业单位和有条件的乡镇、街道等建立的科学技术协会(科学技术普及协会)是中国科学技术协会的基层组织，接受地方科学技术协会的业务指导。

乡镇科学技术协会(科学技术普及协会)联系指导农村专业技术协会。

第四十二条 主要任务：

一、开展社会化科学技术普及活动，引导人民群众崇尚科学，抵制迷信，移风易俗，破除陋习，倡导科学健康的生活方式和文明节约的消费模式，促进资源节约型、环境友好型社会建设；

二、组织和动员科学技术工作者积极参加学术交流和科学技术普及活动，促进讲科学、爱科学、学科学、用科学社会风尚的形成与发展；

三、开展农村实用技术培训和推广，引导农民树立科学发展理念，培养有文化、懂技术、会经营的新型农民，提高农民科学文化素质，促进社会主义新农村建设；

四、开展技术咨询、技术服务等科学技术活动，促进技术开发、技术转让，增强企业自主创新能力，促进以企业为主体的技术创新体系的建立；

五、反映基层科学技术工作者的建议、意见和诉求，维护其合法权益，促进其生活和工作条件的改善。

第八章 工作人员(共五条，略)

第九章 经费及资产管理(共四条，略)

第十章 会　　徽(共二条，略)

第十一章 附　　则(共五条，略)

这是中国科学技术协会第七次全国代表大会的章程；按惯例该协会每次都要重新修订自己的章程这绝不是特例。像大多数章程一样，这个章程是作为大型组织的章程而制定的，所以较长、较全面、较细致。除了总则、附则外，其分则部分包括任务、会员、全国领导机构、全国学会、地方科学技术协会、基层组织、工作人员、经费及资产管理及会徽共有九章，涵盖了该协会的全部活动，极为完善。此类章程是一种较为松散的组织的纲领性章程模式，与此类似更高级的章程是《中国共产党章程》；后者涉及的面更广、更加严密和完善。在社会组织中，公司章程也是比较严密完善的章程，一般写得更具体、更详尽，这对于锱铢必计的公司来说，对于跨国大公司来说，对于微软、谷歌来说，是绝对必要的，也是绝不能用某些标语口号式的章程可以应付的。此类章程应花大力气学习其写作。

第六章 公　　约

第一节　公约的含义

公约是具有共同需求的国家机构、社会组织、企事业单位、独立的社会法人和公民，在自愿基础上经过充分协商酝酿制定，要求共同监督、遵守的行为准则或道德规范。公约从两个人的契约，从小范围的一般约定，到村规民约，直到一个大的群体或几个国家签订的世界性的公约，如《世界人权宣言》、《公民权利和政治权利国际公约》等以宣言、议定书等名称命名的公约。此类文件都属于同类法规文书，它们的共同特点是都是有或巨大或一般的约束力的文件。

第二节　公约有多种分类

一、国际多边公约

国际公约通常指国与国之间缔结的多边公约（也称“条约”、“议定书”等），如联合国1996年通过的《公民权利和政治权利国际公约》。它是用以维护国际生活正常秩序和国与国之间正常关系的国际性多边公约。

国际上还有一种双边或多边公约（公约、协定、条约）。此类公约具有立法形式，并具有一定的约束力。它们最大的不同是签字主体可能是不平等的，因为它们的地位不同，优势不同，利害不同，在订立双边或多边公约时是经过磋商、争执、讨价还价达成的。

二、法人公约

国家所属辖下的和管理注册的社会组织、政党团体、企事业单位都具有法人资格，其代表经过协商所订立缔结的多边法人公约，是一种单位集体公约。如《保险行业公约》，它是全国保监会辖下多家独立保险公司共同签署的服务公约，用以保证服务宗旨、服务项目、服务态度和相互间公平竞争等等，借以提高整个行业的服务水平。

三、公民道德公约

社会上部分公众集体签订的为维持社会秩序，提高精神文明，建设幸福生活环境，维护社会道德等的公约。这种公约有大有小。大到一个市的公众，如北京市由首都精神文明建设委员会制定的《首都市民公约》；小到一个村庄制定的村规民约。

公民道德公约还可按内容再划分为精神文明公约、家庭和睦公约、爱国卫生公约等。公民行业公约可再划分为教师公约、文艺工作者公约、医务工作者公约等等。

第三节　公约的特点

公约有下列主要特点：

一、约定性

公约的约定性是公约的主要和突出的特点之一。公约最初总要协商，从精神到文字，最后达成协议。协议是由公约的签约和践约单位或公约签约人共同缔结签订的公共约法；并且，一般地说签约单位或签约人如果发现自己不适合继续执行公约，也可以以某种条件为代价而宣布退出。所以公约更多的是自愿性质，并不像那种一国之内的法律、法规那样具有严厉的刚性、强制性；特别是某些公众制定的松散公约，几乎完全自觉自愿。

二、原则性

除了具体的条约、协定、公约等之外，一般道德性公约的内容应代表时代和形势的一般水平；准确地说，它是反映一些机构、单位和一般公众的一般性判断和见解，代表基本的道德准则，或反映国家文明建设的原则性要求。所以，这种公约一般篇幅较短，较原则，语言操作性相对低一些。

三、集体性

公约的缔结是出于签约人自觉自愿，而不一定是来自某项法律、法规的权威。公约的监督执行也要签约人集体的自觉自愿，而一般不是行政执法机关的监督检查。因此，公约需要自觉自愿、相互监督才能长期保持公约的约束力。

总之，公约的范围可大可小；内容可严可宽；形式可长可短。公约的范围大到可覆盖整个地球普天之下亿万斯民；小到村规民约，论人数不过百人千人，论户数不过千家百家。公约的形式可长到千言万语，短的只有十句八句。而其效力、约束力的大小高低，一切视人心向背而定，一切看形势利弊而行。但好的公约有利于和谐，有助于安定，有利于发展前进。

第四节　公约的结构格式

一、章条式结构

公约原则上是按照法律、法规的章条体例格式，但形式亦有繁有简。繁的可有序言、总则、分则和附则，如重要法律文件的体例格式者然。此类体例格式多用于十分重大的国际公约；国内更多是条条杠杠。

二、多数公约采用条文式体例格式

公约的这种格式是从大项目写到小项目，一条一条依次表述，既没有总则，也没有附则。每条之间的逻辑关系不甚严密，仅按轻重缓急的次序排列。

三、有些公约只是道德约束，要求不甚严格，体例也不严密

这类公约只要求自觉执行，所以除在文种名称上以公约作为标题外，一般不需要题注，条文也不过一、二、三、四等等而已，极为简洁，每条也往往只是一二句话。但公约最后要会签，注明某某、某某等单位，或公民的签名以及年月日等。

第五节　公约的写作要领

一、公约的一般特色

公约的一般特色是它的规范性、一般性。因此，如何寻找规范性的一般表达形式，使用最简洁、最易懂的语言，如何能最大限度地使公约为大家所公知和共知的文献，就成为公约写作中的最主要的问题。

二、公约也有不同的规范

写作公约不仅在体例格式上要灵活，真正做到"上什么山，唱什么歌"，承认它的相对多样性风格；尤应把握用准确、恰当、明瞭的语言文字来表达公约的具体内容。就是说，语言和文字应像公约自身的不同层次一样，也应有不同的表述。国际公约、国内公约、行业公约、乡规民约等等，都需要以不同层次和不同风格的语言文字来表述，真正做到语言文字各相其宜。

【例文 09】

全国保险行业公约

为全面遵守和执行国家颁布的各项保险法律法规．维护保险市场秩序、规范保险行为、保护保险活动当事人的正当权益、经全国各保险公司总经理共同协商，特制定本公约。

一、各签约公司应当严格遵守国家有关法律法规，依法经营，自觉接受中国人民银行的监督管理，重合同、守信誉，竭诚为广大投保人、被保险人提供热情、周到、翔实的服务，认真履行保险责任、规范保险行为，维护我国保险业信誉，稳定良好的保险市场秩序，促进我国保险事业的持续、稳定、健康发展。

二、各签约公司应当加强联系、相互支持、友好协商、团结合作。在宣传及展业过程中杜绝不尊重甚至抵毁其它保险公司的行为。

三、各签约公司严格按照中国人民银行批准的业务范围和地域经营保险业务，并遵守各签约公司间共同达成的业务协议、约定，不得用不正当手段争抢业务。对某些特殊业务可采用联合共保的方式，避免有损行业形象的事件发生，一旦共保协议成立，共保各方均不得单方面改变承保条件，以确保保险当事人的共同利益。

四、各签约公司要遵循公平竞争原则，反对不正当竞争。严格执行经中国人民银行批准的条款、费率，不得采取无赔款退费方式变相降低保险费。对于安全无赔款续保优惠，必须做到保险期满、确无赔款、在次年续保时其保险费可在中国人民银行规定的比例内给予优惠。

五、各签约公司在与保险代理人签订保险代理协议时，都应当按照中国人民银行的规定办理，严格执行有关代理人手续费标准的规定，并对保险代理人实行登记造册，建立手续费签收制度，不得以扣除手续费以后的保险费入账。

各签约公司不得接受未经中国人民银行总行批准营业的中、外保险经纪人的境内直接业务。

六、各签约公司应当严格执行《保险法》中关于“优先在中国境内的保险公司办理再保险”的规定。分出公司有分保需求时，首先应分给中国境内的保险公司、再保险公司，只有当中国境内的公司拒绝接受，或接受条件明显差于国外公司时，才可以分到国外。中国境内的分保接受人，必需安排转分保，也应优先分给中国境内的保险公司、再保险公司，只有当中国境内的公司拒绝接受，或接受条件明显差于国外公司时，才能转分到国外。

本公约自一九九七年十月一日起实施。

这则公约是全国保险行业公约，由各公司代表签约公布。它属通常所见的同业单位之间的合约；是同业之间的代表通过联络，然后草拟一个原稿，最后集体修改、通过、签订。这种公约只有一般的约束力。但应该说，有这个公约或没有这个公约的确不一样，至少从道义上对签订各单位有舆论压力。

第七章 诉状 上诉状 控告书 答辩状

第一节 诉讼文书的含义和写作要求

一、诉讼文书的含义

公安机关、检察院、法院和诉讼当事人，按照法律规定的诉讼程序，为解决各类刑事、民事案件和行政诉讼案件所制作的诉讼文件，称为诉讼文书。

诉讼文书包括两大类：一类是具有法律效力的文件，如判决书、裁定书、抗诉书等。这种文件一般只对特定的人和特定的事有效，同要求人们普遍遵守的法规文件是不同的，同个人署名的诉讼文件也是不同的。另一类是具有诉讼意义的文件，如当事人（包括单位）书写的各种控告书、诉状、上诉状、申诉状、答辩状等。它们不具有法律效力，但却是依法确认某种诉讼行为有效的条件，也是法院裁判的文书根据。此类文件在依照司法程序完成后就产生特定的法律效力。

诉讼文书通过文字形式如实反映案情，记载案件处理的过程和结果，是惩罚罪犯，保护人民，调整国家、集体、个人互相之间的法律关系，健全和加强社会主义法制，保障社会主义现代化建设顺利进行的重要手段。如不具备相应的文书形式，诉讼活动和执法工作就失去了依据和凭证，国家的法律也就无从实施。因此学好诉讼文书并切实掌握、运用好这一工具，发挥其应有的作用，对国家和人民都是很有必要的。

在社会主义条件下，公民、法人之间的纠纷绝大多数是人民内部矛盾，应该注意公正地解决问题。因此，制作诉讼文书时不能故逞刀笔之能；否则不仅不能解决纠纷，还可能会适得其反，产生新的纠纷。

1990 年 10 月 1 日，我国第一部行政诉讼法《中华人民共和国行政诉讼法》宣布施行。行政诉讼法同刑事诉讼法、民事诉讼法共同并列为我国三大诉讼制度。刑事诉讼法、民事诉讼法早已实施，人们比较熟悉，行政诉讼法是件新事，相对说来人们还不那么熟悉。简单说来，行政诉讼即把国家行政机关和部门在关涉到公民、法人的利益，因而引起争议的案件，不再听任行政机关、部门单方面说了算，有关的公民、法人可以向法院提起诉讼，由法院依法判处。这样，争议的原告方和被告方都需要书写呈送诉讼文书，以便公断。

当然，行政诉讼同民事诉讼多少有点不同。例如行政诉讼只能由法院裁定、判决，不能像民事诉讼那样可以调解；行政机关即使败诉也不能反诉；等等。这是一般的国际惯例，其作用是保护公民和法人的权利。

二、诉讼文书的写作要求

1. *以事实为根据，以法律为准绳* 诉讼文书的写作必须严格体现"以事实为根据，以法律为准绳"的原则。诉讼文书的材料就是特定的"案件事实"。这种事实材料不能夸大，不能缩小，必须实事求是，确凿真实重证据。法律是诉讼和裁判的准则，诉讼文书的写作必须合乎法律法规的条文和精神。

2. *陈述要具体周详，要求要合情合理* 诉讼文书在陈述事实时必须准确，还要具体准确。这里不仅不允许脱离客观事实说话，也不允许用"大概"、"可能"、"也许"之类的词语推断事实。事件发生的时间、地点、当事人、原因、结果等等，都必须表述具体明白。如有所要求，要恰如其分，合情合理，不能随意苛求。文书的主旨要明确，态度要恳切。不能含糊其辞，模棱两可；更不可回避事实，强词夺理。

3. *体例格式要规范，要素须完整齐全* 作为事关法律一类的司法文书，诉讼文书每一具体文种都有规范化的体例格式，包含若干必备的要素。它的体式一般由标题、首部、主部和尾部组成。标题表明具体文种。首部写原告、被告的基本情况。主部写请求事项、事实和理由。尾部写明本诉状所提交的法院名称，然后是具状人签名、盖章，写明具状时间和附页。如诉讼文书的第一步是诉讼委托书(或行政诉讼申请书)。诉讼人委托书的格式是：

【例文 10】

委 托 书

委托人：(姓名、性别、年龄、民族、籍贯、职业、工作单位、住址。)

受委托人：(姓名、性别、年龄、民族、籍贯、职业、工作单位、住址。)

委托人：________自愿将其本人名下________，委托________全权代为处理有关________的________等一切事宜。

委 托 人：　　　(签名或盖章)

受委托人：　　　(签名或盖章)

年　　月　　日

4. *文字表述要言简意赅，准确缜密* 诉讼文书用公文语体表述，尤其要求言简意赅，文字精练。不论是记叙事实还是分析事理，都必须做到明晰、准确。必须使用习惯用语时，要注意其规范性含义；在引用法律用语时，要注意法定解释。逻辑要严密，无论是概念、判断还是推理，都不能犯逻辑错误。

第二节　诉　　状

一、诉状的含义

诉状俗称"状子"，它是诉讼文书中使用频率最高的一种文体。他人(或单位)侵犯了本人（或单位）的合法权益，依法提起诉讼，俗称“告状”；告状必须写诉状。

诉状有刑事诉状、民事诉状和行政诉状之分。刑事诉状是刑事案件的自诉人或法定代理人，依据事实和法律直接向人民法院提出诉讼，控告被告人犯罪，侵犯了自己的权益，要求法院依法追究其刑事责任的书状。民事诉状是民事案件的原告人（或单位）或法定代理人，为维护自身的民事权益，就有关民事权益和义务纠纷向人民法院提起诉讼，要求被告人赔偿、赔礼、道歉等而写的书状。行政诉状是公民、法人和其他组织不服行政机关和部门的处理结果，要求被告机关依法撤销其处理结果，或要求被告赔偿等而写的诉状。

二、诉状的特点和格式

诉状，不论是刑事诉状、还是民事诉状或行政诉讼状的主要特点，是明确的告诉性。诉状是一种告诉性文书，是原告人的合法权益受到侵害时，或者发生了某种纠纷而原告人解决不了时，诉诸法院，请求其按照法律规定保护原告人的合法权益，或者请法院帮助解决纠纷的文书。

诉状同公诉机关的起诉书不同。公诉机关的起诉书代表执法机关（检察院）对犯罪嫌疑人的犯罪事实和具体惩办意见向人民法院提起诉讼。这是代表国家对犯罪嫌疑人及其犯罪行为提起的诉讼。因此，诉状和公诉机关的起诉书，是两种性质不同的文书。诉状是具有公民个人或法人的诉讼性。

诉状有固定的格式，由标题、首部、主部和尾部组成。

1. 标题　标题是诉状的题目。民事案件写“民事诉状”，刑事案件写“刑事诉状”，行政案件写“行政诉状”。标题前面不必加限制词。

2. 首部　首部写原告人与被告人的基本情况，包括姓名、性别、年龄、民族、职业、工作单位、住址通讯等。如果原告人或被告人是企业或单位，就要写明企业、单位的全称、地址及代表人基本情况。有代理人或辩护人的，也要写明其基本情况。

3. 主部　主部写诉告的基本内容，包括“请求事项”、“事实和理由”两个部分。请求事项写原告人对法院的请求意见和要求。“事实和理由”写原告人提出上述要求的事实依据和对事实的分析、看法以及法律根据。这一部分应体现出“以事实为依据，以法律为准绳”的基本原则。

4. 尾部　尾部写明诉状报请的人民法院名称，具状人姓名并加盖印章，注明诉状写作时间、附件等。

5. 附件　附件包括诉状副本、物证和书证等。

【例文 11】

民事起诉状

原告：××市××县××建筑公司

企业性质：集体

经营范围：工业与民用建筑

流动资金：169.5 万元

何时经何部门批准开业：××××年 3 月份经××县基建局批准

地址及电话：××县××乡××村，邢家总机转 226855

开户银行：××工区历下办事处。账号：352376161

法定代表人姓名:伊×× 职务:公司经理

被告:××市职工教育培训中心

地址:南郊宾馆东路××号

诉讼请示

责令甲方偿付工程款和赔偿乙方经济损失242006.83元。其中:

(一)付清宿舍楼、教学楼拖欠款21793.08元;

(二)结算建筑工程款:174551.87元减去甲方垫付的材料款66913.30元,应付给乙方工程款107638.57元;

(三)赔偿乙方的经济损失:①××××年至19××年度拖欠款的滞纳金54595.88元;②××××年2月至6月设备闲置费57979.30元。

事实与理由

××××年12月10日,××县建筑工程总公司邢家公司(原告,以下简称乙方)同××市职工教育培训中心(被告,以下简称甲方)签订了《建筑安装工程合同》,标的是乙方为甲方修建教工宿舍楼两幢。承包方式是"议标形式,包工包材料"。承包额为495152.74元。开工日期定为××××年12月25日;竣工日期定为××××年9月30日。合同签订后,乙方按时将设备机具等运进工地,但甲方因土地、图纸等原因没有同有关单位交涉好,直到××××年6月19日乙方才正式开工。在长达177天之内,由于甲方的原因,造成乙方开进工地的70余名职工无活可干,机具设备长期闲置无用,给乙方经济上造成损失达80590.73元。甲方虽然承担了25611.43元的误工费,但尚有57979.30元至今不承担赔偿损失的责任。

两幢宿舍楼建筑安装工程竣工后,于××××年6月25日,乙方又同甲方签订教学楼工程的施工合同书(附原印件)。教学楼工程于××××年11月1日完工,三幢楼均经××市建筑工程质量监督站校验合格交付被告使用。工程结算书经甲、乙双方审定后,交××市建设银行校准定案,双方无任何争议。甲方应依合同书之规定与乙方结清工程款,但至今甲方仍拖欠乙方工程款21793.08元。

从××××年元月开始,甲方要求乙方为其建筑工程施工。经多次协商达成协议,乙方又为甲方修建了汽车房、锅炉房、坝墙等多项建筑工程。但价值174551.87元的工程款至今不与乙方结算。因甲方一再拖欠乙方工程款,致使乙方工人工资长期不能支付,被迫于××××年12月底撤离甲方工地。

为了收回甲方拖欠的工程款,乙方组织专人多次与甲方交涉。开始,甲方以工程资料不全为由予以推脱,乙方只得将自己的全部资料复印交给甲方。后来,甲方又以有关建材差价不合理为由拒绝支付原宿舍楼、教学楼所拖欠的工程款,并推而广之,拒绝审核乙方后期施工的全部建筑工程的结算。

综上所述,甲方违反合同书的约定,单方面地推翻合同书规定的有关条款,无理拖欠乙方工程款,给乙方造成了很大的经济损失。《民法通则》第106条规定:"公民、法人违反合同或者不履行其他义务的,应当承担民事责任。"《经济合同法》第39条第2项和《建筑安装工程承包合同条例》第13条第2项规定:未能按照承包合同的规定履行自己应负的责任,除竣工日期得以顺延外,还应赔偿承包方因此发生的实际损失;不按合同规定拨付工程款:按银行有关逾期付款办法或"工程价款结算办法"的有关规定处理。

此致

×××区人民法院

起诉人:××县建筑工程总公司邢家公司(盖章)

××××年×月×日

附:本状副本1份。

这是一份请求处理经济合同中偿付工程款等经济损失的民事诉状。该诉状先提出诉讼请求,然后在"事实与理由"部分具体阐述事实真相,并加以分析,同时引用了《民法通则》、《经济合同法》的有关法律条款。整个诉状符合格式要求,内容清楚,表述明白。

【例文 12】

行政诉状

原告:冯××,男,30岁,个体户,××省××市××镇经东村人

被告:××省××市公安局郊区分局

案由:非法收容审查,侵犯人身自由

请求事项:

1. 判决被告为扣押"人质"索款,被告对原告收容审查是违法的和无效的。

2. 判决被告返还收取原告的6700元。

3. 判决被告赔偿原告因被关押而造成的损失计30917.05元。

事实和理由:

原告和胞弟冯××于1989年4月23日与居住在××市铜陵新村杨××共同合伙经营家具,租用铜陵路宋××的房子作为加工场地。当时原告兄弟以两套家具、一张西式床、一个梳妆台,折价3833.92元作为投资,在加工中,原告单方购置材料支付3109元,支付加工费(含工资)2907元,运输费1920元,房租费420元,合计投入12189.92元。一共生产出七套家具(含入股两套在内),合伙对方杨××卖掉一套,还有两套存放在房东处,余下四套由我们于1989年10月4日拉到浙江省×地推销。双方合伙经营账目还未清算,××市郊区公安分局派民警李××、孙××于1990年11月1日夜里约10点钟到我家以"盗窃罪"为由,强行将我押往××市,关进拘留所。

11月7日上午,被告的工作人员李××和孙××提审时,我又将办家具厂和卖家具的经过情况说了一下。李警员说我不老实,抓住我的头发往墙上撞了三四下,当时我头痛眼花,跟着又是一脚踢了我的下颚,我痛得说不出话来,清醒后我说交待的都是事实。被告工作人员李警员说:"你不老实,我关你3个月,再关你6个月。"

11月28日,被告工作人员李××和一位青年警员来提审我,李警员问我在拘留所怎么样:我说实在受不了,天冷没有衣服穿、没有被子盖,生病了,身上生疮烂了,还遭班房里面人打。李警员说,受不了,你写信回家要1.5万~2万元来,放你。我没办法,只好答应了,信的内容是由李警员口授、我照写的。信写好后,由李警员拿去寄的。

1991年元月5日下午5时左右,被告工作人员李××拿来一份"见面材料",我看后发现内容和我交待的不一样,不愿签字。李警员把我带到拘留所办公室,硬叫我签字。这份材料是被告作为申报我劳教的"事实依据"。

原告被关押后,亲属多次前来交涉,被告仍坚持说要拿钱来才放人,否则送去劳教3年,并将劳教报表给原告的妻子看,以此威胁。原告妻子朱××一再陈述是经济纠纷,应当通过行政仲裁和民事诉讼来解决,公安机关不能扣押一方当事人,替另一方逼索款物。被告仍以原告犯有"盗窃罪"为由不放人。原告妻子及其弟弟、姐夫等在××市共住了2个多月,多次奔走城东派出所、郊区公安分局、市公安局,并请求检察机关出面解救,都无济于事。最后于1991年2月27日在省、市检察院的重视和帮助下,原告付给被告6700元,才获得释放。原告共被关押118天,交拘留所费用229.90元,亲属奔走,花费差旅费1700多元,影响家庭工业一份"垫片"合同的履行,造成43000多元损失。

以上事实,足以说明原告盗窃罪不能成立,被告偏听合伙经营一方当事人杨××的谎言,其工作人员李××又接受杨××贿赂的地毯,而导致贪赃枉法,作出了违背法律规定的具体行政行为。公安部在1989年3月发出《关于公安机关不得非法越权干预经济纠纷案件处理的通知》中,严肃指出:"一些基层公安机关以查处诈骗等经济犯罪为名,直接插手干预一些经济纠纷案件的处理,有的甚至强行收审,扣押一方当事人做人质,替另一方逼索款物,……这是一种严重的违法行为,既干扰经济纠纷案件的依法公正处理,侵犯法人和公民的合法权益,又损害公安机关的形象,必须加以纠正。"被告明知故犯,法律难容,为此,具文

起诉，请人民法院审查，依法判决，以维护法律尊严和原告的合法权益。

呈

××市××郊区人民法院

具状人：冯××（签名）

××××年×月×日

附：1. 释放通知书一件；

2. 拘留所收据一件；

3. 城东派出所收款 6700 元的收条一件；

4. 李××叫写的信件一封；

5. 合伙经营家具的票据一叠；

6. 原告妻子朱××和有关人员交涉的谈话记录。

另有差旅费用、家庭工业“垫片”合同，待后送上。

（本件在选用时，作了一些修改。）

这是一起以“非法收容审查，侵犯人身自由”为案由的“民告官”行政诉状。原告为公民（“行政机关相对人”），被告为×公安局郊区分局（“行政主体”），请求事项为行政主体的具体行为侵犯其合法权益：“扣押人质索款，对原告收容审查是违法的和无效的”，并要求返还收取原告的款项，赔偿原告因被关押而造成的损失。该诉状的写作符合格式要求，内容清楚，表述较为得当。此外，所提供的有关书证也较齐全。

《中华人民共和国行政诉讼法》于 1990 年 10 月 1 日起施行。该法是指“公民、法人或者其他组织认为行政机关和行政机关工作人员的具体行政行为侵犯其合法权益，有权依照本法向人民法院提起诉讼”（《行政诉讼法》第二条）。

需要指出的是：行政诉讼与民事诉讼有着明显的区别。民事诉讼指的是司法机关在双方当事人和其他诉讼参与人参加下，处理民事案例的司法活动。民事诉讼是一种古老而广泛的诉讼制度。行政诉讼与民事诉讼在当事人、处理对象、诉讼权利和处理原则诸方面有着明显的区别。但行政诉状具有诉讼文书的共同特点，其写作格式与民事诉状写作格式类似，要求“以事实为根据，以法律为准绳”，这里就不作细述了。

第三节　上诉状

一、上诉状的含义

上诉状是民事当事人或刑事被告人不服法院第一审的判决或裁定，依据法定程序和期限向上一级法院提出上诉状，请求撤销、变更原裁判或重新审理而提出的诉讼文书。上诉状是审判程序中的一个重要环节，是当事人的一项诉讼权利。

上诉状的使用有一定的范围。在民事诉讼中有权提出民事上诉的有：民事诉讼的当事人、第三人或他们的法定代理人。在刑事诉讼中有权提出刑事上诉状的有：当事人和他的法定代理人；被告人的近亲属或他的辩护人，经被告同意也可以提出上诉。行政诉讼中如原告不服一审判决，准予上诉，但必须是当事人或法定代理人。

上诉状有一定的时限，在民事诉讼中，不服法院一审判决的，上诉期限为15日；不服法院一审裁定的，上诉期限为10日。刑事诉讼也有具体规定，从接到一审判决书或裁定书的第2日算起，上诉时期分别为10日内和5日内(判处死刑的，上诉时期为3日)。行政诉讼中，上诉时期为15日。

上诉状的主要特点为上诉性。这是指不服法院一审判决或裁定而上诉上一级法院的，目的是引起二审审判或裁定，改变一审判决或裁定。因此上诉状的写作针对性很强；它是针对法院一审判决而发表意见、看法和提出自己的请求的。但上诉要达到目的，仍然要注意摆事实、讲道理，体现“以事实为根据、以法律为准绳”的原则。

二、上诉状的格式

上诉状有固定的、规范化的结构形式，同样由标题、首部、主部和尾部组成。

1. 标题　标题写“民事上诉状”、“行政上诉状”或“刑事上诉状”，前面不加限定性词语。

2. 首部　首部写明上诉人和被上诉人中的“基本状况”。

3. 主部　主部由“案由”、“请求”和“理由”组成，其中“理由”是写好上诉状的关键。能否使请求成立，取决于有无理由和理由是否充分。

4. 尾部　尾部写提请的法院名称，或由××法院(即原判的法院)转送××法院(上一级法院)，并写明上诉人姓名(盖印章)、上诉时间及附件。

【例文13】

民事上诉状

上诉人(原审被告)：李××，女，34岁，××省××市人，住本市××胡同×号

被上诉人(原审原告)：郭××，男，38岁，××市人，住址同上

案由：

为不服××市××区人民法院(××)民字第×号判决书判决，提起上诉。

理由：

原判决认为：双方婚姻由父母包办，并无感情基础。婚后不久双方因家庭琐事不断争吵。近年来女方毫无根据地怀疑男方心有别恋，经常到男方单位吵闹，影响工作，双方感情日益破裂。男方迁居单位宿舍，分住已两年。现男方提出离婚，调解无效。经调查，证实双方感情已完全破裂，无法和好，因此判准离婚。

上诉人认为原判认定的事实和理由是不正确的。我与被上诉人结婚，虽由双方父母作主，但订婚后不断约见，彼此印象都好。结婚时被上诉人欢天喜地，绝无异议，有亲友可证。这怎么能认为无感情基础呢？父母作主必然无情，这是形而上学，不能成立。我们结婚12年，生了两个孩子，家庭和睦。只是由于近几年来被上诉人在经济上和生活上对上诉人对子女照顾不够，时有争吵。但就争吵的内容来说，毕竟是家庭琐事，原判决也作此认定。因琐事而判决离婚于法无据。至于到双方单方反映情况，方式上或有欠妥，但那目的却是为了从根子上解决问题，为了和好；原审据以判离理由，未免武断。至于上诉人认为被上诉人心有别恋也不是原判中所说的“毫无根据”。早在三年前上诉人已发现被上诉人与王某关系暧昧，后经多方了解，并有周围同志及邻居证实，他们的关系确已越出正常的范围，特别是被上诉人对上诉人的态度日趋恶劣，用心显见。去单位反映，既是为了家庭，也是为了使被上诉人不致越陷越深铸成大错。原审不查究竟，得出错误的判断。

上诉请求：

根据上述，只要被上诉人放弃错误思想，至诚改善夫妻关系，双方的感情是完全可以恢复和好的。上

诉人如有缺点，也愿改正。为了家庭和子女的幸福，请求撤销原判，不准离婚。

此致

××市××区人民法院转送

××市中级人民法院

上诉人：李××（盖章）
××××年×月×日

这份上诉状把原判认定的事实和理由概括列出，然后一一反驳，层次清楚，辩驳时注意摆事实讲道理。不足之处是上诉人与被上诉人栏内的基本项目未填齐，请求事项则缺乏法律依据。

第四节　控告书

一、控告书的含义

控告书是受到犯罪行为或违法行为侵害的控告人，为了保护自身的合法权益向司法机关揭发犯罪或违法活动，要求依法处理的诉讼文书。

控告书可以分为控告侵害人身罪行和控告侵犯合法权益两类。

控告侵害人身罪行，要叙述被告人或被告单位情况、侵害经过、侵害部位、侵害程度以及人证、物证、医证等，并对侵害所造成的后果加以叙述。

控告侵犯合法权益行为，则要叙述被告人或被告单位的情况，以及侵害的有关事实，所涉及的物品名称、财产的质量和数量，造成的后果，人证，物证等。

总之，既为控告，则控告的事实务必真实、确凿、详尽，使司法部门可以验查处理。

二、控告书的格式

控告书的结构同于一般的诉讼文书，即由标题、首部、主部和尾部组成。

1. 标题　标题即写“控告书”。

2. 首部　首部写控告人和被控告人的基本状况，包括姓名、性别、民族、职业、工作单位、住址等。如原告人或被告人是企业、单位，要写明企业、单位的全称、地址及法人代表等基本状况。有代理人或辩护人的，也要写明企业、单位的基本情况。

3. 主部　主部写“案由”（此案性质）、“事实和理由”（原告提出控告的事实依据和对事实的分析、看法以及法律根据）和“请求事项”（原告人对法院的请求事项和要求）。

4. 尾部　尾部写报请的检察机关名称、控告人姓名（包括单位法人代表的姓名并签字或盖章）、时间和附件。

【例文 14】

控　告　书

控告单位：××市油脂化工厂

法定代表人：赵××，男，40岁，经理

诉讼代理人：钱××，男，38岁，×××律师事务所律师

单位地址：××市××区××街××号

被控诉单位：××公司××分公司

单位地址：××市××路××号

案由，侵犯商标专用权

事实与理由："三威"牌洗衣粉是我厂于1983年开发的新产品，同年9月1日向国家商标局申请注册，1984年4月30日批准，注册证号207177号。该产品质量优良，销路较好，在国内外市场上深受广大用户欢迎。可是在1986年春秋两次广交会上我们发现××公司××分公司竟采用"三威"商标展销洗衣粉，直接侵犯了我厂注册商标的专用权。

我厂"三威"牌商标于1984年4月30日注册(见附件一)，而对方于1985年11月29日以英文"San Wei"向国家商标局申请注册商标(见附件二)，我方注册在前，对方注册申请在后，直到1986年×月×日对方商标才被国家商标局正式批准。但是，对方商标同我方"三威"商标不仅谐音相近，而且在其商标装潢上还标有明显的汉字"三威"字样(见附件三)。根据我国商标法第7章第38条1—3项，对方混同我厂商标字样，已直接侵犯了我方商标的专用权。

对此我方要求：注销对方"San Wei"商标，并立即停止使用；对方在使用"San Wei"商标期间对我方产品所造成的经济上和信誉上的损失应给以赔偿或挽回影响。

此致

××市××区人民检察院

控告单位：××油脂化工厂

法定代表人：赵××

××××年×月×日

附件：一、××市油脂化工厂注册商标(略)

二、××公司××分公司申请注册商标(略)

三、1986年秋季广交会上××公司××分公司标有"三威"字样的照片(略)

这篇例文的案由指明的是"侵犯商标专用权"；"事实与理由"中先陈述事实，包括原告与被告双方情况，然后分析构成侵犯商标权的理由，接着提出法律依据(注明法律条款)，具有很强的说服力。最后提出的两条要求，合理合法。

目前我国的商标纠纷案为数不少，已引起人们关注。在一般情况下，这类商标纠纷多用《注册商标争议裁定申请书》提请国家商标局进行仲裁。如果当事一方拒不执行，再向检察机关控告或向法院起诉。如这份"控告书"改为《注册商标争议裁定申请书》，其写法为：

【例文15】

注册商标争议裁定申请书

国家工商行政管理局商标评审委员会：

我厂使用在第70类洗衣粉商品上的"三威"商标，1984年4月30日经商标局核准注册，证号207177，现依照《商标法》第二十七条规定，对××公司××分公司经商标局核准注册的第262833号，刊登于1986年×月×日第14期《商标公告》的"San Wei"商标提出争议，请你们给予裁定。

理由如下：××公司××分公司注册的"San Wei"洗衣粉商标同我厂早已注册生效的"三威"洗衣粉商标，不仅谐音相同，而且在该公司产品的包装装潢上还明显有汉字"三威"字样，直接侵犯了我厂商标专

用权。

申请人：××油脂化工厂(印章)
地址：××市××区××街×号
××××年×月×日

附送：	评审费 ×××元已于××××年×月×日汇出
副本一份	
据证三件	(国家工商行政管理局商标
其他	评审委员会收费专用章)

以上就是此类“商标争议裁定申请书”的简要式样。

第五节 答辩状

一、答辩状的含义

答辩状，又称答辩书，是民事、刑事、行政案件的被告人或被告单位，或者被上诉人或被上诉单位，在收到法院送达的诉状或上诉状副本之后，就被人提起诉讼的事实和理由进行答复或辩护的书状。答辩状有利于保护被告人或被告单位、被上诉人或被上诉单位的合法权益，也有利于法院作出公正合理的判决。

答辩状的主要特点是答辩性，即用真实的事实反驳虚构的事实；以正确的事理驳斥错误的事理；以正确适用的法律条文校正引用不当的法律条文，从而证明答辩方有理无过错。

二、答辩状的格式

答辩状的结构符合于诉讼文书的一般结构，分为标题、首部、主部和尾部四部分。除首部、主部和尾部外，其中主部写案由、理由和意见：

“案由”的习惯用语为“现将×××(姓名)为××××(事)一案告我一事，答辩如下”；或“你院××××年×月×日××字第××号诉状副本通知书及诉状副本已收到，现遵嘱提出答辩如下”。

“理由”写答辩人批驳原告人或上诉人谬误的理由。

“意见”(答辩)申明自己的意见和主张及反诉请求。

【例文 16】

民事答辩状

答辩人：××市供销社，法人代表：王×，男，成年。

被答辩人：王××，男，42 岁，住××乡××街×号。

事因：答辩人与被答辩人为房屋租赁纠纷一案，业经市法院于××××年 11 月 28 日判决在案，我们原告人对此判决无异议，愿意按照判决执行。但被告人王××不服判决，已提起上诉，为此特答辩如下：

一、答辩人从来没有侵犯被答辩人的产权，倒是被答辩人侵犯了答辩人的房屋使用权。

答辩人××供销社为工作需要于××××年向被答辩人王家租住××街30号后门房屋一所，并订有合同，暂定五年，期满后双方并无提出异议，继续按原约继续租赁关系。在这中间答辩人为了顾及被答辩人居住需要仍退给楼屋三间，而被答辩人自己使用仅一间，另二间交给他人使用。被答辩人对走廊和其他房屋也一直收取房租到××××年2月，直到今年2月19日乘答辩人供销社内部调整房屋之隙单方面悔约，采取粗暴办法将通向住房的走廊用木板钉住，不准答辩人一方继续使用。从上述经过事实证明答辩人一直按约租住，付清房租，从未有丝毫侵犯被答辩人的所有权，相反倒是被答辩人单方悔约，不择手段强行收房，侵犯了答辩人对租住房屋的使用权。

二、答辩人从未将所需房屋转租给他人，被答辩人借此谎言强行收回房屋根本站不住脚。

被答辩人在上诉书中振振有词地讲什么"答辩人已把中间二楼一底房屋转租给××酒厂"，"我果断地将住屋内走廊两侧钉上木条，拒绝他们转租使用"，这根本是胡说八道。实际情况是，几年来随工农业生产发展供销业务不断扩大，职工增加，商店使用房屋和职工住房一直处于紧张状态。答辩人供销社所属饭店房屋原系××酒厂，该厂房屋也十分紧张，几次协商要收回饭店用房，但答辩人考虑到方便群众之需，在市供销社领导的指示和督促下，无奈之中才决定将原来存放账册、档案材料和职工居住两间楼房迁移到会议室，暂时将该屋与××酒厂所需之屋调剂使用一下，日后逐步解决，这都是有目共睹、有案可查的，根本不存在转租他人情况。因此被答辩人借此为由采取强行收回房屋的做法不仅从道理上站不住脚，而且从做法上也是极端错误的。

三、必须依法驳回被答辩人无理上诉，责令拆除所钉木条，维护住屋秩序。

当前房屋紧张确是个实际问题，答辩人租住被答辩人的房屋一直按约执行，合理合法，特别是中途当发现被答辩人确实需要房屋使用时，想尽办法退回几间，已使其解决困难。答辩人对其余所租用房屋仍继续使用，是为了顾及广大群众饮食所需，对饭店租用××酒厂厂房一时无法解决时，企业之间内部协商暂时调整，根本不影响被答辩人收取房租和房屋所有权，而且其中一间楼屋房主至今继续在收租。但被答辩人却采取此种手段强行钉堵住屋通道，已严重影响答辩人房屋使用权，并且扰乱了住房秩序。为此，答辩人认为××人民法院原判决是主持公道的，于理于法都是正确的。为了维护住房秩序，教育被答辩人毫不讲理的行为，望请依法驳回上诉，并责令其迅速拆除所钉木板。

此致

××市中级人民法院

××市××供销社
法人代表：王　×
××××年×月×日

这个答辩状写得事实清楚，答辩人驳斥了被答辩人谬误的理由，在用正确的事实驳斥错误的事实方面做得较好，有说服力。不足之处是答辩人与被答辩人的基本情况一栏目尚欠齐全；答辩人引用法律具体条文也较少。

诉讼文书种类很多，其他还有申诉状、抗诉书、授权委托书、申请执行书和撤诉状等等。它们虽有各自的固定格式，但总体结构和写作要求大致相同，只要举一反三，不难掌握。

第三部分 事务文书

第一章 事务文书概述

第一节 事务文书的含义

事务文书是指党政机关、社会团体、企事业单位或公民个人为处理日常业务而使用的，但又不属于狭义的通用公务文书，本书为方便计称之为“事务文书”。计划、总结、调查报告、声明、启事、简报、摘编等等，通统称为事务文书。

事务文书的使用范围越来越广泛，使用的频率也越来越频繁。因为在现代社会里，各种机构单位、部门等不仅越来越多，而且就它们的活动范围和活动频率来说，也都在无限扩大和增多。这就需要运用各种事务文书来交流情况、沟通关系、总结经验、指导工作等以提高工作效率，加速国家现代化建设事业的发展。

同时，随着国家改革开放和现代化建设事业的进一步发展，事务文书的内容和形式也都有所改革和创新。如过去工作中常常使用的“典型调查报告”，现在则是更加成熟和较为可信了。典型调查已经较少一味夸张，粉饰现实，为评功摆好，好大喜功而大吹大擂了，而是更为注重实事求是地反映客观现实，讲真话，讲实话了。要而言之，作为反映客观现实和促进现实之手段的事务文书，不能都是一切叫好，也需从中看到做得不够或不正常的地方，这才叫做真正反映客观现实，真正对于改造现实有所裨益的计划、总结、调查报告、工作简报、信息摘编和说明文等的应用文书。而且，只有这样的应用文才能经得住历史的检验，成为有益于纪录历史的一部分，成为一个有益于促进历史进程的工具。

第二节 事务文书的分类

从广义上讲，事务文书也可以纳入广义通用公务文书之中。事务文书一般是处理公共事务或集体事务，包括上下级之间和不同单位之间互相联系、沟通信息，以及面向公众而使用的一些文件和文章，这些不是一般的处理私人事务的私人书信和文件。但它也同公务文书相区别，不像法定公务文书、法规文书那样有严格的文种、严格的权限、严格的体制和严格的表述方式等等。为了和国家机关行政、党、派、社、团等一般使用的公务文书、规约文书等相区别，就使用了事务文书这个概念（以前称为业务文书，今从改），以表明它也是涉及公事而不关涉私事的。

事务文书的范围同公务文书和规约文书比较相对广泛。从范围上说，它包括政治、经济、文化、科技、体育等领域中的各行各业；各行各业都有自己的事务文书。我们这里使用的标准是：凡是没有纳入公务文书、规约文书，而是各行各业的关涉于工作、促进业务工作而使用的一些文种，都作为通用事务文书。它包括计划、总结、调查报告、声明、启事、简报、说明书等。公务文书和规约文书的文种有限制，制定有程序，而相对于事务文书则比较宽松些。

第三节　事务文书的一般特点

事务文书有许多共同的特点：

一、实践性

所有事务文书都和社会实践的关系最为密切。它直接为了实践而产生，它也忠实纪录国家和人民的实际生活步伐，记录各种机构和各个单位的工作计划和业绩，总结它们的经验和教训，为进一步开展新目标，建设新项目，培养新人才，争取新成就而撰写传播。要之，离开了伟大的实践，就没有丰富多彩的事务文书；反过来没有丰富多彩的事务文书，也必将削弱了伟大的社会实践。

二、真实性

所有的事务文书都要求真实。各种事务文书都是在叙述、报道、总结各种事务工作的过程中产生的，都要坚持应用文章的真实性。即：实事求是地反映业务活动的真实面貌，借以鼓励群众，警策大家，改进工作，提高效率，为进一步推进各项社会事业服务。当然，由于事务文书的范围广阔，制作主体多种多样，执笔人员庞大，制定的要求和规格又不尽相同等，故也有不真实，不太真实的地方；这是应该注意防止和揭露的。

三、实用性

一般地说，对于应用写作为了“实用”这个观念，为了提高工作和事务的效益，是不容怀疑的；它和公务文书、规约文书、经济文书和传播文体一样，甚至更注重在实际中的运用。事务文书从计划、总结、调查报告，到更为简单的如声明、启事、简报、摘编、说明书等等，都要讲一个实际效用问题；不写没有效益、效用的事务文章，这是一条最基本的要求。

四、专业性

事务文书作为广义公务文书的一部分（如计划、总结、调查报告等）和狭义公文比较，似乎更偏重于反映和处理专业性、专题性的事务。例如关于增收节支的计划、关于计划生育工作的总结等这类文章，都带有很强的专业性和专题性，非专业人员不一定关注。而在公务文书里它一般作为附件发送。

事务文书内容的专业性或专题性一般指的是，就某个行业或专门机构主持运作或经营的业务问题而制定的计划、总结、调查报告，或者刊布发表声明、启事的信息汇编、摘要、说明书等。它专于一业、专于一行、专于一事、专于一题，专业性是它们的长处。这不仅要求事务文书的作者要有一定的专业知识和具有专题性研究的能力，还要求它的读者也需要一定的专业知识才易读懂它和理解它。所以，专题性应是事务文书一个特点，虽然并非指一切的事务文书。

五、为当前工作服务

前面我们已讲过事务文书的实践性，指出它是从实践中来，也专为实践服务。但最后还要再强调：所有的事务文书撰写者都应该明确，事务文书必须是为本机构的当前事务服务。凡属于机构指示或委托写作的事务文书，都是本职工作的一部分，不可推诿，更不可违反领导意图而擅自定稿、发稿等。因为这种事务文书常常是以机构名义公布和发出的，是机构正常事务工作的一部分，不同于可独立发表的，个人署名的文章。至于可以在报刊广播上刊载（报道）的调查报告、总结、声明、启事等类文章，个人可以在尊重事实、尊重真理的前提下自由发挥；但这一部分调查报告等类文章不占多数，其中往往是受命而作，尽管应予提倡和支持个人所作的调查报告等。

以上这些特点，当然都是相对而言的。这也就是说：第一，并不单单是事务文书具有这些特点，其他应用文体也在不同程度上具有上述性质。第二，也并不是每一篇事务文书类文章都能具备上述特点，就某一篇事务文件来说，因为它的特殊写作目的而只能具备某一些特点，仍不失其为是一篇好文章。

第四节　事务文书的写作要求

事务文书除具有特别的体例格式应做特殊处理外，它的一般写作要求如下：

一、反映新问题，传达新经验，提出新办法

事务文书要着眼于“新”字，一般要抓住当前改革和建设中的新事物、新经验、新办法，以支持新事物的成长，推广新经验的应用，为本系统、本地区、本部门的业务工作指方向、明目标、促发展、争效益。

事务文书中，特别是调查报告、各种简报等等，还要尽快反映社会动向、社情民意，以及群众议论中的热点、重点问题，供领导部门制定政策或有关单位及从业人员进行决策的参考。如一段时间群众对市场、物价、反腐、倡廉等问题议论纷纷的现象，相关部门就进行过调查分析，及时写出调查报告、信息简报或情况摘编等，如实反映群众的各种问题和意见、要求和呼声。这样的文章才是有实用价值的事务性文章等。

二、事实要真实，意义要典型，材料要充实

事务文书除了计划类要遵循党和国家的方针和政策和依据本系统、本部门、本单位的实际情况而精心制定外，其他事务文书如工作总结、调查报告等，主要是向上下左右汇报工作、反映和介绍情况的。因此撰写这类文稿，尤其应注意事实要真实，内容要典型，材料要充实，观点要正确。要认识到只有忠于客观事实，精于选用典型材料，充分叙述事实真相，明确表达合理观点，才能增强事务文书的可靠性、可信性和可读性，才能具有较强的说服力。

1. 事实要真实　事务文书所涉及的事实一定要真实，这已在它的特点中反复做了强

调，在讲到它的写作要求时还要强调。过去说，文章"无文不行"，其实这话只有在文章做到真实客观之后才是对的；就事务文书来说，应该强调"无实不行"，只有文章有真实内容又有文采才是好文章，才能行遍天下。

2. *材料要充实* 事务文书的写作材料，一般包括概括材料、基本材料、典型材料、背景材料四种：

(1)概括材料。指能够反映事物概貌的、总括的材料，包括有关各种数据等。这些材料能概述工作的基本面貌，反映事物的基本轮廓、总结事物的基本经验、归纳事物的基本问题。特别要强调的是，准确可靠的数据能够增强文章表述的精确性和说服力。

(2)基本材料。它们是事务文书的基本材料，包含着丰富的内容，有大量的信息。这些信息包括人物和事件，成绩和缺点，情况和问题，经验和教训，批评和建议等等。在运用这些基本材料时，要牢牢围绕主题，力求准、新、实地叙述它们。准，就是准确无误，深信不疑，让人不可动摇，既不能掺假也不能歪曲。新，就是新鲜、生动、有新意、给人以新鲜感，避免使用一些老材料、老情况、提出一些老问题。实，就是真实、具体、实在，要避免笼统、抽象和空泛，不要让人像堕入五里云雾之中感到虚无缥缈不踏实。

(3)典型材料。即要讲典型人物、典型事例、典型问题等。抓住典型问题或典型事例，就会提出关键问题，从而反映一般，起到以少胜多，以一当十的作用。但也不要贪多，多了就不具有典型意义。计划、总结、调查报告等免不了要使用典型材料，借以加强文章的生动性、可信度。初看起来计划并无须写进典型经验；但计划是在经验或典型经验基础上制定的，不是空穴来风。至于总结、调查报告等，典型材料更是不可以或缺。因为这是此类文件写作中的成功经验；就是说，所有事务文书一般都离不开真实的典型材料。通过对典型事例的描写叙述来深入反映和剖析客观事物，从中引出带着普遍性的、有指导意义的经验或教训，这应是事务文书的重要任务。但典型一定要真实，而且不宜多，如此才能真正展示典型的意义。

(4)背景材料。它指的是能说明事物产生与发展的条件、原因、历史环境等解释性的材料。这种背景材料可用二分法分为纵向背景材料，即事物的内部联系，它发展的来龙去脉和前因后果；横向背景材料，即事物的外部联系，它与其他事物的影响与互动的关系。恰当运用这些背景材料有助于说明文章的内在逻辑和文章的主题思想。

三、表达形式要灵活、文风要质朴

1. *表达要灵活* 事务文书与公务文书、规约文书相比，显得比较灵活、自由。而它的文风却要求实事求是，无需花俏艳丽，以事感人，不以"色"感人。

(1)表达方法灵活。公务文书、规约文书的表达方法一般以概述、说明、议论为主。而事务文书则可以灵活运用议论、叙述和说明等方法较确切地表述事实、分析问题，反映客观事物。其结构形式在计划、总结和调查报告一类文体中除主要采用叙述的方法外，还应恰当地运用议论的方法，通过分析和综合，推理和判断，揭示事物的特征和本质，并概括出规律性的东西，使人们对客观事物有完整而深刻的认识。在少数调查报告中更在关键的情节中作者直接对事件使用恰当的抒情手法以加强叙述和议论的力量。

(2)表达次序灵活。公务文书、规约文书要求严肃、庄重，都有一定的体例和格式，要求表述得体合例，严于规范，周于逻辑。事务文书却没有那么严格的表达次序，也没有绝对固定不变的写作格式，如总结、调查报告和简报等，都可因事而创新，留给拟稿者构思与创新的余地较多。它们或以事实的主次为序，或以时空因果为序，还可以问题的重要程度为序等等。作者可按照计划、总结、调查报告等文章的内容和文体写作的要求，灵活地确定表述的次序，合理地安排布局和结构，甚至于在计划里有一番有关过去总结性的文字；或在总结中有一段未来计划性的文字，以此较生动活泼地使用材料和语言。

2. *语言要质朴* 事务文书的语言运用，讲求准确恰当；传情达意则以切合实际为本。不求委婉曲折，不尚华美辞藻，尤要与以塑造形象为主要特征的文学语言相区别。具体说有下列三点：

（1）语言朴素。反映情况、传递信息、总结经验等都需要质朴无华的语言。要有真意，去粉饰，勿卖弄。不能用渲染或夸张的手法；更不能有过分的铺叙或抒情；也不能堆砌辞藻，矫揉造作。一句话，语言尚朴素，重真实，这是事务文书的最大特点。

（2）语言确切。确切就是用准确、适当的语言恰如其分地表情达意。这包括概念明确，用词准确、判断和推理合乎逻辑又合乎情理，直到结论的表达中肯而切合实际。

（3）语言简洁。简洁就是要删繁就简，去芜存精，以简洁练达、明白通晓的语言文字，及时反映情况和传达信息等。而这是一切公务文书、法规文书、事务文书的要义，因为它们首先要使读者及时、准确地了解信息，其他是第二位的。

第二章 计　　划

第一节　计划的含义、作用和分类

一、计划的含义

计划是某机关、单位、部门根据党和国家的方针政策或上级的指示精神，结合本地区、本单位、本部门的实际情况，对于预计在一定时期内所要做的工作或所要完成的生产、科研、学习或其他任务的打算和安排所进行的条理化和具体化的书面表达，是一种具有指导性的事务文书。

制订工作计划是日常业务中不可缺少的重要环节，也是一种科学的工作方法。国家有计划，机关、部门、单位有计划，甚至个人也应有计划。经济有五年计划，教育有十年规划，连生儿育女也可做出计划。“凡事预则立，不预则废。”要做一件事情，完成一项任务，搞好一项工作，进行一项业务，事先需要有一个比较明确而周密的计划。有了计划可以克服行动的盲目性和随意性，提高工作效率，更好地完成各项任务。因此，计划也是国家、社会、单位和个人一项重要的工作和写作任务。

二、计划的作用

计划是同类文件的总称。它的名称也可以适当的称为“纲要”、“规划”、“打算”、“要点”等。其作用具体说有下列各项：

1. 预见性　在制订计划时，要站在一定的条件下对今后工作或业务可能出现的问题和遇到的困难，进行分析和判断，并提出相应的对策和措施。

2. 指导性　一份好的计划，应是根据党和国家的方针、政策及上级的指示精神，结合本地区、本单位、本部门实际情况制订的。它要规划的工作或业务应是在合理、有序、富有成效的方式下进行，具有实在的可行性，因而对所计划的工作或业务具有强烈的指导作用，常用通知作为附件发布或在报刊上公布。

3. 约束性　计划一经制订，就会成为本地区、本部门、本单位的指导性文件，就应该认真贯彻执行、并要以之进行经常性的对照检查。即使是个人制订的学习计划或工作计划，也要经常对照检查，好像“座右铭”一样具有自我约束力。

4. 指标的伸缩性　既然是计划，在指标上就应留有一定的伸缩性，允许在执行中由于事先对计划的主观条件、客观环境等，有实事求是的、适当的修正；有时或由于不可抵御的客观原因或主观原因，可能使计划原定指标不能圆满实现，或只能实现计划中的一小部分。这种情况在做计划时应该尽量避免，但有时也难以百分之百的避免，这就是为什么要保留一定的伸缩性。

三、计划的分类

计划的种类很多，从不同角度可以对其进行不同的分类。计划按内容分，有全面的工作计划，即一个地区、一个机关、一个单位的全面工作计划；有某一项工作的计划，即专题计划，如经济计划、生产计划、财务计划、科研计划、教育计划、学习计划等等。按管辖范围分，有国家计划、地区计划、单位计划、部门计划、班组计划和个人计划等。按时间分，有长期计划、中期计划及短期计划；短期计划又分为年度计划、季度计划、月份计划等。按性质分，有综合性计划、单项计划等。按形式分，有条文式计划、表格式计划、条文和表格相结合的计划等。

可以有下列名称：

1. 纲要、规划　纲要、规划是指时间较长、范围较广、内容比较概括的计划。如国家科委制定的《2000—2005 年科学技术普及工作纲要》、《××城市建设长远规划》、《××省发展国民经济的“十五”规划》等。

2. 方案　它是指目标、任务、措施、办法大致明确的计划。如《关于深入进行×××体制改革的试点方案》等。

3. 工作要点　它是指在一定时期内对于工作任务的大致部署，包括指导思想、总的要求和工作要点等，着重于粗线条的计划。这种要点式的计划大都应用于较难细化的工作，如《××省 2000 年个体私营经济管理工作要点》即是一例。

4. 安排打算　它是指时间较短，内容比较笼统的一类工作或任务的安排打算，如《关于今年第一季度几项主要工作的安排》、《今冬明春开展文体活动的打算》等。此类计划亦适用于较难明确细化的工作领域。

5. 设想　它是指初步的、不十分确定的、有待成熟的或比较粗略的计划。这种计划往往是因为工作任务的条件较为复杂，不完全决定于人的因素，常常取决于天时、地利以及其他类似的因素，故只能以“设想”或“初步设想”制定，如《改造低产田、提高单位粮食产量的设想》等。

第二节　计划的体例结构

计划的一般写法有两种：一种是普通计划，其写法灵活，可以成文表述，也可以列为表格，而没有一定的格式。另一种是文件计划，用于作为正式文件的“附件”上报或下发。这种计划需要按照行文关系和一定的格式来写。我们这里主要介绍文件计划。文件计划一般由以下几部分组成：

一、标题

计划的标题应写出单位名称、适用期限和计划的种类，有的还标明计划的内容要点。如《××厂××××年生产计划》、《××市 2001—2005 年城市建设规划》。也有的计划不写出单位名称，只写计划的主要内容和名称。如××镇的《今冬明春开展文体活动的打算》。文件计划的标题和公文的标题基本相同，一般多用介词“关于”组成介词结构。

如果计划不成熟或者还没有正式批准通过，要在标题下面用括号注明“草案”、“初稿”；或在标题下面注明“供讨论用”字样，待正式定稿时，或获得通过批准后，再去掉括号和说明。

二、正文

正文一般包括基本情况、目的与要求、步骤与做法、结语等几方面内容。写法是先概述情况，再确定任务要求，后写措施办法。这也就是计划内容结构的一般安排顺序：先说“为何做”，再说“做什么”，然后提出“怎样做”；最后归纳一下实现计划的主要关键问题。具体写法如：

1. 计划的基本情况　这一部分包括计划的前言。前言中要简要说明制订计划的指导思想和主要依据。有的计划因这部分内容之前已为未来执行计划的人们所了解，也可以一笔带过或省略；特别是当下的计划多是一种惯常的计划时。

2. 计划的任务、目的与要求　写目标、任务与要求，一定要极其清楚明白；写任务要专门立项；写目的也应 A、B、C、D，具体明确；写要求要特别注意完成任务的质量、数量和时间等。这一部分务必细致，不可含糊。

3. 完成计划的方法与步骤　制订措施应牢记“十分计划，十二分措施”这句话，并要把完成任务所必须经过的阶段、各个阶段所要采取的措施，以及人力、物力、财力的安排，都应写得较为明确。在小型计划中，有时也把这部分的内容同“目的与要求”放在一起写。

三、结语（结尾）

结语可以总结全文，表明完成计划的决心。下发的计划，还可以提出希望，发出号召。或者指明注意事项；或预写检查、修订计划的方法。如果实际没有必要的话，这部分内容也常常被略去不写。

第三节　计划的写作要领

计划写作基本上要先讨论后拟稿。讨论和拟稿中要抓住以下环节和关键：

一、计划要实事求是

制订计划首要的是应根据党和国家的方针政策，以及上级有关指示的精神，结合本地区、本单位、本部门的实际情况，提出明确的任务指标，制订实现指标相应的措施和方案。其中特别要从实际出发，实事求是，既不能因循守旧，思想保守；也不能脱离实际，片面追求高速度、高指标。

在确定任务时，要对当前的基本情况进行正确的分析与评估，并联系当前的新形势、新特点，揭露矛盾，寻找差距，使计划有充分的依据。依据充分，指标先进合理又切合实际，这样的计划才会有较强的针对性和指导性。

为使计划切合实际，还要正确处理好长远目标与短期目标、全局利益与局部利益的关系，做到既有长期的前进方向，展现前景；又要有明确具体的近期目标，从而避免流于空泛，夸夸其谈。同时，还要正确处理好地区与地区、单位与单位、部门与部门之间的关系，使计划更加全面切实和稳妥可靠。

二、计划要明确具体

计划不仅要提出任务目标，还要订出实现任务的具体得力的措施和切实可行的方法。所谓制订得力的措施办法，主要是指在计划中要能解决思想认识问题、工作方法问题和协调配合问题。讲对计划的认识问题，则要有明确的针对性和目的性，联系本地区、本单位、本部门的思想实际，把大家的思想统一和动员起来。讲完成计划的方法问题，是要求从实际出发，提出的措施、办法要具体、明确，有操作性，还应注意一定的灵活性，充分发挥人们的积极性和创造性。至于完成计划中的协调与配合问题，主要是要求强调全局观念、整体观念，发扬协作精神，争取各方紧密配合，共同完成任务。

三、计划要留有余地

制订计划要注意适当留有余地。不要满打满算，而以留有余地来防备情况和条件的变化。如果客观情况和条件发生了变化，或者发现某些内容不切实际，要适应变化了的客观情况，及时进行调整或修订计划，使之更加切合实际，达到预期的目的和要求。有些计划由于工作情况预计可能会有几种变化，因而在计划中不能只有一种方案，而应该充分估计可能出现的情况制定多种方案或措施作为“选项”以为备用，使计划立于不败之地。

四、计划要集思广益

在制订计划的过程中，应注意依靠群众，集思广益。计划草案写好后，应尽可能交群众讨论，把拟定计划的过程作为动员群众的过程和统一群众思想认识的过程。要防止闭门造车使计划失去群众基础。

【例文 01】

全国人大常委会 2008 年立法工作计划

（2008 年 4 月 15 日第十一届全国人民代表大会常务委员会第二次委员长会议通过）

2008 年是十一届全国人大及其常委会依法履职的第一年。全国人大常委会立法工作要深入贯彻落实党的十七大精神，以完善中国特色社会主义法律体系为目标，从我国基本国情出发，坚持以人为本，坚持实事求是，集中力量抓紧制定在中国特色社会主义法律体系中起支架作用、改革开放和现代化建设急需的法律，及时修改与经济社会发展不相适应的法律，督促有关方面在实践的基础上尽快制定和修改与法律相配套的法规，确保到 2010 年形成中国特色社会主义法律体系并不断加以完善。

一、研究制定五年立法规划

在中国特色社会主义法律体系基本形成的基础上，按照完善中国特色社会主义法律体系的要求，适应经济建设、政治建设、文化建设、社会建设的需要，研究制定十一届全国人大常委会五年立法规划。制定常委会五年立法规划遵循的原则：一是全面贯彻落实党的十七大精神，以邓小平理论和“三个代表”重要思想为指导，深入贯彻落实科学发展观，全面落实依法治国基本方略，不断完善中国特色社会主义法律体系。二是紧紧围绕党和国家工作的大局，把改革开放和现代化建设迫切需要、与人民群众利益密切相关、在中国特色社会主义法律体系中起支架作用并且立法条件比较成熟的立法项目列入规划。三是坚持以人为本，加强社会领域立法，着力改善民生，切实解决人民群众最关心、最直接、最现实的利益问题，促进社会公平正义。四是把修改法律放在与制定法律同等重要的位置，注重法律的修改完善，及时修改那些与实际情况和发展要求不相适应的法律。五是增强人大立法的主导性，扩大立法的民主性，提高立法的科学性，维护法律的统一性。

常委会五年立法规划要突出重点，统筹兼顾。必须制定的重要法律，要力争在五年内制定出来，完善法律体系的各部门法律；必须修改的现行法律，要在总结实践经验的基础上加以修改，完善各部门法律的内容；必须配套的法律，要督促有关方面制定或者修改相配套的法规，发挥法律体系的整体功能。

抓紧研究提出对现行法律进行清理的方案并组织实施。适时召开立法工作会议，对常委会五年立法工作进行全面部署。

二、2008年立法工作安排

按照常委会工作报告和工作要点确定的指导思想、总体要求和原则，经征求国务院和有关方面的意见，根据需要和可能，并适当考虑2008年和以后年度立法项目的滚动衔接，对常委会2008年立法工作做如下安排：

（一）十届全国人大常委会已经审议、十一届全国人大常委会2008年继续安排审议的法律草案6件

残疾人保障法（修改）（4月二审）、国有资产法（6月二审）、循环经济法、食品安全法、社会保险法、行政强制法等法律草案已经十届全国人大常委会初审或二审，十一届全国人大常委会2008年继续安排审议。对其中条件成熟的，争取年内通过。

（二）提请常委会初次审议的法律草案12件

(1)4月十一届全国人大常委会第二次会议审议

消防法（修改）	国务院提请审议

(2)6月十一届全国人大常委会第三次会议审议

保险法（修改）	国务院提请审议
防震减灾法（修改）	国务院提请审议

(3)8月十一届全国人大常委会第四次会议审议

邮政法（修改）	国务院提请审议
专利法（修改）	国务院提请审议
兵役法（修改）	国务院、中央军委提请审议

(4)10月十一届全国人大常委会第五次会议审议

非物质文化遗产保护法	国务院提请审议
国家赔偿法（修改）	委员长会议提请审议

(5)12月十一届全国人大常委会第六次会议审议

农村土地承包纠纷仲裁法	国务院提请审议
选举法（修改）	委员长会议提请审议
全国人大组织法（修改）	委员长会议提请审议
统计法（修改）	国务院提请审议

以上项目初次审议时间，可以视情况适当调整。

三、积极推进科学立法、民主立法

进一步扩大公民对立法工作的有序参与。对食品安全法等与群众利益密切相关的法律草案，通过向社会全文公布，广泛听取各方面尤其是基层群众的意见；对社会保险法等法律草案中涉及的法律关系复杂、专业性较强的问题，通过立法论证会等形式广泛征求意见，深入研究论证。加强对立法工作的统筹协调，督促法律起草部门和有关方面认真研究解决立法中涉及的重大问题，进一步提高立法质量，使制定和修改的法律充分反映人民群众的意愿，符合我国国情和实际，经得起历史检验。

四、加强法律的学习宣传和培训

对由全国人大及其常委会通过的法律，特别是关系改革发展稳定大局、关系群众切身利益、社会各界普遍关注的重要法律，常委会有关部门要及时组织开展学习宣传工作，通过新闻发布会、视频报告会、法律专题讲座、法律培训班等多种形式开展宣传普及工作。重点做好食品安全法、国有资产法等新法律的宣传工作，继续有针对性地做好劳动关系等方面法律的宣传工作，准确掌握法律的立法宗旨、基本精神、主要内容以及在实施中要注意把握的问题，推进法律的全面正确贯彻实施。

考虑到地方各级人大常委会换届的新情况，并针对监督法实施中的问题，常委会有关部门举办监督法学习培训班，对省级地方人大常委会有关负责同志进行培训，加深对监督法精神实质和各项规定的理解，并推动对市县级人大常委会的学习培训工作。召开以加强监督法贯彻实施为主题的地方立法研讨会。

这是全国人大常委会制定的2008年的立法工作计划。计划开头以约200字的篇幅纵论立法计划的目标、出发点和三项具体内容：一、研究制定在国家法律中起支架作用和改革开放及现代化建设中急需的法律；二、及时修改与经济社会发展不相适应的法律；三、督促有关方面尽快制定和修改与法律相配套的法规。然后又分为三项具体工作作为计划的主要内容，包括：一、研究制定五年立法规划；二、2008年立法工作安排；三、积极推进科学立法、民主立法；四、加强法律的学习宣传和培训等。最后以提出两项具体活动为结束：一、各地人大常委会有关部门要举办监督法学习班；二、以加强监督法贯彻实施为主题的地方立法研讨会等。全文属于大政方针的规划，高屋建瓴；但计划从出发点、目标、具体内容到具体措施都十分周全，指导性很强。

第三章 总　　结

第一节 总结的含义、作用和分类

一、总结的含义

总结是把过去一定时期的某项工作任务的完成情况，包括取得的成绩、得到的经验、存在的问题等，进行全面系统的回顾分析，找出经验和教训，作出评价，从中探求规律性的认识。使用这样的总结以指导工作的一种应用文体。

总结往往和计划配套，先有计划，后有总结，以回顾执行计划过程中的成绩与不足，做出实事求是的真正总结。也有做出总结后，再根据过去的经验对未来工作略做规划打算。

二、总结的作用

总结是人们认识客观事物，评价工作实践，为做好未来工作的一个重要环节。具体地说，它的作用有以下几点：

1. 理性地认识事物　人们在工作中对客观事物所产生的认识往往停留在事物的表面和感性阶段上，很少涉及事物的本质和上升到理性的认识。通过总结可以把感性认识经过分析和概括，提高到理性认识阶段，揭示客观事物的内部联系及其本质。总结以此掌握规律性的东西，使我们的各项工作有所发现，有所发明，有所创造，有所前进。

2. 客观地评价得失功过　通常人们在实践中往往忙于事务，目光囿于当前和局部，看不清整个局面和形势，有时看不清工作中的成绩和问题。他们有时不了解某些暂时或局部的问题，而兴许正是孕育着长远或整体上的成功；或者相反，他们有时不了解暂时或局部上的成绩，而兴许正是包含着长远或整体上的失利。通过总结人们可以冷静地审视全局和长远的形势，站在正确立场上判断工作的得失利弊，客观地评价工作上的成绩与问题，这无论对于过去或对于未来，都是有益的。

3. 总结的目的在于未来　总结的主要目的和直接作用是对于过去的工作做出明确梳理，找出经验和教训；但是总结所以必要并不为了过去，而是为了未来，以利再战。所以，总结的结尾处还往往对未来的工作提出大致的设想，包括未来的工作的要求和指导方针。当然，总结也只能对未来提出初步的要求和大致的方针。

三、总结的分类

从不同的角度可以将总结划分为不同的类别。按内容分，有工作总结、业务总结、学习总结、生产总结等。按范围分，有单位总结、部门总结、个人总结等。按时间分，有年度总结、季度总结、月份总结、阶段总结等。按性质分，有综合性总结、专题性总结、个案总结等。我们这里着重讲综合性总结和专题性总结。

1. 综合性总结　综合性总结要求比较全面地对一个地区、一个部门或一个单位在某一时期的所有情况，进行全面反映和评析的总结。这种总结内容比较全面，涉及问题也较多。但全面总结不是面面俱到，报流水账；而是要把工作中主要成就和问题，以及贯彻执行方针政策的经验和体会反映出来，以展现该项工作的全貌。

综合性总结的基本内容大致是：

(1)概述基本情况。这包括介绍工作环境、基础和过程，必要时交代一些背景情况；简要叙述工作的基本成绩、收获和总的认识评价等，给读者以总体的认识。

(2)叙述主要成绩。这是总结的主要内容和重点所在，包括成绩表现在哪些方面，收获究竟有多大，都要列出确切的数据和典型事例。总结还要概括出基本的做法，说明成绩是怎样取得的。总结也可以归纳出若干条经验，并进行深入的分析和论证，提到政策与理论高度来认识。

(3)分析存在的问题和教训。在陈述成绩、总结经验的基础上，找出工作中的矛盾和差距。对工作中存在的主要缺点和问题要进行认真分析，以寻找原因，引出教训。

(4)提出改进意见和今后打算。针对存在的问题和工作中的薄弱环节，提出切实可行的改进措施和意见，并根据当前形势和任务，提出今后的工作打算和努力方向。

2. 专题性总结　专题性总结是就某特定工作的开展或就某个时期的具体情况进行专题反映和评析的总结。它的内容一般集中单纯，写得较为深刻，针对性也较强，因而更能发挥指导作用。专题性总结的内容要求着重写某项工作或一方面的主要成绩，介绍其做法和经验，有的还可以简要提出今后工作改革创新的思路。

3. 个案总结　个案总结是指个别事项的总结，它一般并不常见，但极为有用。因为它是对个别事项或不经常发生的孤立的个案所作的总结，它的最突出的特点不仅是它的个别性，而是它的突发性、新鲜性，常常提出新问题、新经验、新教训。因此个案总结不是常规的、定期的总结，虽然它很有用处。

综合性总结、专题性总结和个案总结，各有不同的用途，前者内容要求全，后者内容要求专，全或专要根据总结的内容和目的来确定采用哪种总结为宜；但不论哪种总结都需要写得内容具体扎实，富有新意。

第二节　总结的体例结构

总结一般由标题、正文和落款三个部分组成。

一、标题

标题的写法有两种。

一种是包括单位名称、时间、总结对象和文种类别的标题。这种标题的写法同计划标题的写法相近。一种是新闻式标题，即以概括出总结的核心内容或核心思想为标题。

二、正文

正文一般包括开头、主体和结尾部分。

1. **开头部分** 即前言部分。一般写法多是概述思想情况或工作局面，作出基本评价；也有的概述总结的主旨；或提纲挈领，总括全文等。总结开头应力求简明扼要，开门见山。

2. **主体部分** 这部分主要叙述成绩与取得成绩的做法，归纳经验与体会。对于工作成绩与做法的概述，可按实际工作开展的具体步骤来进行；也可只陈述基本做法和实际效果。但最好有实例、有数字、还有体会，能够从中找出规律性的东西。主要经验的论述，要在陈述工作进展概况、做法和成绩的基础上作进一步的分析和概括，提炼出明确的观点，把具体的感性认识提高到概括的理性认识上来。

3. **结尾部分** 这部分要分析存在的问题，提出今后的方向。也有的总结将工作中存在的缺点和问题写在正文有关部分，结尾只针对存在的问题明确提出今后努力方向。有不少专题性总结，在正文部分已经把意思讲清楚了，不再另写结尾，避免画蛇添足。

篇幅较长的总结，常常在每个部分之前加上序码，或加上序码并标上小标题。

三、落款

落款的写法同计划相同，即包括撰写总结的单位名称和日期两项内容。

第三节　总结的写作要领

一、充分占有材料

写总结第一步工作是广泛地收集事实，充分占有材料。叙述过去工作的成绩，反映存在的问题，综合取得的经验和教训，都需要各种实际材料。议论要在叙述事实的基础上进行正确的判断和论证，也同样需要有充分的材料作为基础。没有丰富的实际材料作为判断的基础和论证的实例，就难以把总结的内容准确而全面地表达出来。因此在总结动笔之前，广泛地收集各种事实材料，充分地占有材料，是分析研究、提炼观点的基础，也是把总结内容写得扎实、丰富的必要条件。

二、正确评估工作

所谓正确的评估，就是用实事求是和科学的观点全面地总结工作，一分为二地看问题，既要肯定优点和成绩，也要反映缺点和问题；既要总结成功的经验，也要分析失败的教训。对成绩的估价要实事求是，不夸大其辞，言过其实；也不能弄虚作假，虚报成绩。对缺点或错误也要据实反映，不能文过饰非。只有正确地评估了工作情况，分清主流与支流，成绩与缺点，才能使总结具有科学性和可信性，对今后工作才有指导意义。

三、客观总结规律

总结工作经验教训，找出规律性的东西，这是工作总结写作的重点。为此，需要对大量材料进行科学的分析研究，去伪存真，去芜存精，由此及彼，由表及里。抓住其中主要矛盾，揭示其本质特点，总结其新鲜经验，探索事物的发展规律。那种只是甲乙丙丁，罗列现象，堆砌材料，不注意研究新情况、新特点，概括不出新经验、新问题的总结，是不会有什么实际意义的；特别要警惕的是一些利用总结来弄虚作假、捞取荣誉、吹嘘自我的不良行为。

【例文 02】

全国政务公开领导小组2008年工作总结

2008年，在党中央、国务院的坚强领导下，全国政务公开领导小组全面贯彻党的十七大精神，按照第十七届中央纪委第二次全会和国务院第一次廉政工作会议的部署要求，坚持围绕中心、服务大局，始终把政务公开工作放到党和国家工作全局中谋划；坚持以人为本，着力解决群众最关心、最直接、最现实的利益问题；坚持改革创新，不断提高政务公开工作的科学化、规范化、制度化水平；坚持完善政务公开领导体制和工作机制，形成工作合力，为推动科学发展、促进社会和谐提供了重要保障。

一、行政权力公开透明运行工作取得新进展

全国政务公开领导小组把推进行政权力公开透明运行作为深化政务公开的关键措施，重点加以推动。中央书记处书记、中央纪委副书记、全国政务公开领导小组组长何勇同志先后在全国政务公开领导小组第八次会议及全国深化政务公开经验交流会上作了重要讲话，就推进行政权力公开透明运行、深化政务公开工作作出部署，提出要求。各地区各部门结合行政管理体制改革，按照权力的取得要有据、配置要科学、运行要公开、行使要依法、监督要到位的要求，积极稳妥地推进行政权力公开透明运行。

江苏省在总结试点经验的基础上，狠抓行政权力公开透明运行的关键环节和保障机制建设，全面推行行政权力网上公开透明运行。福建省重点对执法领域的审批、许可、处罚、征收等行政权力进行规范，同时加快公共资源市场化配置的改革进程，在全省范围建立了公共资源阳光交易平台。河北省在省直机关推行处务会议纪要制度，在市直机关实行会审会议制度，在县级政府实行常务会议旁听制度，推动重要事项的集体决策和决策过程公开。

财政部认真开展权力梳理、监督定位和流程规范工作，加强对权力运行和资金分配管理流程的跟踪监督，着力推进财政预算的主动公开和“阳光财政”建设。国家工商总局统筹推进对外政务公开和内部局务公开，初步建立了以维护市场秩序和保护消费者利益为重点、从总局到基层工商所贯通的现代化监管执法平台。农业部将危害分析与关键点控制措施(HACCP)管理理念引入行政审批管理过程，加强综合办公大厅的制度建设，保障权力规范行使。工业和信息化部把政府信息公开、网上办事作为政府网站绩效评估的主要内容，为方便、快捷、规范推进政务公开和政府信息公开创造了条件。

辽宁省、吉林省、河南省、上海市、浙江省、江西省、广东省、广西壮族自治区、陕西省、商务部、交通运输部、海关总署、税务总局等地区和部门围绕行政权力公开透明运行，在细化权责、完善程序、规范流程、拓展载体等方面不断探索，做了大量改革创新工作，取得了实际效果。

二、《政府信息公开条例》施行开局良好

中央高度重视《条例》的施行，温家宝总理要求各级政府及其部门以此为契机，提高政府工作的透明度。国务院办公厅印发了《关于施行〈中华人民共和国政府信息公开条例〉若干问题的意见》，对积极稳妥地推进政府信息公开工作提出了具体要求。各地区各部门为贯彻《条例》做了大量基础性工作，政府信息公开取得了良好开局。

一是制定计划，组织开展培训和宣传。各地区各部门普遍将学习《条例》列入公务员培训计划，通过专题培训班或以会代训等形式，组织对办公厅(室)负责人及政府信息公开工作人员进行培训。在5月1日《条例》正式施行前后，有关新闻媒体进行了集中宣传报道，营造了全社会学习贯彻《条例》的良好氛围。

二是拓宽渠道，大力加强载体建设。各地区各部门组织专门力量，编制政府信息公开目录和指南，初步建成了以政府门户网站、政府公报、新闻发布会、听证会、政府公告栏、行政服务大厅及办事大厅、政府信息查阅场所、服务热线、电子显示屏和触摸屏、便民卡等为载体的政府信息公开网络体系。

三是讲求实效，建立健全配套的规章制度。河北省、山东省、安徽省、湖南省、湖北省、重庆市、贵州省、国家发展改革委、教育部、民政部、财政部、人力资源和社会保障部、工业和信息化部、卫生部、环境保护部、审计署、人民银行、中国证监会在制定政府信息公开实施办法的基础上，围绕政府信息公开的保密审查、考核评价、责任追究、发布协调等关键环节，加强调研和协调，出台了系列规章制度。从各地区各部门施行《条例》以来的总体情况看，主动公开基本达到了预期目标，依申请公开平稳有序进行，政府信息公开各项制度体系逐步建立和完善。

三、基层政务公开工作水平有新的提高

党的十七届三中全会审议通过的《中共中央关于推进农村改革发展若干重大问题的决定》，对推进农村改革发展作出了全面部署，也为加强农村基层政务公开工作指明了方向。在全国政务公开领导小组的指导下，各地区各部门把基层政务公开、农村基层政权建设和党风廉政建设有机结合起来，保障了农村改革发展的顺利进行。

针对2008年全国18个省(区、市)开展的农村“两委”换届选举，中组部、民政部、司法部等部门以及有关地区出台了一系列政策措施，就加大基层民主选举和民主管理力度、选聘高校毕业生到农村任职、加强基层干部的教育培训等工作作出专门部署，切实维护农村基层群众的民主权利。根据中央进一步加强土地管理制度改革、集体林权制度改革和农村综合改革的部署，监察部、财政部、民政部、农业部、国土资源部、国家人口计生委、国家林业局、国家信访局等部门会同各地区积极研究落实措施，加大农业和农村公共事业投入、集体资产资源处置、征地补偿、涉农补贴、救灾救助资金、计划生育村民自治等事项的公开力度，切实维护农村基层群众的物质利益。结合统筹城乡综合配套改革试验区建设，重庆市、上海浦东新区、天津滨海新区、四川省成都市等地积极探索建立乡镇(街道)政务公开与村务(居务)公开的互动机制，加大公共企事业单位基层站所的办事公开力度，推行办事全程代理制，进一步提高了便民利民的服务水平。河南省全面实施乡级便民服务中心建设，22139个行政村建立了为民服务代理点，形成省、市、县、乡、村五级行政和便民服务网络。山东省青岛市各区市和街道办成立专门领导小组，大力推动公共企事业单位办事公开进社区(村庄)，零距离为群众服务。

四、重大事件决策处理过程公开及时有力

2008年是党和国家事业发展进程中很不平凡的一年，涉及经济社会发展全局的大事多，急事多，难事多。全国政务公开领导小组及各级政务公开领导机构把正确引导舆论、规范权力运行、确保中央政令畅通作为重要政治职责，采取有力措施，发挥政务公开的综合效应，推动改革发展稳定各项工作的落实。

为应对国际金融危机的冲击，中央出台了进一步扩大内需、促进经济增长的十项措施，投入了大量财政资金。全国政务公开领导小组对此高度重视，明确要求各地区各部门及时跟进，努力在投资项目实施和资金管理使用过程中做到公开透明。南方部分地区低温雨雪冰冻特大灾害和四川汶川特大地震发生后，中央决定整个救灾行动在第一时间公开，对国内外全程公开。中央纪委监察部、财政部、民政部、审计署等部门成立了抗震救灾资金物资监督检查领导小组，制定了一批加强救灾资金物资监管的制度规定，把公开透明作为督察的重要内容，保证了资金物资安全。民政部制定了关于抗震救灾资金物资管理使用的信息公开办法等规定，保障人民群众的知情权和监督权。四川省全力配合和落实救灾措施，注重做好抗震救灾资金物资发放、受灾群众安置、灾后恢复重建等方面的公开工作。救灾款物管理使用、灾后恢复重建等政策措施的动态公开，极大凝聚了民族精神，凝聚了世界各国人民的友好力量。在维护西藏及其他藏区社会稳定等重大事件中，及时发布权威信息，积极引导国内外舆论走向，有效掌握了工作的主动权。在北京奥运会筹办过程中，北京市会同中央及地方有关部门，建立健全信息公开制度，坚持资金使用、工程项目招投标、场馆建设、市场开发的阳光运作，主动接受社会监督。

一年来，全国政务公开领导小组办公室认真履行职责，在组织协调、调查研究、制度建设、服务保障等方面发挥了较好的作用。通过组织召开领导小组第八次会议及全国深化政务公开经验交流会，深入各地区各部门进行指导调研，协调开展政务公开先进单位和示范点学习交流，开展全国政务公开征文活动等，有力推动了新形势下的政务公开工作。

总的来看，经过各地区各部门的共同努力，政务公开工作在2008年有了进一步深化和提高：行政权力公开透明运行稳步推进，政府信息公开条例全面实施，基层政务公开工作领域不断拓展，重大事件的决策处理更加公开透明，政务公开的载体建设、制度创新、经验交流和对策研究都取得重要进展，在我国经济社会发展中发挥了重要作用。同时要清醒地看到，政务公开工作在各地区各部门发展还不平衡，制约政务公开向纵深发展的制度性障碍仍然存在；公开的内容与人民群众需求还有一定距离，一些地方和部门由于政务不公开、制度不落实，导致一些本来能够妥善处理的人民内部矛盾激化为群体性事件，影响社会和谐稳定，也损害了党和政府的形象。对于这些问题，我们要高度重视，在今后的工作中切实加以解决。

这是国务院全国政务公开小组所做的2008年工作总结。总结一开始用简要的篇幅概括叙述了2008年全国政务公开工作所取得的成绩，都应归之于党中央和国务院的坚强领导。然后在主体部分归纳了四条成绩：一、行政权力公开透明运行工作取得新进展；二、《政府信息公开条例》施行开局良好；基层政务公开工作水平有新的提高；四、重大事件决策处理过程公开及时有力。在这之前，总结用一小段话叙述了全国政务公开领导小组办公室的工作，最后对2008年的政务公开工作做了归纳，一分为二地指出了工作的成绩和不足。该《总结》最后一句话说，“对于这些问题，我们要高度重视，在今后的工作中切实加以解决。”这份总结也属国家一项大政方针性的工作总结，没有具体翔实的项目，但概述、判断较为符合实际，有利今后全国进一步开展政府信息公开工作。

第四章 调查报告

第一节 调查报告的含义、作用和分类

调查研究报告简称为调查报告，它是对于特定工作、事件和问题的调查加以研究后写出来的报告。它是报道事实、反映真相和揭示规律的有材料、有分析、有观点的应用文书之一。

调查报告是国家机构、党派团体、企事业单位经常使用的事务文书，又是大众传媒常见的新闻体裁之一。传媒刊登调查报告供读者阅读和研究，借以理性地、系统地了解国家和社会生活现实。

调查报告一要调查、二要研究、三要报告，全称应说是“调查研究报告”。没有对事实的调查，就不会有报告；光有事实的详细调查，没有对事实的认真研究，也不会有很高价值的报告。所以，三者结合起来就叫“调查研究报告”，简而名之即为“调查报告”或称“调查”、或称“报告”了。

第二节 调查报告的特点

一、调查报告与新闻

调查报告作为一般文章，是介于新闻报道与评论之间的一种体裁。它与新闻报道、专题评论有不少相同之点；但也有较多不同之处。调查报告要准确地叙述真实情况和客观事实，介绍背景材料，这与新闻报道有共同之处。但是，它在报告事实和交代背景时比新闻要详细具体。新闻一般报道事实，用事实说话，寓理于事或以事明理；而调查报告则要在叙事的基础上进行有分析，有议论，从中又要引出结论，以探求和表述事物发展规律为目的。

二、调查报告与评论

调查报告与评论文章比较，两者都可以叙述事实，阐发议论。但调查报告是以叙述为主，归结于议论；而评论则是以议论为主，以叙述为辅，事实没有独立存在的价值，只是作为论据的材料来阐明观点的。

三、调查报告与工作总结

调查报告和工作总结比较相近；但两者的区别还是十分明显的：

1. 反映的对象和范围不同　总结反映的对象和范围往往限于本地区、本部门的实践活动；而调查报告既可写本地区、本部门的实践活动，也可以写外地区、外单位的实践活动；更可以写不同地区、不同部门的不同问题。

2. 写作目的不同　总结目的在于回顾本地区、本单位过去的工作，总结经验教训以利将来借鉴。调查报告是从全局出发，以点上或面上的经验导引全局的工作。

3. 写作角度不同　总结由本地区、本部门、本单位或本人撰写行文，用第一人称自我分析、自我评价；而调查报告往往由上级机关有目的地对下级的工作、问题进行调查研究；或以第三者的立场对工作或问题进行调查分析或评价。

4. 写作手法不同　总结是叙述怎样从实践中引出的规律和结论，有较多的分析，对事物的情况、过程常用概括的方式表述。调查报告以陈述事实为主，引用具体材料较多，它要求反映客观事物的过程，揭示事物的本质。

5. 最为重要的不同　总结是工作和生活当中的一个正常的程序和环节，年年事事都要做；而调查报告一般由上级机构或外部人员，不定时地来进行，并且往往是由有关机构临时组织一个班子来进行调查，对已发生的特殊事件、特定工作和特定问题，情况往往比较重要而紧急，要求定时完成调查任务。

第三节　调查报告的分类

调查报告的种类很多。按名称分，有调查、调查报告、考察报告、调查与思考、调查综述、专题调查等。按功用划分，有作为内部文件使用的，和作为传媒文章在报刊、广播、电视和互联网上公开发表的。但对写作来说，更有意义的是按内容划分，主要有以下几种：

一、典型经验的调查报告

这类调查报告主要是介绍先进单位或先进个人的典型经验，写作时要列举成绩，介绍做法，总结经验，阐明意义等。

二、揭露问题的调查报告

这类调查报告针对性很强，主要是用以揭露各种矛盾和问题。当前一些揭露阻碍改革开放和四化建设、违反政策法令以及损害人民权益的种种问题和弊端的调查报告。这种调查报告都是政府机构各有关部门广大群众所关注的，有些还促使有关部门迅速采取了必要措施以解决问题。

三、新事物的调查报告

这类调查报告着重介绍中国特色的社会主义现代化建设和改革开放中涌现出来的新事物、新制度、新办法等，并说明其作用、效益和意义，如《放权到乡镇，服务到农村——莱芜市健全农村社会化服务体会的调查》等，深受广大基层干部和农村群众的欢迎。

四、历史事实的调查报告

这类调查报告用来对某些历史事件或某些重要史实进行周密地考察、核实，借以查清真相，澄清事实，还历史以本来面目，对历史问题做出新结论。如《天安门事件真相——把“四人帮”利用〈人民日报〉颠倒的历史再颠倒过来》(载 1978 年 11 月 21—22 日《人民日报》)，就属这类报告。

五、说明情况的调查报告

这类调查报告主要是采用调查和统计的方法，以事实和数据说明某些重要的情况或某些带有倾向性的问题，借以引起有关部门的重视。这类调查常常作为决策的参考依据，写作时以叙述事实和情况为主，在叙事中有少量精当的分析和议论，内容比较单一、集中、紧凑，篇幅简短。因这类调查报告提供的信息新、内容精、价值高，受到广大读者和有关部门的欢迎。如《农村热门话题调查》，它用抽样调查和问卷调查的方法，对农村十四项热门话题中的前八项，即市场物价、国内大事、党和政府的方针政策、生产致富信息、本地发展、不正之风、婚姻家庭、邻里关系等问题，分别在发达和不发达地区进行调查。这个调查说明，经济发达地区和不发达地区热门话题的侧重点不一样，城市居民和农民之间议论的侧重点也不同。这些结论都很能启发人们的深思。

六、基本情况的调查报告

这类调查报告是针对特定的地区、部门或特定社会群体的基本情况，而进行的深入、系统的调查研究之后，写成的书面报告。它的内容比较广泛、全面，包括政治、经济、文化、教育、生活等方面，既可作为党政领导机关和主管部门掌握全面情况，制定方针、政策、措施等的重要依据，也可供广大读者了解事实真相。

七、研究性和预测性调查报告

这类调查报告的作用主要是为有关单位和部门制定决策服务的，是实施决策民主化、科学化的重要方法之一。它的特点是不仅包括对某个有关事项的现状进行调查分析，以及对该事项的相关要素进行研究；还包括对这种研究的种种结果进行综合性的推理论证，从而对有关事项正确地做出评价并提出调整改革的建议或者预测未来发展的趋势。这种调查报告具有相当水准的学术性，在政治和社会管理、财政金融和商业市场管理方面，以及在国民经济各部类的经营管理方面，越来越显得重要。

第四节　调查研究的方式

调查是人们对客观实际情况的真实了解，它能够使作者获得丰富的第一手材料。实事求是的调查研究，是各种工作人员的一项重要的基本功，有很多学问。但首先要端正态度，虚心求教，平易热情，诚恳待人，广泛听取各方面的意见，不偏听偏信，不带主观框框。这样才能听到人们的真话、实话、心里话，了解到真实可靠的情况。

为此，在调查前要充分做好准备，根据调查目的的要求，确定调查的对象和范围，列出调查计划和纲目。在调查中还要采用适当的调查方法，有计划、有步骤地进行。一般的调查的方法比较多。常用的有直接观察、访问、开调查会、座谈会、蹲点调查、点面结合调查等。又可以划分为公开的调查研究或微服私访的调查研究。还可分为普遍调查、非普遍调查等。我们着重介绍普遍调查和非普遍调查两类。

一、普遍调查

普遍调查也叫做全面调查，简称“普查”。它是在一定的调查总体范围内对所有的对象进行的调查。如我国 1953 年、1964 年、1982 年、1990 年、2000 年进行的五次人口普查。规模小的普遍调查，如对一所学校、一个学年、一个班级的学习情况所进行普遍调查等。

普遍调查的好处在于它的全面性，能取得比较精确的全面资料。用普遍调查处理一个较小的题目，又在一个比较小的范围里进行调查比较容易；但若涉及的范围广，需要的人力、物力、财力过多，除非常重要又非这么做不可，一般则不宜采用。目前，大范围的调查项目一般可采用抽样调查方式来进行，而极小使用普遍调查的方式。

二、非普遍调查

非普遍调查是在一定的调查总体范围内，只选取部分样本为对象所进行的调查，以这一部分对象作为样本来了解总体。非普遍调查常用的方法有：

1. *典型调查*　典型调查是在一定的调查总体范围内，选择有代表性的典型样本作为调查对象进行的调查。这是一种“解剖麻雀”的调查方式，其特点是范围小，能够对被调查的对象做深入、细致的了解；同时又节省人力、物力和时间，能以较小的代价获取较大的效益。但是，由于典型样本的选择是调查者主观判断决定的，所以难免带有某种程度的主观性，调查的结论可能是片面的。这种情况在我国历史上是常见的，以它作为制定政策的依据，结果也往往是可怕的。因此，典型调查必须是确实具有代表性的典型，并在对调查对象的总体情况大致有所了解的前提下，进一步了解它的一般和具体情况；只有这样的典型调查，才是一种可取的调查方式。

2. *重点调查*　重点调查是在特定总体范围内选取重点样本为调查对象。重点调查样本虽然为数不多，但调查的标识(即统计总体中各个单位所共同具有的特征)应在数量上占全部调查总体的很大比重。这样尽管重点调查不是对象的大多数，但通过对重点样本的调查就能够对整个总体有个基本的或大致的了解。

3. *统计调查*　统计调查即数量调查，它按照一定的目的要求而运用数量统计的方法，借以找出事物变化的因果规律，并进一步预测其发展趋势。这种统计调查具有时间、空间的活动范围大和调查数据精确度高的优点。运用这种调查方法，能够使我们对被调查的事物心中有“数”，加深对事物在量上的总体认识。但是，尽管如此，统计调查不能完全代替其他的调查方法，尤其不能离开典型调查，这是应予注意的。

4. *抽样调查*　抽样调查是在一定的总体调查范围里按照随机原则，抽出部分样本作为调查对象而进行的调查。抽样调查是以其结果来推断出事物总体和一般情况的一种调查方法。它的优点是：按照随机原则(同等机会)抽查，排除了人为选择调查对象的主观随意性，有助于掌握真实可靠的情况资料。它又可以用较少的人力、物力和较短的时间，利用抽样调查的平均数来推算总体，达到对事物总体的比较准确的认识。因而，它被广泛应用于社会经济调查、产品质量调查、人口发展与计划生育情况调查、物价和居民生活情况调查，等等。

抽样调查的特点为：

(1)随机抽样。样本是按“随机”原则抽取而不加任何选择的。所以，在总体中若每个单位都有被抽作样本的可能性，就能保证被抽中的样本在总体中是均匀分布的，对总体说来是有代表性的；因此也就不致出倾向性的误读。

(2)样本可为总体的参考。抽取样本的全部是作为一个“代表团”来代表总体的，而不是以个别样本来代表总体。抽出的样本个别来看有高有低，但从抽出的全部样本来看高低就互相抵消，留下来的平均数是最接近调查对象总体平均数量的规定性的，由此可以提出参考定论。

(3)抽样误差与抽样数目呈反比。抽样误差是和总体各单位之间的差异程度成正比例；而和抽样数目成反比例；确切地说，是与抽样数目的平方根成反比例。因此，抽样调查的优点是兼有典型调查和普遍调查的作用。

5. 问卷调查　问卷调查是根据调查的需要而拟定出调查的项目来，然后问卷调查表交由被调查者自己填回答卷(包括选择性答卷)，以此来统计分析回卷者对问题的看法或评价；由此再进一步通过统计法对问题作出总体评估和推断。这种方法由于是被调查者填回的答案统计构成重要环节，故较为有效。

问卷调查的一般步骤是：

(1)先作初步调查摸底，在此基础上确定问卷项目，编印调查问卷；

(2)向被调查者说明调查的意义以取得配合，请其填上自己真实想法和意见；

(3)最后清点问卷总数和抽选样本，检查抽样回收率和合格率；

(4)撰写问卷调查报告，综合分析问卷调查结果，阐析各种数据，说明各种问题。

问卷调查要求被调查的人数要适中；提出的问题应简短，并便于回答，不要太复杂，也不可包含调查者的倾向性。

第五节　调查报告的体例结构

调查报告的结构布局，应根据报告的内容和表达的需要来精心安排。这种安排的写法繁多，常见的写法是由标题和正文两个部分组成；正文即文章的开头、主体和结论。

一、调查报告的标题

标题一般包括调查对象、内容范围和文种名称等几项内容。也有的标题直接提示主题；还有的具有多行标题：正标题提示主题，副标题包括调查对象、内容范围和文种名称等。

二、调查报告的正文

正文通常由开头、主体和结语三部分组成。

1. 开头　调查报告的前言，一般是简要介绍调查对象的有关情况，交代调查的时间、地点、对象、范围、目的等；但有的概括全文的主要内容，概述基本情况；有的提出调查的问题和结论；等等。调查报告的开头起引导和提示全文的作用。

2. 主体　主体是调查报告的主干部分，是全文的重点所在。主体的内容有多种安排方法：有的用小标题分列表达；有的按事物发展过程分层次表达；有的按被调查事物的因果关系依次写出；还有的围绕主题，从不同角度、不同侧面逐层阐述；等等。主体结构方法虽有多种多样，但基本结构方式主要有三种：

(1)一种是纵式结构。按事情的产生、发展、变化过程的顺序来安排材料。这种结构脉络分明，条理清楚，有助于读者比较全面深入地了解事物发展变化的来龙去脉，一般适用于内容比较单一的调查报告。

(2)另一种是横式结构。按照事物的特点和问题的性质，分几个方面或几个问题，恰当地安排材料。这种结构一般多是并列的，也有递进的、连贯的，读起来条理清楚，层次分明，观点突出，一般适用于涉及面较广、问题比较复杂的调查报告。

(3)纵式结构和横式结构结合。纵式和横式结构是两种基本的结构方式，但在实际运用中这两种结构并不是截然分开的，常常是在同一篇文章中以一种结构方式为主，纵横结合，交错应用，使调查报告的结构更好地反映主体的内容。

3. 结语　这是调查报告的全文的结论，也是结束部分。结语的写法也要根据内容而定，有的归纳全文，进一步深化主题；有的由调查的种种事实，引出简要明确的结论；有的提出存在的问题及建议和意见；还有的发出呼吁，提出令人深思的问题；等等。不论是哪一种结语，都要力求干净利落，不要拖泥带水。有的以文章的最后一段作结，言尽意止，不另加结语。

第六节　调查报告的写作要领

写调查报告，主要是要有明确的调查主题，然后通过认真调查，逐步明确和集中主题，在充分占有事实材料的基础上进行细致研究得出规律性的结论，最后提出积极有效的意见和建议。具体说明如下：

一、调查报告首先应明确主题

调查报告的主题，通常是根据工作和认识需要提出决定的，也可以是由上级指示精神确定的。总之，一定不可选择无病呻吟，劳民伤财，毫无意义的问题为主题；而应选择那些确有必要、又为急需的问题作为调查主题。这种主题经过实地调查研究写出后，如果为工作而写的，可以由领导决定是否采用，或是否上报上级考虑或参照；如果是个人署名的调查报告，则考虑可否发表、在什么媒体发表和何时发表。一句话，因为是动以时日的重要工程，一定要先行郑重确定好主题再做。

二、调查报告应突出事实，说明观点

调查报告是为了忠实反映事实，说明事实，核心就是要从大量的事实材料中挑选出那些真实的部分，以形成调查报告的基本观点，进一步修订主题、调整主题、明确主题，然后又再

集中笔力以这种明确的主题去统率材料，驾驭材料，用材料说明观点，表达观点，突出观点，这也是调查写作中观点和材料结合的基本要求。如果观点和材料割裂，或者只有观点没有材料，或者用虚假材料证明观点，这都是违反客观真实性原则的，是调查报告写作之大忌。

观点和材料结合，说明观点，突出观点，其常用的方法如下：

1. *精选典型事例* 典型事例也是有代表性的事例，能说明问题，阐述观点。典型事例贵精不贵多。一般来说，一个典型材料足以说明问题的，就不用两个；用两个以上典型材料的，要注意选用不同的类型，以从不同的角度、不同的侧面说明观点。

2. *多用对比方法* 巧妙而精当地运用对比，是调查报告写作中突出观点的一种好方法。通过今与昔、新与旧、美与丑、先进与落后等等纵向的和横向的对比，能让观点鲜明突出，使读者获得深刻的印象。

3. *运用精确的数字* 科学的数据和精确的统计数字，能反映事物量的发展，进而引起质的变化。故精确使用量的数据可以增强调查报告的准确性和说服力，应适当使用。

二、以议为主，夹叙夹议

调查报告要求以叙述事实为主，同时又对调查的事实加以分析和综合，引出明确的观点和结论。因此，叙述和议论是调查报告写作中的基本表达方法；而夹叙夹议、叙为了议，以议为纲，则是调查报告写作的主要特色。

调查报告把调查的事实材料和研究的各种问题准确而全面地反映出来，主要手段是依靠叙述。叙述的方法多用直接叙述，简洁明快；一般不要采用倒叙、补叙的笔法。在叙述过程中，要及时进行恰当的归纳、综合和概括，把具体叙述、概括叙述和综合叙述有机结合起来。

但是，调查报告毕竟不是记叙文，要掌握叙与议的正确关系。具体的写法是要求叙多于议，而议是中心，议是结论，议是调查报告的最后目的。议高于叙、精于叙、大于叙。议是调查报告的灵魂，一定要防止只叙不议，观点不鲜明；也要防止空发议论，叙议脱节。

【例文 03】

中国选举状况的报告

马克思主义关于选举的民主理论有所谓四原则：即选举的普遍、平等、直接、秘密原则。选举是否民主，一般用这四原则来衡量。关于选举的普遍问题，中国不像西方国家经过很长的时间来争取普选权，“文化大革命”后中国共产党宣布取消阶级，就基本上实现了普选权。这一点还是比较快地做到了；平等的选举，新中国成立后主要是农村与城市的代表的代表权不平等，现在缩小了不平等的差距，但从其它方面全面地看，应该说我国的选举还是比较平等的，这点也问题不大；至于秘密投票的选举现在也基本上做到了；现在问题比较大的是直接选举，我们直接选举的程度是非常低的，现在老百姓只能直选村长，只能直选乡人大代表和县人大代表，所以我国的直接选举的程度是很低的。从世界范围看，全世界 180 多个国家和地区，国家议会（有两院制的下议院）不是直接选举的大概不超过 10 个。

新中国选举制度的变迁

搞什么样的选举制度，在新中国成立初就提出这个问题，当时我们党的领导人有个解释，就是过去我们在反对国民党统治时提出过民主选举的口号，但是人民着手建立自己的政府时，还要从中国的实际情况出发。中国的情况比较特殊，中国的经济文化还比较落后，好多人还不识字，人民的觉悟程度还不高，中国国家这么大，一下子搞普遍、平等、直接的选举有困难。如果我们完全平等，中国的农民太多，一选举全是农民代表，等等。所以1953年的选举法是一个非常有限的民主选举制度。

到1979年，中国经过“文化大革命”以后，经历了没有民主和法制的惨痛教训，这时中国共产党总结经验对中国的政治体制做了一些重要的改革，这包括扩大全国人大常委会的权力，扩大地方的自主权，在地方设立人大常委会，并赋予地方以立法权，废除领导职务终身制其中还有一项改革是选举的改革，它包括扩大直接选举的范围，将直接选举从农村乡一级扩大的县一级；当时虽然没有规定可以竞选，但规定可以以各种方式宣传候选人；另外还规定了差额选举，规定代表和选民可以联名提名候选人等等。

当时的选举改革是民主的大发展。“文化大革命”后大家都渴发展民主。上个世纪的1980年北大搞过一个竞选，当时的问题出来了，有的人在竞选时发表“自由化”的言论，所以在1982年修改选举法的时候，进行了收缩，将原来的可以以各种方式介绍候选人改成只能在选民小组会上介绍候选人。这个意思就是不可以搞竞选。这就是有些后退了。但是在过去20年，民主选举总的是在不断前进。在1986年中央提出搞政治体制改革，1988年前后的选举，通过修改选举法和地方组织法，进一步推进差额选举和完善介绍候选人的制度。各地出现了要求候选人与选民见面的情况，如当时北京市的副市长还在电视上亮相，发表简短的演说。全国不少地方出现代表提名的国家机关领导人当选的情况。总体上来讲，这20年来中国选举制度还是在发展社会主义民主的指导方针下，不断冲破各种束缚的情况下向前发展。我们在人大工作的人都深有体会，地方选举中民主是经过很艰难的斗争，全国人大一步一步地在法律上将选举程序民主化，但实施中会遇到很大的阻力，这个斗争是很无声的，有时是很激烈的。

艰难的民主选举

原来我们在《选举法》中规定，可以搞预选。这就是因为过去我们确定正式候选人是靠协商。很多地方就搞“猫腻”，暗箱操作，那么协商来协商去，最终还是领导上定的人入选，没有民主程序。《选举法》就规定了如何确定候选人，要搞预选，预选得票多的人进入正式选举。结果有的地方就将预选搞成等额，为了防止这种情况，，后来法律上就干脆取消预选。

法律规定，国家机关领导人的选举，副职一律都要搞差额，正职是可以搞差额，也可以搞等额。那么这样一规定各地提名的正职一定是等额的，不可能提差额候选人；后来1988年前后。中国搞政治体制改革，不少地方的选举，包括正副省长的国家机关领导人组织部门提名的都落选了，我的统计是有11个地方这种提名都落选了，而代表联合提名的候选人当选了。这是以前从来没有发生过的事情。

针对这种情况，有人就提出，说这个要改革，政府的副职领导人不要搞选举了，还是由正职组阁，由人大任命就行了。他们找到的理论西方的组阁制。我们就写了一篇文章来批驳这种理论。我说组阁制是对的，但是组阁制的前提是有权组阁的这个人必须是真正民选的，如果他不是真正民选的话，由他来组阁，这不是把选举制改成任命制了吗？这不是民主的大倒退么！

有些地方选举组织部门为了能有效地控制选举，不断发明新的招法，比如选举副县长，有组织提名和代表提名，那么组织提名的可提前就发给大家，酝酿协商。可代表提名的呢，就搞突然袭击，明天选举，有的就今天下午五点钟才告诉大家说“大家提名吧！”根本就没有时间让代表来酝酿联合提名。如果代表要在不同的代表团联合提名，有的地方就给扣上“非法串联”、“非组织活动”的帽子。我们1995年在修改组织法的时候，为打破地方的这种操作上的做法，明确规定让代表提名候选人必须提前两天，让大家有时间来酝酿提名。还规定不论谁提名的候选人不能提出差额，只能提出等额名单。就是为限制组织上把候选人提满。如果组织部门把候选人都提出来了，那么代表们一看，你组织上都已经安排好了，我们就不提了。《选举法》为了打破这个局面，就规定提名只能提等额的人，不能提差额的人。现在一些地方在选举中又有新的办法对付民主选举，如组织出面做工作，不让党员代表参加联合提名，或者党员被提名的动员他主动声明不当候选人，使代表提不候选人或介名无效。我以上举的这些例子就是说明，在中国推选民主选举是很艰难的，经过反复斗争，才能发展民主。在过去20年里，我们全国人大对选举法进行了多次修改，发展社会主义民主，而某些地方领导就是千方百计地来控制选举，使选举按自己的意志进行，在这个过程中，我国的选举还是一步一步地朝着更民主的方向迈进。

中国农村的选举

下面有同学问我，当年村民自治，村委会选举是很超前的，怎么能搞起来？我刚好比较清楚地知道这件事。这个法的制定确确实实跟彭真委员长个人有很大的关系，是他提出要搞这个村民自治，民主选举，力主要通过村民委员会组织法，当时讨论这个法律时，很多人不同意，常委会就讨论了三次，代表大会还讨论了一次，那时一个法律一般在常委会上讨论一次就通过。为什么讨论这么多次？就是反对的人不少。没有彭真个人是不可能通过的。

当时为什么彭真会提出这个问题？彭真是20世纪50年代党中央主管政法的一位领导人，他是当过北京市委书记，全国人大的副委员长。“文化大革命”开始他是第一批受害者，被投入监狱好像是有8年。“文化大革命”以后在反思历史经验教训的时候，彭真是在老一代的领导人里面在民主法制方面反思比较深刻的一个。当时他为通过这个法，他专门有个讲话，他说：中国搞民主，要有两个方面，在上面，从我们中央来讲，是要发挥人民代表大会制度的作用，体现人民当家作主，管理国家大事；下面要搞村民自治，民主选举村民委员会，实行民主选举、民主管理、民主监督，让农民能够直接管理自己身边的事情。九亿农民如果连自己身边的事都管不了，谈什么当家作主，管理国家大事。他提出村民自治当时很多人觉得这个法会把我们党和政府在基层的基础都搞掉。

这个法律虽然在1987年勉强地通过并颁布，为让一些不太赞成的投票，在这个后标了一“试行”。法通过后在很长的一段时间没有人知道，默默无闻。当时我认为，这个法先制定了再说，先实施不了也没有关系，总有一天会有人把它捡起来当作一个武器来使用的。我在1988年写过文章，谈如何实施村委会组织法。村民选举制度确立以后，一直到20世纪90年代初，民政部在个别地区从搞试点开始将这个法逐步实施开来。首先是在吉林、山西、河北等地。通过试点、推广，村民选举制度得到承认、发展。到1998年，民政部和全国人大常委会总结村民民主选举和自治的经验，全面修改《村委会组织法》，将一些好的制度又加了进去，这个制度已经作为中国的“草根民主”逐步扎根开花。当然大家也不要太乐观，这种很嫩的花也会很容易被人践踏。

选举会有副作用的，选举带来的副作用如果不能很好地抑制，很有可能被人利用来破坏选举和扼杀选举比如在农村里用金钱来控制选举、家族势力和暴力行为等等已经出现，有些人不主张搞选举就是以这个理由来反对选举，说这样把农村搞乱了。选举肯定是有副作用的，任何好的东西都会有一个影子，问题是如何来看待利弊，问题是我们是否有措施把它的弊端限制在最小的范围内，这是我们要面临的问题。

中国有搞民主的基础吗？

中国要进一步发展民主，扩大直接选举就碰到了一个很大的理论障碍，这种理论说：中国经济文化落后，老百姓的素质太低，不能搞扩大直选，这是中国的国情；如果搞得不好会把中国的社会搞乱——这是一个很有迷惑力的理论。这种理论在知识分子、政治家包括在老百姓中都有这样的想法。中国的这个理论不是现在才产生的，近代史上我们的许多精英领袖人物康有为、梁启超、孙中山都是这么认为的，有过这方面的讲话。

我觉得很有必要对这个理论进行考究一番，这也是我们组织一场关于选举问题的调查的重要出发点。我们组织了十多名专家进行了两年多的工作，调查的出发点是从公民受教育程度、经济发展、政治因素、不同地区和不同群体、不同职业身份的人的角度来了解不同的人的选举意识、选举观念和选举行为的差距，从而得到一些结论。到底是什么因素决定人们的选举行为，它与公民素质、经济水平等有没有关系，是什么关系。从我们调查的分析来看，有的与我们想象的是一致的，而有的却是完全相反的。比如公民的文化水平和受教育程度与选举意识和行为的关系。还有政治身份，如党员、国家机关的干部，一般来说选举的积极性表现得会相对高一些。但是我们对数据进行深入的分析发现，几乎所有的调查表明，农民的选举意识比城市的市民的选举意识要高，比大学生要高。无论是选举意识，选举参与程度，选举改革的态度，农民都比城市居民和学生都要高。另外很多数字都表明：大学生的选举参与程度比农民的要低，还包括知识分子、科研人员。大学生是一个理想型、观念型的群体，对选举来说他们没有什么特别的利益，他们对选举的民主程序和政治环境感兴趣，对他们认为不感兴趣的选举是很冷淡的。而农民对选举有很高的热情，这是因为利益因素在起作用，无所谓素质高低。所以不能说大学生的选举素质就比农民高。也许文化的因素，政治的因素，经济的因素在一定程度上起作用，但是最终决定作用的因素还是利益。在利益的作用下，其他因素都回排到次要的地位。

什么是政治素质、政治觉悟？如果大家把政治看成是政治知识、政治理论，那确实是知识分子的政治素质高。但为什么实践中知识分子比农民还不愿去投票？什么是政治，说明白就是公众参与自己事务的管理就是政治，如果这样来看政治素质，那么只要是一个健全的人，一个能够意识到他的利益所在的人，就有能力参与政治。对选举来说，人们看到利益所在就会积极投票，看不到利益所在就不会积极投票，任何人都一样，无所谓素质高低。关键是你让不让他们参与和给不给适当的途征参与，在制度设计上能否把政治行为与个人利益联系起来。这就是我们的结论。

蔡定剑

转自多智教育网(Doze DU.COM)

这是一篇北京政法大学教授蔡定剑先生前几年就他主编的长篇巨著《中国选举状况的报告》而对学生作的同名讲演，后来又公开发表在互联网上。作为一篇同名文章，又以讲演形式简要发表，故其内容抓住了原著的要点，较为实际和通俗地说明了我国在发展民主选举中的许多问题。文章不长，但通俗、简洁、明瞭，有助于人们认真思索。特别是文章的结论部分，其中意味着我国选举中的许多根本问题。

第五章 声明 启事 简报 摘编

第一节 声 明

一、声明的含义

声明指的是政府部门、社会团体、企事业单位乃至个人为了某些具体事务而向公众发表的表明立场、观点、态度和举措的一类文体。但它却不同于公务文书中的通告、公告、通报等。究其原因是二者的制发的目的不同、制作法律依据不同和制作程序不同；因而，声明对读者的约束力和社会效果自然也就不同。公务文书中的公告、通告主要是要求有关单位和有关公民一体知照；即不仅要求有关单位和公民“知道”，而且要求他们“遵照”。可是声明（包括启事）即使是政府机构发表的，有坚实的法律基础和法定的权威性，其目的也只在着重阐释立场、观点、态度和举措，而不是在依法行政，要求别国政府和本国群众一体知道和遵照。至于社会团体、企事业单位和公民个人向公众发表声明（包括启事），其效力和影响更逊于公务文书的公告、通告等。

尽管声明不具强制性（至少一般不具有），但声明应用的范围却极其广泛。大至国家级声明、政府级声明、省部级声明（如《中华人民共和国政府和大不列颠及北爱尔兰联合王国政府关于香港问题的联合声明》），小至个人声明（如遗失了户口本、驾驶证等登报声明作废），它们之间的性质因制作单位和制作者不同、范围不同，而效力也是有所不同的。大量常见的是社会团体、企事业单位为某些具体事务而向公众发表的声明，如维护本厂合法权益授权法律顾问的声明、谨防假冒商标的声明等等。发表此类声明无非是澄清事实，要求读者的广泛支持与理解。本书事务文书中的声明，主要指的是这一种。

二、声明的特点

声明的特点大致如下：

1. *声明的制定者（或作者）的广泛性* 无论国际、国内，一切机构、组织、企事业单位、党派团体、公民个人等都可依法根据自己的意愿公开向公众发表声明，呼吁各种机构和个人尊重其权益。

2. *声明内容的多样性* 声明的制定者（或作者）可根据自己的需要，合理要求公众给予心理上、舆论上、道义上，直到政治、经济、文化等诸方面的支持，包括人力、物力、财力的支持；但不具有法定的强制性，一般不要求公众直接答复其呼吁或回应其要求。

3. *声明的即时性* 声明原则上是即时性、一时性的文件。它可以有无量数的散发、张贴和传播；但一般不会多次重复其声明，通常也很少带有时效性的特别规定。

4. *声明的权威性* 声明需要一定的权威性。声明的权威性或它的社会效应是同它的制定者（或作者）相关的。一国、两国和多国声明以及一个大机构同小单位的声明，其权威性和社会效用是不同的。一个人的声明同一个集体的声明的权威性和社会效用更加不可同日而语。要而言之，合法、合理、合情是主要的；其次是制作者的社会地位也有连带关系。

三、声明的结构

声明的要素为：声明的标题、发表的缘起、事实的经过、是非的辨证、表明的态度和落款等六个方面。六个方面可划为三个部分：一是标题，二是正文，三是落款。

1. *标题* 通常由事由加文体名称两部分组成，表明声明的性质。

2. *正文* 包括“发表的缘起”，说明发表声明的原因；“事实的经过”，是辨析是非的前提；“是非的辨证”，是论述正反及是非的观点；而“表明的态度”，则是声明欲达到的方向和目的。

3. *落款* 写明声明发表者单位名称或个人姓名，以及年、月、日。

四、声明的写作要领

声明的写作要领如下：

1. *声明内容应单一，态度要严正* 无论是什么单位或个人发表的声明，内容都应该单一、简明、扼要，而立场、观点和态度则应正确、合理和严正，不容半点含糊。

2. *叙事要真实，辩白合逻辑，态度应合理* 声明要注重摆事实，讲道理。叙事就是摆事实，交代原委。声明一定要忠于客观事实，材料一定要确实可靠，主要的事实一定要表述清楚。然后就是澄清理由，是其所是，非其所非；辩证合于逻辑；是非明于道理。最后作出结论，表明态度；这是声明的最后一笔，也是声明的通常目的。

3. *行文准确、严谨、周密、得体* 声明要达到预定的目的和效果，其行文的准确、严谨、周密、得体等都十分重要。政府文件和外交文件，如中英两国政府签订的《中华人民共和国和大不列颠及北爱尔兰联合王国政府关于香港问题的联合声明》，是中英两国外交方面的联合声明。这是一件具有历史意义的大事，语言准确无误，没有半点含糊和差错。而对一般政府机关、社会团体、企事业单位乃至个人发表的声明，行文也应如此。声明重在表态，一定要十分注意表态的准确、严谨、周密、得体；特别是得体。这里不能使用文学性语言，要力忌夸张、拟人等修辞手段。

【例文 04】

中葡关于澳门问题的联合声明

（来源：国务院港澳办网站）

中华人民共和国政府和葡萄牙共和国政府满意地回顾了两国建交以来两国政府和两国人民之间的友好关系的发展，一致认为，由两国政府通过谈判妥善解 决历史遗留下来的澳门问题，有利于澳门的经济发展和社会稳定，并有助于进一步加强两国之间的友好合作关系，为此，经过两国政府代表团的会谈，同意声明如 下：

一、中华人民共和国政府和葡萄牙共和国政府声明：澳门地区（包括澳门半岛、仔岛和路环岛，以下称澳门）是中国领土，中华人民共和国政府将于一九九九年十二月二十日对澳门恢复行使主权。

二、中华人民共和国政府声明，中华人民共和国根据“一个国家，两种制度”的方针，对澳门执行如下的基本政策：

(一)根据中华人民共和国宪法第三十一条的规定，中华人民共和国对澳门恢复行使主权时，设立中华人民共和国澳门特别行政区。

(二)澳门特别行政区直辖于中华人民共和国中央人民政府，除外交和国防事务属中央人民政府管理外，享有高度的自治权。澳门特别行政区享有行政管理权、立法权、独立的司法权和终审权。

(三)澳门特别行政区政府和澳门特别行政区立法机关均由当地人组成。行政长官在澳门通过选举或协商产生，由中央人民政府任命。担任主要职务的官 员由澳门特别行政区行政长官提名，报中央人民政府任命。原在澳门任职的中国籍和葡籍及其它外籍公务(包括警务)人员可以留用。澳门特别行政区可以任用或聘 请葡籍和其它外籍人士担任某些公职。

(四)澳门现行的社会，经济制度不变；生活方式不变；法律基本不变。澳门特别行政区依法保障澳门居民和其它人的人身、言论、出版、集会、结社、旅行和迁徙、罢工、选择职业、学术研究、宗教信仰和通信以及财产所有权等各项权利和自由。

(五)澳门特别行政区自行制定有关文化、教育和科技政策、并依法保护在澳门的文物。

澳门特别行政区政府机关，立法机关和法院，除使用中文外，还可使用葡文。

(六)澳门特别行政区可同葡萄牙和其它国家建立互利的经济关系。葡萄牙和其它国家在澳门的经济利益将得到照顾。在澳门的葡萄牙后裔居民的利益将依法得到保护。

(七)澳门特别行政区可以「中国澳门」的名义单独同各国、各地区及有关国际组织保持和发展经济、文化关系，并签订有关协议。

澳门特别行政区政府可以自行签发出入澳门的旅行证件。

(八)澳门特别行政区将继续作为自由港和单独关税地区进行经济活动。资金进出自由。澳门元作为澳门特别行政区的法定货币，继续流通和自由兑换。

(九)澳门特别行政区保持财政独立。中央人民政府不向澳门特别行政区征税。

(十)澳门特别行政区的社会治安由澳门特别行政区政府负责维持。

(十一)澳门特别行政区除悬挂中华人民共和国国旗和国徽外，还可使用区旗和区徽。

(十二)上述基本政策和本联合声明附件一所作的具体说明，将由中华人民共和国全国人民代表大会以中华人民共和国澳门特别行政区基本法规定之，并在五十年内不变。

三、中华人民共和国政府和葡萄牙共和国政府声明：自本联合声明生效之日起至一九九九年十二月十九日止的过渡时期内，葡萄牙共和国政府负责澳门的行政管理。葡萄牙共和国政府将继续促进澳门的经济发展和保持其社会稳定，对此，中华人民共和国政府将给予合作。

四、中华人民共和国政府和葡萄牙共和国政府声明：为保证本联合声明的有效实施并为一九九九年政权的交接创造妥善的条件，在本联合声明生效时成立中葡联合联络小组；联合联络小组将根据本联合声明附件二的有关规定建立和履行职责。

五、中华人民共和国政府和葡萄牙共和国政府声明：关于澳门土地契约和其它有关事项，将根据本联合声明附件的有关规定处理。

六、中华人民共和国政府和葡萄牙共和国政府同意，上述各项声明和作为本联合声明组成部分的附件均将付诸实施。

七、本联合声明及其附件自互换批准书之日起生效。

批准书将在北京互换。本联合声明及其附件具有同等约束力。

一九八七年三月二十六日在北京签订，共两份，每份都用中文和葡文写成，两种文本具有同等效力。

中华人民共和国政府

代表 ×××

葡萄牙共和国政府

代表 ×××

附件一　中华人民共和国政府对澳门的基本政策的具体说明(略)

附件二　关于过渡时期的安排

一、关于中葡联合联络小组(略)

二、关于中葡土地小组(略)

备忘录(葡方)

联系到今天签署的葡萄牙共和国政府和中华人民共和国政府关于澳门问题的联合声明,葡萄牙共和国政府声明:

凡按照葡萄牙立法,在一九九九年十二月十九日因具有葡萄牙公民资格而持有葡萄牙护照的澳门居民,该日后可继续使用之。自一九九九年十二月二十日起,任何人不得由于同澳门的关系而取得葡萄牙公民资格。

备忘录(中方)

联系到今天签署的中华人民共和国政府和葡萄牙共和国政府关于澳门问题的联合声明,中华人民共和国政府声明:

澳门居民凡符合中华人民共和国国籍法规定者,不论是否持有葡萄牙旅行证件或身份证件,均具有中国公民资格。考虑到澳门的历史背景和现实情况,在 澳门特别行政区成立后,中华人民共和国政府主管部门允许原持有葡萄牙旅行证件的澳门中国公民,继续使用该证件去其它国家和地区旅行。上述中国公民在澳门特 别行政区和中华人民共和国其它地区不得享受葡萄牙的领事保护。

这是中葡两国政府于一九八七年三月二十六日在北京签订的《中葡关于澳门问题的联合声明》,也是两国政府最高级别的联合声明。它最主要的条款是两国政府共同声明,其中关键之处是说明澳门地区是中国领土,中华人民共和国政府将于一九九九年十二月二十日对澳门恢复行使主权,从而结束了葡萄牙共和国政府对澳门的殖民统治。我们从这里可以看到国与国之间的声明较为规范的样本。

【例文 05】

绍兴咸亨酿酒总公司法人代表
×××授权×××律师严正声明

最近,绍兴咸亨酿酒总公司在杭州市场上发现有不法经营单位大量倾销假冒“咸亨”散装加饭酒,坑害了广大消费者和生产厂家的权益,扰乱了正常的经济秩序,现绍兴咸亨酿酒总公司法人代表×××授权×××律师特作如下严正声明:

一、“咸亨”酒是指绍兴咸亨酿酒总公司生产的黄酒,“咸亨”商标是该单位于 1987 年经国家工商局注册核准的,并荣获浙江省首届著名商标品牌,任何单位和个人无权使用此商标,如有发现,即属假冒,应受法律和经济制裁。

二、“咸亨”牌加饭酒系列于 1994 年荣获美国国际酒业博览会金奖,并多次获得国家级金奖,但绍兴咸亨酿酒总公司从未在杭州市场销售过“咸亨”散装加饭酒,都以瓶装、小包装投入市场。

三、市场上如有假冒“咸亨”大坛散装加饭酒,本单位提请广大消费者检举揭发,一旦查获,我单位即给予物质奖励。

法人代表住址:绍兴阮江

法律顾问住址：绍兴县律师事务所
举报电话：（略） 传真：（略）

1995年3月29日

这篇声明文字不长，但内容合乎规格。正文部分俱全：开头说明发表的缘由，是由于“市场上发现有……大量倾销假冒‘咸亨’散装加饭酒”，因此“特作如下严正声明”。然后是事实的经过，叙述绍兴咸亨酿酒总公司生产的黄酒“咸亨”酒是1987年经国家工商局注册核准的，“任何单位和个人无权使用此商标”。最后是阐述是非的辩证，在一、二两条中一再说本品牌曾获得“浙江省首届著名商标品牌”、“1994年荣获美国国际酒业博览会金奖”等，证明杭州市场上出现大量散装咸亨酒“即属假冒”。最后表明作者的态度，则是吁请消费者“检举揭发”。前边有标题，后边有落款，要素齐备，叙事真实，态度合理，行文得体等。

第二节　启　　事

一、启事的含义和特点

声明和启事同属媒体刊布和人工、张贴、散发文体，但两者也有一些区别，这就是：

1. 启事涉及的问题性质较轻、范围较狭　声明所涉及的问题的性质可以是极为重要，涉及的范围可以是极为广大；而启事所涉及的问题的性质一般不那么重要，范围可以是极为狭窄。声明上至国家与国家之间的联合声明，中至党政机关、社会团体、企事业单位的声明，下至普通百姓个人的声明，人人都可以为某件重要事项发表声明。但是启事的性质却没有那么重要，使用的范围也窄得多，从未见国家和国家之间发表联合启事；党政机关也极少使用重要启事；倒是社会团体、企事业单位或个人使用启事较多：它们向不定的社会公众直陈事务，争取理解与支持。这是第一个区别。

2. 声明和启事的内容大小不同　声明的内容一般比较重大，需要对之以严肃，待之以庄重。所以有“严重声明”、“严正声明”、“郑重声明”之类标题出现；或者有此类词语出现在声明文本中以示其“严重”、“严正”、“郑重”的态度。但是，启事的内容一般不那么严重。虽然也有写作“郑重启事”的，不过那是就作者自己而言的，别人却不一定以为然。所以，一个人丢了一支笔，或遗失了一件西装上衣，也可以贴张小启事在墙上寻找。这是第二个区别。

3. 声明重在表态，启事重在说明和吁请　声明是对某个事物或问题发表一方或几方的立场、观点和态度；启事则对某个具体事物或问题隐含地表示自己的立场、观点和态度外，主要是解释和说明自己的言行，以及吁请他人给予理解、帮助和支持。因此在写作态度上，启事的作者也比较谦恭平和，借此争取他人更多的谅解。这是第三个区别。

4. 启事与声明的相同点　主要是：文体一致，都是机构、单位、部门和个人制作的不稳定的文种，而且是遇事而发的临时文种。它们不标注公文的序号，而以具体名称称之，如《××××声明》、《××××启事》或《×年×月×日声明》或《××启事》等。没有特定发布对象，有些也可以看成大众传媒文体。

二、启事的结构

启事的要素为：标题、启事的缘由、启事的内容、启事者的希望、落款五个方面；它们也可划分为启事的标题、正文、落款三个部分。启事种类繁杂，故不胜举，但万变不离其宗。

1. 标题　通常由事由、文种名称两部分组成，表明启事的性质。有些只标文种的名称。

2. 正文　正文由启事的缘由、启事的内容和启事者的希望三部分组成。

启事的缘由是发表启事的原因和动机。启事的内容是启事的主体，在此处应说明该启事的具体事项。启事者的希望是表明启事要达到的目的。当然，在多数情况下启事的内容和希望往往融合在一起，难以截然区分。如启事内容比较简单，在行文中也不必分条列项，只要把有关启事的诸方面内容表述清楚即可，如果拘泥于形式反而会显得画蛇添足。【例文06】这则启事，言简意赅；但缘由、内容、希望三要素都在其中，一目了然。

3. 落款　即单位的名称，或个人的姓名，写清年、月、日，必要时加上地址、电话、传真号码、电子邮箱地址等以备联络。

三、启事的写作要领

1. 态度恳切明确　启事一般对读者有所期望，因此态度诚恳明确则十分重要。启事的文字，无论是单位发的，还是个人发的，其目的都是为了就某些事务而向公众发表解释、说明，要求给予认知或希望读者予以支持。启事的目的决定了启事态度的重要性；要之，应态度诚恳，观点明确，情理兼具。

2. 内容要严密、周详　启事的标题写上启事名称，如“招生启事”、“寻物启事”、“改刊启事”等；也可以写上单位名称和启事类别，如“××市××厂聘请常年法律顾问启事”、“《××晚报》征订启事”；也可以仅以“启事”二字作标题。正文表述启事的具体内容，即按照启事的缘由、启事的内容、启事的希望三个要素，严密、周详，句句顶真不马虎，这才能引起别人的重视、注意和协助。

3. 语言要得体，文字尚朴实　启事在文字表述方面的要求和一般应用文的文字表述要求相一致。文字要朴实，不可浮猾艳冶；语言要得体，避免不必要的修辞手段。

【例文06】

《审计案例集》征订启事

《审计案例集》由上海市审计局组织全市审计机关编写，宋依佳主编，中国时代经济出版社出版。该书共汇编审计案例77篇，内容广泛，种类多样。既有查处大案要案的审计案例，也有探索绩效审计的审计案例；既有各专业审计和审计调查的审计案例，也有探索计算机辅助审计的审计案例。这些审计案例是上海审计工作的一个缩影。该书汇编的审计案例，反映审计工作的思路和重点、审计线索的发现和利用、审计情况的分析与查证、审计方法的运用和创新，既具有较强的故事性和教益性，又具有一定的典型性和代表性。该书对广大审计人员借鉴审计思路、学习审计方法、总结审计经验、提高审计质量有所帮助，是审计和相关部门人员从事和关注审计工作的重要参考书。

需订购者请与上海市审计局黄永平联系，联系电话：（略），兼传真（略）。

附件：《审计案例集》征订单（略）

二〇〇九年六月二日

这是一则征订启事，述及该书由上海市审计局组织全市审计机关编写，宋依佳主编，中国时代出版社出版。然后述及书的内容等等。最后是宣传该书对广大审计人员或有种种帮助等。应该说，这则征订启事较为规范、简要、具体、清楚。

第三节　简　　报

一、简报的含义

简报是国家机关、社会团体、企事业单位向上级机关、有关部门、下属单位等定期汇报和通报工作、反映情况和交流信息的简要报告，也叫“情况简报”、“情况反映”、“工作动态”、“信息通报”、“内部参考”等等。简报的刊期有定期的与不定期的；还有的简报机密性较强，只供一定范围的领导和有关人员阅读。但它不属正式通用公文，因为它是简单通报，缺乏法定效力。

简报使用频率很高，它能敏捷地反映实际工作中的各种情况和问题，迅速地传递和反馈信息，而且篇幅简短，形式灵活，使用方便，起到上情下达、下情上达、左右沟通、交流经验的作用，因而它是事务文书中使用较多的一种文种。

二、简报的分类

简报不同于摘编。摘编是就原文进行文字上的压缩，要求真实、客观，不能删改歪曲，不能指责评论。简报是单位正式印制的文件，其内容均得有一定的立场。具体地说，简报可以分为两类文种：

1. 按性质分　可分为综合性简报、动态性简报和专题性简报。

(1)综合性简报。在一个明确主题的贯穿下，综合反映一个行业、一个地区、一个单位或一个部门的情况、问题与经验；或者汇总反映某一项全局性工作、一个重要会议的贯彻情况等。这种综合简报既有全局情况的概述，又有典型材料的说明，面中有点，点面结合，有一定的广度，又有一定的深度。

(2)专题性简报。着重反映贯彻某项政策、完成某项工作、开展某项活动的实际进度情况和典型经验。如果说，综合性简报面中有点，反映全局，那么专题性简报则要求以点为主，以点带面，用点上的情况和经验，来反映全局中的某个侧面。

(3)动态性简报。迅速及时、简明扼要地反映新近发生的各种重要的、有意义的事情和实际工作，社会生活中出现的新情况、新问题和新动向。它类似于新闻报道，唯新闻报道要向社会公开发布，而内部简报只限于内部。它要求内容新，动态多，时效性强，信息量大。

2. 按内容分　主要可分为工作简报、会议简报、信息简报等。

(1)工作简报。工作简报的内容比较广泛，它可以反映一行一业贯彻方针政策、完成各项工作任务的情况和经验；也可以汇报实际工作中出现的新情况、新问题及值得注意的新动向；还可以报告某项调查研究的成果和有价值的统计数字；或用于表扬好人好事，批评坏人坏事以及不良倾向等。

(2)会议简报。它用于某些重大会议，特别是会议重大、会期较长的会议用于及时报道会议概况，会议中的情况交流、经验探讨或重大问题的研究、研讨等。最后，反映会议形成的决定事项和会议的基本精神等。写这类简报，不能只反映会议的一般进程，或者罗列一些议程，而要突出重点为上级领导和有关部门提供新鲜内容和信息，使会议简报起到交流情况、探讨问题、沟通联系、指导工作的作用。

(3)信息简报。信息简报是传递信息的一种载体，是传播信息、交流情况、反馈信息、提高认识的工具。信息简报的内容广泛，种类很多，依各行各业的实际需要而分类。如党政机关的政务信息、民政信息以及法院信息等，经济部门的经济信息、市场信息、商品信息等，科教领域的科研信息、新技术信息、教改信息、招生信息等。所有这些信息都要绝对准确，切不可传递错误信息误导受众。

三、简报的体例格式

简报的格式一般由报头、正文和报尾三个部分组成：

1. 报头　报头部分主要包括简报名称和编号、编发单位和日期、密级和保存要求等项目。简报名称一般要以醒目的套红大字在报头部分居中印制；简报编号，即期数应单独排在简报名称的下方；编发单位和编发日期分列于编号的左下方和右下方；密级和保存要求应印在报头部分的左上方。报头与正文之间要用一条横线隔开。

2. 正文　正文的标题同新闻(消息)的标题相似，要能概括简报的中心意思。有的简报还在标题的前面加编辑按语，在标题的下面写内容提要。

正文的内容是简报的主体。这部分内容要写得简明而又具体，并可以采用消息(新闻)的写法，将最重要、最能吸引人的事实写在最前面的语句和段落中。

结语可用一小段对正文作一小结，或提出希望，或写明今后的打算，或指明事物的发展趋势。也可以不用结语。

3. 报尾　报尾部分主要包括简报的发送单位和印发份数。发送单位应分别注明报(上级机关)、送(同级或不相隶属机关)、发(下级机关)的单位；印发份数要用括号括起。有的简报没有报尾部分。

四、简报的写作要领

信息简报的编写是一项时效性、连续性、系统性很强的工作。要合理部署信息网络，组织好信息员队伍，保证信息观点的渠道畅通。要严密划分信息观点流通的各个环节，抓好信息观点的收集、筛选、整理、加工、传递、反馈等工作。要连续不断、不舍昼夜地收集信息，还要从纵向、横向拓展信息的收集、传递和反馈的渠道，充分发挥信息简报的作用。具体地说，有以下几点：

1. 简报应灵敏　要敏锐地捕捉有价值的各种信息，特别是改革开放和社会主义现代化建设中出现的新情况、新问题、新经验，以及重要的社情民意、思想动向，以求在新事物或新问题刚刚露头的时候，就能见微知著，敏锐地抓住，迅速加以反映。

2. 简报应准确　准确有两方面含义：一是抓准问题，如实反映。所提供的信息观点，确是实际工作需要解决的新问题。要处理好报喜与报忧的关系，应该既报喜，又报忧；要报喜中之忧，也要报忧中之喜；不搞扬善隐恶，不搞文过饰非，务使信息受众真切地了解情况。二是内容真实，准确无误。对所反映的情况和问题，不夸大不缩小，不添枝加叶，更不能道听途说，弄虚作假。真实、客观、准确是简报的生命和赖以存在的价值。

3. 简报应迅速　对信息观点的收集、整理、传递和反馈等各个环节，都要有强烈的时效观念，快编快发，不拖不压。要充分利用电传、专线电话和计算机联网等现代化技术，加快信息观点的传递速度。

4. 简报应简短　简报的内容要集中精炼，简明扼要；篇幅短小精悍，不宜过长；文字力求简洁，不要拖泥带水。

5. 简报应有效　有效就是要讲求信息的效果。信息有主次、细微或冗余之分，对收集到的大量信息，要精心筛选，去粗取精，突出重要信息，压缩次要信息，少用细微信息，剔除多余信息，以加强主要信息或观点的效果。

【例文 07】

政府工作简报

第×期

××省人民政府办公厅　　　　××××年×月×日

加快经济发展应处理好的几个关系

一、发展速度与结构、效益的关系。目前，有些地方不能认真研究和正确把握自己的投资方向，往往是发展心切，“饥不择食”，抓住什么上什么，别人上什么自己也抢着上什么，这样，很容易造成低水平重复建设，不仅不能增加发展后劲，反而会背上沉重的包袱。防止低水平重复建设，关键是要优化投资方向，各地情况不同，投资的方向和重点也不一样。正确的投资方向应当遵循以下原则：(1)突出特色。要从自己的资源、技术等条件出发，扬长避短，发挥优势，发展具有自己特色的行业和产品，避免产业结构的趋同，实现资源优化配置，提高经济效益和产品竞争能力。(2)寻找主导产业。主导产业是指对一个地方的经济全局有重大推动作用的产业。找准和抓住主导产业，就会一业带百业，促进区域经济的全面发展。(3)发展“龙头”企业。“龙头”企业在一个行业和一种产品发展中起关键作用，“龙头”企业发展不起来，就不能加快全行业的发展。(4)抓系列产品开发。围绕优势产品搞系列开发，不仅可实现产品的进一步增值，更重要的是满足市场的不同需求，在竞争中立于不败之地。

二、加快发展与深化改革的关系。目前，各地方政府抓投入，上项目，发展经济的热情很高，这是十分难得的，但相对而言，抓改革的劲头不足，原因是改革必然要调整旧有的分配格局，触动一些人的切身利益，难度较大，不少同志宁肯在抓发展上多加一把劲，也不愿在改革上冒风险，对待改革问题不少地方是喊得多，真刀实砍的少；对一些已经成熟了的改革经验，不少也只是停留在试点上，推开的步伐不快，一些急待解决的深层次矛盾和问题迟迟得不到切实的解决，阻碍了经济的健康发展。对待改革问题，各级政府务必要有紧迫感。就我省当前的改革实践看，应重点抓好《条例》的贯彻，把赋予企业的 14 项权力全部落到实处。现在的问题是，下边放，下边不放；政府放，部门不放；说起来放，实际上没放；无关紧要的放，实质性的不放，归结为一句话，就是不愿放，放了就断了“香火”。以上是单就政府行为讲的，实际上，落实企业自主权是一项复杂的系统工程，需各方面的配套改革，除加快转变政府职能外，还应加快市场建设，特别要加强生产要素市场和产权市场，健全社会保障体系。

三、激励与约束的关系。目前，各地为加快经济发展，都采取了一些激励措施，以调动人们的积极性，这是非常必要的。在激励问题上，应当思想再解放一点，胆子再放开一点，措施更有力一点。现在的问题是，一些地方在强调激励的同时，往往忽视或弱化约束，造成经济发展中的一些不健康因素，一些地方存在的虚报浮夸，骗取荣誉；一些企业存在的虚盈实亏，滥发钱物，都是因为约束机制不健全造成的。只讲激励，不讲约束，不论是政府，还是企业，都会成为脱缰的野马，这是非常危险的，特别是在当前新旧体制转换的过渡期，强调加强约束就显得尤为重要。要深化约束机制，一是要充分发展审计、财税、金融、监察、统计等部门的职能作用。对其依法监督检查,各级政府要给予大力支持。二是要正确划分"三乱"与必要检查监督的界线,使得监督检查部门依法行使正常的监察,让他们当好"经济警察"。三是要抓一批典型,公开处理,对弄虚作假者不仅不能得到荣誉,捞到好处,而且要严肃处理。

四、客观条件与主观能动性的关系。经济发展离不开客观条件,在一定程度上,客观条件影响和制约着经济发展。因此,我们在发展上不能搞一刀切,但是,我们也不能一味地强调客观条件,一个地方的经济发展固然与资源、技术等客观条件有关,但是也应当看到,在改革开放的条件下,在发展社会主义市场经济过程中,人的主观能动性是很大的。现在,各地都在争着上项目,增投入,求发展,资金问题越来越突出,已经成为制约经济发展的关键因素。要加快发展,就必须千方百计筹集资金。这里有困难、也有机遇,克服了困难,也就抓住了机遇。可以这么说,过去没有一个项目是送来的,也没有一笔资金是等来的,而要靠积极跑、主动争。这几年,我省之所以发展快,一个很重要的因素,就是在治理整顿期间,硬着头皮上了几个大项目,使经济后劲和实力大大增强。今天,我们面临的形势仍很严峻,各地都在争进强省、强区行列,无所作为、丧失机遇,就会犯历史性的错误。为此,只有抢抓机遇,乘势而上,加快改革开放的步伐,并坚定不移地保持和发展当前加快经济发展的好势头,才是我们建设经济强省、经济强区唯一选择。

这篇是关于地区经济发展中指导思想的简报,它对于目前改革开放中的"发展速度与结构、效益的关系"、"加快发展与深化改革的关系"、"激励与约束的关系"、"客观条件与主观能动性的关系",都提出了一些意见。但除《政府工作简报》和下文标题外,这份简报不设密级。因为各条意见都是目前工作中的重大问题,所以浓缩这些意见,仍能为读者所理解,很有实际意义。

第四节　摘　编

一、摘编的含义和分类

1. 摘编的含义　摘编是根据实际需要将有关文件、文章或发言的要点和精华加以汇编,以备报送领导和有关人员查阅参考的书面材料,它是为领导和有关人员便于查阅、检索、参考、处理信息而采用的"浓缩"手段。

从形式上看,摘编很像简报,但二者又有所不同。简报作为单位的文件由编发者自己采写;摘编则似报刊文摘或汇编,主要采用现成文章、文件和会议发言等摘要编辑而成的。它要求编辑具有鉴别文章的目光和编纂文章的技巧,而不是简报作者的收集实际工作各种情报,然后进行独立报道和写作的能力。

2. 摘编的分类

(1)文件摘编。重要的报告、请示等一类文件,因原文陈述内容较多,篇幅较长,在传播前需将文件所反映的情况、总结的经验或探索的问题等等,摘编成简明扼要的文字。这种摘编,主要是呈送领导批阅处理,所以摘编时应作"提示",还要观点客观,表述清晰,言简意明。如果文件反映的情况或请示的问题确很重要或者有普遍意义的,领导者在看了摘编提示之后还可能进一步调出原文审阅,以便作出更为准确的判断和批示。

(2)文章摘编。摘编的文章一般是和业务工作有关的,如相关的调查报告、工作研究、工作总结、专论以及其他预测性、探讨性的文章等。随着建设与改革的深入发展,这类文章日趋增多,它提供的信息量大,反映的情况和总结的经验多,研究的问题有一定的广度和深度。将这些文章的内容加以摘录或缩编，主要是帮助领导和有关部门、有关人员概括了解当前报刊上或相关专业系统中发表的有关文章，从中了解新情况、新动向、新观点、新成果等；同时，也是为了读者根据自己需要能够进一步去查阅原文提供方便。

(3)信息摘编。有些摘编专门收集流散的信息。有的收集一个领域、一个方面、一个专业、一项事务的信息；有的收集综合性的、类似新闻性的各种信息；有的公开分送，有的内部赠阅。这类信息摘编顾名思义，纯粹是为了提供信息，一般对信息原件不加置评。

总之，各种信息摘编繁多，而对相关读者非常有用。

二、摘编的写作要领

摘编的写作要领主要有以下几点：

1. 忠于原文　摘编要忠于原文，如实摘取，精心概括；不能掺杂摘编者个人的思想观点，也不能作补充解释或者任意发挥议论。切忌以偏概全、断章取义或歪曲原文。

2. 高度浓缩　摘编主要是采用浓缩法，化繁为简，简中见精，把原文中最主要之点、精华之处，用精炼的文字概括出来，一般可将数千字(有的上万字)原文压缩到几十个字或几百个字，但它是全篇的重点和精华。

3. 撮要简述　摘编时首先要阅读、领会原文的基本内容和精神实质，然后撮其要义，述其精华，使摘编内容完整而重点突出，概述其要点而又不疏漏，力求做到文约事丰、文简理周。

【例文 08】

我国在选拔人才上存在诸多弊端

《上海科技报》11 月 3 日载文说，自 1981 年以来，上海进行了四次选拔拔尖人才的工作，共选拔了 1080 来名拔尖人才。这项工作在科技人员中产生了积极的影响，成绩是有目共睹的。

但是，公正地说，近几年来选拔拔尖人才的工作，基本上是一种“伯乐选拔制”，即由基层领导推荐，上级审查平衡，领导机关批准。这种方法是否科学，值得研究。

文章认为：“伯乐选拔制”存在诸多弊端，主要表现在：

在选拔机制上，目前我国选拔拔尖人才的方法是指令性的，基本上由行政领导决定，缺乏人才选择市场机制。

在选拔制度上，实行的是“终身制”，只要一次选上，可以终身享受，即“一次选拔定终身”，因而造成了有些科技人员一项成果可以“吃”几十年的状况。

在选择方式上，由于我国考核制度不健全，人才社会化的评价体系尚未建立，因而造成了每次选拔都是仓促上阵，心中无数，出现选得不准的情况，甚至出现弄虚作假的问题。

在对拔尖人才的管理上，至今没有形成一套科学管理办法和制度，对选拔出来的拔尖人才，管理什么，怎样管理，都没有明确规定。

针对上述弊端，文章提出了几条改革方法，其中包括：把竞争机制引入选拔拔尖人才的工作；建立以促进生产力为中心的新的选拔标准；实行社会化的选拔方式等等。

这是一篇文章摘编，它将几千字文章浓缩成 500 字左右，把原文中提出的“伯乐选拔制”存在的诸多弊端和改革方法，用简约的文字如实摘录，重点突出，一目了然。

第四部分 经济文书

第一章 经济文书概述

第一节 经济文书的含义、作用和分类

一、经济文书的含义

经济文书是泛指社会经济活动领域中由党政机关、社会团体、企事业单位和个人使用的经济专业文书，包括经济论文、经济活动中的各类专题报告、经济合同、广告词与说明书等。经济活动中会计、统计、审计这三个专业以及商业、旅游、服务、工矿、交通、建筑等部门所使用的账册、报表、单据，以及施工计划、图表等类文件，亦是广义的经济文书，但本书不予阐述。

将狭义的经济文书作为独立文体列入本书，似与本书体例不一致。本书根据文章性质分类，所以有公务文书、规约文书、事务文书、传播文书等，但没有按专业性质分类，没有设政治文书、经济文书、军事文书、文教文书等分类，这是很遗憾的。但之所以单独提出经济文书是出于下列原因：第一，经济文书已突然成为"泱泱大国"，在社会事务中差不多比任何其他文书更广为传播和使用，这就不可自作鸵鸟视而不见了，必须适应形势的发展，满足社会前进的需要。第二，经济文书目前的这种发展势头绝不是偶然的和暂时的，而是适应社会发展规律的表现。众所周知，我国自党的十一届三中全会以来，确定了以经济建设为中心的总方针，又实行改革开放的方针，实行计划经济向市场经济过渡的方针；党的十五大又提出建立国有制为主体，多种所有制经济共同发展的体制。这一切都是适应社会发展规律，体现经济建设占主导地位的路线，是一种使国家现代化的路线。在此种情况下，理论的和应用的经济文书类的蓬勃发展是不可避免的或必然的。第三，经济文书除少量探索经济规律的学术研究文章以外，其余大多是一种应用文体，有其专门的写作规律和体例格式，又形成了专业的写作队伍，因而不可能忽略或省略。凡此以上三点，本书认为大有必要研究和阐述经济文书的写作；虽然这里的阐述仅是初步的、简陋的和粗糙的。

二、经济文书的作用

经济文书的作用，在于研究经济理论，探索经济规律，制定较好的经济政策，确定合理完善的制度和办法，借此发展生产、促进人民物质生活水平的提高。具体地说，它有以下几个作用：

1. 研究经济，发展生产，提高国家经济实力　研究经济，发展生产，这是经济文书的总任务。特别是经济应用议论文和各种经济类报告，其主要任务就是研究发展生产，促进消费，研究如何完善经济运作的总规律，分析具体经济门类中的局部规律和实际经验。经济文书不仅为党政机关制订指导性的经济发展计划，为厂矿经济等经济实体生产的门类、品种、规模与结构提供理论和实践依据，为确定生产、消费、金融、财贸等的体制提供理论的和实践的根据；并且在总体上也参与实施不同经济环节、不同业务部门的运作过程。经济文书类是国家的好助手，群众的好朋友。

2. 沟通市场，调节供需，提高管理和运作水平　我国已在逐步建立和完善市场经济体制。市场经济不能是按部就班、循规蹈矩的领域，而是竞争激烈、瞬息万变的海洋。经济文书在这个海洋中广泛收集信息，左右传播，上下沟通，促进商品生产与市场供销。它力图把生产者纳入有序竞争范围，指导消费者实行合理消费，从而使激烈竞争不至于变成巨大的风险，使瞬息万变的市场不那么难于捉摸。国家宏观控制于前，市场机制调节于后，全得力于经济文书的广泛汇集和迅速传播的信息传输体系。同时，各类经济文书共同组成的信息体系，又是现代市场经济的神经网络，通过这条网络在促进经济、发展生产的首要作用之下，又具体应用于市场，通过市场架设生产与消费之间的桥梁，最终达到活跃市场、繁荣经济的目的。

3. 传播理论，普及知识，提高公众经济意识　各类经济文书除了研究经济、发展生产、沟通市场、调节供需之外，还有一项附带任务，那就是传播理论，普及知识，提高公众的经济意识。在这个方面，经济论文中的应用部分和经济预测报告，经济活动分析报告，经济项目可行性研究报告，以及专门用以传播生产、消费、服务等信息的广告和说明书类文章和文稿，共同担负着重大的责任。为此一切从事写作经济文书的专业人士都应在头脑里有传播理论、普及知识、提高公众经济意识的观念，在拟写经济类文稿的时候多考虑为广大公众服务的观念，多写和写好各类经济文稿，力求提高公众对诸如生产、消费、理财的自觉意识，使人们从过去长期实行的计划经济那种只有被动接受的状态下走出来。这样不仅使国家逐步发展为经济大国，人民也能普遍成为具有自我经济意识的人；而后者也是前者的扎实基础。

三、经济文书的分类

经济文书的范围极为广泛，从写作内容到写作文体，彼此的差距都很大。本书暂按照体裁予以划分，计有经济论文类、经济报告类、经济合同类、广告与说明书类等。

1. 经济论文类　经济论文是科学专题论文，它研究和探索国民经济和具体部门的经济规律及运作问题，内容极为丰富，范围极为广泛。从写作上来看，基本上可分两大类：一类是经济学术论文，是专门研究我国经济发展中的客观规律和问题。另一类是经济应用议论文，这一类经济应用议论文是研究当前经济运作中若干理论政策问题的。这两类经济论文并没有不可逾越的鸿沟，但本书在经济论文类中主要叙述其中的应用议论文。

2. 经济报告类　经济报告类是经济管理部门、研究机构、企业集团等就国民经济和具体经济部门发展变化的研究报告；或者叫它经济应用报告类，它的特点是以客观事实为基础，研究和阐述经济发展的态势和动向。具体地说，这类报告又分为经济发展预测报告、经济活动分析报告、经济项目可行性研究报告三大类。前两者一个是对未来经济发展变化的预测；一个是对前一阶段经济发展变化的总结；后者是对某个特定具体经济项目的建设和发展的报告，如能源、交通、技术改造、产品更新换代等建设项目的调查和论证，研究其可行或不可行以提供给决策者参考决定的报告。这三种报告都关系国家的国计民生。

3. 经济合同类　经济合同类(包括协议书、契约书等)是指特定具体项目实际运作的合同书，这种合同书是指“平等主体自然人、法人、其他组织之间设立、变更、终止民事权利义务关系的协议。”(《中华人民共和国合同法》)经济合同是市场经济条件下的产物，又是市场经济的润滑剂，也是市场经济有序活动的重要保障。

4. 广告与说明书类　广告类与说明书也是市场经济的产物，同时它也是市场经济的润滑剂。在中华人民共和国成立不久，实行国民经济的社会主义改造，基本上消灭了广告事业。改革开放以后，发展市场经济，广告应运而生。广告为市场服务，它传递经济信息，沟通产消渠道，发展商品市场，为厂商生产者和广大消费者服务。

第二节　经济文书的特点

综观经济文书类与其他文书类比较，有如下几个特点：

一、专于国民经济

经济文书无论是经济论文、各类经济报告、经济合同与说明书类。尽管它们的内容不同、体裁不同、篇章结构也不同，表达方式包括从叙述、描写、说明到议论等等都有某些差别，但都是集中地反映复杂的国民经济关系和现象中的种种问题与规律，是国民经济中的主要文体。

二、理论联系实际的原则

经济文书类都应遵循理论联系实际的原则，即从事实出发，研究理论，又用理论来指导实际，为进行中的经济活动服务。它要求认真，根据“不唯书，不唯上，只唯实”原则。选择正确理论，根据实际经济事实进行研究，写出真正反映实际情况、解决实际问题的论文和报告，以及反映实际经济利害的关系的各类合同书、说明书等等。

具体讲，经济预测是立足于现在、预测未来的可能发展变化。经济活动分析是面对现状、分析特定时期或当前的实际的经济运动的现象和总结。经济项目可行性研究是对某个实际已在拟议中的经济项目进行研究，以论证和确定其实际的可行性或不可行性。这三者都是从已知经济事实和未来可能的经济事实出发总结过去、预测未来、落实计划，都是遵循理论联系实际，又为实际服务的路线撰写的。

广告和说明书类也是依据客观事实出发撰拟的。说明书不能离开自己的写作对象而信口开河，一定要严格遵循写作对象的种种特征，将其有关知识简要地、通俗地向读者介绍说明。广告看起来很具形象化、艺术化、甚至非常夸张。一言以蔽之，广告极具风格化的特征，但它也不能离开自己的商品而去宣传与事实不相干的东西。至于经济合同类，那完全是双方按照等价交换理论围绕着标的自愿签订的，也就是说它按照市场经济活动原理经由甲乙双方共同协商，为实现一定的经济目的签署的严密协议。而这个协议的履行过程就构筑着一项经济活动的事实。

经济论文似乎稍许离开实际远了一些。但是，经济论文尤其必须贯彻理论联系实际的原则。经济论文如果采取纯抽象的思维方式，纯理论的研究，不从实际出发，不联系实际，无补于实际，它就必然是苍白无力的。如果“只唯书、只唯上、不唯实”，虽然表面看来极其有力、极其权威，结果对实际经济也注定是瞎指挥、乱弹琴的。只有从经济实际出发，理论联系实际，这样的论文或有补于实际，才是可能有意义的理论。

所以，一切经济文书类，包括经济论文在内，最为重要的是理论联系实际的原则。

三、制定法规的参考

并不是所有的经济文书都具有潜在的政策性和法规性。广告与说明书只是政策和法规管理的对象，它们本身谈不到政策性和法规性，而是应该严格地遵照政策和法规办事。经济合同看起来似有政策性和法规性，因为它在形式上采用了类似法规的条目式结构，也由于合同一经签订便立即对双方产生约束力，并被纳入法制管理的范围内，如有违反则应按《合同法》追究一方或双方的违约责任。

那么所谓经济类文书是政策和法规制定的参考从何谈起？这是指经济报告类和一些经济论文类的部分思想观点很可能被政策和法规所采纳，甚至从中产生、或者径直制定出一项新的经济政策和新的经济法规。如部分经济论文中涉及经济规律问题，它就可能被国家机关采用立为专项的政策和法律。部分经济报告类中的思想观点，更常常被国家机关采纳立为专项的经济政策和经济法规。这也就是说，这类经济文书是有权威的，它在今天也许仅仅是一种立场、观点、方法性的东西，即理论性研究中的东西，明天也许就出现在经济政策和经济法规中；虽然政府不可能是采用其全部观点。了解这一点很重要，它要求我们重视这类经济文书的写作，并注意到它可能被吸收为政策和法规的特点。

第三节　经济文书的写作要求

一、区分“理”、“报”、“规”、“文”、“记”五大特点来写作

经济文书是一个大类，有各种差距极大的体裁。为此首先要严加区分不同体裁的特点。概括地说，可以归纳为“理”(具有理论性)、“报”(具有报告性)、“规”(具有规定性)、“文”(具有文艺性)和“记”(具有纪实性)等五大特点。

1. 理论性　经济论文是专题议论文，内容表达手法以议论为主，突出思维逻辑，努力探索理论和事物的抽象规律，以发现问题或有创新为上。

2. 报告性　经济预测报告、经济活动分析报告、经济项目可行性研究报告等，它们基本上属于经济实践调查和预测报告类，以其材料充实、可靠、齐全为上，以便能实事求是地做出或预测分析、或活动分析、或可行性与否的分析。

3. 规定性　经济合同是市场经济的纽带，是由签约双方就某个事项所产生的权利义务所达成的协议，受法律的约束，所谓“一字千金”，“字字珠玑”，后果严重。因此，要求用法规般的章、节、款、目形式规定，行文要求科学准确和严密，不可有些微疏漏。

4. 文艺性　广告是最具风格化的体裁，要求潜心策划，刻意追求，表现独特，尽量引起

受众关注；至于逻辑方面和语言方面，并不加苛求，以新奇为上，努力追求个性化，出奇制胜地震撼受众。但也应注意，广告虽有夸张色彩，却要按照叙事逻辑，以事实为基础，然后采取各种形式去张扬产品。本书主要讲叙文字广告即所谓“软性广告”，它以语言夸张、形象修饰来膨胀产品对象，努力塑造产品的“名”、“优”、“特”、“新”为手段，以诱导受众去购买，或接受厂商等的收费服务。

5. 纪实性　说明书类以说明文字为主要文章的体裁，要求解说清楚，阐释明白，可以说它“决无哗众取宠之心，唯有实事求是之意”，通俗讲解，严谨行文。对于具有某种“危险”、“重要”、“新颖”、“奇特”的说明对象或产品，尤要特别谨慎，务求清楚告诉用户以安全、简易地享用之道，万万不可粗心大意。所以说明书最为扎实和受用。

二、客观真实，实事求是

经济文书类尽管文体差距很大，却无一不要求客观真实，实事求是。从大的方面说，经济文书类要客观真实是因为它关系国计民生，如有正确、真实的经济文书伴随和配合国家的经济发展，那么国家可以长期稳定，经济可以快速发展，人民生活可以稳步提高；没有正确、真实的经济文书伴随和配合国家经济的运作，像“文化大革命”时代那样任凭“假、大、空、套”的文章横行，或目前经济写作领域里种种不实之风流行，国家就不能稳定，经济就可能停滞不前，人民生活就没有保障。所以，促进经济事业，加速经济改革和建设，写好经济文书，这是国家的大事，人民的大事，万万不可掉以轻心。

从具体方面说，经济文书要求三个方面的客观真实，这就是：一要事实真实；二要数据真实；三要资料真实。这三个方面的真实应是经济学专家致力追求的，也是经济文书写作中必须做到的。具体详述如下：

1. 事实要真实　主要指经济文书所涉及的经济变迁的叙述要真实。比如一种经济门类的诞生、发展、变化，或一种产品在社会上所引起的种种受欢迎、遭冷遇的情况，或一个企业的亏损或盈利的情况等，都应如实叙述，来不得半点虚假。

2. 数据要真实　指的经济文书涉及的任何一个数据都要经过核实而后才可以引用。不能迷信权威，不要贪图省事，不可粗枝大叶，不可以讹传讹。

3. 资料要真实　指的是经济文书涉及以往储存起来的任何一个文件、一篇文章、一条网络信息等都应加以审查核对，弄清时间、地点、作者、人物的情况，万万不可顺手拈来使用。

三、严格遵循数理逻辑

各种经济文书严格说来带有自然科学即理科的特点，或者说是应用科学的特征。首先，各种经济文书的基本内容是充满数字的。各种统计调查资料大都以严密的数字或数学公式表达出来；而在经济合同中所谓权利义务的概念又无非是特定事物在数学上的相互分配和占有关系。其次，经济文书的各种数字又往往是互相有联系的，是动一个数字而影响着整组数字，甚至要影响整篇文章的结论。最后，经济文书所使用的数学，不仅是加减乘除、和差积商这些初等数学；要确切弄明白这类文书的某些数字及其关系还需要运用某些高等数学原理和公式。因此，经济文书类中的主要文种不仅形式逻辑在起作用，更重要的是数理逻辑也在起作用。这就是为什么有些经济文书类不那么容易写，也不那么容易懂；而要把它们写得十分通俗易懂，却要花极大的力气和工夫。

四、钻进去,边工作,边学习

经济文书是经济工作的一部分,具有强烈的专业化特征。要写好经济文书,首先要懂得经济工作,懂得那里到处充满“经济”、“物质”、“生产”、“消费”、“成本”、“利润”;了解那里处处是“金”、“银”、“铜”、“铁”、“锡”,“粮”、“棉”、“鱼”、“肉”、“盐”;熟知那里有一大堆产品管理术语,如“名称”、“质量”、“数量”、“规格”、“型号”等。须知只有对经济理论问题有素养的人员,才能真正了解上述概念的经济学意义,才能对这些概念具有特殊的洞察力和敏锐感觉,才能写好经济文书类。因此,立志写经济文书的人一定要钻进去,培养经济感觉,逐步成为行家里手。

第二章　经济论文

第一节　经济论文的含义和分类

一、经济论文的含义

经济论文是就经济理论、方针、政策等问题，以及它们在各个经济领域、部门、行业，直至各个具体单位实施运作中出现的各种现象和问题，各种经验和成就，各种新的见解和建议等所写的各种文章，目的在于探讨理论和实践问题，促进经济发展，为国家的经济现代化服务。

二、经济论文总的分类

从内容深浅度上说，经济论文可划分为两个层次，一个是学术论文，一个是应用论文。两者都是经济专题论文，并无原则上的不同；但它们在写作上，在内容的深浅上都有明显的区别。

1. 经济学术论文　经济学术论文最具理论色彩，特别适合讨论宏观经济学中的理论问题。这种文章通常采取某种特定理论和方法提出一些特定问题和概念进行论述，解决经济门类、性质、经济结构及经济发展中的一些重要问题。这种论文往往是学术研究机构的研究人员写作的，适宜于学术刊物上刊载传播，提供给专家学者研究讨论和高层经济领导人员进行决策的参考。因此，在写作上要求严格的规范性，表达较为抽象，论证更加强调逻辑严密。

2. 经济应用论文　另一类是经济应用议论文，其主要是讨论中观经济学和微观经济学中的实践问题，讨论的焦点是部门经济（即第一产业、第二产业、第三产业等）、地域经济、行业经济，甚至一个公司、厂矿、商店等具体单位的经济运行问题。它一般更重视实践性和具体性的问题，表达一些对于实践问题和具体问题的经验、体会和意见。当前，这种经济应用议论文拥有更多的作者和读者，适宜于刊载在报刊上，篇幅较短，内容通俗，语言浅显，讨论的问题又多为大家所关心和易于理解的，并对整个国民经济的发展和运作具有相当重要的作用。

此外，这类文章不像学术论文那样有严格的规范性，举凡有一定实际经验的人或有一定经济理论基础的人，都可以把自己的体会和建议写出来提供人们讨论，也都可以用之于实践中再检验以发展经济。这类文章也具有一定的理论价值，在其文章所讨论和研究的问题上有一定的创造性，有的还具有较高的学术价值。如旅馆服务员王仁兴先生对旅馆工作有深刻的理解并进行了广泛深入的研究，写出了《中国的旅馆业》和《中国旅馆史话》两书，填补了旅馆业这一领域里的一些空白，在业界引起了很大反响。

目前我们国家正处于持续改革开放年代，各方面都获得突飞猛进的发展，经济领域的成就尤为突出。在经济领域里，一方面新事物层出不穷，另一方面新问题不断出现，这两方面都亟须从理论上进行总结和探讨。如果一切有实践经验而又有理论思维能力的人都来研究自己熟悉的东西，使感性认识上升到理性认识，那必将大大加快我国的社会主义现代化建设进程。

三、经济应用论文的分类

经济工作无所不包，经济应用论文也是无所不包。在经济应用论文方面，一般按部门、行业，即产业、地域、所有制性质和经济发达程度等划分。按照产业分，它可分为农业经济、工业经济、交通运输业经济、商业和服务业经济和金融经济等。按地域分，它可分为农村经济、城市经济、海洋经济等。按所有制性质分，可分为国有经济、集体经济、民营经济、公私合营和中外合资类经济等。按经济发达程度分，可分为东南沿海经济、珠江三角洲经济、东北老工业区经济、中西部边疆经济等。

上述分类基本上是在同一个层次上的大致划分。在这个划分之下还可以进一步细分，如工业还可细分为能源、冶炼、制造、电子、纺织等；如农业还可细分为粮食种植业、经济作物种植业、牛羊猪畜牧和鸡鸭鹅家禽业、食品和酿造业等等。要而言之，国民经济部门在急剧发展变化，文章分类也伴随经济发展变化而变化。因此，本书的这些分类不是绝对的，而且相互也多有交叉，仍有待进一步讨论。

第二节　经济论文的特点

经济论文分为学术性论文和应用性论文，两者有不同的侧重点；但既为论文，又事关经济，那么自然具有某些程度不同的共同的特点，即理论性、应用性和独创性。

一、理论性

无论是经济学术论文，还是经济应用论文，都有程度不同的理论色彩。

所谓理论色彩，通常是指它所论述的内容具有经济现象的本质性，即反映着它的本质属性。包括：它的发生、发展和运动变化规律；它和其他事物如政治、军事、文化等之间的互动关系等等。在这些问题上，人们有着范围广阔、历史久远的实践经验和相关专业的知识为基础，以及有着人类历史在经济学研究中积累的深刻理论为指导，可以而且能够就经常变化着经济现象作出新的理解；而这就是经济论文的理论性或理论色彩。

当然，强调经济论文的理论性或理论色彩的特点，并非把学术论文同应用论文两者等量齐观，也不是把它们都放在同一个高度上提出要求的。就学术论文来说，它更着重于理论、理论流派、理论体系和理论概念的研究和建设，要求学术论文更应经常地向人们提供理论范式、理论概念、理论体系的参考，其文章应该更具有强烈的理论色彩；这是它们的责任。但是，对于应用论文来说，强烈的理论性或理论色彩并不是它的最主要的特点；对它们来说重要的是经济生活中的实践性或应用性。只是这种实践性不是缺乏理论指导的盲目实践性，不是“计从天来”的应用性，而是在一定经济理论指导下有根据的实践。

二、应用性

经济论文具有很强的实践性，是指经济论文是人们经济活动事实在科学上的反映，是指它从人类经济活动全部历史中研究和探讨写就出来的。它的根基是社会经济实践活动，离开了社会经济实践活动不可能产生理论。单凭人的头脑产生的理论，尽管头头是道但却是无用的理论。只有真实地、科学地反映经济实践活动的理论，才是有用的理论。这是第一方面。

另一方面，如果说要评价各科理论文章的应用性特点，特别是人文社会科学各科理论的应用性特点，那么经济学可能是最具有实践和应用性和普遍性特征的。因为经济学以物质生产和消费为研究对象，在这个意义上说它更具有形而下的特点，它从反映客观规律的理论直到日常经济实践，如油、盐、酱、醋、一元两毛钱等等。因此，经济论文除少量的学术论文较少关注经济问题外，大多数的应用论文关注的是微观经济问题，具有较强的应用性。对这一部分经济应用论文来说，从实践中来，到实践中去，这是它的最为显著的特点。

三、独创性

独创性是一切科学的特征，是一切经济论文的必具特点，无论是经济学术文章或经济应用文章都不例外。复述事实，是摭拾陈言、稀释理论，是老调重弹。这些都是理论说不清、建议提不出的文章。类似这种论文无论对于学术论文来说，抑或对于应用论文来说，都是毫无意义的。作为一篇好的经济论文，它应该提出或阐释一种前所未有的观点，或能补充前人的空白，或能纠正前人的谬误，或能综合前人的观点:这都应算是文章具有某种独创性。

要在论文中说一句前人从未说过而又符合客观事实的话，是十分艰难的。要写出并发表一项具有突破意义的文章，则更是难上加难。但这正是论文之为论文的重要特点;不具有这种特点就很难说是名副其实的论文。

第三节　经济论文的选题、研究和撰写程序

经济论文的选题、研究和撰写过程大致是:

一、选题

经济论文，无论是学术论文还是经济应用论文写作的第一步，就是要确定论题。所谓论题，包含两层意思:第一层指文章所研究的问题;第二层指文章对这个问题所持的基本观点。简言之，论题就是文章的主要问题和基本观点。因此，选择论题就是选择文章的主攻方向，这对经济论文写作来说，具有决定意义。

就学术论文来说，选题往往围绕着本专业当前的重大问题。但对特定的作者来说，选择的范围往往比较地狭窄些，要务求慎重。另一方面就对经济应用文来说，选题的范围应该比较广泛，除了本人所专长的职业范围之外，可以用“大处着眼，小处着手”两句话来概括文章的选题。

1. 大处着眼　所谓大处着眼，是指选题时要胸怀全局，考虑题目的理论价值和现实意义。一篇文章的理论价值，表现在它能“道人所未道”，具有真知灼见，而非人云亦云。因而它能帮助读者认识现实事物的本质和规律，或能扩大人们的学术视野，提高公众的认识水平。这就要求作者在确定论题之前，先就自己接触和熟悉的领域进行涉猎。这就是从“大处着眼”，寻找较为合适的、有意义的论题。初步确定论题之后，还要进一步了解该题在本专业所占的地位，以及前人已经达到的或有待达到的水平。

2. 小处着手　所谓小处着手，是指选题宜小不宜大。初学写作者尤应如此，因为每个专业和每个学科都包含着众多的事物和一系列矛盾组成的整体。在选择题目时应当挑选其中个别事物、单一过程或矛盾的一个侧面、发展过程的一个阶段来进行研究：这就是所谓的小题目。认识论告诉人们，人类认识真理的正常秩序是：由个别事物前进到诸多事物；由事物的个别方面前进到事物的各个方面；由事物的一个发展阶段前进到事物的全部发展阶段；由特殊规律前进到一般规律，由小题目逐渐扩大，直到做出大文章。前辈学者几乎无不告诫人们选题不宜贪大求全，不宜好高骛远，应从小题目做起，逐步扩大，才能成功。

二、研究

研究工作对学术论文和应用论文来说都是必要的，唯所花费的时间和成本不同。

研究的基础是资料。研究的过程实际上就是收集、阅读和分析资料的过程。

1. 收集资料　收集资料是一项繁重的基础工作，有人甚至说，收集资料所花的劳动，大致要占全部科研劳动量的70%～80%。验之以事实，这话可说不为无据：极而大之的说，马克思为了写《资本论》，花了40年搜集和研究资料的时间，除了搜集丰富的经济文献和进行大量的社会调查外，还阅读了汗牛充栋的书籍和报刊，其中仅做笔记摘要的就有1500多种。当然，《资本论》是上、中、下三集的大部头，是学术论著的典范，不可和我们的写作同日而语。但我们写作经济论文和应用论文时，虽没有聚集堆积如山的资料的可能和必要，还是应有“以十当一”的精神才行。

2. 分析资料　面对着复杂纷纭的资料，首先，要学会把事物分为若干不同的方面。例如真相和假象、偶然与必然、原因和结果、根据和条件、现象和本质等等。其次，在分析矛盾和问题时要注意运用具体的方法。那就是：一要由表及里，剖析入微；二要具体情况具体分析，不可犯教条主义。最后综合归纳，做出结论。

3. 综合归纳，作出结论　在分析资料的过程中，要充分重视归纳和演绎两种推理方法的应用。其中特别是归纳，它既是分析的基础，也是演绎的前提。前代著名语言学家王力先生根据自己长期的科研实践，在《谈谈写论文》中把这个道理说得最为透彻；他说：“我们搞科研，要先用归纳，再用演绎，不能反过来，一反过来就坏了。……怎么研究呢？就是要从大量具体的材料中去归纳，从个别到一般，结论是在归纳的末尾，而不在它的开头。所谓分析，是要以归纳为基础的。如果没有归纳就作分析，那么结论常常是错误的。凡是先立结论，然后去找例证，往往都靠不住。”

归纳以事实为基础，被归纳的事实越多，结论的可靠性越大。演绎以正确的原则为前提，这个原则也是前人归纳的结果，但是需要严加审定其可靠性才可以作为自己演绎的出发点。这样的演绎和归纳的辩证发展，两种推理方法的互相配合和恰当运用，是搞好资料分析和综合的必要条件。

实际上收集资料和分析资料的过程是互相渗透、不可分割的。我们之所以把它分开来说，只是为了叙述的方便，为了强调其中任何一项工作都是不可缺少的。

三、撰写程序

根据论题的需要，对资料进行充分研究之后，便可进入撰写阶段。一般地说，撰写可分五步进行：编列提纲、编写提要、成文、注释和反复修改。实际上其中每一个步骤都是研究过程的继续和深化。

1. 编列提纲　编列提纲，就是以最概括的形式提出中心论点和确定论述的步骤、方法和要点，即显示中心论点与各小论点之间的逻辑关系。提纲编写得当，则全文的纲领和脉络就能了然于胸，下笔成文犹如高屋建瓴。

2. 编写提要　编写论文提要是学术界发表学术论文的通例，写应用论文也可仿照实施；只是可以灵活，如有的仍旧冠以“绪论”或“前言”来代替。提要的编写，文字要求简短，一般以 300 字左右为限，而内容主要是用简要语言来说明论题的来源和其重要性、本论的研究方法及主要结论等。应言简意赅，列入文章的起首。至于正文结构，要求大致反映出由概念、判断、推理组合的严密的逻辑结构，以及由论点、论据、论证组成的严谨的理论体系。但如题目较小，也不一定如此严格，只要在开头大致说一下即可。

3. 成文结构　成文的结构包括以下几点：

(1)绪论。绪论是全文的提示，但不是提要或摘要。一般包括下列内容：说明研究这一论题的目的和意义；概括提出中心论点，有的还提出本论的重点。绪论要写得简明扼要，尽量少占篇幅。

(2)本论。本论是文章的主体。它的安排方法，有连锁推论和并列分论两种。连锁推论也就是连锁推理，即：上一问题的结论，就是下一问题的前提。这样一步步推论下去，论证就一步步深入。并列分论，就是把从属于中心论点的分论点一个一个分别加以论证，最后综合归纳，作出结论。在内容比较复杂和篇幅比较繁长的专论中，这两种方法往往是结合使用的。本论要写得充实，论证要充分，论据要确能支持论点。有的论文易犯这样的毛病，就是把本论中的所有分论点都糅合在一起，也不能周延地说明中心论点，也有的甚至还相互发生矛盾，这是应该十分注意的。

(3)结论。结论是论文的结束部分。它一般要对本论中分析论证的问题加以综合概括，得出结论。结论要与绪论中提出的问题或中心论点相呼应。结论也要写得简洁明晰，不要含糊拖沓。有的结论，还要提出需要进一步解决的问题，以引起关注。

4. 注释　注释要罗列重要参考文献资料和重要的概念、人物事件等。重要的文章、重要的参考资料、重要的资料来源，如提要、引文、数据、图表等，都要在文内、页末、章末、节末或文末结尾处注出。注释要编成号码，以便查找核对。

5. 修改　没有写完不改，一步到位，达于完美无缺的文章。经济论文也要反复修改，臻于完善。其中要特别注意推敲论点，务使论点准确，资料可靠，论证有力。

经济论文成文结构，原则上可分为两大类：一类是传统的论文形式；一类是当代的论文形式。传统的形式在体例格式方面要求不那么严格，像一般论说文那样写作。当代经济论文体例格式要求比较严格，内容也要求相对翔实和具体。

【例文 01】

如何有效地防止和避免经济波动

胡鞍钢

经济周期波动是经济发展重要现象。它表现为经济扩张时因受到资源供给约束或者消费需求约束而出现经济收缩；经济收缩时又因资源供给充裕或者消费需求拉动而重新进入经济扩张；周而复始，不断循环。国际比较研究表明，我国是世界上经济增长最快的国家之一，也是世界上经济波动较为明显的国家之一，它们构成我国现代经济增长的两大显著特点。只有比较客观地承认这一事实，认真分析这一现象的本质及症结，老老实实地按经济规律办事，才有可能防止经济发展大起大落。

稳住农业是防止经济波动的基础

农业是国民经济的基础，它的真正涵义是，农业波动是经济波动的基础；农业稳定是经济稳定的基础。解决世界上人口最多的国家的“吃饭”问题，是历届政府的首要任务，“无农不稳，无粮则乱”，形象地说明农业生产以及粮食生产波动是我国经济不稳定、社会不稳定的基础。与其他国家相比，我国农业波动与经济波动这一特殊关系就在于我国国情的特殊性。

农业是国民经济最基础的部门，又是最薄弱的部门，也是经济波动最敏感的部门。农业波动会影响整个国民经济波动。这是因为：

——农业部门是广大城乡人民基本食物的主要供给者。我国居民膳食结构是以植物型为主，粮食是人民食品消费的主要来源。农业产出下降，特别是粮食产量下降，引起农副产品供应短缺，导致农副产品价格急剧上涨。食品价格上涨还抬高了工业劳动成本，引起工业品价格上涨，从而推动价格总水平上涨。因此，农业产出波动影响价格波动。

——农业部门是消费品工业(指轻工业)原料的主要供给者。农业产出下降，导致轻工业原料短缺，农产品原料价格上升。农业产出波动直接影响消费品工业波动，也间接影响资本货物工业产出波动。

——农业部门是出口产品的主要供给者。农业产出下降，影响农产品及加工品的出口量，同时也增加农产品出口量，例如粮食、棉花、油料等大宗农产品。农业波动直接影响了出口波动，间接影响进口波动。

——农业部门是工业产品的主要需求者。农业人口占总人口绝大多数，是国内最大的市场，既包括生产资料市场，也包括消费品市场，成为工业部门发展的前提条件。农业产出下降，农民人均收入水平下降，影响农业对工业品的购买量，减少对工业品的需求量。所以，农业波动直接影响商业波动，间接影响工业产出波动。

——农业部门是人口与劳动比重最大的部门。农业产出下降，使得“吃饭”问题突出，经济不稳定，社会不稳定，迫使政府削减对工业投资支出，引起固定资产投资下降。农业产出波动直接影响投资波动，间接影响工业产出波动。

可见，在我国这样一个人口众多，资源紧缺，尚未实现现代化的大国中，农业收获的丰歉对经济波动产生十分重大的影响，农业增长速度制约 GNP 增长速度和工业增长速度。因此，只有大力发展农业，稳定粮食增长，才能稳定整个国民经济发展。

中央政府是宏观经济的稳定器

为什么创造和保持一个稳定的宏观经济环境是我国政府的重要目标呢？为什么中央政府应成为宏观经济的稳定器呢？这是因为：

首先，保持经济稳定是我国顺利实现经济起飞的关键。从现代经济增长的发展过程看，我国从 80 年代以来进入经济起飞阶段，即经济高速增长阶段。如果在长期而不是短期保持这一增长趋势，就会成为世界经济大国。经济稳定就是使真实 GNP 增长率曲线在一个合理的范围内围绕增长趋势上下波动，即减少两者之间的绝对偏差，又减少其相对偏差。因此在经济起飞过程中，防止上下“栽跟头”尤为重要。

其次，稳定的宏观经济环境是经济持续增长的必要条件之一。一个相对稳定的宏观经济环境，可以增加本国国民对政府的信任，提高国外投资者对中国投资的信心，从而可以保持较高的国内储蓄率或国内投资率；同时，还可以避免因高通货膨胀使全体居民受到损害，特别是低收入阶层受到损害而引起的收入分配恶化和社会动荡。

再次，稳定的宏观经济环境对经济改革成功具有决定性影响。物价稳定，人心就稳定，财政平衡，财力充裕，改革措施才有条件出台。

最后，稳定的宏观经济环境对维护中央政府的权威性至关重要。由于我国是一个人口众多、经济落后、发展不平衡的大国，且处于经济社会迅速变革时期，经济活动日趋复杂化，各类不稳定因素急剧增加。如果中央政府不能有意识地或者有目的地减少经济不稳定因素，调整发展不平衡状态，反过来盲目地强化不稳定因素，加剧不平衡状态，就等于自我削弱，不断把自己推向危险的边缘。

由此结论，无论是从短期看，还是从长期看，保持经济稳定应始终是中央政府最重要的发展目标之一。

在经济稳定中实现持续增长

作为一个发展中的社会主义大国，发展是永恒的主题。持续稳定协调发展，是40多年来我国经济发展最重要的历史总结，也是今后经济长期发展的指导方针。经济稳定化是实现经济持续性高速增长的基本条件，但并不意味着经济只能平滑增长，而是要避免出现严重的经济衰退或者恶性通货膨胀。

经济稳定化目标及其政策应是：

第一，稳定经济增长，保持一个合理范围的增长率。假定真实经济增长率在一个接近增长趋势范围内上下波动，我们认为经济增长是“合理”的，也是“稳定”的；如果真实经济增长率超出这个范围，我们则认为经济增长是“不合理”的，也是“不稳定”的。

第二，稳定物价，保持物价总水平基本稳定是经济稳定化的核心。保持物价基本稳定不是指物价上涨率为零增长，而是指控制在一个相对低的范围之内。当物价上涨率小于3%，我们认为经济稳定；当物价上涨率超过6%，我们认为经济不稳定；当物价上涨率超过10%，我们认为中国经济已进入了高通货膨胀期，也进入经济极不稳定期。

第三，财政收支基本平衡。保持财政收入和财政支出基本平衡，减小财政赤字是经济稳定化的重要内容。财政赤字占财政收入比重的2%以下，就可以认为是基本平衡。

第四，保持工农业按比例发展。稳定农业生产，保持工农业按比例发展是经济稳定化的基础。在我国，农业增长率与工业增长率合理的比例范围是1：2.0～2.5。超过这一比例，则认为农业增长速度过慢。

第五，建设规模要和国力相适应。控制基本建设规模，调整产业结构，是中央政府的宏观经济调控的重要职能，从投入产出比例看，投资增长率应等于或低于产出增长率，否则是高投入低产出，这样的产出增长率愈高，所付的投入成本则愈高。

（1995年5月3日《光明日报》）

这篇按照报刊形式发表的论文谈的“如何有效地防止和避免经济波动”的问题，题目很通俗，只是它发表于1995年，时间已长，但目前仍要注意经济发展速度问题，特别在转型时期。在经济快速增长中如何保持较平稳的态势，避免大起大落，这确是宏观经济中的一大学问。本文因为发表在报纸上，是为了适应报纸读者要求简短、通俗，不需要用细致统计数字和确凿详细说明资料来源，故体例比较接近通常报纸文章。全文集中、简要、通俗地论述如何保持经济发展的稳定以及应采取的政策。一篇论文不足3000字而能够圆满解决论题所提出的任务，是十分可贵的。其主要的论点是三个：一、“稳住农业是防止经济波动的基础”；二、“中央政府是宏观经济的稳定器”；三、“在经济稳定中实现持续增长”。文章虽然未及细致论述，但从宏观角度解决了经济稳定性的论题。

第四节　经济论文的写作要领

一、发前人所未发

经济论文和任何专题论文一样，它的价值就在于发前人所未发。人云亦云、变着花样重复别人观点，这基本上不能成立。如无注明出处，抄袭别人论文，不仅与文章无益，还要引起诉讼。所以，首先和主要的是要做好选题工作，让结论真正做到发前人所未发。

二、逻辑要严密

经济论文是议论文之一，应严格遵守逻辑规律。经济论文在结构上没有什么新花样，论点、论据、论证方法依次讲来，基本上是“千篇一律”。在概念方面要极端准确；对于新的概念应该加以定义界说。推出的结论不可勉强，更不可强词夺理，亦不可以偏概全，务应细细推敲，言之成理。

三、语言要规范

在语言上要求规范化。往往看到一些生硬艰涩的文字充斥论文之中，或使用一大批不甚通用的外来词夹杂其中以显其深奥，这都不甚恰当，应予更换通用词语行文。论文虽然涉及艰深理论，若能以规范化语言描述，用通俗化语言行文，则不会降低价值；恰恰相反，能够获得更多的读者，也有利于科学普及和实际工作的发展。

【例文 02】

通货膨胀的一般理论

哈申高娃

【摘要】通货膨胀的发生是不可预期的，也是不均衡的，如果任其发展，不仅导致经济危机，也有可能导致政治危机。因此，通货膨胀的治理不仅对经济的稳定、健康、快速发展有重要的作用，对社会发展也有重要作用。控制通货膨胀的产生，还是积极地去适应通货膨胀在经济学界引起了广泛的关注，历史资料的分析表明，对通货膨胀的抑制，政府采取积极有效的措施，完善金融管理机制是有必要的。

【关键词】通货膨胀；理论；抑制

一战以后，德国的通货膨胀以惊人的速度发展。这种超速通货膨胀对德国经济有十分不利的影响，很多人认为它是纳粹兴起和二战开始的一个重要原因。这些给予我们的启示是通货膨胀不容忽视的，它对经济发展的影响力很大。

一、通货膨胀的含义及其产生的原因

在凯恩斯主义者那里通货膨胀是由于资源被充分利用或达到充分就业时，总需求继续上升而导致的。货币主义者认为，货币供应量增加，社会名义总需求量的增长不能自发地带动就业量的增长。而是，当名义总需求增加时，现有产品总量不能增加，价格就必定与货币供应量的增加成比例地上升，最终导致通货膨胀。根据上述观点可以认为，通货膨胀是货币供应量超过商品流通实际需要量而引起货币贬值、物价普遍上涨的经济现象。

通货膨胀虽然不可预期，但是它的产生有其原因：

（一）成本推动型

在失业率很高且资源利用不足时，由于成本上升所造成的通货膨胀，叫做成本推动型通货膨胀。这种通货膨胀首次发生在20世纪30年代和40年代。它使第二次世界大战以后的价格变动发生了根本性变化。成本的上升主要是由工资的增加引起的。在现代经济中，在不完全竞争的劳动市场上，存在着强大的工会组织，它们不断地鼓励工人给企业施加压力，迫使企业提高工资，而具有一定垄断性的企业又会相应地提高产品价格，从而引起通货膨胀。这种由工资的提高引起的通货膨胀被称为工资推进的通货膨胀。还有一些垄断企业和寡头企业为了追求更大的利润，操纵价格，把产品价格定得很高，由此引起的通货膨胀称为利润推进的通货膨胀。同时，进口原材料价格的上升及由资源枯竭、环境保护政策造成的原材料、能源等生产成本的提高也会引起成本推进的通货膨胀。

（二）需求拉动型

总需求的增长速度超出经济潜在生产能力而发生的通货膨胀叫做需求拉动型通货膨胀。如果通货膨胀是由需求拉动开始的，即过度需求导致物价上涨，物价上升使工资水平上升，工资成本上升又引起成本推动的通货膨胀。由于需求方的货币竞相追逐有限的商品供给，从而将价格提高；由于失业率下降、劳动力变得稀缺，工资也被抬高；这些现象会导致通货膨胀的到来。除此之外，需求拉动型通货膨胀的产生与货币的发行量有直接的关系。货币的供给快速增加时，随之货币的需求也增加，而货币的需求又使价格水平上升。所以货币的供给通过货币的需求产生通货膨胀。此时货币变得不值钱，没有人储存纸币，反而使大量的纸币涌入市场或甚至流向国外。

（三）结构型

结构型通货膨胀是指收入结构与经济结构的不适应和错位引起的通货膨胀。首先，高成长性产业和行业，由于种种约束，不能即时获得所需的资源和人才而将使资源的价格和工人的工资水平不断地上涨。与此同时，那些夕阳性的产业和面临衰退行业的资源和人才相对过剩。但是，由于他们的收入不会下降而引起比较效应上升，工资成本推动物价上涨。这种局面的持续会自然而然地引起通货膨胀。其次，劳动力市场的技术结构、地区结构、性别结构之间的差距将使工资刚性（工资水平能上不能下）增加。同时，这些结构的不合理也会引起失业与空缺位置的并存，最终导致通货膨胀。最后，大国或者发达国家示范效应时，小国或者发展中国家向大国或者发达国家看齐。同样，非开放的部门向开放的部门看齐。因此，工资水平和通货膨胀的国际之间和部门之间的传递会导致通货膨胀。

二、通货膨胀的影响

通货膨胀是不能预期的，也是非均衡的，它的产生会带来一系列的危害。

（一）造成实际收入和实际财富的再分配

1. 对收入的影响。如果名义工资率的增长慢于通货膨胀增长速度，公众和企业因货币贬值所获得的货币收入购买力将下降，即实际收入会减少；假如通货膨胀是由于政府借款造成中央银行向社会过量发行货币、增加货币供给，则政府可以因此而增加一笔额外的收入，即通货膨胀税。于是，通货膨胀不利于大多数工薪阶层、退休者、失业者和贫困者、接受政府救济者和债权人。但是，通货膨胀有利于高收入者、企业主、厂商和债务人。

2. 对再分配的影响。通货膨胀对再分配的作用主要通过影响人们手中财富的实际价值来实现。一般来讲，非预期通货膨胀会将财富从债权人手中再分配给债务人。即通货膨胀往往不得于债务人而有害于债权人。如果，通货膨胀持续了很长时间，使人们最终有可能预见其发展趋势，并且市场也开始与之相适应，那么市场利率中就会逐渐地包含一种对通货膨胀的补偿部分，主要是对利率进行调整。但是在更多的时候，通货膨胀只是将收入和资产搅和在一起，随机地在全民中进行重新分配，而不会只冲击某些群体。

（二）对经济效益的影响

1. 通货膨胀扭曲价格信号而损害经济效益。在一个低通货膨胀的经济中，如果一种商品的市场价格上升，则买方和卖方都很清楚这种商品的供给和需求方面都发生了实际的变化，他们就可以对此做出正确的反应。相反，在一个高通货膨胀的经济中，很难区分相对的价格变化与整体的价格变化。如果通货膨胀率每月达到20%或30%，商店就会频繁地变动价格以至于相对价格混乱无序、难以适从。

2. 通货膨胀对经济效益的影响，也可以通过对货币和税收的扭曲来体现。在流通中的现金是名义利率为零的货币。如果年通货膨胀率从0上升到20%，则现金的实际利率就从每年的0降为－20%。现在还没有办法消除这种扭曲。由于货币利率实际为负，在通货膨胀时人们更愿意持有真实资源而减少货币持有量，为此，他们频繁地进出银行。企业也会精心设计现金管理计划。实际资源仅仅被用来适应不断变化的货币尺度，而不是被用来进行生产投资。同时，有一部分固定的税收是以元来表示的。价格上升时，这部分税收的真实价值就会下降。假如在计算应交税的收入时，扣除一个价值固定的免税额；而出现通货膨胀时，那份标准免税额的真实价值会减少，所缴纳的税收的实际价值却上升。除了对税收的扭曲以外，通货膨胀也扭曲了收入的衡量标准来影响税收体系。

（三）对就业和国民收入（产出）的影响

较高的通货膨胀影响就业和产出水平。需求拉动型通货膨胀在一定条件下，能促使厂商扩大生产规模、增加雇佣工人；通货膨胀使银行的实际利率下降，这会刺激消费和投资需求，促进资源的充分利用和总供给的增加。当供给下降引起通货膨胀时，国民收入和就业量随之下降，导致大多数工人处于失业状态。

长期来说，通货膨胀与产出的增长之间存在着一种类似倒“U”形的关系。许多国家的研究表明各国的产出增长与通货膨胀之间的关系是这样的：低通货膨胀的国家经济增长最为强劲，而高通货膨胀或通货紧缩国家的增长趋势则较为缓慢。

三、消除通货膨胀的对策

根据历史上的通货膨胀的事实，我们不难发现，通货膨胀达到一定程度时，会破坏资本的正常循环，到严重时也会引起政治危机。因此，采取一些消除通货膨胀的措施是有必要的。

（一）需求紧缩政策

需求拉动型通货膨胀发生时，政府一般都会采取需求紧缩政策。因为，这种通货膨胀的根本原因是货币供应量过多引起的。因此，紧缩的财政、货币政策是需求紧缩政策的核心。财政政策方面国家可以通过调整财政收支总额，减少财政支出，增加财政收入，调整财政收支项目怎样能压缩公共开支，开征新税种，提高税率而控制社会总需求。货币政策方面，主要通过提高利率、存款准备金率等，减少社会信用规模及货币供应量。

（二）供给管理政策

供给是影响物价的重要因素。因此，控制货币数量和控制社会总需求都是消除通货膨胀的有效措施。从长远看，发展生产，增加经济中有效供给是抑制物价水平上涨和控制通货膨胀的根本性措施。在面临通货膨胀时很多国家都注意到了压缩总需求的同时改善投资结构，集中资金优先发展占用资金不多，投产期限短，市场紧缺的产品。同时，鼓励企业技术创新，提高生产技术水平，提高资源的利用效率，从而较快地增加有效供给，减轻市场需求压力，改善产业结构。

（三）物价和收入政策

通货膨胀时，工资和物价都会继续上升是推进通货膨胀的主要原因。这时有必要对各种生产要素的收入增长率进行限制，特别是工资增长率。这使工资增长率不会超过劳动生产率的增长幅度。这需要政府拟定物价和工资标准，劳资双方共同遵守。采取这虚张声势措施会降低通货膨胀率，保证一定的经济发展速度和就业水平。采取措施时可以采用自愿性和强制性两种方法。自愿性的做法是政府以劝导的形式使劳资双方自愿约束价格和工资的变动，它适用于通货膨胀程度较轻的情况。强制性的做法事实上是对工资的冻结。该方法对控制成本推进型和结构性通货膨胀是一种较为有效的方法。

（四）国际收支政策与国际紧缩政策

如今的通货膨胀与以往的相比具有世界性和长期性，这对世界经济发展的负面影响很大，主要表现在国际收支不平衡方面。当某一个国家发生通货膨胀后，通过外贸等国际间的经济往来向其他国家传播，所以采用外贸与国际收支政策是有必要的。这样不仅能够制止本国内通货膨胀，也能够遏制国际通货膨胀传播。但是，这种国际性的通货膨胀必须依赖国际性的紧缩政策来调整，仅靠一国的力量是不够的。

（五）货币改革政策

当通货膨胀已经成为恶性通货膨胀时，就应该通过货币改革加以制止。人们普遍认为，物价上涨率每月达到50%以上，每年达到600%以上，并且持续一段时间，才称为恶性通货膨胀。在此情况下，原来的货币已经失去了信用基础，通过货币改革废弃旧币，发行新币，制定保证新币币值稳定措施，是制止恶性通货膨胀的有效措施。

总之，通货膨胀的出现是不可预期的、也具有长期性。政府应针对通货膨胀期的不同阶段采取有效的货币政策、财政政策和收入政策来减少通货膨胀对经济社会发展的负面影响。

【参考文献】

1. （美）曼昆著，梁小民译. 经济学原理[M]. 北京大学出版社，1999.
2. 陈友龙，缪代文. 现代西方经济学[M]. 中国人民大学出版社，2002.
3. 赵长茂. 宏观经济管理通论[M]. 中共中央党校出版社，2001.
4. 曾湘泉. 劳动经济学[M]. 中国劳动社会保障出版社，2005.

采之《会计文苑》“其他经济论文”

责任编辑：雨昕

这篇论文是专论，运用学术论文格式来写。而题目却是妇孺皆知，而且都会觉得很重要。文章开篇设“摘要”、“关键词”，然后展开论述。全文三大部分：通货膨胀的含义及其产生的原因；通货膨胀的影响；消除通货膨胀的对策。每一部分都对通货膨胀现象进行了细致的分析，条分缕析。最为重要的部分是第三部分谈“消除通货膨胀的对策”。它分别讨论到需求紧缩政策、供给管理政策、物价和收入政策、国际收支与国际紧缩政策、货币改革政策等五项政策。所有这些政策都是重要的对策。最后建议对不可预期又具有长期性的通货膨胀现象，在其不同阶段采取有效的货币政策、财政政策和收入政策，以减少通货膨胀对经济和社会发展的负面影响。这是一篇用专题学术论文的格式写的，虽然文字不长，但规格较全面，而内容在当前也很重要。文章写得简明扼要，清楚易懂，初学者可尝试练习。

第三章 经济报告

第一节 经济报告概述

一、经济报告的概念和分类

一般地说，当国民经济处于计划经济体制时，有关计划、生产、销售、经营都由国家计划经济部门统一制定部署，各企业单位无需过多操心自己产品的市场占有情况。本企业经济活动的状况，调查和统计报表，一言以蔽之各种经济活动的资料等均按条条、块块及时汇总上报就是，比较单纯。但随着以经济建设为中心的总路线和坚持改革开放的正确方针，以及国家对国有企业实施“宏观调控，微观搞活”、“抓大放小”等一系列经济政策的出台，特别是由计划经济向市场经济的迅速转轨和各种所有制经济并存与发展等等，使得种种经济报告类的写作已经越来越重要。

经济报告是国家有关管理机构、厂矿企业和有关事业单位关于经济工作如厂矿筹建、生产和经营等运作过程中各种报告类文件的总称，是经济管理部门、研究机构、企业集团就国际国内的国民经济各部门发展变化的研究报告。它的种类很多，但主要是经济预测报告、经济活动分析报告和经济项目可行性研究报告三大类。

二、经济报告的特点

以经济预测报告、经济活动分析报告和经济项目可行性研究报告等为代表的经济报告类文件，尽管在写作上有不少差异，但也有许多共同特点。这些特点是：

1. 普遍的现实性　经济报告类是报告历史、描述现在、预测将来；但主要目的是瞄准现在，具有普遍的现实性，关注现实经济政策，现实的经济动态，现实的经济利害。因此经济界人士都对此类文件关注着，观察着，从各种报告上判断经济发展运作的客观形势，写作各种包含现实内容的经济为现实服务。

2. 强烈的政策性　经济报告主要用于反映管理、生产和经营活动的现实状况（过去的回顾总结也是为了现在）和调整各类经济业务关系，都在很大程度上受党和国家各种经济政策方针的制约，因此，本身必然带有强烈的政策性。比如在经济体制改革以前，企业生产由国家统一下达计划，产品由国家统一 包销，企业缺乏经营自主权。这种一切由国家包下来的经济政策，在反映企业生产经营活动情况的文体中也必然体现出来。而在目前经济体制改革转轨以后企业有了经营自主权，国家的市场经济政策和有关方针政策也必然反映在企业生产经营活动的相关经济文书之中。所以各种经济报告也必须具有强烈的现在时的政策性。

3. 突出的效益性　企业生产经营活动的根本目的是获取合理利润，最大限度地满足人们的物质和文化需要，而这种目的的实现则必须通过一定的经济和社会效益来衡定的。经济和社会效益是一切企业经营活动的杠杆。因之，作为反映企业生产经营活动和经济关系的各类报告，当然应该体现企业生产和经营活动的效益性；也就是说，使用经济报告的目的，就是要为了进一步提高经济效益服务。市场调查报告、经济预测报告、经济活动分析等等，它们就是为了探索有关经济活动的规律性，并根据这一规律从事生产和经营，以期取得最大的社会经济效益。所以，经济报告类具有追求十分突出的经济效益性是其区别于其他文种的主要标志。

4. 格式的稳定性　经济报告类在写作上一般有比较稳定的体例格式。它的这一体例格式特征同公务文书有某种类似之处。它们的大体格式是：开头部分写对象、目的和依据，中间部分，即正文部分写情况和对情况的分析，结尾部分要写出结论性的判断、意见、办法或建议等。经济预测报告、经济活动分析报告、经济项目可行性研究报告，基本上都是这种写法。

5. 数据的重要性　各种经济报告都广泛地使用种种统计数据，用数据来反映事物量的变化、质的特点及其他规定性。经济预测、市场调查、经济活动分析、新的经济项目可行性研究，离开了种种统计数字及质和量的数据标准，几乎就无法说明问题和得出结论。并且，"经济"、"经济"，它在本质上就是研究物质生产和消费的数量质量关系。因此，数据在经济报告文书中占有极为特殊的地位，是经济报告类写作中的一个非常重要的特点。

6. 文字的准确性　在种种经济报告文书中，精确、恰当的文字表述也是一个重要的特点。各类报告中的每一段、每一句话，尤其是分析、判断、结论和决策性文字的表述和有关指标性、规定性的文字表述等，一定要字斟句酌，务求准确，不能产生歧义。有时文字的差错或歧义会使整个结论意思相反；如果由经济部门和企业决策后就会导致失误，以致带来严重的后果，因此，经济报告类文章的语言文字一定要特别准确。

三、经济报告的一般结构

经济报告无论是经济预测报告、经济活动分析报告还是经济项目可行性研究报告，它们的结构大致雷同，分为标题、正文和落款三个部分。当然，各种报告有各自结构方面的特点，我们下文再作介绍。这里介绍其总体结构如下：

1. 标题　一般包括时限、单位、内容和文种；有时省略其中某个要素，如我国"十一五"时期投资预测等。经济预测报告和经济活动分析报告还有使用正副标题的方法，以使增加表达效果。

2. 正文　正文比较常见的写法是由前言（序言、导论）、情况、内容分析、建议等几个部分组成。

(1)前言部分。又称序言导论、概论等，即开头部分。一般是简要介绍本报告的缘由、目的、范围，有的还增加说明对象的背景、基本情况等；更有的简要提示一下结论，当然，也有的经济报告没有前言部分，直截了当地表述中心内容。

(2)主体部分之一：情况。主体部分首要的任务是要详细说明经济报告的有关情况，包括历史沿革与现状等。如在经济预测报告中要对预测对象作历史的回顾和现状的说明以作为预测分析的基础。在经济活动分析报告中要详细说明本论所及的产、供、销等情况，包括各种主要经济指标的完成情况、业务工作开展情况、技术或管理实施情况等。然后再分别分析研究其中的问题和将来的发展和建议等。在经济项目可行性研究报告中,要联系项目或产品的历史沿革,说明项目的经济技术的具体条件和性能等,以作为进一步该项目的立论根据。

(3)主体部分之二:分析。各种经济报告在叙述说明的基础上当然要以分析为主。透彻的分析是各类报告科学推论的基础和前提。如在经济预测报告中,只有深入分析预测对象的历史与现状,在此基础上才能形成对预测对象的发展前景趋势的正确推测与估计。这一部分的重点是应说明预测的依据,介绍预测的方法和推算的过程,以及如何得出预测的结论等。在经济活动分析报告中,顾名思义也是以分析为主;只有分析得当,才能对经济活动作出正确的评价;然后才能对其存在的经验教训有所认识,才能真正把握经济活动的本质和规律。在经济项目可行性研究报告中,分析部分更加重要:一是项目内容的说明即包含着一定的分析;二是项目的技术论证、经济评价也需要一定的分析;三是各种方案的比较中也需要一定的分析。总之,在总结过去、分析现在和预测未来的各类报告中,都需要实事求是的简要中肯的分析;而且独创性的结论往往来自于分析。

(4)建议。即结尾部分。它是根据分析的结果有针对性地对经济活动提出的合理的意见和建议,以供领导、专家和读者参考。

建议要具体,要可行。所谓具体,就是建议、设想、措施等清楚明白,行有目标,查有标准;而不是表面化、一般化、概念化或人云亦云的东西。所谓可行,就是从实际出发,实事求是,既不能脱离条件的可能而提出毫无意义的建议,也不可妄自菲薄,看不到有利条件,忽视经过努力可以达到的目标。

3. **落款**　一般为两项内容:撰写有关经济活动报告的单位、人员姓名;标明写作日期等。

【例文 03】

中国经济景气分析报告

编者的话:随着各项宏观调控措施的落实,我国政府宏观调控已初见成效。通过景气分析,国家信息中心有关课题组认为,我国经济景气将有可能在高位持续数月后在第三季度(指 2003 年第三季度——引者注)出现回调,二季度和三季度作为政策消化期,在综合警情指数已经接近峰值时,不宜采取进一步的收缩措施,以防止经济运行出现过大波动。

综合指数首次进入红灯区,加大调控力度十分及时

(一)先行合成指数显露下行迹象。1998 年以来,先行合成指数相对于一致合成指数显示出较稳定的先行特征。然而,从 2001 年 3 月至 2002 年 9 月,先行合成指数出现了一轮快速上升。由于受“非典”的影响,去年上半年先行合成指数出现小幅回调,下半年又恢复上升趋势,反映了当前我国经济快速增长的趋势。

去年下半年以来,中央已经针对投资在建规模过大、货币信贷增长过快、开发区和土地管理混乱、粮食产能持续下降等经济中存在的突出问题,出台了一系列宏观调控措施。由于投资扩张本身存在巨大惯性,宏观调控存在一定的政策时滞,部分地方政府和企业没有及时落实中央政策,赶在中央出台更严厉的措施前上项目、扩大投资规模。今年 1 季度投资出现过快增长,先行合成指数上升势头再度增强。今年 4 月份,由于政府关于控制钢铁、房地产、电解铝等领域投资过热的政策措施初见成效,钢产量、沿海港口吞吐量、商品房新开工面积、产成品资金占用等指标的增长速度回落,导致今年 1—4 月份先行合成指数的图形发生了一定的变化。先行合成指数的近期高点出现在1月份,2月份以后出现一定的回落。如果先行合成指数能够持续回落,从先行合成指数稳定领先一致合成指数5—7个月的特点看,我国经济景气波动将有可能在高位持续数月后在今年第三季度出现回调。

(二)一致合成指数继续保持上升趋势。今年4月份,反映当前景气波动状况的一致合成指数继续呈上升之势。一致合成指数从去年5月到今年4月份已经连续23个月上升。一致合成指数4月继续保持上升趋势,有以下原因:一是去年4月受非典的影响,有关指标的基数较低;二是受今年投资高增长的拉动,相关指标继续惯性冲高。

(三)先行扩散指数继续下行,一致扩散指数继续上行。自今年1—4月份,先行扩散指数连续下降,从60下降到53.3,同时,一致扩散指数继续上行。从走势看,如果宏观调控政策继续显效,先行合成指数构成指标增幅继续回落。一旦先行扩散指数向下穿过50的临界点,此时,先行合成指数的转折点将出现,表明宏观经济波动将由扩张阶段进入收缩阶段。

(四)综合警情指数首次进入红灯区。综合警情指数延续了一季度逐步上行的惯性,继续走高,今年4月在新一轮经济扩张期首次进入红灯区。但是考虑到去年4月基数较低和今年大多数预警指标增幅在高位回落的现实,综合警情指数有可能已经接近峰值。

今年4月份,10个月度预警指标中,工业增加值、工业企业销售收入、固定资产投资、进出口总额、发电量、财政收入增长率等6个指标在红灯区,贷款总额、M_1增长率在黄灯区。消费物价和社会消费品零售总额增长率等2个指标在绿灯区。综合计算,4月份综合警情指数为86。从综合警情指数变化趋势看,个别行业投资过热问题更加突出,使局部过热扩大为全面过热的危险增大,中央在4月份加大控制投资过热的政策力度是完全必要的,也是十分及时的。

二、要防止结构性矛盾的加剧,努力实现经济软着陆

投资过快增长、部分行业和地区的低水平扩张没有得到有效遏制,是当前宏观经济发展中的焦点问题,它的风险并不一定转化为高通货膨胀,而是加剧结构矛盾。当前,应该冷静观察前期宏观政策调整的实际效果,二季度和三季度应当作为政策消化期。因此,采取经济、法律和必要的行政措施,加强对已经明显过热行业的宏观调控,只要把新出台的调控措施落实到位,完全有条件、有能力在今年下半年实现中国经济的软着陆。

(一)着力推进结构调整。要全面地、准确地、积极地理解和贯彻中央加强宏观调控的方针政策,在坚持总量调控的同时,着力推进结构调整,切实加强和支持经济发展中薄弱环节,要加大对农业、高技术产业、交通、能源等薄弱环节和教育、科技、卫生、生态环境等社会事业的支持力度,充分利用现有企业基础,积极引导社会投资参与国有企业改组改造,防止盲目铺新摊子。要坚持走新型工业化道路,加快用高新技术改造传统工业,走出一条优质、高效、低耗的经济发展新路子。

(二)加快利率市场化改革步伐。尽快实现贷款利率的市场化,增加投资和资金需求对利率变动的敏感性。建立健全商业银行的风险评价体系,并且将其与贷款利率的浮动结合起来,使商业银行根据企业的信用等级和投资回报来确定贷款利率。要加快面向金融业服务的中介机构建设,建立产权转让市场,使不良资产的处置、转让和盘活便利化。

(三)提高居民消费水平,促进消费结构升级。加强财政政策与货币政策的协调和配合,发挥积极财政政策在促进城乡居民提高消费水平和消费结构升级方面的引导作用。消化当前过剩生产能力,提高最终消费在国民经济中所占的比重,是促使当前经济软着陆的重要途径。要提高财政政策对中小学公共教育、公共医疗制度的支持力度,加强城镇居民最低生活保障和农村基础设施建设,促进城乡居民消费环境和消费预期的改善,进一步整顿和规范市场经济秩序,尽快为农村贫困人口建立最低生活保障制度。

(四)进一步做好粮食增产和农民增收工作。针对近期粮食价格的较快上涨,要切实做好夏粮的收购工作,做好防汛抗旱和重大病虫害的防治工作,确保今年丰产丰收,稳定市场预期。同时,要把扶持农业、支持粮食生产、促进农民增收的政策不折不扣地落实到农民手中,确保让农民得到好处,维护农民利益,打击坑农害农行为,为农村消费品市场的启动创造条件。

（五）深入开展资源节约活动，努力建立资源节约型社会，促进经济社会的可持续发展。要用经济手段提倡原材料、水资源和土地资源的节约，开展资源综合利用，发展循环经济，建设节约型社会。要对资源综合利用项目给予优先的信贷支持，对资源综合利用成效显著的单位要给予一定程度的税收减免。

国家信息中心、上证报《宏观经济监测预警》课题组

执笔：范剑平 王远鸿 张永军 伞锋 李若愚 徐平生

这是国家信息中心和上证报《宏观经济监测预警》课题组六位作者发表在《经济日报》（2004 年 6 月 5 日）上的文章，题目是关于《中国经济景气分析报告》。报告认为，我国经济景气情况将在当年第三季度出现回调，因此不宜再采取进一步的收缩措施，以防止出现大的波动。这篇报告的观点是否正确，当然由下半年的经济景气的发展情况来决定。从论文来说，它首先回顾 2003 年下半年中央调控力度十分及时，合成指数继续保持上升趋势，先行扩散指数继续下行，综合警情进入红灯区，有可能已经接近峰值，因而认为不宜再采取收缩政策。接着又指出，需要防止经济结构性矛盾的加剧，要努力实现经济软着陆。为此建议着力推进经济结构调整，加快利率市场化改革的步伐，提高居民消费水平和消费结构升级，进一步做好粮食增产和农民增收工作，以及深入开展资源节约活动等等。这篇文章非常务实，没有过多空头理论，甚至没有结尾，水到渠成，自然结束，是报刊上非常实用的经济议论文，值得借鉴。

第二节 经济预测报告的含义、作用和分类

一、经济预测报告的含义

经济预测报告即预测研究报告，它指各级政府经济部门、企业单位等对未来一定时期中某项经济活动发展变化的趋势和走向，作出科学预测的报告。这种预测是在充分掌握过去一定时期中某项经济活动的信息资料的前提下，并在正确的经济理论和方针政策的指导下进行分析、综合和推断出来的。

二、经济预测报告的作用

经济预测的作用可简要分为三点：经济发展的决策依据、未来经济运作参考和作为一种经济理论的新依据。

1. *经济发展的决策依据* 政府和经济部门把正确的经济预测报告作为经济决策的参考依据之一，举凡宏观、中观和微观经济的发展，以及财政、金融、税收等部门工作的开展，事先都有详尽的预测。而广大企业单位也把经济预测作为市场形势变化和走向、企业投资和经济效益以及发展空间等，作为企业发展的决策根据。经济预测报告越来越受到全社会的重视而普遍地发展起来。

2. *未来经济运作参考* 无论宏观、中观、微观的经济活动，都是许多因素在特定环境和条件下交互运动着的。这些交互运动及其结果，大部分应该表现出来；但也有可能出现不可预测的冲突和矛盾。在这种情况下就应该对经济作出准确的和科学的预测，调整方案，以适应变化了的情况，纠正原先预测分析中的不确定性，争取基本上实现预测目标的要求。

3. 作为一种经济理论的新依据　经济预测报告的制定是根据一定的理论为前提的；同时对经济预测的执行结果，一般也会作为丰富根据的理论。因而无论其实行结果如何，它都能够证实一个理论的合理性程度有多大。经济预测报告所依据的理论模式，和它在实践中所取得的成就，两者都是进一步丰富和完善某种理论的材料和根据，并且也是制定新的同类经济项目预测报告的最好参考。

三、经济预测报告的分类

经济预测报告的种类很多，大体划分如下：

1. 按预测范围分　按预测范围分，可分为宏观经济预测报告和微观经济预测报告两大类；或分为国民经济预测报告、地域经济预测报告、部门经济预测报告、企业经济预测报告等几种。

2. 按预测期限分　按预测期限分，可分为短期（一年以内）、近期（一年以上、二年以下）、中期（二年至四年）、长期（五年或五年以上）经济预测报告。但期限的划分是相对而言的。

3. 按预测方法分　按预测方法分，可分为以定性为主的经济预测报告和以定量为主的经济预测报告两大类；但它们都是就其侧重点而言的，在一篇预测报告中总是既有定性分析，又有定量分析。不论是定性分析或定量分析的经济预测报告，都要求达到一种科学标准，而不应是一些项目的估测。

4. 按预测内容分　按预测内容分，可分为经济活动的各个方面划分为市场预测报告、技术预测报告、资源预测报告、生产预测报告、成本预测报告等等。

第三节　经济预测报告的写作要领

经济预测报告有各种各样。首先是种类繁多，有多少不同的经济形态，有多少个经济部门单位，从宏观到微观，从国家到市场，从公司到厂矿，从原料到产品……所有方方面面都应该做出预测；问题只不过是否形成预测性文字报告和其质量高低及篇幅大小而已。我们要讲它的正确的方法。

一、掌握多种预测方法

经济预测的方法有多种，现把常用的方法概述如下：

1. 调查研究预测法　又称定性预测法、判断预测法。它是通过向专业人员、经营人员、销售人员和消费用户进行调查取得的反馈，再同预测对象有关各种因素的历史和现实情况对企业经营、产品产销和财务盈余等情况进行资料汇总，并对这些资料进行加工整理和分析研究的基础上，判断对象未来情况的一种预测方法。按照引用的预测分析资料来源的调查渠道不同，可将常用的预测法分为以下几种：

(1)专家意见法。即向某一经济领域的专家或有关专业人员征求预测意见的方法。

(2)经营人员意见法。即请经营人员参加座谈会或以个别交谈或书面调查形式，获取提出的预测意见。

(3)销售人员意见法。即通过对市场销售人员进行调查，直接了解切合市场情况的预测意见。

(4)用户意见法(民意测验法)。一般开座谈会，或发信征求意见，或派人入户进行调查等等，综合用户对产品的预测意见。

(5)此外，还可以通过订货会、展销会、物资交流会等形式，进行调查研究作出的预测。

2. 数字模式预测法　又称定量预测法。它是根据统计资料运用数学方法，建立数学模型等方法，以判断预测对象的未来情况。数学模式常用的预测方法有以下几种：

(1)时间数列法。通过研究某个变量的时间数列，从其过去的变化趋势来预测未来经济状况的方法。

(2)回归分析法。通过对引起未来变化的各种因素的研究，找到客观条件与环境同未来状态之间的统计关系，以进行预测的方法。

(3)指数函数法。通过引入拥有率和饱和率的概念而建立起来的预测方法。

(4)抽样统计法。通过对相关的数据的抽样统计，求出概率以推测经济现象的发展变化趋势的预测方法。

以上叙述的两种常用的预测调查法只是提供了经济预测的大致方向，经济运动是否真正按照上述预测意见运作，还需要对大量纵的历史资料和横的某一时期的资料进行科学分析和比较来印证。

二、认真分析资料

经济预测报告究竟是科学的预测，还是主观的预测，关键在于它是否最充分地掌握信息资料以及是否最深入地分析这些信息资料。

1. 掌握信息资料　就是不满足于通过上述定性预测和定量预测法所提供的判断，还要从纵的和横的方向寻找数据信息来考证。纵的方面是从历史的角度找出某一经济现象的数据和信息，如历年生产、销售、消费情况，投入、产出、效益情况，以及各项政策的变迁对于生产、销售、消费情况的影响等。横的方面则是从某一经济现象在同一时期与另一些现象相关联的参考数据和信息。如某一产品作为预测对象时，另一现象则包括该产品的原材料、产量及价格情况，该产品的国内市场价格与国外市场行情之间的关系，以及群众消费心理之影响等等。凡此一切资料信息，都应该尽力收集使用。

2. 深入科学分析　这里指的是涉及规律性层次的分析。我们应该把经济现象如实地看成一个系统多样、结构复杂、流动不已的立体动态架构，看成其中许多因素都在起着不同作用的因果连锁，然后采用辩证的观点即对立统一的观点分析问题、找出规律，从而比较准确地判断和推测未来，探索出某一经济现象的合规律性的发展趋势和走向，即科学的预测。

三、把握经济预测报告的前瞻性

经济预测报告的起点是过去，终点是未来。因此写作经济预测报告的重点不应停留在有关人员的舆论调查上和产、供、销的数据调查上，而是使自己的研究具有前瞻性，把重点放在未来发展变化的科学预测上。对于未来的经济发展变化的因素，本质上可以归纳为可调控的因素和不可调控的因素两种力量，经济预测就是应该密切关注这两种不同性质的因素，力求降低不可调控因素的力量，增加可调控因素的力量，变规律为社会发展服务。

【例文 04】

我国“十五”时期投资预测

国家计委宏观经济研究院课题组

投资规模预测

1. 经济增长目标:“十五”时期是21世纪起步阶段,其基本任务是在不断改善经济结构的基础上,实现经济的高质量增长,为21世纪上半叶的经济发展奠定稳定的基础,创造良好的环境。2010年远景目标纲要提出,到2010年实现国民生产总值比2000年翻一番,年均增长7.2%。而根据社会科学院数量所的预测,21世纪头十年的年均经济增长速度为7.5%。中国科学院以及斯坦福大学刘遵义教授预测此间增长速度为8.5%左右。

改革开放以来,我国经济保持了近20年的高增长,为世界所瞩目。1979—1997年GDP平均增长了9.8%,增幅超过10%的年份就有9年。国际以及我国的发展经验说明:长期的高增长代价极大,很大程度上牺牲了环境、滥用了资源、损害了效率、忽视了效益。随着各类经济主体风险意识的增强,随着政府对经济的控制力逐渐削弱,我国依靠政府推动,依赖高资本投入的经济增长正逐渐失去存在的经济基础与制度基础,未来的经济增长将更强调经济约束、金融安全、结构优化、技术进步、环境资源保护和经济运行质量。考虑到在总量不断增大基础上经济增长的困难性,“十五”时期的平均增速可确定为7%左右。

2. 投资率:投资率的变化与经济周期变动、经济增长方式变化以及经济发展过程中产业重点选择密切相关。预计“九五”后两年经济将出现回升,而以一个周期8年计,“十五”中期经济达到高点,后两年进入下降期。若投资率与经济波动同步,则“十五”时期将呈现由升转降的过程。当经济增长从单纯依靠高资本投入,转变为更多依靠全要素生产率提高,依靠技术进步、结构改善和组织创新时,投资效果系数将会提高。“十五”时期经济增长方式有可能出现积极的变化,投资率应在总体上呈下降趋势。另外,近年来我国非国有经济不断壮大,在经济与投资中所占份额迅速增加。与国有经济相比,这部分经济形式企业投入少、收益快、效率高、活动强,将有利于降低已经过高的投资率。但是,考虑到工业化过程中,我国部分基础设施发展仍然相对落后,仍需增加投入,而基础设施投资可能要在较长时期后才能产生明显、直接的效益;机电、汽车、石化等支柱工业投资规模巨大,产生效益也有一定周期;传统产业及老工业基地的更新改造、产业转换和资产重组任务繁重,将会在短期内削弱现有生产能力,而新兴生产能力的形成受多方面因素约束;特别是近期国家将加大固定资产力度,大幅度增加基础设施投资规模,以促进经济增长速度的回升。因而,投资率又存在明显上升的倾向。总的看来,从1998年始到“十五”中期,投资率仍将呈上升趋势,之后,投资率将有所回降。“六五”以来,我国的投资率总体呈上升趋势,“八五”时期平均达到33.9%,1996—1997年平均为33.8%。预计投资率将从1998年的36%左右上升到2002年的36.5%,之后下降到“十五”期末的36.4%,“十五”时期平均为36%左右。“十五”期末平均投资率较高与历史经验不符,原因在于“九五”后期开始的经济回升是在较高增长水平上开始起步的,在此之前投资增长基本超前于经济增长,投资率已接近34%,在此基础上要保持经济一定的增速,在短期内投资效果系数不可能大幅度提高的情况下,投资增长必须有一定速度,使“十五”时期投资率有可能达到较高水平。

3. 投资规模预测结果:首先需要确定1998—2000年三年的投资和经济增长情况。这三年是经济重新启动时期,经济增长平均增幅可能达到8%左右。投资增速平均超过11%,投资率也趋于上升,到2000年,GDP将达到95000亿元左右,投资为35000亿元左右。以此为基础,根据已确定的经济增长率和投资率预测,2001—2005年,GDP将达到610000亿元左右,全社会投资完成220000亿元左右,投资率逐年有所下降,平均为36%左右(见表1)。

投资资金来源预测

这里运用比例法预测主要的资金来源情况。从历史数据看,改革以来,我国固定资产投资资金来源结构发生了很大变化，趋势变化也很明显。

首先，预算内投资比重大幅下降，到1996年仅占全部投资的2.69%，近年来预算内投资大体保持在500—600亿元之间。考虑到政府在基础设施投入上的任务较重，“十五”时期预计年均预算内投资将达到800亿元。

第二，银行贷款在固定资产投资中占有重要位置。改革以来，国内贷款占全部资金来源的比重逐年上升，到1992年已达27.4%，但随后又逐年下降，到1996年比重已不足20%。由于国家银行逐步实施商业化运作，贷款业务的风险意识及责任约束逐渐增强，以及银行主要从事中短期信贷业务，长期资本的融通将更多依靠资本市场的金融发展趋势，未来贷款在投资中比重还会有所下降。但银行在促进经济的快速增长、实现国家宏观经济政策和解决信息不对称问题具有一定优势，因此，“十五”期间银行融资比重下降幅度将是和缓的。从历史资料看，1994—1997年全部金融机构贷款余额年均增长23%，未来随着其他金融方式的发展，存款增长将下降，以存款为主要资金来源的贷款增长也将下降。“十五”时期贷款余额预计年增长13%。另外，中长期贷款占全部贷款比重以及投资中的国内贷款占长期贷款比重从1994年开始逐年下降，预计未来仍保持下降趋势，1998—2005年分别从21%下降到15%，从35%下降到33.6%。根据上述增长及比例变化，国内贷款在“十五”时期合计将达到43000亿元，占全部资金来源的比重平均为20%，比“八五”时期下降了2.4个百分点。

第三，随着对外开放不断深入，以及国外大型跨国公司看好中国市场，我国利用外资的规模迅速扩大，利用外资在投资中的比重持续上升。预计“十五”时期实际利用外资额年均增长8%，五年共计4600亿美元。“八五”期间投资中利用外资额占实际利用外资额的54%左右，依此比例推算“十五”时期投资中的利用外资额共计2500亿美元。按照未来人民币合理汇率水平计算，“十五”时期投资中利用外资额21000亿元，占全部投资资金来源的9.6%，比重逐年下降，但平均比重仍高于“八五”时期近2个百分点。

第四，自80年代(指20世纪)以来，自筹投资增长很快，“六五”、“七五”和“八五”时期自筹投资占全部投资的比重由58.4%上升到63.2%，继而又上升为64.4%。未来自筹投资比例的变化取决于两方面的因素，即投资者的自我积累能力及其在资本市场的融资能力，以及资本市场的规模扩张程度。从发展趋势看，融资方式的拓展、金融工具的创新、金融组织的完善、市场机制的健全以及监管体系的建立，都有利于资本市场的发育，有利于投资者融资能力的提高。所以自筹投资比重仍有提高的潜力和可能性。由于自筹投资与经济增长密切相关，当年GDP总量及增长情况决定了自筹投资的发展，所以我们利用自筹投资占GDP的比重估算“十五”时期的自筹投资。90年代以来，自筹投资占GDP的比重年均约为20%，预计这一比重在1998—2005年将逐步上升，预计到2005年比例达到24.6%，依此计算“十五”自筹投资共计148000亿元，占投资资金来源的68.3%，比重比“八五”时期上升4个百分点(见表2、表3)。

表1　投资规模预测结果(不变价)(略)

表2　投资资金来源预测(略)

表3　投资资金来源比重(略)

这是一份全局性的投资专题预测报告。标题中包括预测范围(全国)、时限(“十五”时期)、对象(投资)，但省略了报告两字。正文略去一般预测报告中的前言和结尾部分，直截了当地写出了“预测”。全文分列“投资规模预测”和“投资资金来源预测”两个部分表述，每一部分把情况、预测、建议都糅合在一起写。整篇报告只有近3000字，却把我国“十五”时期投资预测这么一个重大课题有根有据地表述清楚，真可谓言简意赅，文约事丰。这是第一个特点。另一特点是合理地使用表格，把一组复杂的数据(多达432个)分别列在三份表格之中，既节省了篇幅，也提高了文字表述效果。

第四节　经济活动分析报告的含义、作用和分类

一、经济活动分析报告的含义

经济活动分析是运用科学的经济理论，以历史和现实上的供产销计划、进程、统计、会计等实际资料，以及有关原始记录和调查材料为依据，对某一地域、行业、部门，某一单位的经济活动情况进行系统和客观地分析和总结，反映这种分析内容和结果的书面报告就是经济活动分析报告。分析报告的分析一定应作出科学可信的结论。

二、经济活动分析报告的作用

在某种意义上，经济活动分析报告相当于行政工作和事务工作的总结；只是经济活动分析是专门研究经济领域的事务，涉及经济规模、质和量的指标和标准，通常涉及数字概念，比较起来它要求更加具有科学性。

经济活动分析报告历来使用的范围较广，而且随着我国进入以经济建设为中心的年代，经济活动分析报告的使用范围越来越广。从某种意义上说，凡是涉及经济工作的一切行政领导机关和具体业务单位等都经常应用经济活动分析报告这个工具，因为经济活动分析报告的作用是研究和评价某一经济系统、部门和单位的特定经济活动，总结其状况，评估其成绩，认识其运作规律的重要手段，是国家加强宏观调控，部门加强专业管理，企业加强生产经营水平的有效方法。

但是，经济活动分析报告并不等同于经济预测报告。第一，经济预测报告重点在预测未来；并不必须建立在经济活动分析的基础上，就像一个经济项目计划可以从零开始一样。而经济活动分析报告集中分析过去，它尤似事务文书中的总结。第二，经济预测报告重点对未来经济活动的环境、条件、投资和规模进行分析，可以从适度发展的水平上来预测可能的发展变化；而经济活动分析报告对未来的建议往往从既有的环境、条件上进行分析。第三，经济预测报告是为决策层把握未来经济发展的变化趋势和走向作参考；而经济活动分析报告的重点是总结过去的成绩和经验教训。当然，它们都是为了调整方针、政策和计划，共同为经济发展服务。

三、经济活动分析报告的分类

经济活动分析报告多种多样，它们是：

1. 按报告内容涉及的范围分　有涉及一个地区、一个系统、乃至全国范围内某项宏观经济活动分析报告；也有仅涉及一个基层单位、一项产品等涉及面较窄，影响较小的微观经济活动分析报告。

2. 按报告分析的时间分　有定期经济活动分析报告和不定期的经济活动分析报告。定期经济活动分析报告又分为年度分析、季度分析和月度分析报告；不定期经济活动分析可分为临时性的分析报告、紧急性的分析报告和问题性的分析报告等。

3. 按报告内容涉及的部门、行业分　有工业经济活动分析报告、农牧业和食品工业经

济活动分析报告、商业和服务业经济活动分析报告等。

4. *按报告内容涉及的对象分* 有生产方面、供应方面、销售方面、财务方面等的分析报告。

5. *按报告的内容广度和特点分* 有综合分析报告和专题分析报告两大类。

第五节 经济活动分析报告的写作要领

一、全面地掌握并核实材料

经济活动分析报告的分析的质量和效果，在很大程度上取决于资料的完整性、真实性和准确性；资料不全不真不准是无法对经济活动作出正确判断和深入分析的。为此除了充分利用平时积累的各种资料以外，还应对问题进行专门的调查以定向搜集必要的资料。同时还要注意对资料的鉴定和核实，保证资料的真实性和可靠性。

二、掌握比较分析法和因素分析法

像对任何社会活动进行分析一样，经济活动分析也需要掌握一套具体的科学方法。经济活动分析应根据分析研究的具体目的和具体对象的不同，而采用相应的分析方法。根据当前通常的做法，主要有比较分析法和因素分析法。

1. *比较分析法* 又称对比分析法。它是把同一基础上可比的数据资料进行对比，集中反映事物之间的差距和因果关系，反映生产或经营的成绩或差距，以总结经验和教训，启发人们寻找改进生产和经营管理的措施与办法。比较分析法通常有：

(1)与本期经济计划指标对比。可以将本期经济活动所完成的经济指标与计划指标比较，找出两者间的差距，从而说明本期计划是否适当，以及本期计划的执行情况是否得力等。

(2)与以往经济计划指标对比。即以本期完成的指标与上期的实际完成的指标相比较，或与本单位历史上实际完成的最高水平相比较，用以研究经济活动中各种因素的发展变化，找出规律性的东西来。

(3)与效益显著单位的经济指标比。即以本期完成的指标与主客观条件大致相同而效益显著的先进单位的实际指标相比较，找出本单位在经营管理中存在的问题和薄弱环节。

运用比较分析法，必须注意经济现象或经济指标的可比性，即被比较的现象或指标必须在性质上原则同类、范围上基本相等、时间上大致相同，才宜于比较。

2. *因素分析法* 也叫因果分析法，即通过分析影响经济活动的各种因素，探索该项经济活动取得成果或出现差异的各种原因。这种分析方法一般应用于比较分析法之后。使用比较分析法说明了该项经济活动的现状、找出了差距、揭露了矛盾之后，进而再借助于因素分析法来分析研究其原因所在。

运用因素分析法时，要注意突出对重点因素和带萌芽性、倾向性因素的分析，并兼顾主客观因素。所谓重点因素，是指在该项经济活动中处于关键地位、起关键作用的那些因素。所谓带萌芽性、倾向性的因素，是指那些现时并不突出，但从发展趋势看可能上升为重要因素的成分。所谓主客观因素兼顾是指：任何经济活动的结果出现了差异，都会有主客观两方面的原因。进行因素分析既要看到客观原因，又要看到主观原因。不能以客观原因掩盖主观原因，也不能以主观原因代替客观原因。以上是把分析中的重点因素和次要因素，主观因素和客观因素，都进行实事求是地分析，这才叫做全面的、科学的、有重点的分析。

三、坚持正确使用分析方法

以上介绍了两种科学分析方法。对于这两种经济活动分析的具体方法——比较分析法和因素分析法，关键是要按照实际情况的不同而正确地使用。比如关于比较分析法，有的经济计划指标和实际完成情况相距甚远，这或者是当初的指标根本不周到，或者是实际经济运行中出现了意想不到的情况。如果不加分析、硬来比较，就可能毫无结果。又比如拿本论所及的实际完成情况硬跟本单位以前或历史上完成的最高经济指标比较，也是十分危险的。因为不同的历史时期一定有不同的条件；不顾这些条件、不分析这些条件便拿来硬比，肯定比不出正确的结论。还有和其他单位比较，——严格地说，很难有两个各种情况完全相同的单位；如果抹杀它们之间的区别拿来硬比较，也比不出正确结论。总之，比较的方法是好的，但也是有需要注意的地方。至于因素分析法，也有一定的局限性，也应当引起注意。

四、讲究时效

此外，还要讲求时效，及时完成报告。撰写经济活动分析报告是为了总结经验教训，明确今后经济活动的方向，适时调整方针政策。因而，它的时效性很强，如不及时完成，就会失去实际意义。

【例文 05】

2006 年度中国民营经济发展形势分析报告

2006 年，是国家“十一五”发展规划纲要实施取得良好开局的一年，在科学发展观指导和宏观调控政策引导下，国民经济取得了快速稳定健康的发展，GDP 达到近 21 万亿元，增长率达到 10.7%。2006 年，是党和国家非公有制经济发展方针政策、特别是《国务院关于鼓励支持和引导个体私营等非公有制经济发展的若干意见》(以下简称“非公经济 36 条”)进一步落实的一年，非公有制经济的法律、政策和市场环境不断改善，非公有制经济取得了更大发展，为整个国民经济发展提供了强大动力来源。新年伊始，回顾 2006 年民营经济发展过程，展望 2007 年民营经济发展前景，具有很重要意义。

一、2006 年中国民营经济发展总体情况分析

1. 民营经济继续以高于全国经济增长速度的水平发展。

——私营企业大幅度增加。据国家工商总局的统计，到 2006 年底，登记注册的全国私营企业达到 494.7 万户，比 2005 年增长 15%，占全国企业总数的 57.4%；注册资金总额为 7.5 万亿元，增长 22%；从业人员为 6395.5 万人，增长 9.81%；投资者人数 1224.9 万人，增长 10.36%；雇工人数 5171 万人，增长 9.68%。登记注册的个体工商户为 2576 万户，比 2005 年增长 3.8%；资金总额为 6515 亿元，增长 12%；从业人员 5045 万人，增长 2.95%。

——民营经济投资大幅度增长。据国家统计局统计，到 2006 年底，城镇中的非国有及国有控股经济即全部民营经济固定投资总额达到 4.83 万亿元，比 2005 年增长 37.7%，高于全国增长率 13.2 个百分点，占全国城镇固定资产投资总额的比重由 2005 年的 46.7%提高到 51.6%。

——私营工业经济高速发展。据国家统计局统计，到 2006 年 11 月，规模以上工业企业中的私营工业增加值为 1.5 万亿元，同比增长 25%，高于全国 8.2 个百分点；占全国规模以上工业增加值的比重为

19.26%，比2005年提高约1.5个百分点。

——私营企业进出口总额高速增长。据国家海关统计，到2006年底，全国私营企业进出口总额为2436亿美元，同比增长46.5%，高于全国增长率约23个百分点；占全国进出口的比重为13.8%，比2005年提高2.1个百分点。其中出口总额为1707.6亿美元。同比增长52.1%，高于全国增长率24个百分点；占全国出口比重为17.6%，同比提高2.9个百分点。

2. 民营经济的效益和社会贡献不断增长。

——私营工业企业利润快速增长。(略)

——个体私营经济税收快速增长。(略)

——对社会公益事业贡献日益增大。(略)

3. 民营企业素质进一步提高。

——私营企业组织形式及治理结构不断优化。(略)

——企业经济实力增大。(略)

——企业自主创新能力增强。(略)

——民营上市公司明显增加。(略)

——企业“走出去”步伐加快。(略)

4. 民营经济政策环境不断改善。

——国家宏观经济政策环境总体有利。(略)

——中央继续强调鼓励发展非公有制经济的方针政策。(略)

——有关政府部门支持民营经济发展的措施取得新进展。(略)

——地方政府更加强调推进民营经济发展对当地经济的重要意义。(略)

5. 民营经济发展存在的主要问题。

(1)部门落实“非公经济36条”的措施推进不平衡。

——行业准入总体上进展比较缓慢。主要是在一些垄断部门和行业，公用事业和基础设施领导，如邮政、通信、广电、电力和金融等，民营经济的进入遇到大量的“玻璃门”现象，即看得见、进不去，一进就碰壁。比较突出的是以资本实力、技术水平和从业资历等各种理由抬高民营企业的准入门槛，使得民营企业实际上进不去。

——金融、税收政策总体改进不大。金融方面进展不大的主要表现，一是国有商业银行和主要股份制银行仍在信贷上对中小企业有种种不合理的条件限制，使得相当大一部分在经济效益、社会信誉和管理制度方面已经达到提供银行信贷条件要求的民营企业、中小企业仍与银行信贷无缘；二是社会普遍呼吁了多年允许设立以民营资本为主的专为中小企业服务的区域性中小银行的建议，一直不为主要金融管理部门认可。税收方面进展不大的主要表现，一是内外资企业统一税制改革仍处在研究制定之中，二是民营企业员工的计税工资标准政策既与外资、也与国有企业不平等，民营企业要为此承担明显高于外资和国有企业的工资税务成本。

——一些配套实施政策在执行中遭遇阻力。尽管不少部门相继出台了落实“非公经济36条”实施政策意见，但一些部门受传统的观念影响与习惯制约，在实际管理上对民营企业仍抱不太信任的态度，以致在具体工作上或有意或无意、或直接或间接地限制民营企业。

——某些垄断企业在实际上更加排挤民营企业。面对民营企业部分地、逐步地进入某些垄断行业和领域，一些垄断企业出于维护自身超常利益与抵御市场竞争的需要，往往采取某些直接、间接手段与办法，如长期维持垄断高价、通过影响政府部门抬高行业准入门槛等，排挤甚至阻止民营企业进入。

(2)市场环境面临诸多问题。据世界银行国际金融公司的《2006—2007全球商业环境报告》，2006年中国的综合商业环境排名比2005年提升了15位，居第93位，但在175个经济体中仍属中等偏下水平。其中申请许可排名第78位，投资者保护排名第83位，获得信贷排名第101位，开办企业居第128位，缴纳税款第168位。这些评价结果比较能够较真实地反映民营经济的情况，说明我国的市场环境、特别是民营企业的市场环境仍须加大力度进行改善。

(3)社会某些舆论存在负面影响。

——在对收入分配不公等方面的讨论存在某些偏颇舆论。面对贫富差距的不断扩大和收入分配上存在的严重不公这一复杂的社会现象，部分社会舆论简单地将其主要归因于是私营经济发展，归因于私营企业财富的迅速积累和积聚。这导致不少人对民营企业及企业家仍持某种异样眼光。

——关于“原罪”问题的再次争论给部分民营企业带来某种心理影响。民营企业在早期创业和发展过程中存在的某些违规行为，本应采取客观、历史和科学的态度来看待和评价，但受某种情绪的影响，一些人将此视为民营企业有“原罪”并进行谴责、批判甚至要求进行追究。这种情绪在一定程度上影响了某些政策的制定和执行，甚至还影响了某些司法行为。这对民营企业家造成了一定心理压力。

(4)民营企业自身素质提高尚有不小差距。

——劳动纠纷不断增加。当前，民营企业的劳动工资、社会保障和安全卫生等劳动纠纷案件发生的比例和频率虽然并一定高于其它企业，但案件发生的总量和增长率近年来呈快速上升趋势。这既与民营企业数量和从业人员快速增长有关，也与部分企业不遵守甚至无视劳动法律法规有关，还与政府某些部门的监管不到位有关。

——社会诚信意识仍有不足。商标假冒、产品伪劣、财务失实、偷漏税款等问题仍在部分民营企业中存在，在一些地区和领域还比较严重。这些现象往往比较多地发生在一些中小民营企业身上。

——资源环境问题有所加重。受技术、管理水平因素和某些人为因素影响，相当大部分民营企业的经营比较粗放，由此带来资源浪费加大、环境污染加重等问题，这在加工行业的民营企业中比较突出。

——违法犯罪案件时有发生。近来，社会不时披露一些发生在民营企业身上的违法犯罪案件，比较多的是发生在民营上市公司之中，以及在房地产领域、银行信贷领域和商品交易及物流领域等。特别是发生在与政府打交道过程中的权钱交易和商业贿赂，引起了群众公愤，造成了不小负面影响。

二、民营企业是构建社会主义和谐社会的重要力量

2006年，中共十六届六中全会作出了《关于构建社会主义和谐社会若干重大问题的决定》。构建社会主义和谐社会是一项重大战略任务与长期历史任务，它需要13亿人民共同努力，需要社会各个阶层与群体共同发挥作用，其中包括广大民营企业和民营企业家的大力参与和积极作用。改革开放以来，民营经济迅速发展，不仅成为了国民经济发展的重要力量，也是构建和谐社会的重要力量。当前，社会上有部分人或有意或无意、或直接或间接地将社会中存在的一些影响和谐的矛盾与问题，同个体私营经济的迅速发展联系起来。关于这一问题，应当采取客观、全国、公正的态度。首先必须看到，社会不和谐因素不仅阻碍了整个经济社会的正常发展，也阻碍了民营经济的正常发展，民营经济也是社会不和谐因素的受害者。如政策待遇不平等、市场竞争不公平，法制不健全、执法不公正，市场秩序不规范、社会治安不稳定，官僚作风和官员腐败等等，这些不和谐因素，已经成为民营经济正常和健康发展的重大障碍。同时，也要指出，当前的某些不和谐因素，有的就存在于民营经济之中。如在部分民营企业中存在的工资待遇低、劳动条件差，产品假冒伪劣、环境生态破坏，商业欺诈、商业贿赂，等等，严重影响了经济社会秩序。但更应当指出的是，从整体上看，民营经济是构建社会主义和谐社会的重要力量，要真正推进社会和谐，必须进一步鼓励和支持民营经济发展。民营经济在构建和谐社会中的重要作用表现在方方面面。其中比较重要的几个方面有：

一是推动经济发展。(略)

二是维护社会稳定。(略)

三是促进社会公平。(略)

四是提高生产效率。(略)

五是带来创造活力。(略)

六是增大民众财富。(略)

七是参与新农村建设。(略)

八是平衡地区发展。(略)

九是贡献公益事业。(略)

三、2007年民营经济发展趋势

1. 宏观经济形势背景。

2007年中国的宏观经济仍将保持快速稳定健康发展态势,这为民营经济的进一步发展创造了良好的宏观环境条件。国家宏观经济政策保持连续与稳定,继续实行稳健的财政政策与货币政策;将进一步完成善,针对当前的突出矛盾与问题进行预调与微调;将更加注重落实,不断增强政府的政策与行政执行力,提高政策的权威性、严肃性和有效性。在这样的政策背景下,中央提出2007年中国的GDP增长率为8%左右,实际可能达到10%左右,与2006年基本持平。在经济仍会快速发展的同时,中央强调要将经济工作的重点和主要精力放在"四个着力"上,即着力调整经济结构和转变增长方式,着力加强资源节约和环境保护,着力推进改革开放和自主创新,着力促进社会发展和解决民主问题。这"四个着力",将进一步提高中国经济增长的质量。

2. 重大法律政策背景。

2007年,国家将出台一系列新的法律政策,这将进一步改善民营经济发展的法律、政策和市场环境。比较重大的法律政策主要有:

一是《物权法》制定。(略)

二是《企业所得税法》出台。(略)

三是金融体制改革加快。(略)

四是"非公经济36条"政策的进一步落实。(略)

3. 发展趋势判断。

一是民营经济继续保持高于全国水平快速发展,但增长率相对下降。(略)

二是民营经济效率与效益进一步提高,但企业间差异扩大。(略)

三是民营经济增长方式不断转变,但仍面临种种困难与矛盾。(略)

四是民营企业"走出去"将明显加快,但总体水平尚待提高。(略)

五是新的社会阶层队伍不断壮大、素质不断提高,但人员差别日益明显。(略)

四、采取更积极政策措施,推动民营经济又好又快发展

1. 全面落实"国务院非公经济36条"。

全国推进"国务院非公经济36条"的实施,必须切实遵循中央要求,着力做好以下方面工作:

一是加快清理限制非公有制经济发展的规定。凡不符合宪法及其相关法律(包括即将通过的《物权法》、《企业所得税法》等)中有关促进非公有制经济发展规定的法律法规,凡是不符合"国务院非公经济36条"的政策及部门规章和地方性法规政策,都要进行清理和修改。

二是认真检查政策措施落实情况。各地区各部门要将此作为提高执行力的重要方面,凡未制定"非公经济36条"配套实施政策的,都要及时制定,正在制定的,要加快步伐,尽早完成;凡已经制定了的,要对实际落实情况进行检查,推动措施的切实执行。

三是切实解决行业准入问题。垄断行业、重要领域准入政策的制定与实施,要有利于真正实现加快行业发展、维护行业公平、保障行业秩序等三方面目标。为此,要按照民主化、公开化、科学化、程序化的要求,充分听取和尊重社会各方面特别是民营企业的意见与建议,避免国家政策出现局部性的利益化。

2. 着力改进税收金融政策。

要及时改进税收政策。统一内外资企业税制真正实施可能要到2008年才开始。由于民营企业的部分税目的税率不仅与外资、而且与国有企业的差距甚大,因此,可以在新的企业所得税法正式全面实施之前,在今年就对民营企业的某些税收政策按照新税法进行适当调整,如企业员工工资全额进入成本,或至少按国有企业的工资进行成本标准执行。

金融改革与创新要充分考虑为民营企业、中小企业服务提供必要服务的问题。在金融创新上,各类银行要把中小企业作为重要服务对象,在金融产品和服务、金融工具和技术、金融监管方式和方法上进行创新，为广大中小企业提供必要的金融信贷服务。在银行改革上，国有银行在加强与境外战略投资者深度合作的同时，也要积极开展与民营资本的合作，允许其作为战略投资者参股国有银行。在发展多种所有制金融企业方面，要鼓励和引导社会资金投资发展金融业，设立多种形式的中小金融企业和建立社区银行，这类金融机构以民营资本为主。在发展科技金融方面，可建立中国的科技银行。科技银行设立在高新区内，是一种区域性银行；银行实行股份制，资本来源以区内科技企业为主；银行存贷款主要对象为区内的科研机构和科技企业；信贷业务范围是为与科技创新有关的业务提供服务。建议在北京、上海、深圳等部分有条件城市的高新区进行科技银行试点。

3. 大力推进行政执法与司法的严肃与公正。

维护行政执法与司法的严肃，必须有法必依、违法必究、执法必严，这是提高行政与司法执行力的必然要求。与此同时，坚持公民在法律面前人人平行，坚持司法为民、司法公正，这是真正发挥司法维护公平正义职能作用的必然要求。当前，在一些领域和地区，既存在执法不严问题，也存在执法不公问题。前者表现在部分地区为了吸引投资、加快发展，放任民营企业的某些违规违法行为。后者表现在有的领域，面对同样违规行为，若发生在国有和三资企业身上，可能不算问题或不算大问题，但若发生在私营企业身上，则往往视为经济犯罪被诉诸法律，导致企业倒闭破产，甚至使企业主倾家荡产。必须加快完善行政执法和司法体制机制的步伐，加强社会和谐的行政执法与司法保障，进一步提高行政执法与司法的严肃性和公正性，为各类企业提供公平的执法环境。

4. 不断改善民营经济发展的社会舆论环境。

要通过舆论宣传与引导，在群众中逐步树立起三个新观念。一是树立广大非公有制经济人士作为新社会阶层和中国特色社会主义建设者，也是共产党的执政基础的新政治观；二是树立民营资本、私人财产，也是国家与社会的财富的新财富观；三是树立客观公正地看待民营企业早期发展中的某些与当时规则相冲突的新历史观。只有在群众意识和社会舆论中真正树立起三个新观念，才能根本解决在部分群众中仍然存在的某些旧观念旧意识，也才能根本解决在部分非公有制经济人士中仍然存在的某些担心与疑虑。

5. 民营企业要为构建和谐社会承担更大责任。

民营经济要进一步发展，必须积极响应党的号召，顺应时代趋势，积极承担社会责任，为构建和谐社会做出更大贡献。一是推动发展的责任。民营企业要不断地增加投资、扩大生产，增加岗位、扩大就业，增加利润、增大税收，实现又好又快发展。二是推进公平的责任。民营企业既要为自身的发展争取更加公平的法律、政策和市场环境，也要公平地对待社会其他群体、特别是工人群体，努力维护职工的公平权利与合法利益。三是促进自由创造的责任。民营企业既要积极争取消除对创业、创新和发展的不合法限制，又要努力推动改变那些表面合法、实不合理的限制。四是发展和谐劳动关系的责任。充分尊重和切实维护员工的一切合法权利与权益，是民营企业的责任与义务，也是民营企业获得员工认同、支持和积极劳动贡献的条件，是企业和谐劳动关系产生的基础。五是与自然和谐相处的责任。民营企业应积极主动投身于建设资源节约型、环境友好型社会，发展循环经济，推广清洁生产，节约能源资源，坚决淘汰落后技术工艺和生产能力，逐步真正地实现绿色生产、绿色消费，为国家为社会创造绿色 GDP。六是遵守法律法规的责任。民营企业作为企业公民，要切实遵守劳动法、合同法、工资法、环保法、税法、生产安全法、社会保障法、资源法、反不正当竞争法和反商业贿赂法等一切与企业经营活动有关的法律法规，自觉维护市场经济秩序。七是遵守道德诚信的责任。要在企业家中倡导爱国、敬业、诚信、友善等道德规范，宣传社会公德、职业道德、家庭美德，提倡勤俭节约，反对拜金主义、享乐主义、极端个人主义，养成健康文明的生活方式，真正建立商务诚信、社会诚信、个人诚信。只有这样，才有利于企业的正常发展和企业家身心健康，真正打造“百年老店”。八是参与公益慈善事业的责任。民营企业家要增强公益意识，积极主动参与新农村建设，参与扶贫事业、社区公益事业、社会慈善事业。这是中国企业家走向成熟的一个重要标志。

构建和谐企业，进而推动构建和谐社会、和谐国家、和谐世界，是民营企业的社会与历史责任。中国的民营企业家们要为此而不断努力，做出自己应有的贡献！

财经杂志网络版

这是某《财经杂志》网络版上发表的一篇文章，作者佚名。这篇文章较长，有近1.2万字以上，本书限于篇幅，忍痛删节。但保留的部分能够看出作者写作此文的功力。这篇事关全国民营经济2006年的成绩和2007年的发展前景，在充分调查分析材料的基础上做出了基本正确的结论。文章从内容上看，既是过去一年的回顾总结，又是当前现状的分析，而主要之处在于由此进一步对未来民营经济的发展方向提出了建议和预测，是一份很有分量的报告。其次，从文章形式上看，它既不是纯粹总结式的报告，又不是纯粹现状分析的报告，主要是在回顾过去，分析当前，为未来提供一个大致的发展预测和纲要。这样的包括过去、现状、未来的经济类报告文章是较常见的，而且很受业界的欢迎。因为它比单纯回顾总结式的报告，比单纯分析当前政策和形势的报告，甚至比单纯预测未来的报告，都更能吸引人们从趋势上来看未来的经济发展形势，操作起来也会更有预见性和前瞻性(有兴趣的读者可以在互联网搜索这篇文章全文阅读)，其主题也受到欢迎。

第六节　经济项目可行性研究报告的含义、作用和分类

一、经济项目可行性研究报告的含义

经济项目可行性研究是在某一经济活动实施以前，通过全面的调查研究和对有关信息的分析，以及筹划、预算等工作，从经济、技术、财务上对项目进行论证和评价，以确定一个政策上合规、经济上合算、技术上合时的最优方案，为决策部门提供科学依据的一种行为。反映这种结果的书面报告就是经济项目可行性研究报告，简称可行性报告。

近几十年来，随着科学技术的进步和经济管理学科的发展，世界工业发达国家在基本建设、生产、科研和技术革新中，对拟定的各类工程项目普遍进行技术经济论证分析，并对投资效果进行多种预测，以选择最优建设方案。联合国工业发展组织出版发行的《工业可行性研究编制手册》就在很多国家里发行。我国20世纪70年代末期开始借鉴外国这方面的经验，在工程项目建设前期的技术经济分析中进行可行性的研究；80年代中正式将可行性研究列入基建程序。以后可行性研究的应用范围不断扩展，科学实验、技术开发、经营管理，地区、部门、单位的规划，都进行可行性研究；可行性研究报告在经济工作和经济活动中，得到了广泛的应用。

二、经济项目可行性研究报告的作用

可行性研究报告的作用，主要是为准备实施某个经济项目的各有关方面提供决策依据，主要是为项目实施单位提供决策依据。因为无论是大中型项目或一般项目，实施单位接到该项目建议后，都要就该项目是否必要、何时实施、如何实施等一系列重大问题进行决策。其次，是为实施该项目的主管部门、上级单位进行审批提供依据。主管部门、上级单位审批项目，必须、也必然以该项目的可行性研究报告为前提和依据，以全面考虑是批准还是不予批准。再次，为实施该项目的合作者、投资者及金融机构等提供决策，让他们从该项目的可

行性研究报告中看到实施该项目的经济效益和社会效益，决定是否投资、入股或贷款。

三、经济项目可行性研究报告的分类

经济项目可行性研究报告也有不同的分类，大体如下：

1. 按经济项目的规模大小分　可分为一般项目（小项目）的可行性研究报告和大、中型项目的可行性研究报告。前者项目规模小，投资少，报告的内容较为集中单一，引用数据不多。后者项目的内容浩大繁多，技术论证和经济评估复杂，往往涉及多种行业，而且要求很高。

2. 按研究步骤分　可分为三种：机会可行性研究报告（最初阶段研究）、初步可行性研究报告（前期研究）和工程可行性研究报告（技术经济可行性研究）。这几种报告一般是针对大中型项目的，它不是短时间就能完成。

3. 按报告的性质分　可分为肯定性的、否定性的、选择性的研究报告。肯定性的研究报告，即是对项目的必要性、可行性持肯定态度的研究报告。绝大多数的可行性研究报告属于此类。否定性的研究报告，即对项目的必要性、可行性持否定态度的研究报告；也可以说是为终止该项目的投资、建设和经营的分析研究报告。选择性的研究报告，大都列出两个以上的肯定或否定意见，或列出同为肯定意见，以及同为否定意见作出比较，供决策机关选择其一。

4. 按篇幅长短分　可分为大型和小型可行性研究报告。由于经济项目的大小和涉及的问题的难易悬殊，可行性研究报告的篇幅长短和内容繁简也差别很大。有的长达十几万字、几万字；有的只有上万字，甚至几千字。十几万字、几万字可属长篇报告；上万字，几千字可属短篇报告。规模大、投资多、周期长的项目，内容复杂，报告的篇幅也较长；反之，内容比较简单，篇幅也就较短。

第七节　经济项目可行性研究报告的写作要领

一、经济项目的市场研究、技术研究和效益研究

经济项目可行性报告，要集中回答四个问题，即：按照国家政策、方针和法律、法规、规划的是否可行，市场是否需要，技术是否可能，和预计经济效益是否现实。围绕这四个问题搜集事实，展开论证。首先写出实事求是的市场分析，说明产、供、销方面的形势是否需要投资建设；然后再对该项目涉及的技术或设施之一切方面作出具有专家水平的研究分析，说明该项目在技术上的可能性或不可能性；最后在财务管理上进行细致的核算分析，说明该项目在经济上是否合理，是否有利可图和能“图”多少。这四个问题应该回答得仔细、清楚、确凿、肯定，那么就是基本上抓住了写作的核心。

二、认真掌握资料，笔下留“钱”

经济项目可行性研究报告，在经济报告类中是稍微特殊一点，因为它在设计一个新项

目。而前两个报告基本上是叙述事实，或以此推断未来，或以此总结过去。可行性报告是在"一张白纸"上描画出一朵"花"来，或抹去一朵"花"。可行性或不可行性都涉及成百万、上千万、几亿、几十亿元人民币，绝对不能随意为之。当然，钱是政府、企业或私人老板出的；但归根到底是人民的钱，是国家的钱，是社会财富，所以下笔务必要谨慎。

为了下笔谨慎，除了在思想上谨慎以外，在资料取舍上还要谨慎。要认真调查研究，要严肃甄别材料，要全面掌握有关信息。须知可行性研究报告上的企业确是白纸上"杜撰"出来的；但它又不是白纸上杜撰出来的。可行性研究报告是一个系统工程，其资料信息是现实物质及人的活动的数据，是实实在在的、有质有量的、质和量都有数据可查的。这些有关的数据经过认真调查、统计、审核组成一个系列，最后作为一个系统工程表现在报告中，论证该项目究属可行或不可行，提供给决策者作为立项或撤项的依据。所以，可行性研究报告是资料、信息、数据的确定性，而不应是作者想象力在它们之上的翱翔；可行性研究报告的作者要认真调查研究，努力做到笔下留"钱"，爱护人民、国家和社会的财富。

三、实事求是，权衡利弊得失

可行性研究报告需要各种信息数据从不同侧面进行准确论证。首先要研究该项目是否符合国家的法律、法规和政策的规划；再要研究该项目的客观资源如何；进而再研究项目本身的发展前景。例如为建立一个工厂，需要研究市场供求情况、资金情况、技术情况、人力和原材料情况、电力和交通情况等。这些情况都要具体、准确地反映出来。而写作瞄准的重点，则是建立这个工厂在正常情况下究竟得失利弊如何。这些具体项目的种种情况也许互有矛盾，或利弊相当。这时不能光讲不利条件而不讲有利条件，也不能光讲有利条件而不讲不利条件；不能光说眼前利益而不讲长远利益，也不能光讲长远利益而不讲眼前利益；有些项目也不能光讲经济效益而不讲社会效益，或光讲社会效益而不讲经济效益。应该全面地看问题，实事求是地权衡利弊得失，准确选出最佳方案。最近本书编者在互联网上看到一篇《2009—2010 年中国 SUV 项目投资可行性分析报告》的大纲，共设十章、四十节，共有 115 条小标题。如果写全了至少要 100 张 A4 打印纸，估计在 10 万字以上。它在内容简介中介绍说，任何一项投资活动都带有一定的风险，欲了解一项投资活动是否符合国家法律、法规、政策和规划，以及需要投入的资金情况，可能带来多大的收益，和需要面对什么样的投资风险等等问题，就需要进行投资可行性分析。所谓可行性研究，是指在进行项目投资和工程建设之前的准备性研究工作。它是经济活动中经常使用的一种决策程序和手段，也是投资前的必要环节。

【例文 06】

1995 年我国通讯产品市场预测与分析

赵英杰

近几年来，我国通讯事业以高于国民经济速度 4—5 倍的水平迅猛发展，电话普及率的增长速度居世界首位。国内通信产品市场的异常活跃使国外的许多公司也纷纷瞄准了中国市场，我国通信产品生产和需求领域呈现出繁荣的景象。

一、市场现状分析

自改革开放以来，中国电信业逐步加快了发展步伐。从生产情况看，1984年我国才成立第一家程控交换机生产企业，经过十年来引进技术、引进设备及自行研制开发的发展过程，目前全国生产程控交换机的企业已发展到120多家，其中计划外企业100余家，机型包括15个国家的8种制式，年生产能力800万门，总供应能力已突破1 000万门的规模。

80年代，我国装机容量迅速增长。1990年与1980年相比，电话交换机容量与话机总数分别增长2倍，电话普及率由0.433%提高到1.11%；进入90年代，装机容量更是飞速增长：电话交换机总容量由1990年的1232万门增加到1993年的4206万门，年均增长速度为50.5%；电话机由1990年的1274万部增加到1993年的2613万部，平均增速为27%；电话普及率由11.11%提高到22.20%，目前我国电话通信网增长的发展水平已跃居世界前十位。

在大力发展程控交换机的同时，我国移动通信产品的发展速度也创造了世界电信史上前所未有的奇迹。1988年前后，移动电话（"大哥大"）才开始在北京出现，但到了1994年6月，全国开通移动电话系统的城市已达300多个，"大哥大"用户数已高达99万；"BP"机是1984年才在我国开办的，即刻被广泛接受，截至目前，全国已有1500多个城市开通了无线寻呼系统，"BP"机用户已达780多万户，使我国寻呼网成为继美国和日本之后的世界第三大网。

我国电信业发展较快的原因，一是国家把通信作为国民经济先行行业和对外开放的必要条件，在税收、贷款、用汇等方面对通信实行了一系列的优惠政策，融资机构有效、灵活地为通信业的发展注入了活力，通信工业固定资产投资连年大幅度增长，仅1993年就完成固定资产投资499亿元，比1992年增加2.5倍，其中很大一部分资金是靠居民电话初装费的支持。二是依靠科技进步，积极采用国外的先进技术、设备，直接跃上了一个高台阶。三是放开通信设备市场，实行进网型号批准制度，以保证设备供应，加快了建设速度。四是市场经济的发展和人民生活水平的提高为电信事业的发展提供了需要和可能。

二、1995年全国通信产品供求预测

1.生产能力预测

改革初期，我国制定的经济发展目标是力争2000年国民经济翻两番，而电信业1994年已提前6年完成了3番的任务，并计划在2000年完成翻4番的目标。尽管我国电信业的总装机容量及发展速度可与世界先进国家比拟，但由于原来基础太差，普及率很低，目前还不能适应经济发展与人民生活对通信的需要，为此国家今后将继续把电信业作为国民经济的先行行业加以扶持，1995年计划投资700亿元，加快大程控交换机、光通信等技术的引进、吸收和消化。届时，上海、北京、天津三大生产基地均将扩大产量，其中北京国际交换系统有限公司产量将增到400万线，广东、四川、山东等地交换机生产线均将投产，1995年全国程控交换机的生产能力预计可达1220万线。

除上述国内引进技术和设备组装生产的能力以外，预计用国外政府贷款还将直接进口一部分，大约为200万线。

综合上述，1995年全国程控交换机市场将形成1400万线的供给能力。

2.需求量预测

电话的需求主要取决于以下两个因素：

一是经济发展的需要。当前社会的进步已经打破原有的地区封闭，逐步形成全球性经济的新局面，通信已成经济生活中的重要因素和工具，并把社会各个领域有机地联系起来。经济越发达，电话的需求越迫切，电话发展起来了，反过来又促进了经济水平的进一步提高。电话缩短了时空的跨度，缓和了交通运输的压力，可以为发展经济提供更多成功的机会。

二是收入水平的提高促进消费观念的变化，使电话需求猛增。现在人们不再满足仅仅拥有冰箱、彩色电视机、录像机，电话已成为老百姓追求的又一目标。

概括起来说，1995年通信产品的需求环境取决于经济的发展及人民生活水平的提高。1995年是国家"八五"计划的最后一年，也是国家加快推进建立社会主义市场经济体制的关键一年，预计1995年电话的需求仍是一个高峰年，具体需求量如下：

项　　目	单位	1994 年预计	1995 年预测
程控交换机需求量	万门		1400
电话交换机总容量	万门	5400	6800
电话机需求量	万部		900
电话机总部数	万部	3500	4400
移动电话需求量	万部		150
移动电话总用户数	万户	150	300
无线寻呼需求量	万部		280
无线寻呼总户数	万户	900	1080
电话普及率	%	3	4

三、全国通信产品供求结构分析

1. 产品结构分析

(1)大程控交换机供不应求,小程控交换机将供过于求。

在我国,无论大程控交换机、小程控交换机均是 1984 年左右才开始生产的,建设初期大程控交换机设定的生产能力最多的也不过年产 30 万线,近几年由于电话需求增长迅速,一方面刺激了原有的生产企业扩大生产,另一方面新建了几条大程控交换机生产线,新建的生产线起点较高,产量均在 100 万线以上,1995 年又至少有三家新建厂投产,在 1995 年形成的 1200 万线生产能力中,大程控交换机将占到 80%。1994 年之前,由于市场需求量大,各厂家的主要目标是扩大生产规模,目前规模初步形成后,各厂家已开始注重价格、质量、功能,而人们的需求到了一定程度后,也会追求更高的标准。由于小程控交换机质量、规模均不如大程控交换机,目前已经出现买方市场。预计 1995 年除部分装机量较小的用户需要小程控交换机外,大部分小程控交换机将供过于求。

(2)移动电话需求旺盛,很有发展前景。

我国 1988 年开办移动电话业务,起初买主是一些从事对外贸易的单位,1992 年以后掀起了私人抢购热潮。激烈的市场竞争使经营者希望随时能与国内外客户直接通话,联系业务,收集信息,处理紧急事务。移动电话方便、快捷、灵活,顺应了世界经济发展的潮流,随着我国股票、期货、房地产业的不断发展、壮大、移动通信会显示出越来越多的优势,如果成本再降低一些,实现全国移动电话自动漫游,移动电话市场将相当广阔。

(3)"BP"机市场供大于求,竞争激烈。

我国 1984 年开办无线寻呼业务,它价格便宜,具有联络、携带方便的特点,由中国的国情决定了它很快被国内市场广泛接受,1993 年,国家放开了"BP"机的经营,进一步促进了"BP"机市场的发展。目前仅在北京地区的寻呼台就有 160—170 家。从市场需求来看,中国庞大的人口决定了"BP"机具有庞大的潜在市场,需求还是不断上升的,目前由于经营单位过多,市场出现供大于需的局面,1995 年的"BP"机市场仍是供大于需,竞争激烈。

2. 需求结构分析

(1)住宅电话需求猛增。

1993 年之前,在我国电话总量中,公务电话占主导地位。到了 1993 年住宅电话与公务电话已各占一半,而目前住宅电话已占到了 60%。尽管如此,待装户数量仍不减,北京目前的待装户仍有 5 万—6 万,近几年全国的电话待装户总在百万上下徘徊。作为沟通信息、方便生活和节省时间的电话,适应了居民家庭逐步更新的生活方式,目前已成为城市居民追求的新大件。预计 1995 年住宅电话比重将占到 65%以上。

(2)公务电话需求稳定。

公务电话增长的主要对象是新建单位，从数量上来讲增量平稳，今后公务电话的需求方向是朝着高质量、多功能方向发展。从我国目前的国情考虑，近几年内公务电话的另一需求方向将是移动电话，由于移动电话价格较贵，近期内私人购买形不成主流。

(3)公用电话需求迫切。

从我国无线寻呼用户拥有量及发展趋势看，公用电话的需求前景广阔，因为无线寻呼是单向传输的呼叫系统，用户一旦被叫，需要尽快与呼叫者取得联系，这就需要公用电话亭遍布大街小巷。从我们的观察来看，近一两年公用电话亭已有了很大的发展，排长队打电话的现象逐渐减少，但公用电话的分布仍很稀疏，供需矛盾突出，因此近一两年公用电话的需求将很迫切。

四、加快我国通信业发展的对策与建议

1. 加强程控交换机生产管理

“八五”期间，我国程控交换机的生产发展迅猛，生产已达相当规模，初步缓解了供需矛盾，但也暴露了目前国内程控交换机生产存在着种种令人忧虑的问题：由于需求的刺激，使得各地纷纷上程控项目。引进机型过多，对于今后联网、发展智能网造成困难；另分，分散重复建设无法形成规模生产、规模经济，不利于降低成本。在没有竞争的情况下，拼命扩大生产，不利于提高质量。从目前的生产发展趋势看，预计1995年以后，程控交换机市场将出现竞争，此番竞争不仅仅是国内企业之间竞争，而且将面临世界发达国家争夺中国通信市场的竞争，因此建议国家从严控制新机型的引进，加强通信网的统筹规划，制订技术标准，规范企业的经营行为，支持国产程控交换机的发展。生产企业提早从产品质量、功能上下工夫，储备竞争能力。

2. 加速发展我国移动通信工业

移动通信工业在我国刚刚起步，目前国内使用的移动通信工具90%是摩托罗拉、三菱、NEC，而其他国家的电信公司也都在注视着中国的移动通信市场。引进国外移动通信设备，我国每年需花费数十亿美元，面对利润极度丰厚、前景如此广阔的国内市场，我国应集中优势力量，加速现代化移动通信产品的开发与生产，增加投资力度，争取在较短的时间内研制出先进的移动通信设备，届时社会效益和经济效益会显著提高。

载于《经济工作者学习资料》1995年第5期

这篇经济预测报告的预测对象是产品市场的销售预测报告，不是具体项目的可行性预测报告，但可以借鉴提供给产业、商业单位参考。该文首先回顾了自改革开放以来中国电讯业逐渐发展的情况：与1980年相比电话交换机容量和话机总数分别增长二倍，到1993年又以每年增加55.5%的速度更加快速前进，1994年我国电话通信网增长发展水平已跃居世界前十位。报告接着总结电信业发展较快的原因：一是国家政策支持；二是依靠科技进步；三是放开市场；四是人民生活水平的提高。第二部分对1995年通讯产品生产能力和需求量进行客观的预测，取得一些数据。第三部分对通讯产品结构和供求结构进行有说服力的分析。然后第四部分是在前面几部分对我国通信业发展的现状进行了归纳，并总结了经验和分析了产品的结构和供求的结构之后，推出了今后我国通讯业发展的对策和建议：一是加强程控交换机生产的管理；二是加速发展移动通信工业。实践证明，这个预测报告是非常成功的。回想近几年走过的道路，通讯业正是按照该文预测的发展方向前进，并比预测的速度更快。特别是互联网后来居上。互联网在1995年的通讯业市场中还没有份，当时只是信息产业中一个新兴领域，但是事隔十年之后，我国互联网神速发展，不仅有许多外国企业在国内办厂，甚至国企“联想集团公司”也能收购外国的计算机制造企业。

第四章 合　同

第一节 合同的含义和作用

一、合同的含义

合同是“平等主体的自然人、法人、其他组织之间设立、变更、终止民事权利义务关系的协议”(见第九届全国人民代表大会第二次会议于 1999 年 3 月 15 日通过的《中华人民共和国合同法》第二条第一项)。

1. 合同的订立　合同的当事人应当具有相应的民事权利能力。当事人依法也可委托代理人订立合同。合同当事人的法律地位平等,一方不得将自己的意志强加于另一方。当事人依法享有自愿订立合同的权利,任何单位和个人不得非法干预。依法成立的合同,对当事人具有法律约束力。当事人应当按照约定履行自己的义务,不得擅自变更或者解除合同。

2. 合同的形式　当事人订立的合同,可以有书面形式、口头形式和其他形式。法律、行政法规规定必须采用书面形式的,则应当采用书面形式。当事人约定采用书面形式的,也应当采用书面形式。书面形式是指合同书、信件和数据电文(包括电报、电传、传真、电子数据交换和电子邮件)等可以有形地表现所载内容的形式。

3. 合同的原则　除合同当事人的在法律上地位平等、享有自愿订立合同的权利外,订立合同的当事人还应当遵循公平、诚信、守法的原则:

(1)公平的原则。当事人应当遵循公平原则确定各方的权利和义务。

(2)诚信的原则。当事人行使权利和履行义务,应当遵循诚实信用原则。

(3)守法的原则。当事人订立和履行合同,应当遵守法律和行政法规,尊重社会公德,不得扰乱社会经济秩序,损害社会公共利益。

4. 无效合同　有一种“合同”属无效合同。根据《中华人民共和国合同法》(以下简称《合同法》)第五十二条规定,有下列情形之一者,合同无效:

(1)一方以欺诈、胁迫的手段订立合同,损害国家利益的;

(2)恶意串通,损害国家、集体或者第三人利益的;

(3)以合法形式掩盖非法目的的;

(4)损害社会公共利益的;

(5)违反法律、行政法规的强制性规定的。

当前比较突出的是存在一些垄断合同。垄断合同是某些垄断行业中的企业以其垄断地位,强加给消费者的交易或服务合同。在产品和服务质量、价格和收费、返修和赔偿等条款问题上，这种垄断合同往往违反消费者的心愿，强加于人而令人不快直到大受损失。这种垄断合同又往往不顾公平、不讲诚信、不管法制，甚至采取“无效合同”常用的手段欺骗顾客，受到广大消费者的抵制和反对。

二、合同的特点和作用

合同是市场经济体制的产物。它反映经济领域所有当事人之间的协作关系，使市场活动在合法条件下有序进行，《合同法》是国家“依法治国”的重要法律规定。

合同是国家经济生活中必须用法律规范的对象，按照法规文书的形式来写。但因合同按其内容主要涉及经济领域，因此，放在经济文体较为合适。具体地说，合同主要作用有以下几个方面：

1. 合同是保证国民经济正常运作发展的工具　经济合同重要特点之一，就在于它是连接产、供、销、用等的纽带，有效地把产、供、销、用等结合起来。国民经济，特别是以市场方式运作的经济通过无数个合同运转，借以调剂利害，平衡产销，使整个国家千百万个企业和亿万群众联系在一起，形成一个有序整体，共同发展。

2. 合同是加强企业经营管理的一项措施　合同能促使双方或多方切实地按照合同约定的义务，有效地组织生产经营活动，合理地使用人力、物力、财力，尽可能减少其消耗，克服不讲经济效益、不计成本的思想，从而加速资金周转，有利于企业提高经营管理水平和服务水平，在市场上提高竞争力。

3. 合同是促进生产专业化和协作关系的纽带　按专业化和协作原则组织生产，是生产社会化的必然趋势。专业化和协作是矛盾的两个方面，它们互为前提、互相促进。专业化越强，分工则越细，生产部门之间的联系就越广泛、越复杂。合同是协作的有效方式；通过合同可以把互相依赖的有关单位联系起来，明确相互权利义务，有效推动生产专业化的发展。

4. 合同有利于当事人实现其社会经济目的　合同中所约定的权利义务，反映了双方当事人的需要。履行合同的过程，也就是当事人社会经济目的得以实现的过程。如果当事人之间发生纠纷，当事人为维护各自合法权益，可以以合同作为依据，相互进行交涉，或请求仲裁机构或司法机构依法裁决。

合同的实施，突破了条条、块块等的复杂行政关系、所有制关系和经营体制的限制，有助于把错综复杂的社会经济部门、行业、组织及各生产、经营环节紧密地连接起来，使经济活动按照市场经济原则有序地进行。

第二节　合同的分类

一、按合同的形式划分

经济活动十分复杂，因而合同的分类，可以从不同的角度，进行不同的划分。按时间的有效期限划分，可以分为长期合同、中期合同和短期合同。按写作形式划分，有条款式合同和表格式合同。按订立方式划分，有书面形式、口头形式和其他形式的合同。按规定，除即时结清者外，应当采用书面形式。按当事人的国际关系划分，有国内合同和涉外合同。合同一方是国外法人的，则为涉外经济合同。

二、按业务性质划分

按业务性质的不同加以分类，是目前用得较多的分类方法，也是《合同法》分则第九章至第二十三章(从第一百三十条至第四百二十七条)中的分类：

1. 买卖合同　是出卖人转移标的物的所有权给予买受人，买受人支付价款的合同。买卖合同的内容除依照《合同法》规定的一般的八项条款外，还可以包括包装方式、检验标准和方法、结算方式、合同使用的文字及其效力等条款。

2. 供用电、水、气、热力合同　供用电合同是供电人向用电人供电，用电人支付电费的合同，其内容包括供电的方式、质量、时间、用电容量、地址、性质、计量方式，电价、电费的结算方式，供用电设施的维护责任等条款。供用水、供用气、供用热力合同，参照供用电合同的有关规定。

3. 赠与合同　是赠与人将自己的财产无偿给予受赠人，受赠人表示接受赠与的合同。赠与的财产依法需要办理登记等手续的，应当办理有关手续。具有救灾、扶贫等社会公益、道德义务性质的赠与合同或者经过公证的赠与合同，不适用上述规定。

4. 借款合同　是借款人向贷款人借款，到期返还借款并支付利息的合同。借款合同采用书面形式，但自然人之间借款另有约定的除外。借款合同的内容包括借款种类、币种、用途、数额、利率、期限和还款方式等条款。订借款合同，贷款人可以要求借款人提供担保。担保依照《中华人民共和国担保法》的规定。

5. 租赁合同　是出租人将租赁物交付承租人使用、收益，承租人支付租金的合同。租赁合同的内容包括租赁物的名称、数量、用途、租赁期限、租金及其支付期限和方式、租赁物维修等条款。租赁期限不得超过20年。租赁期限6个月以上的，应当采用书面形式。当事人未采用书面形式的，视为不定期租赁。

6. 融资租赁合同　是出租人根据承租人对出卖人、租赁物的选择，向出卖人购买租赁物，提供给承租人使用，承租人支付租金的合同。

7. 承揽合同　是承揽人按照定做人的要求完成工作、交付工作成果，定作人给付报酬的合同。承揽包括加工、定作、修理、复制、测试、检验等工作。

8. 建设工程合同　是承包人进行工程建设，发包人支付价款的合同。建设工程合同包括工程勘察、设计、施工合同。建设工程的招标投标活动，应当依照有关法律的规定公开、公平、公正进行。发包人可以与总承包人订立建设工程合同，也可以分别与勘察人、设计人、施工人订立勘察、设计、施工承包合同。

9. 运输合同　是承运人将旅客或者货物从起运地点运输到约定地点，旅客、托运人或者收货人支付票款或者运输费用的合同。运输合同又分为客运合同、货运合同和多式联运合同。

10. 技术合同　是当事人就技术开发、转让、咨询或者服务而订立的确立相互之间权利和义务的合同。技术合同又分为技术开发合同、技术转让合同、技术咨询合同和技术服务合同。

11. 保管合同　是保管人保管寄存人交付的保管物，并返还该物的合同。寄存人应当按照约定向保管人交付保管费。保管人应当妥善保管保管物。

12. 仓储合同　是保管人储存存货人交付的仓储物，存货人支付仓储费的合同。储存易燃、易爆、有毒、有腐蚀性、有放射性等危险物品或者易变质物品，存货人应当说明该物品的性质，提供有关资料；保管人储存以上危险物品的，应当具备相应的保管条件。

13. 委托合同　是委托人和受托人约定，由受托人处理委托人事务的合同。委托人可以特别委托受托人处理一项或者数项事务，也可以概括委托受托人处理一切事务。

14. 行纪合同　是行纪人以自己的名义为委托人从事贸易活动，委托人支付报酬的合同。行纪人处理委托事务支出的费用，由行纪人负担，但当事人另有约定的除外。

15. 居间合同　是居间人向委托人报告订立合同的机会或者提供订立合同的媒介服务，委托人支付报酬的合同。居间人应当就有关订立合同的事项向委托人如实报告。居间人促成合同成立的，委托人应当按照约定支付报酬。

合同如前有15种，每种都有自己的一般格式，故此只能举其常用的几种。

第三节　经济合同的两种结构形式

经济合同的结构主要分为表格式和条款式。

一、表格式合同

表格式合同有两种：

1. 通用表格式合同　通用表格式合同是经工商行政等主管单位和有关合同单位制定的合同。这类合同是按照已制好的表格把双方协商同意的内容填入。此类合同将必需项目一一分目列表格，待合同签订时分别填入，然后合同双方盖章签字告成(见下表)。

【例文07】

产品购销合同(表)

签订日期　　年　　月　　日　　　　合同　　字第　　号

立合同单位　需方　　　　立定此合同以资共同信守，因故不能执行，按国家颁发
　　　　　　供方________　的合同条款执行。

物资名称	规格型号	单位	数量	单价	金额	质量情况	交货时间			费用负担
							年	月	日	

<table>
<tr><td>说
明</td><td colspan="3">一、交货地点：______________________________
二、验收办法：______________________________
三、其　　他：(1)本合同经双方代表签字或盖章后生效(无公章无效)；(2)本合同购方、销方各壹份。
四、附　　则：本合同，甲乙双方如有特殊情况，需修改或终止合同，必须由双方协定，如一方不同意，合同继续有效。</td></tr>
<tr><td colspan="4">作价办法：　　结算方式：　　提货方式：　　费用负担：</td></tr>
<tr><td rowspan="5">需
方</td><td>收货单位：　　代表：　　(印)</td><td rowspan="5">供
方</td><td>发货单位：　　代表：　　(印)</td></tr>
<tr><td>通讯地址：</td><td>通讯地址：</td></tr>
<tr><td>结算银行：　　账号：</td><td>结算银行：　　账号：</td></tr>
<tr><td>电　　报：　　电话：</td><td>电　　报：　　电话：</td></tr>
<tr><td>运输到站：</td><td>发 货 站：</td></tr>
<tr><td>需方主管部门签章：</td><td>签证章：</td><td>供方主管部门签章：</td><td>签证章：</td></tr>
</table>

2. 非通用格式合同　此类合同的项目属通用范围，而由签订合同者根据产品或服务的特点一一分目列表，待合同签订时分别填写项目，然后合同双方盖章签字告成。

表格式合同的特点是体式固定、项目简单稳定，如将双方认可的商品规格，供货价格，交货期限、地址及办法，验收方法，结算方式等都用表格列示，一目了然。表格式合同为企事业单位和领导所广泛欢迎采用，但它适用于小型简单交易和服务合同而不利于大型复杂交易和服务合同，不足之处是格式固定、简单，有时某些内容在表格中无法反映。

二、条款式合同

条款式合同的结构包括标题、当事人的名称或者姓名和住所及正文和落款几个部分。

1. 标题　标题用以明确合同的业务性质，即写明这是哪一类的合同，如“买卖合同”、“建设工程合同”等。标题右下方写明合同编号。

2. 当事者的名称或者姓名及住所　一般称当事者或立合同人。应写明当事者或立合同人的名称或名字，名称或名字应按营业执照上核准的全称来写，不应写简称，更不能写代称、代号。有的合同还应写上各方负责人姓名。如果是单位委托代表出面的，要在单位名称后面写上代表姓名，为了正文行文的方便，可在括号中注明一方为“甲方”或“供方”，另一方为“乙方”或“需方”；如有第三方，可称为“丙方”。在对外贸易合同中，有的称一方为“卖方”，另一方为“买方”。但无论哪一类合同中，都不能将当事者或立合同人写成“我方”和“你方”。

3. 正文　通常有开头、主体、结尾几个部分构成。

(1)开头。简要说明签订的依据或目的。也有不少合同不单列这个部分。

(2)主体。这是反映合同的主要内容的部分，要逐条写明双方议定的各项条款。按照《中华人民共和国合同法》的规定，经济合同具备的主要条款为：

1)标的。标的是合同双方的权利和义务所共同指向的对象。它可以是某种货币或实物，也可以是某项工程、劳务、科技成果或专利等。标的必须具体、明确。没有标的或标的不明确，当事人的权利和义务就失去了指向和依据，合同就没有意义，也就不能成立。

2)数量。合同的数量是衡量标的的尺度，是确定双方权利和义务大小的标准。数量的规定要准确，法定的计量单位要明确。有的产品还要写清合理的量差和正负尾数。

3）质量。质量是标的的性质和特征。合同的标的质量技术要求和标准要详细、具体（如国际标准、国家标准、行业标准等），这对于保证和检验标的的质量有重要意义。数量和质量是履行经济合同的具体条件，不可疏忽大意。

4）价款或者报酬。又称标的的价金。这是指取得对方产品或接受对方劳务等所支付的代价，通常以货币的数量来表示。它体现了商品和货币交换关系的客观要求。除法律或行政法规另有规定外，以货币履行义务时，必须用人民币计算和支付。除国家允许使用现金履行义务外，必须通过银行转账或者票据结算。

5）履行的期限、地点和方式。这是合同当事人的权利、义务和责任的有机组成部分，必须认真写清。履行的期限要写具体日期，履行的地点和方式中应包括包装要求、费用负担、交货方式、交货地点以及运输方式等各项内容。

6）违约责任，又称"罚则"。这是对不按经济合同规定履行义务的制裁措施。当事人一方的过错，造成经济合同不能履行或者不能完全履行时，要由有过错的一方承担违约责任，向对方支付违约金或赔偿损失。如属双方的过错，则应根据实际情况，由双方分别承担各自应负的违约责任。在此要将制裁措施及违约金赔偿的数额写清。

7）解决争议的方法。对格式条款的理解发生争议时，应当按通常理解予以解释。对格式条款有两种以上解释的，应当作出不利于提供格式条款一方的解释。格式条款和非格式条款不一致的，应当采用非格式条款。

8）合同的份数和保存。写明合同的份数、保管人以及需报送主管机关及鉴证机关。有的还说明合同的有效期限、附件及如有争议应由哪个机构仲裁等问题。合同的保存起凭证作用，合同的鉴证起监督和保证作用。

（3）结尾。确定未尽事宜双方商定的方式，也可省略。

4. 落款　落款包括两项内容：

（1）署名。正文的下方写明双方单位的名称和代表姓名，并加盖印章。如有鉴证机关，也应署名加印。经济合同应加盖公章或合同专用章，这是合同生效的标记。

（2）日期。在署名的下方，应注明合同签订的日期（×年×月×日）。

有的为慎重起见，可在一式两份（或多份）合同上签署一个相同记号，或在两份合同的骑缝处写上"合同"字样或盖上印章。

【例文08】

建筑安装工程设计合同

订立合同双方：

建设单位（以下简称甲方）：××××

设计单位（以下简称乙方）：××××

甲、乙双方根据国家建委制定的《勘察设计合同试行条例》和本省的补充规定以及本设计的具体情况，经过充分协商签订本合同，以便共同遵守。

工程名称：××××

工程地点：××××

工程范围：本设计共××平方米（详见设计项目表）

工程投资：××××

设计取费××××元（详见设计项目表）

设计日期：自×年×月×日至×年×月×日（详见设计项目表）

第一条 订立合同双方必须严格执行国家建委制定的《勘察设计合同试行条例》和本省的补充规定以及本合同规定的条款。

第二条 甲方的义务：①甲方应在××年×月×日以前，向乙方提交业经上级主管部门批准的设计任务书、工程选址报告，以及原料（或经过批准的资源报告）、燃料、水、电、运输等方面的协议文件，和能满足施工图设计要求的勘察资料及经科研获得的技术资料。在××年×月×日施工图设计前，提供经过批准的初步设计文件，和能满足施工图设计要求的勘察资料、施工条件以及有关设备的技术资料（对所提供的资料必须保证质量，不得随意变更）。并及时办理各设计阶段的设计文件审批工作。②甲方必须维护乙方的设计文件，不得擅自修改。未经乙方同意，甲方不得复制、重复使用乙方的设计文件，或擅自扩大建设范围。甲方有义务保护乙方的设计版权，不得转让给第三方重复使用。

乙方的义务：①乙方必须在××年×月×日以前，向甲方交付初步设计文件；在××年×月×日以前，向甲方交付技术设计文件；在××年×月×日以前，向甲方交付施工图设计文件；在××年×月×日以前，向甲方提交完毕所有设计文件（包括概预算文件、材料设备清单）。对所提供的设计文件应保证质量。②乙方对所设计的项目在施工时应予以配合。施工前向施工单位进行技术交底，并解决施工中的有关设计问题，参加工程竣工验收。

第三条 奖励与违约责任。①在合理的工程投资控制数内，如乙方采用先进技术或合理建议而节省了工程投资，可以从节约额中取×%奖励乙方。由于乙方的原因，延误设计文件的交付时间，每延误一天，乙方应向甲方偿付相当于设计费×%违约金（甲方可在设计费中扣除）。因乙方设计质量引起返工，应由乙方继续完善设计任务，并视造成的损失和浪费的大小减收或免收设计费。对于因乙方设计错误造成工程重大质量事故者，乙方除免收受损失部分的设计费用外，还应付与直接损失部分设计费相等的赔偿金。②由于甲方不能按期、准确提供有关设计资料，致使乙方无法进行设计或造成设计返工，乙方除可将设计文件交付日期顺延外，还应由甲方按乙方实际损失工日，以每日××元计算增付设计费。甲方不按合同规定的时间向乙方支付设计费，应根据银行关于延期付款的规定，向乙方偿付违约金。

第四条 本合同附件与合同有同等效力。

第五条 本合同自双方代表签订之日起生效。在合同执行中如发生纠纷，双方应及时协商解决。协商不成时，双方同属于同一部门的，由上级主管部门调解；调解不成，不属于同一部门的，可向国家规定的合同管理机关工商行政管理部门申请仲裁，也可直接向人民法院起诉。

第六条 本合同正本二份，双方各执一份，副本×份，送计委、建委、建行……等单位各留存一份。

建设单位（甲方）：	设计单位（乙方）：
代表人：×××	代表人：×××
联系人：×××	联系人：×××
通讯处：×××	通讯处：×××
电话或电报：××××	电话或电报：××××
开户银行：××××	开户银行：××××
账号：××××××	账号：××××××

××××年×月×日订

附：设计项目表（略）

（原文有删改）

这是一份条文式合同。订立者以分条列项的方式列出合同的内容：第一条双方议定必须严格执行国家建委制定的《勘察设计合同试行条例》和本省的补充规定，以及本合同规定的条款;第二条围绕合同的标的物议定了甲乙双方的权利和义务;第三条议定甲乙双方的奖励与违约责任;第四条规定合同的附件与合同有同等效力;第五条议定了合同生效的时间以及纠纷的处理等;最后一条议定了合同文本等。这份合同在写作上符合《合同法》的规定,条文简明、清楚、全面。

第四节　经济合同的写作要领

一、合同内容的合法性

合同是对双方具有法律效力的文书,其作用的发挥要以合法为前提。内容不合法的合同应视为无效合同,国家不予保护。对合同的订立、效力、履行、变更和转让、权利和义务终止、违约责任、其他规定等,国家都以法律形式作了规定,不得违反。合同的签署、履行到纠纷的调解、仲裁,也必须依法进行。

二、合同格式的规范性

《合同法》对合同的主要条款以及各种具体种类的合同所应具备的主要内容,都有明确而具体的规定,不能随意撰写。1990 年 3 月 20 日国务院办公厅转发了国家工商行政管理局的请示,决定从 1990 年 10 月开始逐步在全国推选经济合同示范文本制度,对经济合同格式规范性的要求就更为严格。

三、合同条款的完备性

合同一般实行条款式和表格式;表格和条款的内容要全面周详。当事人双方的权利、义务和责任都要分别写清楚;任何一种可能出现的情况都要有所考虑,不能有遗漏。有的条款还要根据标的物的特点尽可能具体化,或根据需求在合同中另加附件详细说明。

四、合同措词的严密性

合同的语言要求十分准确、严密,不允许出现模棱两可或含糊不清的句子或措词,以避免在合同的履行中出现不必要的争执和纠纷。从实际情况看,一个字、一个词、一个数字或一个句子的疏漏,都会涉及巨大的经济利益,可以说字字珠玑,一字千金,因此要加倍留意。

第五章 广　告

第一节　广告的含义和作用

一、广告的含义

广告，指的是企事业单位及个人为其经营目的，或介绍其商品，或推荐其服务，或为满足其需要等等而制作的广为告之的经济文体。

广告，顾名思义即是广而告之的意思，原本是用各种手段和形式张扬本单位、本企业或本人的某项业务以招徕顾客光顾。现在，广告的使用范围扩而大之，虽然依旧为企事业单位及个人的营利为目的，但已兼及机关团体等以公益为目的，广泛向社会各界传递信息的一种有效手段。

在市场领域里，即在广告驰骋活跃的领域中，由于我国过去实行计划经济，生产和消费环节主要靠国家指令性计划实施，所以并不需要广告，广告业也并不发达。党的十一届三中全会以来，我国废止"以阶级斗争为纲"的国策，实行以改革开放市场经济建设为中心的方针，贯彻由社会主义计划经济体制逐步向（社会主义的）市场经济体制过渡，使国民经济出现了急剧空前发展繁荣的形势，与此同时，广告从无到有，短短 20 多年也逐渐地从出现、发展，到现在已是铺天盖地遍布祖国大地充溢于城乡市场。现在广告满天飞，无处不在，不论报纸、杂志、广播、电视、网络中，还是在城市里的宽敞大道和农村里的街头巷尾，随处都是形态不一、内容各异、色彩缤纷、五光十色的广告：人们已经呼吸在广告的海洋中！

文字广告已经由视觉广告代替了不少。过去条件不具备，现在不仅在城市的楼宇、街道、广场等遍布文字广告、视觉广告；连农村的平原田野和村庄的街区小巷也有各式视觉广告。广告已无所不及，无所不在。

二、广告的作用

广告发展如此之快，这是由于它在市场经济中的确有着巨大作用的结果。它的作用主要是：

1. 传递信息的作用　广告通过文字、图片、造型、影像、声音向人们传达明确的经济信息，即传达产品信息、市场信息、劳务信息、技术信息、企业和品牌信息等，起到沟通产销、调剂供求、协调发展的作用。

2. 授予地位和塑造形象的作用　企业单位在市场条件下不能像过去那样保密地生产，而是为了公开地炫耀地从事生产和销售自己的产品。在大量的企业和公司以及它们的各类产品为人所不知到现在人人所共知的这个过程中，主要靠的是广告宣传。广告一经刊布传播，就对刊布传播广告的单位和人起到授予地位的作用，同时也起到塑造形象的作用。广告所授予地位和塑造形象的对象，主要是企业、产品、品牌和服务，它们的影响力度（即这些方面的信息的驰名度），一般地说也与投入广告的力度成正相关。

3. 诱导与说服的作用　广告的价值主要是它能用最有力的方法从心理上诱导与说服顾客，让顾客产生羡慕欲、向往欲、占有欲，直到采取行动去购买，扩大广告主的业务和生意。

4. 刺激需求的作用　广告广而告之的目的，是刺激市场消费者对广告上的产品的需求，并通过销售进而促进产品质量的完善、流行和更新换代。从这个意义上说，广告是刺激需求，增加生产，促进更新换代的加速器。

广告除了上述具体作用外，还可间接地发挥其他作用。例如：广告的发展有利于推进新工艺、新科技、新产业、新产品、新名牌的发展；有利于普及科技知识、沟通国内外产品购销渠道、扩大对外贸易、吸收国际先进科技等工作。而随着国内外产品和广告的相互沟通交流，最终也有利于人类物质文化生活的一体化程度，促进各国传统文化的融合。从这个意义上说，广告也是一种文化现象，意义不可低估。

三、文字广告

本章主要讲文字广告，也即“软广告”。软广告能够单独发挥作用，且能明确传达特定的思想，也是现代广告的主力；但它有弱点，是形象不够鲜明诱人。因此从一定意义说，现在广为流行的图、像、影、视、网络等广告虽是弘扬文字广告的基本精神，却把传统文字广告用新工具大大发扬光大了。

文字广告，一般说来是从广告对象的介绍和说明推广而来的，后来才逐渐发展，出现了文图并用的广告，出现了文、图、影、像、音并用的、枝繁叶茂的平面广告或立体广告。因为现、当代广告媒体虽有了广播、电视、电脑这些新媒体；但是图、像、影、视、网络等种种广告形式一般也是出自文字广告的发展扩张，出于文字的策划，并且在宣传产品和服务的功能上路数也是一致的。

第二节　广告的分类

广告有多种分类，按需要而定。

一、按媒体来分

广告媒体指的是广告所借以依附传播的实体。广告依媒体分主要有以下几类：

1. 印刷媒体广告　报纸广告、杂志广告、图书广告、传单广告、招贴广告、商品包装广告等。

2. 广播影视媒体广告　广播广告、电视广告、电影广告、幻灯广告、录像广告等。

3. 网络广告　网络广告是新兴的互联网上的广告，它除不具有实物广告形式外，在别的媒体上的刊布广告均能以其他形式在时空中以电子传播方式展示，影响力相当大而广泛，颇受顾客赏识。

4. 交通媒体广告　各种大型流动车辆广告、船舶广告及车站、码头、机场广告等。

5. 户外媒体广告　橱窗广告、路牌广告、广场广告和街道、楼房、体育场广告等。

6. 实物样品广告　这类实物样品广告由广告员免费分送给潜在客户试用，但商品包装小而轻，便于分发，又价值较低，商家易于负担。如护发素、洗涤剂等。

7. 户外实物模型媒体广告　如粮店门口挂上稻穗、高粱、玉米棒，炊具店门口挂上勺子，五金修配店门口挂上大钥匙，剪刀店门口挂上大剪刀模型等。此种广告是一种较原始的广告。

二、按文章广告的文体来分

广告文体五花八门，仅就主要的文字部分介绍如下：

1. 简介体广告　顾名思义，简介体广告是简要介绍商品的广告。这种广告一般附有商品及其包装的图片，着重介绍它的性能特点，不必在商品外形上多费笔墨。它用词简洁生动，往往能给读者留下深刻的印象。

2. 格式体广告　格式体广告是用表格形式介绍推销商品的广告，常见的有供求分类广告、商品综合表格广告，以及以表格形式出现的新书征订广告、影视节目场次安排广告、报纸杂志订阅广告等。表格式广告表达清楚，一目了然，缺点是形式刻板，缺乏吸引力。但对某些需要介绍产品型号、技术参数的商品，格式体广告还是适宜的。

3. 证书体广告　证书体广告是引用商品优质权威证书，以及名人、专家的鉴定和评价文字，来介绍推销商品的广告形式，常用于优质或名牌产品。

下面一例宣传的是杭州名牌王星记扇厂的产品——优质扇子的文字广告：

【例文 09】

王星记扇厂

王星记扇厂创始于1875年，素以历史悠久、技艺精湛、品位高雅而与杭产丝绸、西湖龙井并称“杭产三绝”，名满天下。

王星记扇厂是目前国内唯一一家综合扇子企业，主要产品有：黑纸扇、檀香扇、香木扇、象牙扇、羽毛扇、白骨扇、绢舞扇等十五大类、四百多个品种和三千多个花色，素有“扇子王国”之称。

“王星记”黑纸扇1981年获首届中国工艺美术百花奖银杯奖；“王星记”真空微楷万字扇“圣人的四书”1985年荣获第五届中国工艺美术百花奖最高荣誉金杯奖。至2004年“王星记”扇子被评为浙江知名品牌产品。

（本文有增删）

这则广告既以简洁的文字介绍了该厂的历史、产品，又重点介绍了两种扇子分别获得全国工艺美术百花奖金杯奖和银杯奖，并最新被评为浙江知名品牌，可以视为集简介和证书广告合二为一体。但目前已不准使用国家颁发的证书作为广告。

4. 描写体广告　描写体广告往往以生动的描绘渲染来加深人们对某种商品或对象的印象，以增强好感。如《××日报》曾整版刊登浙江广厦房产的“湖边公寓”和商务写字楼广告。该广告除配以大幅图片和详细报道外，又刊出大幅标题和优美文字，竭力描绘一种优雅清丽的环境，给人印象极深。

请看下列广告：

【例文 10】

广厦房产

尊重自然　创造经典

西湖美是一种优雅、含蓄、清丽、纯洁的美。无论晴雨雾雪，无论春夏秋冬，西湖永远是一个含情脉脉的纯情美人。她和悠远的人文传奇，眼前的湖边建筑，自由舒展地融合在蓝天、碧水、绿地之间，构成了独具风采的杭州山水园林。广厦西湖，时代广场，以西湖为大背景和主格调，又融入现代美学理念和造园手法，而与西子湖相偎依，使它的景观和环境成为西湖美景难得的一部分……

（本文有增删）

这则和杭州西湖同样优雅的房产广告，令人陶醉，真想在美丽的西湖边上拥有这么一套住房！

5. 诗歌体广告　诗歌体广告又称广告诗，是用诗歌形式介绍商品，文学色彩很浓，比散文体广告易读、好记，能动人以情；有的还把诗歌谱成歌曲，用以咏唱。但由于文字限制，要素不全，说明不够细致，而着重突出产品的优、特之点，很难把产品的单位等写进。

【例文 11】

现代杰出戏剧家田汉在1966年为杭州张小泉剪刀厂写的广告诗：

快似风走润如油，钢铁分明品种稠；
裁剪江山成锦绣，杭州何止如并州。

【例文 12】

现代诗人臧克家为山东景芝酒厂题句：

儿时景芝酒名扬，长辈贪杯我闻香；
佳酿声高人已老，沾唇不禁念故乡。

6. 问答式广告　这种广告采用问答形式，生动活泼，饶有情趣。这种问答式广告往往针对消费者的心理，释疑解惑，步步引导，常用于介绍知识性、技术性较强的产品，便于阅读，如在广播里做广告，这类形式更为引人。

【例文 13】

环境问答

当今世界发展引人注目的问题是什么？
——环境！
人类生存面临的严峻课题是什么？
——环境！
与您的生活休戚相关的条件是什么？
——环境！

《中国环境报》

环境问题是当今全人类面临的共同问题。这则广告(属公益广告)通过三翻一问一答,表明了"保护环境,刻不容缓"这个十分严肃的话题,但只用了两个字:环境!

除了以上几种广告文体以外,其他还有议论体广告、戏剧体广告、歌曲体广告、相声体广告、对联体广告、匾额体广告等。相对而言它们的使用频率低一些,不再一一具体介绍了。

三、按主题表现形式来分

广告就其主题表现形式而言,还可以分为理性祈求式广告、情感祈求式广告和两者交叉式广告三类。

1. 理性祈求式广告　这种广告介绍产品采用专门化的形式,比如说明产品的规格尺寸、质量参数、价格水平等,强调产品的有效属性。它刻板正规,简洁明白,很少带有感情色彩。如生产资料广告,工业用品、农产品和农业用品广告,往往采用这种理性祈求式广告。

【例文 14】

狮牌　西湖龙井

西湖产茶始于唐代,湖州人陆羽所作《茶经》,闻名于元明间,有明代诗人高应冕《龙井试茶》为凭。诗云:"天风吹醉客,乘兴过山家;云泛龙沙水,春分石上花。茶新香更细,鼎小煮尤佳;君不烹松火,疑餐一片霞。"西湖龙井茶以色绿、香郁、味醇、形美"四绝"而闻名于世。成茶扁平挺秀,光滑匀称,翠绿略黄,泡在杯中,嫩叶成朵,一旗一枪,交相辉映。芽芽直立,栩栩如生,香馥若兰,清高持久。汤色明亮,滋味甘鲜。其中狮牌龙井极品,只是"其贵如金,不可多得"。

杭州狮峰茶叶有限公司(以下从略)

这是一篇茶叶广告,发布在茶叶盒上。这则文字广告首先从历史说起,述及自唐至于元、明,推出陆羽、高应冕两位历史上知名茶叶专家,引出他们的《茶经》和《龙井试茶》诗来赞誉龙井茶叶。这种用古人、名人、名诗来称颂一件物品是一种常见和有效的办法。但这还不够,广告又用江南茶叶"色绿、香郁、味醇、形美"这"四绝"来铺张龙井茶叶的色、香、味、形的高贵品质,更加有力地吸引消费者的购买欲望,写法也中规中矩,可为范例。接下来又从成茶、泡茶入手,大写一旗一枪的特殊效果。从抽象到具体,这也是一种有效的写法。至于结尾盛誉"狮牌"龙井,说它"其贵如金,不可多得"云,总觉得不太对味和妥帖。从全文看,以为"中规中矩"确是不错,文字的含量也是丰厚的;但文字技巧较粗糙,尚可精雕细刻。

2. 情感祈求式广告　又称为暗示广告、兴趣广告。它通过暗示引起人们的潜在意识,从而启发和激起购买和使用行为。情感祈求式广告,有的以图画为主,仅标以商标的名称,或对商品的用途和特点加以简要提示;有的在良好的气氛中表示本商品可以满足某些人们的要求;有的以祈使的语气希望人们勿失良机,等等。

【例文 15】

爸爸的光彩下巴

小的时候/爸爸爱用下巴/轻撞我的面颊/从来我就/不觉他的胡子扎/多怀念那段时光/真想再拥抱爸爸/只为他那/光彩的下巴。

男人的世界——飞利浦

这则飞利浦剃须刀广告，以女儿的视角着眼，传达出一种父女之间的亲情，令人沉醉。飞利浦剃须刀也因此具有情感意义。

3. 理性祈求式和情感祈求式交叉广告　理性祈求式和情感祈求式这两者并不是截然对立的，它们有时可以综合起来使用。当然，一切根据消费者的需要和兴趣，以及消费品的特性为转换，使用时应有所侧重。下面是一则理性祈求式和情感祈求式相结合的报道式公益广告。

【例文 16】

为您的健康着想　请接受医生的忠告：

选择健康　不要吸烟

吸烟是一种分期付款买疾病和早亡的行为：

(1)每年全球约有 250 万人过早死于和吸烟有关的疾病，平均每 13 秒钟就有一个死去。

(2)一个 25 岁每日吸两包烟的男子比不吸烟者少活 8.3 年。

(3)在所有癌症死亡中有 33%是由于吸烟所致。

(4)吸烟是引起下列疾病的主要原因：肺癌、肺气肿、慢性支气管炎、冠心病。

(5)吸烟易患口腔癌、喉癌、膀胱癌和胃溃疡，患呼吸系统疾病的机会较高。

……

这则公益广告所列举的具体数字是确实的；用以宣传吸烟危害，报道事实。要求“为您的健康着想，请接受医生的忠告：——选择健康，不要吸烟”。这句话是诉诸您的理性，也是诉诸您求生的欲望。

第三节　广告的结构及写作要领

一、注意不同媒体的特点

广告要按不同媒体的特点，从实际出发注意探索多种多样的制作形式。如报纸广告在各类广告中占有相当的比重，它的读者广泛稳定，传播迅速，这是它的长处。但它被人注意的持续时间较短，且又容易被淹没在庞杂的广告群中；另外它还受读者文化素质的影响较大。凡此种种，报纸广告的设计要注意文字功夫，充分利用版面空间，用醒目显眼、通俗简明的文字表现主题。广播电视广告传播更迅速及时，空间覆盖面广而无所不及，对象不受文化程度的限制，这是它的长处；但它播放时间更短促，转瞬即逝；而受众层次又过于分散，数量不稳定，不易捉摸他们的心理，这是短处。户外交通广告与读者擦肩而过……凡此种种，说明广告写作要因媒体而异，要力求探索出形式多样、效果显著的各类广告。

二、要素应齐全

广告包括五个要素：广而告之的事和物；事和物的优点、长处；提供商品或服务的方式；广而告之的标语或口号；广而告之的单位，即名称、地址、通讯联络等。

广告是通过一定的媒介手段把有关的商品、服务或情报传递给人们的一种手段。广告的目的是为了树立形象，影响舆论，扩大销售或服务。因此，上述五个要素一般都应该齐全。同时又应了解，上述五项是相互关联的："广而告之的事和物"是广告写作的目的；"事和物的优点、长处"是广告的核心，也是本产品与其他产品相比的优势所在，是为了在竞争中处于有利地位而写的；"提供商品或服务的方式"则是广告的"落脚点"；"广而告之的标语或口号"是广告最动人之处；"广而告之的单位"(名称、地址、通讯联络方式等)则是主体单位。假若刊登广告却把厂名、地址及通讯联络方式都疏忽了，那么广告也无法落到实处而成为笑话；但如著名品牌的广告则不一定需要发布广告的单位。

三、一要实事求是，二要合理夸张

广告文体的写作要实事求是，讲求社会效益，不能违反国家政策、法令，不能有损我国各民族的尊严。对于违反国家法律的淫秽、丑恶、迷信内容的文字，以及弄虚作假、坑害群众利益的，都会被依法追究处理。"广告应当真实、合法，符合社会主义精神文明建设的要求。"(《中华人民共和国广告法》第三条)"广告不得含有虚假的内容，不得欺骗和误导消费者。"(《广告法》第四条)具体地说，在广告写作中必须对商品的性能、产地、用途、质量、价格、产品有效期限等等交代清楚，对涉及的数据、统计资料、调查结果、文章摘要、引用词句等应当标明出处。简而言之，对广告来说，实事求是就是真实叙述，述而有节，夸而有度，令人信服。

但广告不是说明书。撰写广告要以实事求是为基础，力求写出出人意外的传递效果：或者给人的意念出人意外；或者给人的印象出人意外；或者给人的刺激出人意外。总之力求在忠于事实的基础上运用合理夸张手法，利用形象、鲜明、强烈的字词句等给人以强烈的印象。而这就要求广告成为一种"真正有用"的艺术。却绝不能写一些虚假、失实、不洁不雅、令人上当受骗、呕吐恶心的文字或形象进入广告。

四、语言文字风格化

广告写作要求文字生动简练，对准读者心理，突出广而告之的事和物的最富于魅力的地方，所以结构要求高度灵活和绝对风格化。这是因为广告在一个特定的场合，往往和人们不期而遇，接触仅仅在短短的一瞬间，要使读者(消费者)产生强烈的印象，就必须主题突出，立意新颖，结构风格化，使人耳目一新，一读难忘。

广告的结构分为两大部分：标题和正文。人们看广告总是先看标题。广告标题的作用，一是引人注目，让读者产生仔细阅读的兴趣；二是点出主题，让读者产生购买欲望。广告一般文字不会很多，靠标题画龙点睛。好的广告标题应当从心理、技术和艺术多个角度来考虑。心理上需要考虑的，是标题如何唤起消费者的购买欲。技术上需要考虑的，是标题的位置、字体、字数、排列等安排是否适宜。艺术上需要考虑的，是要表述准确而新颖，能满足读者的审美享受。广告的正文是将标题的内容具体化，它又可以细分为开头、中心段、结尾、落款等，总的要求是应比标题要详尽、周密；但切不可冗长杂乱、面面俱到。正文中最为紧要的，是要有鼓动力很强的标语口号，选择一两句震撼人心、永志不忘的广告词。例如雀巢咖啡的广告词是"味道好极了!"很有力，而且很通俗。

第六章 说明书

第一节 说明书的含义和作用

一、说明书的含义

顾名思义，说明书是以说明的表达方式对事物加以解说和介绍，使人得到某种知识的书面材料。

说明书的含义是有特指的。有些介绍各种知识的书籍，汗牛充栋，不算说明书。有些关于某次会议议程的说明，那是会议主持者的安排，也不算说明书。即使一本厚厚的中国地图(当然包括文字)介绍地广人众的祖国，给人以实际的知识，也不能算说明书。这里所说的说明书，指的是出于一种实用的目的而给人以知识的、简明扼要的书面材料，包括单位、产品、服务等与人方便的书面介绍说明书。这多少有点广告的意味。

二、说明书的作用

说明书和广告相近。广告重在宣扬和招揽顾客；说明书重在讲解和说明。相对而言，一个或在售前，一个或在售后。广告重在售前唤起购买欲，它是一种纯经济行为；说明书重在单位业务产品、劳务服务的使用说明或服务说明。

说明书的作用实际上比广告要大得多。社会上所有事物的推广、应用和鉴赏等都用得着说明书。工作也有工作说明书，生活也有多种生活说明书。总之，政治、经济、文化、艺术、科学、技术等，都得用说明书。而说明是写作中的最基础的基本功，说明文又是写作中的一个大类，应该学好。

第二节 说明书的分类

按照说明的对象性质来分，主要有下列几种：

1. 物质产品说明书　主要是关于某种物质产品的形状、结构、功能、材料、工艺、用法，以及使用注意事项等等的说明。如多维元素片说明书，宜兴紫砂茶壶、辞海出版说明等。

【例文 17】

河车大造胶囊说明书

请仔细阅读使用说明书并按说明使用或在药师指导下购买和使用。

【药品名称】

通用名称：河车大造胶囊

汉语拼音：Heche Dazao Jiaonang

【成　　份】紫河车(人体胎盘)、熟地黄、龟甲(制)、天冬、麦冬、杜仲(盐炒)、牛膝(盐炒)、黄柏(盐炒)。

【性　　状】本品为胶囊剂，内容物为深棕色颗粒，并有少量黄棕色颗粒状及黄色纤维状药材粉末；气微香，味苦。

【功能主治】滋阴清热，补肾益肺。用于肺肾两亏，虚劳咳嗽，潮热骨蒸，盗汗遗精，腰膝酸软等阴虚症状。在肿瘤化疗中，对骨髓、肝、肾功能有保护作用。

【规　　格】每粒装 0.35g

【用法用量】口服，一次 3 粒，一日 3 次；或遵医嘱。

【不良反应】尚不明确。

【禁　　忌】尚不明确。

【注意事项】尚不明确。

【药物毒理】1. 本品可延长荷瘤鼠的生存率，提高化疗药的抑瘤效果。

2. 本品具有保护荷瘤鼠化疗期间造血、心、肝、肾及免疫功能，对肿瘤化疗药均有显著的抗毒副反应作用。

3. 本品可明显改善阴虚小鼠在体重、饮水量，血清 T_3、T_4 指标，对阴虚证有显著的改善作用。

4. 本品明显保护荷瘤小鼠免疫状态的 NK 细胞活性、T 淋巴细胞转化功能及调节 ICI 水平，提高机体免疫功能。

5. 本品对小鼠粒系祖细胞(CFU－C、CFU－D)有显著的增殖分化促进作用，促进造血机能。

【贮　　藏】密封，置阴凉干燥处(不超过 20℃)。

【包　　装】铝塑板装，9 粒/板×2 板/盒。

【有 效 期】24 个月。

【执行标准】国家食品药品监督管理局国家药品标准，WS,－406(Z－57)－2004(Z)。

【批准文号】国药准字 Z20000015

【生产企业】

企业名称：黄山市天目药业有限公司

生产地址：安徽小黄山市屯溪区黄山中路 45 号

邮政编码：(略)

电话号码：(略)

传真号码：(略)

注册地址：安徽省黄山市屯溪区黄山中路 45 号

http：// www. ××××. com

这篇中医药说明书写得较为规范。它已摆脱那种“十全大补”式的空泛体式，转而仿照现代西药体式来介绍药品。尽管在药理、医理上有不足之处，但至少可看做是一种进步。希望医药界能够推进中医药事业向现代化方向前进，写出更为详细精确的说明书。

【例文 18】

宜兴紫砂茶壶

著名陶都——江苏宜兴丁蜀镇，生产日用工艺陶瓷，技艺精湛，造型优美，犹如百花丛中盛开的艺术鲜花，光彩夺目，逗人喜爱。

紫砂茶壶，是陶都最珍贵的工艺品，已有上千年的生产历史，早就驰名中外，享有天下"神品"之称。古人对名手所制茶壶视为"贵重如珩璜"、"珍重比流黄"、"价格拟球琳"，觅得一壶，赛过无价之宝。

紫砂茶壶之所以名贵，主要有七绝：一、泡茶无俗气，色、香、味皆蕴；二、夏天泡茶，隔日不馊；三、冬天泡茶，沸水注入不炸裂；四、茶壶久用，不放茶叶，仍有茶香味；五、传热缓慢，壶热而不烫手；六、壶盖严密，倒茶无落"帽"之忧；七、壶色和谐不褪，久用越发光亮。

"茗壶莫妙于砂"，妙就妙在紫砂泥料有着特殊的性能。紫砂泥料蕴藏于深岩之中，开采后又经人工精选，故有"岩中岩"、"泥中泥"之称。泥色红而不嫣，紫而不姹，黄而不骄，黑而不墨，质地细腻含有砂性，经高温烧成，仍具有较好的透气性能。得天独厚的紫砂陶土，使茶壶、茶杯产生了独特的功能。

制作紫砂茶壶，工艺十分讲究。在长期的劳动实践中，艺人们创造的制壶技艺，各有千秋。成千种茶壶，"方圆非一，器型各异"：有讲究线条的茶壶，古色古香，清新悦目；有注重浮雕图饰的茶壶，多姿多态；有富于生活情趣的象形茶壶，形态逼真，见壶生景；还有集文学、书法、绘画、篆刻诸艺术于一体的茶壶，字随壶传，壶随字贵。优美的紫砂茶壶，在我国工艺美术品中，放射着灿烂的光芒。

这是工艺产品说明书，写的是著名陶都江苏宜兴丁蜀镇紫砂壶。它从产地、历史、特点、功能、工艺技巧等各个方面介绍了陶瓷紫砂壶产品。语言文字清秀典雅，一如小巧玲珑的紫砂壶，读了如睹其制艺，如见其实物，爱不释手。

2. 精神文化产品说明书　这类产品主要是图书、绘画、音乐、戏剧、舞蹈、电影等，主要说明它们的故事梗概、艺术表现、风格流派等。这类说明书有一定的专业知识，但其着眼点仍然是为人民大众服务，增长他们的才干，鼓励他们热爱全人类的精神产品。

【例文 19】

出 版 说 明

《辞源》的编纂开始于1908年(清光绪三十四年)。1915年以甲乙丙丁戊五种版式出版。1931年出版《辞源》续编，1939年出版《辞源》合订本。1949年出版《辞源》简编。《辞源》以旧有的字书、韵书、类书为基础，吸收了现代词书的特点；以语词为主，兼收百科；以常见为主，强调实用，结合书证，重在渊源。这是我国现代第一部较大规模的语文词书。

全国解放后，读者迫切需要一部思想性、科学性统一的，内容充实的古汉语词典，用来解决阅读古籍时关于语词典故和有关古代文物典章制度等知识性疑难问题。为此，1958年开始修订工作，根据与《辞源》、《现代汉语词典》分工的原则，将《辞源》修订为阅读古籍用的工具书和古典文史研究工作者的参考书。修订稿第一册于1964年出版。

1976年，由国家统一规划，广东、广西、河南、湖南四省(区)协作担任《辞源》的修订工作。四省(区)分别成立专门机构，以修订稿第一册和未出版的其他各分册初稿或资料为基础，和商务印书馆编辑共同编辑、审定。

这次修订，以马列主义、毛泽东思想的立场、观点、方法为指导方针；根据本书的性质、任务，删去旧《辞源》中的现代自然科学、社会科学和应用技术的词语；收词一般止于鸦片战争（公元1840年）；增补一些比较常见的词目，并删去少数不成词或过于冷僻的词目。单字下注汉语拼音和注音字母，并加注《广韵》中的反切，标出声韵。《广韵》不收的字，采用《集韵》或其他韵书、字书的反切。释义力求简明确切，并注意语词的来源和语词在使用过程中的发展演变。对书证文字都作了复核，并标明作者、篇目和卷次。为了给专业研究工作者提供参考资料，在有关词目之末略举参阅书目。

本书分四册陆续出版。在整个修订过程中，四省（区）党政领导和有关方面给了我们大力支持和帮助，我们表示衷心的感谢。

由于我们水平不高，累积的资料不多，缺点一定不少。希望读者和专家批评指教，以便再作必要的订正。

商务印书馆编辑部

1979年9月

这是一个介绍性的说明，简洁、确切、明了。此外，还有《辞源》修订本体例说明、《辞源》修订本部首目录说明及《辞源》修订本难检字表说明。这四件说明书的最突出和重要的特点是它的朴素、真实、简短、可靠，没有一点夸张和虚假的地方。

3. 自然景观说明书　主要说明某处山水风光、人文景观和历史变迁的诱人特色，如首都故宫博物院、长城八达岭、河西嘉峪关、西安秦始皇兵马俑博物馆、杭州湖光山色等。它们着重介绍地理环境、民族风貌、文化遗产、风土人情、奇峰异石、飞瀑流霞等等，宣传祖国大好河山，招徕八方观光游客。

【例文20】　雁荡山

雁荡山位于浙江省东南乐清县境内，它以天下奇秀闻名古今，历来是游览、避暑和休养的胜地。

雁荡山的风景点不下几百处，可划分为七个大区，即：灵峰、灵岩、大龙湫、雁湖、显圣门、仙桥、羊角洞。其中灵峰、灵岩和大龙湫，景色最为集中。

雁荡景色，贵在天然，以峰、瀑、洞、石称胜。山峰高耸，或拔地而起，高入云表；或嶙峋奇幻，移步换形。百丈瀑布，凌空起舞；若日光映照，状若飞虹，五色缤纷。洞中洞壑，或宽敞明亮如洞府；或幽深曲折如迷宫。山巅奇石，千姿百态；若黄昏夜月，遥看峰峦，怪石兀立，或谓少妇望夫，或谓老道坐禅。疏影依稀，若即若离，更觉变幻莫测，叹为怪绝，自古人们给它取了许多诗情画意的美名。

雁荡从唐宋至今，游者如云。多少诗人画家，见此雄山奇景，嗟嗟称善，盛赞不已，留下许多诗篇画卷，刊镌典籍。

雁荡山总面积约四百五十平方公里。主峰独居高处有湖，湖中芦苇丛生，结草为荡，秋雁南归，栖宿游弋，故称雁荡。

杭州、宁波、温州等地，每天都有直达班车至雁荡山。从上海方向来的游客，可以乘轮船、火车、汽车直达温州等，再转车到雁荡山，往返称便。

（本文有删改）

这是说明雁荡山风景的说明书，写出奇峰异谷，石泉瀑布分外秀丽。但末段有一节导游文字，故也可以看作广告，不妨认作是说明兼广告的混合体。

4. 地域和特产说明书　主要是简短介绍某地区、某单位的基本面貌、历史变迁、发展状况、生产品种、交通资源等等，宣传各地区、各单位的发展优势，扩大其吸引力；或为引进投资，或为引进人才，或为引进技术，或为扩大合作和贸易，不一而足。

【例文 21】

杭州瓷厂

【宗　　旨】服务于大众，奉献于社会。

【经营思想】我们以真诚的精神，精湛的技艺，优质的产品，热忱、忠实地为大众服务，最大限度地满足国内外客户的需求。我们并不一定追求自身规模的大小，但我们十分注重产品的质量与企业的声誉。

【厂况简介】杭州瓷厂是国营专业生产瓷器厂家，创建于 1958 年，位于杭州市郊萧山。现有职工 1060 人。年产量 2700 万件。品种多样，门类齐全。生产各种档次的日用瓷、艺术瓷、工业瓷、建筑瓷和医用瓷，尤以仿南宋官窑瓷闻名于世。本厂设备先进，工艺精良，有 65 米、75 米油烧隧道窑两座，5 立方米梭式窑三座。建有专业研究所两个，技术力量雄厚，水陆交通便利。

仿南宋官窑简介

南宋官窑居我国闻名于世的五大名窑之首。其特点是胎薄釉厚，釉光内蕴；开有纹片，古朴幽雅。色泽以精青、月白为尚。造型端庄秀丽，独具一格。宋王朝覆灭后，官窑被毁，工匠失散，技艺失传。

杭州瓷厂利用优质原料，成功仿制了南宋官窑瓷器。素享“瓷器明珠”盛誉的官窑名瓷，失传了七百多年后又重放异彩。

本厂南宋官窑研究所制的十二锦瓶、菊瓣碗、寿果葫芦瓶、双弘贯百瓶、果盘、葵口碗等 19 件(套)仿南宋官窑产品，在全国同行业产品质量评比中一举夺魁，荣获 1987 年轻工业部优质产品称号。

这是一家工厂及其主要产品的说明书，文字准确，条理清楚，500 个字把该厂的宗旨、厂况，以及主要产品仿南宋官窑瓷器的特点一一作了介绍说明，表述恰到好处。地址原在杭州玉皇山下，现该厂由于杭州市的文化和历史规划已不再存在；但其说明在本书保留却自有意义。

第三节　说明书的写作要领

说明书的写作要求是老老实实，来不得半点浮夸水分，这是它和广告决然不同的地方。它不要求特殊结构，不要求妙笔生花，不要求风格美化；而广告虽然从基本面说也要实事求是；但又要求别出心裁和创意，要求独具一格的文字，以及撼动人心的标语口号等。两者因其作用不同，风格也不同。说明书写作要求如下：

一、有的放矢

说明书的写作首先应搞清楚对谁说明，说明什么，为什么目的，做到有的放矢。一般说来，任何富有知识性的简短文章都会有人阅读，但这却不一定是说明书。而且，说明书也不像免费广告那样，发行得越多越好。说明书的阅读对象应该是“准专业性”的，他们抱着某种实用目的来阅读，比如旅游者、购买者、使用者、投资者、合作者等。对他们来说，具体的口味当然也有所不同，但可以选择一个一致的“切口”进行写作，即兴趣。要研究每一种不同读者的不同口味，把他们共同需要的东西通过准确简短的语言写出来；那样读者就不会半途丢弃，而会认真地阅读下去，从而达到说明的目的。

二、抓住事物的特征

对于说明书的说明对象，写作前要进行一番研究，写作时要突出其特点。例如对不同性质和内容的说明书，应各有所侧重：物质产品的说明书，要突出它的美观实用、价廉；精神产品说明书，要突出它的高尚品味；自然风光的说明书，要突出大自然的鬼斧神工；地域、城市、单位的说明书，要突出它们的地理、地质、地貌等的特殊之处，如物产、交通、环境等。事物的一般概况也应照顾到；但绝不可给人以"大概如此"之感，应以点到为止。目前还有大量的应该详细说明的食用或电器之类的产品说明书，不仅要突出其优异之处，尤应具体准确地告诉如何食用或如何使用，如录音笔、微波炉等。

三、讲究次序条理，简明扼要，通俗易懂

说明书的结构，不需要作特别的考虑安排，什么应前边写，什么应在中间写，什么应在后边写，只要面对着说明的对象，根据人们的认识规律依次写来就成。行文、语段可以按照说明的意思来分段、间隔，或冠以小标题等；但不可以突兀而来，戛然而止，令人费解。如保健品、药品、食品等说明书，应有序地说明它的构成成分、食用、保健或治疗等作用，以及贮藏、服用方法等等，依次加以简明扼要的说明，使一般人都能看懂。

四、语言文字要科学、准确、通俗，内容要全面，不留有疑窦

说明书一类文字既然侧重点在于解释和说明事物，所以文字表述一定要科学、严密、准确，防止发生歧义。一些新产品（如吸尘器、微波炉、热水器等）的说明书，还应介绍工作原理、主要技术参数和零部件等。对这些项目，应当不厌其烦地细致说明，把读者当成一点不懂的人看待，而不是当成一个专家老手来对待。要尽可能通俗。说明书上已有说明，而读者或有不能完全理解的地方，这不是说明书的责任；只有不予说明或遗漏说明而读者不明白知晓，这才是说明书的责任。说明书必须讲求实事求是，形容要恰当，描绘要真实。除了文字说明以外，还可以配用图表、插图和照片等加以补充说明。

第五部分 传播文体

第一章 传播文体概述

第一节 传播文体及新闻的含义和分类

一、传播媒介的概念

大众传播媒介是现代传播学的概念，指报社、杂志社、通讯社、广播电台、电视台、出版社、电影公司、互联网网站等单位的传播媒介，包括印刷制品、音影像制品和电子综合传输制品。我国传统上将前五种称为新闻事业，又称新闻工具。“媒介”概念传入我国以后，又称新闻媒介。要而言之，称为新闻媒介的报纸、杂志、通讯社、广播电台、电视台等，主要工作是采集、处理、发布新闻文体的文章，是刊播新闻的主要载体，亦称新闻媒体或称大众传播事业。

新闻事业或大众传播事业在社会主义国家，是“党的喉舌”，这是传统的说法；以后又加上“政府的喉舌”、“人民的喉舌”，似乎比较全面了一些。这说法决定了新闻工具的地位，因为在我国，党、政府和人民的利益被认为是统一的，党和政府代表了人民的利益。

作为党的喉舌的新闻事业，也历来被看作是党的宣传工具，在意识形态领域中担负思想教育的作用，包括舆论导向作用和工作指导作用。因此，新闻媒介所处理的业务，在本质上是服从于党在各个时期的总路线、总方针、总任务；它应在思想上确保党的路线、方针和任务的实现。

二、什么是新闻

新闻事业以采访、编辑、传播新闻为主要任务。众所周知，新闻是什么即新闻定义问题是既简单又复杂的问题，在我国新闻工作者和新闻理论研究者们中间历来众说纷纭，莫衷一是，争论了一百多年。但是，在人民群众心目中却自有主张，他们天天渴望新闻、听新闻、看新闻、读新闻，到底什么是新闻，有着自己的看法。一般通用的说法是：新闻是新近发生的、群众所关心的重要变迁事实的报道和传播。

分析新闻这个定义（或者叫做“说法”也可），有几层意思：首先它是报道传播，指的是报道者和传媒的传播；其次，它是关于某种新近发生的事实的客观报道传播；再次，这种新近变动的事实应是群众和人民所关心的报道传播，而不是无关痛痒的报道传播。这三层意思都很重要；但尤其重要的是“报道传播”四个字（也可以简化为传播两个字）。新近发生了某个事实，并且群众很关心，若新闻报道者或新闻媒体守口如瓶，讳莫如深，就没有新闻的报道传播;即使有传播也只能是“小道消息”、“马路新闻”。所以,报道传播很重要,而这也就是大众传播媒介为什么要作为党、政府和人民的喉舌的主要根据。不过同样要紧的是:“没有不透风的墙”;有新闻必定有新闻的传播。从这个意义上说,涉及多人参与的事和大规模的事,实是很难被隐瞒封锁的。

另外,同样重要的是,报道或传播是把外界发生的事实观念化的产物,不是第一性的客观事实,是第二性的东西,是客观事实的一种描述、报道和传播。了解这一点非常重要。因为许多原因可以造成新闻的误传或误播,其中又有的是报道者主观有意识的误传误播,有的是主观无意识的误传误播,更多的是事实本身暴露不够全面,其真实性还有待证实等等。

总之,报道传播实际上是一项连续动作;先有事实,后有传播,是一个连续动态过程。新闻不仅仅是一个事物,而且是一项社会运动,是一项社会信息的连续运动。只有从这个角度认识新闻,才比较地客观,比较地符合实际。

新闻是一个报道传播过程,传播学把它分解为五项内容,叫做:传播者、传播内容、受传者、传播渠道、传播效果。这里关键的是两个要素,即“谁”向“谁”传播,也就是传播者和受传者。这两方面之中,尤以传播者居重要地位,是他发现新闻,传递信息。所以在我国,党历来十分重视新闻工作者,对他们的要求很高,要求他们采取正确的态度传播新闻,对党和人民应高度负责地做好新闻工作。

究竟以什么态度传播新闻呢?刘少奇在1956年对新闻工作者说:“……新闻就必须是客观的、真实的、公正的、全面的,同时必须是有立场的。”刘少奇这里指出,新闻单位的立场可以不同;但是认为新闻必须“客观”、“真实”、“公正”、“全面”,要求对新闻实行“八字方针”。我们似乎也应该按照少奇同志的话去做,要客观、真实、公正、全面地对待事实。同时,也必须在新闻报道中体现我们的立场。我们这种对待客观事实的态度和我们的原则立场,也就是新闻传播工作者作为“把关人”的态度和立场,虽然这是不容易把握的。

这就是学习传播文体即新闻报道体裁所应取的态度。

三、传播文体的分类

传播文体的分类,一般是以体裁来分的。按照体裁分,可以分为:

1. 新闻报道类　新闻报道类,通常指的是消息、通讯、新闻述评三种体裁。它们着重报道新近发生的、为人民群众共同关心的重要事件或现象。消息、通讯、新闻述评亦各有具体分类,留待专门体裁中展开。

2. 新闻评论类　新闻评论类是新闻文体中一个大类,历来在传播媒介上占有重要地位。这类文章以新近发生的事实、现象、问题为评论对象,包括社论、编辑部文章、评论(署名或不署名)、短评、编者按(或编后)等。

3. 杂文类　原则上说,杂文不属新闻。但杂文是报刊上经常刊载的文章,它的内容广泛,形式繁多,笔法灵活,风格多样,短小精悍,是一种带有文学色彩的评论性极强的社会论文。它包括日记、书信、序跋、传记、回忆录、随笔、小品、寓言等等各种短文,我们应该提倡,故作为“附”文列在传播文体后面。

第二节 传播文体的作用

传播文体的作用也是传播事业、传播媒介的作用，这种作用在我国体制下概括说来有如下几点：

一、思想上的宣传教育作用

传播文体首要的一条任务就是通过传播发挥宣传教育的作用。因为人们生存在社会上，不论他们是否意识到，为了学习、工作和生活，都需要不断吸收对自己来说是新事实、新知识、新思想和新观念，借以增长见识，提高水平，扩大行为的自觉性和增强行动的实际效果。传播文体实际上就是为此而备的，它每天不断地把社会上发生、发现的新事实、新知识、新思想和新观念以各种形式传播出去，供读者采摘吸纳。当传播文体这样做的时候，便在文章中确定一个主旨和主题，在叙述客观事件、现象和问题的同时，就把主旨或主题传达出来，使读者自觉或不自觉地受到教育。

二、舆论上的代表、反映和引导作用

社会舆论是社会上广大人民群众对当前某项重要事务的大致相同的意见。这种意见的力量是无形的，并且是有权威的，像是看不见的空气，不可须臾离之。在空气中有飓风，也有暴雨，它是我们的生存环境；而舆论也时在变动，有波澜不兴和行云流水的时刻，也有黑云压城和雷鸣闪电的时刻，它是我们的思想和观念的环境。当前我国社会舆论主要是围绕党和政府的方针、政策、法规，以及国家机关、企事业单位及其工作人员的作风展开的，如改革开放、经济建设、提高收入、改善生活、反腐倡廉等。在这些舆论较为敏感的问题上，传播媒介要代表社会舆论进行报道、反映和监督；也要指导或引导社会公众正确对待和处理各种现象，但不能只准灭火，不准冒烟。这样才能使广大人民群众意识到大众传媒既是党和政府的喉舌，也是人民自己的喉舌；意识到大众传媒既可以代表他们集体的、多数人的、正确的意见，又可以劝导、纠正某些人的不正确的愿望和行动。大众传媒把社会上少数人的意识，引导到多数人的社会舆论的洪流中，汇合成公众的意志，推动社会共同前进，这是传播文体的更大的作用。

近三十年来，我国传播领域里占主要地位的指导思想把“舆论导向”作用提得最高、抓得最紧，即要求传媒要引导“舆论导向”；又要牢牢掌握“舆论导向”。这个“引导”、“掌握”舆论导向的指导思想明确了传媒在新时期的思想政治意义。

三、工作上的指导作用

传播文体还有一个直接的实用目的，即工作上的指导作用。这种指导作用在党政机关媒体上不可或缺。它们在报道新闻、评论最近社会上发生的事件、现象和问题时，让人民群众从中得到经验，取得方向，懂得做法，这就是指导作用。传播文体中的评论文章更是专为指导作用而发表的。评论不仅直截地指出某项工作中的经验和问题，并且提出如何应用经验或解决问题的方法，因而，其指导作用更为强烈和更为鲜明。

四、生活上的服务作用

有一种说法，就是大众传播媒介或新闻事业的指导作用，也就是它的服务性。其实这话不准确。指导作用和服务作用虽然有联系，两者却不是一件事。指导作用在历史上是偏重于思想上、工作上的引导和指导，最先提出来时是和党报在当时的任务分不开的；而服务性或服务作用，则是近30年才提出的口号，偏重于传播媒介在政治生活、经济生活、文化生活以及其他日常生活的服务作用。这里主要的关键是要求传播事业、传播媒介、新闻工作逐步把立足点转移到群众方面来，无论新闻报道或评论以及其他体裁，在思想上进行宣传教育、舆论上引导和工作上指导的同时，在政治生活、经济生活、文化生活以及其他日常生活领域中能够照顾群众的共同兴趣，想群众之所想，急群众之所急，全心全意为人民服务。这除了传统的新闻报道和新闻评论应体现这个方针外，传播媒介上又出现了专门的服务性栏目和节目，其设立的精神也就是为了加强服务性，如医药、卫生、健康、体育、文学、艺术、烹调、服装等，都是体现了新闻传播媒介的服务作用。

但随着改革开放和现代化的步伐，传播媒体的传统观念起了变化，人们更多地要求传播媒体真正反映社会真实，代表社会舆论，反映人民大众的心声。为此需要不断解放思想，认真实现宪法保证的言论自由权力，为建设真正和谐社会而努力。这方面有更多的事情应该做。

第三节 传播文体的特点

传播文体的一般特点可以概括为：

一、公开性

传播文体无保密内容，其受众是社会任何成员，具有公开报道、公开张贴、公开散发的特点。传播文体的目的是为了告诉受众要了解的现实性信息，帮助受众正确判断形势、扩大知识，以提高自己社会行为的效益；是为了宣传、贯彻党的方针、政策，激励、鼓动群众努力实现、完成某项任务或工作。所以，除少数仅供内部人员阅知的材料而外，它根本无须保密；恰恰相反，越是公开传播，受众人数越多越广，就越能发挥传播的社会作用。

二、真实性

真实性是传播文体的生命。这不但对消息、通讯、述评、评论来说是如此，而且对杂文来说也应是如此。新闻必须完全真实。新闻一旦失实，它的生命也就终止。评论也必须真实叙述事实，做到客观、真实、公正和全面。轻率行事，不讲“真实、客观、公正、全面”，或甚至任意歪曲事实，睁着眼睛说瞎话，或沿着假、大、空、套的腔调忽悠人，不仅达不到传播的目的，反而会使传播媒介和作者的声誉丧失殆尽，产生传播上的负效应。

三、针对性

传播文体就总体而言是面对全体社会成员的，无所谓针对性；但是就某一篇特定的传播文章而言，却大多是针对不同社会阶层的。传播对象有性别之异、年龄之差，又有文化层次高低的不同，所从事的职业也千差万别，这在传播学来讲叫做受众的"归属性"；而在有所归属的受众群体面前，就决定了传播文体的针对性。一切好的传播文章都应该有的放矢，根据特定对象的兴趣特点和生活需要，确定该说什么、怎么说和说多少。

四、时宜性

时宜性包括迅速及时、适应时需、讲究时效三个方面。三个方面讲的是一个问题，只是角度不同而已。从广义角度理解，传播文体是有时间性的文字。这个时间性，它包括时差、时效、时宜三个概念。时差就是所述事件的发生至发表报道文章之间的时间间隔。时效就是遵循"时间就是效益"的原则，迅速及时地写作发表，以达到及时传递信息，取得最佳效果。时宜就是掌握好时机，文章发表在火候上，既避免超前空喊，又避免"打马后炮"。

五、可读性

一般传播文体都有新鲜活泼、通俗易懂，或生动形象、引人入胜的特点。传播文体要让事实说话，或者说首要任务是报道事实、澄清事实、说明事实；同时又能引人入胜、新鲜有趣、生动活泼，为广大受众所喜闻乐见。如果传播文章写得艰涩难懂，或混淆不清，或干巴巴，就不能达到预期的传播效果，这是很自然明白的道理。

下列情况不知是否符合事实，即许多人觉得当前的传媒技术进步很快，手段更新也很快，效率也很高，唯独传播效果有人疑虑。首先是广告极多极烂，这也许随着经济的发展是不可避免的现象；但另一方面在反映社会现实，代表群众舆论和活跃社会文化生活诸方面却不尽如人意。人们清晨一睁开眼就觉得传媒由空中、地面纷纷"轰炸"而来，却大半得不到人们的激情关切，而这是应该引起注意的。

第四节　传播文体的写作要求

传播文体的写作要求，主要是把握两个优先、三个注意。

一、优先明确传播意图

熟悉传播事物一切方面，抓准其特点，明确传播文章的意图，这是写好传播文体的基本点。为此下笔之先就要明确向自己提出几个问题：第一，为了什么目的一定要写这篇文章？第二，这个目的是否正确？第三，这个目的是否合乎时宜？第四，文章达到的目的的现实可能性取决于什么？如果这些问题都能回答清楚，心中有数了，那就可以说你的传播意图已经明确了。

但是光有明确的意图还不够，因为这个意图还只是作者根据客观需要和可能而选定的主观意图；为了实现这些意图，还需要特定的材料（具体的事实或事物）。因此，进一步的环节就是要把主观意图和客观事物联系起来，抓住事物的特点，选好符合传播意图的角度，明确记述描写的重点，这才可能写好各种传播文章。但是切勿歪曲事实，硬按主观意图写文章。

另一种方法，是要先有一个需要报道的事实，而且已经掌握了若干材料，然后再酝酿主题，并进一步补充搜集材料，直到能够得心应手地写出主题明确的报道。

二、优先熟悉传播对象

传播文体是根据一定目的、通过某种方法、传播某种信息，借以影响他人的意识和行为的文章。因此，它的传播效果主要不在于作者说了些什么和说了多少，而在于读者怎样理解和理解了多少；即能在多大程度上接受文章中的事实和作者的主旨。这就要在动笔之前预先熟悉传播对象的概况，做到心中有数，有的放矢。

为了使读者尽可能理解文章的事实和作者的传播主旨，首先就要分析读者对象——他们属于什么阶级、阶层，以及职业、年龄、文化程度、兴趣和需要等等；然后有针对性地考虑文章该怎么写，以求其对文章的事实和作品的主旨理解得更多一些，支持得更大一些。不看对象，自讲一套，这样的文章就不可能达到传播目的。

三、了解各种传播媒介的长处和短处，注意扬长避短

传播媒介是多种多样的。由于媒介的特点不同，其长短优劣也就不同。如广播通过声音传播，设备简单，速度快而听众广。电视通过屏幕传播，有视听觉的直观性，生动形象；且我国电视已基本普及，它们的优势在于速度快、覆盖面广和不同文化层次的人都可以听懂、看懂，这是它们的长处。然而从另一方面说，广播信息或屏幕信息往往转瞬即逝，不便反复琢磨，易于遗忘，这是应加注意的。

报刊是传统的传播媒介，它以书面文字为主要形式来传播信息。白纸黑字可以长期保存，可以多次反复阅读，能够精确领会精神实质。但是报刊的发行有一定范围，不如广播、电视那样接收面广，时效上也稍慢一些；另外阅读报刊还要受文化素质的制约，对于不识字或识字很少的人就大成问题。总之，写传播文章要根据传播媒介的特点，应扬长避短，不可千篇一律，一个模式。

四、注意实事求是，讲究传播艺术

传播文章的语言文字，生动活泼、引人入胜是必要的，但要避免过分夸张藻饰，以免在公众中引起逆反心理。传播文体既然是为了传播信息以影响他人的意识和行为的文章，那么真实可靠、实事求是本身就应作为它的基本属性。刻意雕琢，哗众取宠，夸夸其谈，言过其实，即使得计于一时，从长远看只会适得其反，引起读者反感。例如，新闻如果有点失真，就会失去信任；评论言过其实，读者就会拒绝接受。凡此种种，都是传播文体写作中所必须注意的。

五、留心传播心理学，注意运用心理规律

传播心理学，是研究受众在接受传播信息过程中的种种一般性心理规律。例如人们最为熟悉的“逆反心理”效应，就是一条重要的心理学规律。它说明，一件事或一个思想尽管很好，讲多了，不断重复，就会使受众腻味，甚至产生疑心，直到发生心理上的反感，越讲越达不到传播目的。法西斯极权主义宣传推崇“谎言重复一万次也可以变成真理”的谬论，被证明是违反心理学的。他们的谎言所以能够流行于一时，只是依靠着谎言背后的武力威胁，靠的是警察、特务、监狱、屠杀等等。因此，真正有效的传播是应该依据事实和真理；而且在启发引导中要应适可而止，这样更能获得受众的信任。对于诸如此类的心理规律，心理学里还有很多，学一些应用于写作中一定会有好处。

第二章 消　　息

第一节　消息的含义和分类

一、消息的含义

消息是新闻体裁之一，它以简要的文字迅速报道新近发生而为公众关心的变迁事实，是报纸、广播、电视上最为常用的文体，通常以传播客观信息为主，一般避免报道意见；有意见、观点往往也是以他人的见解而报道的，不是记者赤膊上阵的。因此，它的显著的特点是概括叙事，或在叙事中包含着“意见”，以简短快捷见长。

二、消息的分类

根据写作特点的不同，消息可以分为以下几种：

1. 动态消息　动态消息是指对国内外新近发生的新事物、新情况、新成就、新现象的及时报道。这类报道可分为两种：一种是连续报道中的一篇，各个报道连接起来反映事物发展的一个方面或一个过程；另一种是孤立事件的报道，其本身就构成一个完整的过程。

2. 综合消息　综合消息是指综合反映一个带全局性的情况、动向、成就和问题的报道。这类报道一般在一个主题的统帅下把相关事件带有共同特点的对象综合起来，找出它们之间的内在联系加以报道。这类报道具有全局性、整体性、动态性的特点。

3. 经验消息　经验消息指对一些具体部门、具体地区的典型经验和成功做法的报道。这种报道往往要交代情况，叙述做法，反映变化，总结经验，从事实中引出道理，在个别中指出规律，起带动全局、指导一般的作用。应该说，这类报道是报刊上的重要内容，虽然越来越少。

4. 人物消息　人物消息是指对先进和优秀人物的事迹和精神风貌的简短报道。它不同于通讯，要求侧重人物最有特色的事例和某个侧面，用简练、概括的手法优先于通讯（假如还写通讯的话）报道发表出来。

第二节　消息的特点

通常认为，消息的特点有真实准确、新鲜及时、简短精粹和“让事实说话”。它是报刊（包括广播、电视、网络）新闻体裁之一；它的特点也就是新闻的特点。

1. *真实准确* 真实准确或称真实性。上文叙述了各类传播文体的共同特点，它对新闻报道类来说更是重要和突出。因为从新闻本身来看，新闻是事实的报道，真实是新闻的生命，新闻离开真实或严重失实则不成其为新闻。从读者方面来看，他读新闻是为了了解和认识周围世界的真实面貌，以便增广见闻，提高认识，选取对策，决定行动。如果报道不真实，就会把他引向错误，动摇他对新闻的信赖。所以坚持新闻真实性原则取向便成为消息报道的首要原则取向。

2. *新鲜及时* 新闻姓“新”。新闻是新近发生的事实的报道，它为人们提供新情况、新事物、新经验、新人物、新问题，舍去一个“新”字。新闻便成为历史。因此，第一次发生的事件，最新发现的事实，萌芽状态的新事物等等，是消息报道的主要内容。

新闻内容新，意味着报道要快。快、迅速、及时，这是新闻的显著特色。从这个意义上说，新闻是名副其实的“易碎品”：随着时间的流逝，本来很有意义的新闻会很快失去它的价值。因此，新闻写作不能打“马后炮”、送“雨后伞”。至于有些新闻出于政治考虑和经济利益有意迟发、甚至不发，一般不妥，但又另当别论。

3. *简短精粹* 新闻一般是简明扼要、短小精悍的，消息为新闻文体之一，更其如此。表现在语言上是十分简洁精炼；表现在结构上一般是开门见山。事实的叙述概括准确，细节的描述典型精粹，段落简短明了，句子短促有力，这都是新闻文体的重要特点。

从篇幅上说，消息当然没有绝对的规范，但“短些，短些，再短些”则是一般的要求。例如，简讯往往只有一句话；消息一般在三五百字左右；长消息在一千字上下。通常采取一事一报的原则。至于新闻中的通讯、述评等固然常常要长些，但力求简短、精粹的原则仍是重要的。换句话说，简短、精粹仍是新闻报道的特点，消息尤甚。

4. *让事实说话* 新闻是新近发生的事实的报道，因此消息首先要真实准确、客观公正。但纯新闻即纯客观的消息报道，只在很狭小的科技报道中存在，大量的新闻报道既然用于政治、经济、文化等方面的报道宣传，就不能没有传播机构和作者的意图和观点。没有意图、没有观点也就没有宣传。

新闻宣传不同于理论宣传。新闻宣传的手法是让事实说话，也就是让活生生的真实无误的事实来说明客观过程、客观事理。这是新闻宣传的长处，也是它的特点。这并不是说新闻中没有议论，只是说，就文体而言，让事实说话而不滥发议论则是新闻的本性，消息尤其如此。

【例文 01】

四川汶川县发生7.8级地震
胡锦涛作重要指示　温家宝赶赴灾区

北京时间5月12日14时28分，在四川省汶川县(北纬31度，东经103.4度)发生7.8级地震。地震发生后，中共中央总书记胡锦涛立即作出重要指示，要求尽快抢救伤员，确保灾区人民群众生命安全。国务院总理温家宝已赴四川地震灾区，现场指挥抗震救灾工作。

据中国地震局通报，四川汶川发生地震时，宁夏、青海、甘肃、河南、山西、陕西、山东、云南、湖南、湖北、上海、重庆、北京等地均有震感。

记者从四川省地震局了解到，截至12日17时28分，发生300多次余震，最大震级6级。这次地震是继1976年四川松潘、平武两县发生7.6级地震以来，四川省内首次7级以上地震。

记者从抗震救灾指挥部获悉，截至13日零时，四川地震灾区已发现死亡人数近万名，甘肃、陕西等其他地区死亡人数180多名。

四川汶川地震发生后，中国地震局已启动一级预案。由中国地震局12人、北京军区某部工兵团150人和武警总医院22人组成的国家地震灾害紧急救援队陆续奔赴汶川灾区，负责搜索、营救和医疗救护任务。

根据《国家自然灾害救助应急预案》，国家减灾委紧急启动国家一级救灾应急响应，并组成救灾工作组即赴四川汶川灾区，协助指导抗震救灾工作。民政部已紧急调拨2.5万顶救灾帐篷支援四川灾区，其他救灾物资正在调集运输中。

地震发生后，四川各方面紧急行动起来，展开救灾工作。其他相关省份和中央有关部门也立即展开了相应工作。

记者从军队处置突发事件应急办公室了解到，地震发生后，解放军总参谋部立即发出指示，要求成都军区、空军和武警部队坚决贯彻胡锦涛主席的重要指示，迅速组织灾区驻军全力投入抗震救灾，尽快抢救伤员，保证灾区人民生命安全，最大限度减少损失。总参谋部立即启动应急预案。成都军区紧急出动6100余名官兵赶赴灾区参加抗震救灾。

北京通州也发生3.9级有感地震，天津地区震感明显。

（《人民日报》2008年5月13日）

这是2008年5月13日《人民日报》发布的第一条四川省汶山地区发生7.8级地震的报道，报道了中共中央总书记胡锦涛立即作出重要指示要求尽快抢救伤员，确保灾区人民群众生命安全；同时也报道了国务院总理温家宝在消息发表之前，已赶赴四川地震灾区现场指挥抗震救灾工作；然后依次报道了地震的发生时间、地区、震级和地震中死难者的初步人数；再后分别报道各方面紧急动员起来共同展开抗震救灾活动的情况；最后还报道远在北京、天津地区亦有明显震感的情况。地震灾情严重，全国震动！

报道基本上按照着重要事实放在前头、依次形成一种“倒金字塔”式的结构。

第三节　消息的六要素和结构

一、消息的五要素

消息一般包括五个要素：何时、何地、何人、何果、何因，有时还加一个“怎样”，构成六要素。国外新闻界称这些要素为“五个W”加“一个H”（即When，Where，Who，What，Why and How）；我国有人把这些要素称为“六何”（即：何时、何地、何人、何事、何因和怎样）。在所有消息（新闻）中，都应把这些要素交代清楚，让读者明白；但有时不必叙述“过程”。以下举一例：

【例文02】

华罗庚自美返国

新华社北京26日电　闻名全世界的我国数学家华罗庚教授，已于本月18日自美国返抵首都北京，并已回清华大学任教。华氏系于1946年应美国伊利诺大学之聘，前往讲学。华氏回到清华大学之后，受到全校学生的热烈欢迎。华氏在回国途中曾发表一封给中国留美学生的公开信，号召留美学生回国，为伟大祖国的建设和发展而努力。

（1950年3月27日新华社电讯稿）

以上述“华罗庚自美返国”为例，看其中新闻六个要素的体现：

时间：本月十八日。

地点：北京。

人物：闻名全世界的我国数学家华罗庚教授。

事件结果：华罗庚教授自美国返抵首都北京，并已回清华大学任教。

为什么（原因）：为伟大祖国的建设和发展而努力，并号召留美学生回国。

怎么样（事件过程）：热爱祖国，毅然自美回国的简短过程。

二、消息体例格式

消息的体式通常包括：标题、导语、正文、倒金字塔式结构和背景材料的穿插。

1. 标题　新闻标题在多数文章中是最有特点的一类，它和一般文章标题不同之处在于：第一，它重在引人注目，不像其他文章标题那样重在表达实质和意蕴；第二，它又重在体现新闻的现实意义，常常是新闻的直接含义。第三，它更适合于各种不同的读者阅读，通俗、易懂，又要有吸引力。新闻的标题是全文的眉目，点明意义，吸引读者。例如上例新闻的标题是“华罗庚自美返国”。华罗庚是闻名全世界的中国数学家，现在自美返国，这一行动当然引起了中外各方面的关注。这一标题简洁，也很有吸引力。

新闻的标题可以是单行标题或多行标题。单行标题准确、醒目，鲜明突出，引人注目。多行标题含量丰富，它除了正题之外，还有引题和副题。引题又称眉题，可以说明背景，交待形势，烘托气氛，揭示事件的意义，起到引出正题的作用。正题又称主题（主标题），是一则消息中最主要的事实或内容的概括与说明，副题又叫辅题或子题，一般是主要事实或结果的提要，如：

【例文 03】

征地造房为啥急煞人　（引题）

一道公文背着三十九颗图章旅行　（主题）

希望有关部门舍繁就简，多办实事，加快住宅建设步伐　（副题）

石景山区环卫局副局长袁树森离休后　（引题）

要了三大件：扫帚、铁锹、平耙
干着三件事：植树、栽草、种花　（主题）

看保定一轻局某些领导怎样对待知识分子　（引题）

工程师三代破屋两间
副局长一家新房四套　（主题）

市有关部门的调查结论竟是“分配基本合理”　（副题）

这都是20世纪80年代的消息标题。但至今仍可一读，有些比这些标题还要警人。标题应准确地概括和点出主题，不能题文不符；要有鲜明的个性，避免一般化、共性化；要生动形象，引人入胜，可以运用借代、对偶、排比等修辞手段。应该说，消息的标题比任何类文章的标题都更能传情达意，一目了然。标题一般由作者先行写好主题，最后编辑还要把关。

2. 导语　导语是新闻中的第一句话或第一自然段。导语一般是用简明生动的语言点明新闻中最主要的事实，揭示全篇的中心思想。一般说，导语要求具备新闻的“五要素”或“六要素”；但不能千篇一律程式化，应该力求在导语中把新闻中最重要、最新鲜、最能引起读者兴趣的内容展示出来，做到简要、明确而又有吸引力。因此，有所谓写好导语“等于完成半条新闻”之说。

导语既然如此重要，写好导语就不那么容易。基本要求可以归结为下列两点：

(1)抓住新闻事实中最本质的东西，使读者读完导语即可略知全篇新闻的内容，起到提要、提示的作用。

【例文 04】

长江究竟有多长？源头在哪里？经过长江流域规划办公室组织查勘的结果表明：长江源头不在巴颜喀拉山南麓，而是在唐古拉山脉主峰各拉丹冬雪山西南侧的沱沱河；长江全长不止 5800 公里，而是 6300 公里，比美国的密西西比河还要长，仅次于南美洲的亚马逊河和非洲的尼罗河。

(1979 年 5 月 16 日《人民日报》)

长江的全长和源头一直是引人关注的题材。这则新闻涉及这个问题，本身就有价值；而这一段导语开门见山地对这些问题作了回答，把新闻事实中最本质的问题一一点明了。

(2)用一切办法吸引读者的注意力，引导读者尽可能读下去。例如：

【例文 05】

钢条锈到什么程度才不能用作混凝土里的钢筋呢？对这个问题相当惊异的回答是：在合理的范围内，钢筋越锈越好。

(英国：《新科学家》)

混凝土中的钢筋生锈的好，还是不生锈的好？生锈的又锈到什么程度好？这些问题，读者心中有疑虑，而上述这段导语不但作了回答，而且对问题的回答“相当惊奇”，很有新鲜感，一般读者都会情不自禁地读完这则新闻。

一条优秀的新闻导语符合这两条标准就行。至于怎样才能做到这两条，新闻记者们创造了许多好形式，例如叙述式、描写式、议论式；在这三大类下又可分为若干小类。究竟采用哪种方式为佳，只要坚持前述两条基本要求，完全可以因事制宜。

3. 正文与“倒金字塔”结构　正文即是新闻的主干(主体)。它承接导语，围绕中心，全面展开新闻的内容，正文和导语呈现倒金字塔结构。正文本身有并列式、纵向式结构，但一般动态新闻更多地采用倒金字塔式结构。

倒金字塔式结构是按新闻内容的重要性头重脚轻地安排材料，即把最重要的事实(新闻的高潮或结局、结果)放在最前面；把次要的材料放在第二段；更次要的和最不重要的材料依次排在第三、四段，直至结尾；简单地说，就是按“要者先写”的方式撰稿。倒金字塔式结构符合新闻的特点；按材料之重要性的次序排列，切合读者的需要，便于读者阅读，只要读了导语，就可以知道新闻的主要内容，然后根据读者的时间和兴趣，可以多读，也可以少读。此外，倒金字塔结构便于编者及时而有效地处理稿件，可以把最新得到的消息以最快的速度搬上版面。如果版面限制，编者可以把新闻的结尾或后面几段删掉，即使只剩下导语，也仍然是一则新闻。当然倒金字塔式结构也有不足之处，容易落套、格式化、生硬、呆板，所以也有人提倡“散文化”结构来组织材料。

4. 横向式结构　横向结构即在导语之后，作者根据对事实的正确分析所得到的认识，横向叙述事实的来龙去脉和分头展现事实的环境和条件、原因和结果，目前态势和未来走向等；也可以在简要叙述事实的发展之后，横向叙述若干方面的问题、动向以及表现等等。这种横向结构的新闻一般比较重大，且具有相当的指导性，篇幅一般也较长，要求作者对客观事实有较全面的了解，有较强的写作能力，能够敏感地把握事实和正确地驾驭主题。新闻记者应该十分注意这种写作方式。

5. 背景材料　背景材料指的是记者所报道的新闻事实的历史条件、环境条件，以及其他与新闻事实有关的外部联系。正文之中除了具体展开导语提示的新闻事实的翔实情节外，常常把新闻事实的背景材料穿插写进；背景材料的穿插实质上是介绍新闻事实的来龙去脉、发展过程。背景材料的实际意义在于：帮助不同的年龄、文化水平、职业、生活经验的读者，全面、完整地理解新闻事实的原因、性质、意义等，消除读者对事实的歧义或怀疑，增强新闻的知识性、趣味性、可读性等，借以提高新闻价值。

背景材料有对比性材料、说明性材料和注释性材料等几类。对比性材料即对事物进行前后、左右、正反等的对比，以突出新闻事实的重要意义，阐明一定的主题思想。说明性材料是介绍历史沿革、地理环境、政治背景、工作与生产情况、物质及文化条件等客观条件和主观因素，以把新闻事实写得全面深刻而恰如其分。注释性材料包括人物的简历、政治面目、文化程度，产品的性能、特点、使用方法，科学技术项目的名称、作用、意义，以及一些名词概念的具体内容。

【例文 06】

七届人大常委会第十次会议结束
集会游行示威法获通过

城市居委会组织法草案表决未通过提交下次会议继续审议

新华社北京10月31日电（记者何平、张宿堂）为期7天的七届全国人大常委会第十次会议在通过了《中华人民共和国集会游行示威法》后，于今天下午在人民大会堂结束。

万里委员长主持会议。

万里说，今天的会议应到150人，因病因事请假31人，实到119人，符合法定人数。

集会游行示威法共5章36条，包括总则、集会游行示威的申请和许可、集会游行示威的举行、法律责任、附则（略）。

在表决《中华人民共和国城市居民委员会组织法（草案）》时，由于委员们对这部法律中的一个条款的个别措辞有不同意见，因而未获通过。主持会议的万里委员长建议，将这部法律草案提交下一次常委会会议继续审议。

经过表决，会议还通过了全国人大民族委员会、法律委员会、内务司法委员会、财政经济委员会、教育科学文化卫生委员会、华侨委员会等六个专门委员会关于七届全国人大第二次会议主席团交付审议的代表提出的议案审议结果的报告。

香港特别行政区基本法起草委员会主任委员姬鹏飞向这次常委员和万里委员长提交了关于部分起草委员变动情况的报告。报告中说，查良镛、邝广杰二位委员于今年5月提出辞去起草委员职务。经挽留无效，建议批准二人辞职。

报告中还说，司徒华、李柱铭二位委员于今年6月以来做了许多与基本法起草委员身份极不相符的事。他们组织的“香港市民动摇爱国民主运动联合会”公开宣称其目标是推翻中国现政府。他们并宣布只要中国现政府存在一日，就不再参加基本法的起草工作。李柱铭还鼓吹要重新检讨中英联合声明。他在美国国会的一次人权和国际组织小组委员会聆讯会上，说什么英国政府把550万港人交回中国，就像二次大战时把550万犹太人送交纳粹德国一样，并且呼吁美国政府对中国实行制裁。司徒华也在美国和加拿大呼吁外国制裁中国。起草委员会的许多委员对此十分不满，认为他们已丧失了作为起草委员的起码条件。因此，在征求了起草委员会各位副主任委员的意见后，我们认为除非他们二人公开作出交代，声明放弃敌视中国政府和企图否定中英联合声明的立场，否则不能再参加起草委员会的工作。

会议经过审议和表决，决定：同意查良镛、邝广杰辞去起草委员会委员职务。希望他们对基本法起草工作继续作出贡献；鉴于司徒华、李柱铭近期的言行同起草委员会委员的身份极不相符，在他们未放弃敌视中国政府和企图否定中英联合声明的立场之前，不能再参加起草委员会的工作。

会议还通过了任免事项。

副委员长习仲勋、彭冲、阿沛·阿旺晋美、严济慈、荣毅仁、叶飞、廖汉生、倪志福、陈慕华、费孝通、孙起孟、雷洁琼、王汉斌，出席会议。

国务委员李贵鲜、最高人民法院院长任建新、最高人民检察院检察长刘复之，列席了会议。

这是一篇重大会议新闻，它主要报道了三件事，写法颇有讲究。一是七届人大常委会第十次会议首次通过了共和国《集会游行法》，这是大事；二是会议讨论了其他法案和议案，这一般是会议的常规事项，没有详述；三是在讨论香港回归时还研究决定同意查××、邝××二位辞去香港基本法起草委员会委员职务，司徒×、李××近期不能再参加起草委员会的工作；四是会议还通过了其他任免事项。这些语段都体现了正宗新闻报道的写法，即按照倒金字塔式结构进行报道；但其中又体现出在这次会议集中对香港回归问题的讨论和决定。总起来说，它既报道了会议的过程，又突出了会议的重点；这是需要认真琢磨的写法。

第四节　消息的写作要领

消息的写作要领，有以下几点：

一、客观公正全面

客观、公正、全面，是消息写作的一条重要的态度，都是为了反映事物的真实。所谓客观，就是不带主观偏见，事情是什么样就什么样，是一就是一，是二就是二，既不为了夸大成绩而胡吹，也不为了缩小缺点就视而不见，实事求是，力争真实。所谓公正，是说凡事皆有矛盾，人有甲方与乙方，事有主要矛盾与次要矛盾，都是既对立又统一，不能只讲一方的道理，不考虑另一方的道理，而应该以客观态度实事求是地进行分析报道，使人信服消息是公正的，是对事实而言的。所谓全面，就是两面也，成绩与缺点、主流与支流、进步与落后、正面与反面等，都应看到；但不是“一碗水端平”，不是两面相等，不是折中主义，而是对于事物既要看到过去，也要看到将来，既要看到有利条件，也要看到困难条件，既要看到成绩，也要看到问题，最终是要看到事物的主要方面和占优势的情势。所以，客观、公正、全面是围绕着一个意思，即报道要从事实出发，实事求是，反对“假、大、空、套”。

二、要有一定的立场

有人把客观、公正、全面等追求真实的写作方针，同要有立场的方针对立起来，这是不对的。我们不赞成形而上学的观点，不赞成要客观就不允许有立场；不赞成要有立场就没有客观。我们既要客观、公正、全面，也要有立场。所谓立场，是一个人的宇宙观和方法论，是对事物的正确、真实的评价。看事物，看问题，总要有个立场。这个立场可以在"南"，也可以在"北"。写消息报道也是如此，决不能站在"天"上看和写。在地上看和写就有一个立场问题。立场是一个人的社会地位、文化程度、政治观念和道德品质等方面培养出来的东西，有一定的稳定性；但也不是不可以改变的。采集新闻，撰写报道不能一片空白，脑子没有任何想法和预见；这就是立场。记者和作者在采访时，在写作时，要让客观事实鉴定这个立场。立场正确的就按着它去采写；不正确的就要修正它。这样才能写出既有正确立场又有实事求是的报道来。

三、让事实说话，用客观笔法

新闻是报道客观事实，不讲事实讲空话，绝不是新闻。让事实说话是新闻本身的特点所决定的；对消息来说，尤其如此。消息写作最好用客观笔法，不发议论，或少发议论，让读者从事实的叙述中自然而然地得出结论。写通讯，写述评则又当别论，可以用主观笔法，而且也不可能用纯客观笔法，但亦不能离开事实胡诌。

但是，新闻记者中更有许多人把"让事实说话"变成了"说话求事实"，任意颠倒了这句话的主语，本来应该由事实来说出真相的新闻报道，被他为了说话而倒求于事实，肆意摆布事实、指挥事实和调度事实了。这就为假新闻、"客里空"开辟了方便之门，应该坚决反对。

四、短些，短些，再短些

消息绝对要求简短、精粹、快速。为此，一般在千字以下，短消息甚至更短，在五百字以下。"短些，短些，再短些"，这是一位老新闻工作者提出的要求。要倚马可待，尽量短而快地把最新消息报道出去，传播开来。

【例文 07】 上海航空市场发展迅速　月飞行量突破一万架次

本报上海消息　从有关方面获悉，今年 4 月份，上海民航管制区域航班月飞行量历史性地突破 1 万架次。

近年来，上海航空市场发展迅速，每年以 25%的速度大幅度增加。目前，每天进出上海虹桥国际机场的飞机已达 200 余架次，在上海管制区域内飞行达 450 架次。据有关人士分析，在未来的日子里，航班飞行量将继续保持居高不下的状况。

这条消息看起来是一条纯客观的报道，全文没有一句议论。但事实本身就说明，"4 月份"上海民航每天进出虹桥机场的飞机已达"200 架次"，在上海管制区域内飞行"达 450 架次"，这是报道现状。由此内行人和一般人都能够大致了解上海机场的前进速度。本来记者也可以因此对上海机场的发展速度会更快说一句推理论断的话来结束；但本文却把上海机场每天飞行量"将继续保持居高不下的状态"这句本来顺口而出的推理议论的话，让给"有关人士分析"去了，记者依旧在进行着客观的叙述。这就叫"让事实说话"。

第三章 通 讯

第一节 通讯的含义和分类

一、通讯的含义

通讯是一种比较详细、生动、形象地报道具有新闻意义的人物或事实的新闻体裁。通讯在内容上比消息容量大，报道细致、具体、形象；笔法灵活，叙述、描写、议论和抒情等表达方式都可以因事制宜地运用。

但是，当前在传播媒介上通讯这种体裁比较少见，这可能和传媒热衷于图片、广告等而较少刊载通讯类作品有关；也可能是时代节奏越来越快，人们无暇阅读通讯报道所致；而更可能是对一个时期新闻媒介上通讯报道的典型人物实在并不先进，甚或也是“假大空”的典型人物报导有关。

二、通讯的种类

通讯最常见的是人物通讯、事件通讯、工作通讯、风貌通讯、旅游通讯、小通讯。有时以“巡礼”、“侧记”、“见闻”、“报告”等形式写的报道，也属于通讯范围。

1. 人物通讯　人物通讯大多用于记述现实生活中涌现出来的英雄模范和先进人物的感人事迹，揭示他们的思想品质和精神面貌。如：《要为真理而斗争——优秀共产党员张志新同“四人帮”进行殊死斗争的事迹》(1979 年 5 月 25 日《人民日报》)等。

2. 事件通讯　事件通讯是以典型事件作为报道的主要内容。它可以详尽而形象地报道某一事件的全过程，以生动的情节感染读者；也可以截取某一事件中一个或几个横断面反映若干场景。事件通讯中也有人物出现，但不着力刻画人物，而是以事显人。《银河闪闪照神州——我国第一台亿次计算机诞生记》(1984 年 1 月 5 日《光明日报》)、《政府形象——上海力行廉政纪实》(1988 年 11 月 25 日《文汇报》)等。这类通讯往往具有历史文献价值。

3. 工作通讯　工作通讯是指写经验、问题的通讯。工作通讯以某一地区或单位的实际工作为报道对象，来阐述实际工作中的具体经验；或者揭露实际工作中存在的普遍性问题，或者探讨实际工作中的新情况、新课题等。有的冠以“观察与思考”、“采访札记”、“记者来信”、“工作研究”、“问题探讨”等栏目。如《人民日报》发表的《风沙紧逼北京城》，是以尖锐提出问题为特色的优秀工作通讯；《何时土地不失血》(1996 年 5 月 14 日《人民日报》)，透露我国每年水土流失的土壤至少在 50 亿吨以上，造成经济损失每年 100 亿元，所谓指导作用，就是这类通讯的主要功能。

4. 风貌通讯　风貌通讯是指着重描写现实生活的变化、日新月异的面貌以及社会风尚、风土人情的通讯报告。风貌通讯常见的品种有巡礼、散记、见闻录、纪行、旅行记闻等。它可以反映一个地区、一个行业、一个单位、一个部门的全貌，也可以从一个片断切口入手进行报道，借以反映全面。如《太平洋世纪的深圳——写在深圳经济特区诞生 15 周年》(1995 年 8 月 26 日《深圳特区报》)等。

5. 其他通讯　除上述通讯外，尚有不太重要的形式，如好人好事、道德新风、旅游见闻等小通讯。

但我们在报刊上明显感到这几种传统的通讯品种减少了，似乎公众不再对通讯那么热情了，记者和作者也不再热情撰写了。这是个问题。

第二节　通讯的特点

一、通讯与消息的共同点

通讯既然是新闻体裁中的一种，那么它也具有新闻报道类中各种体裁的共性，即真实性、新闻性和写作上的“直接实在性”。

1. 通讯要符合新闻真实性的原则　真实是通讯的生命，通讯绝不能像文学创作(如小说)那样，采用虚构和夸张方法。通讯无论在人物、时间、事件、环境、情节等方面都必须与客观事实相符合。

2. 通讯必然具备新闻性的特点　通讯要写得真、写得快、写得新鲜。通讯只有报道那些具有新鲜意义的事实，即具有新闻性才有价值。人们读通讯就是要了解新近发生的详细生动的事实，因此通讯在时间上、内容上都必须给人以新鲜感。

3. 通讯写作中运用的表现手法都必须有“直接实在性”　通讯要符合新闻报道文体的“据实直书”写法。因此，它的主要表现手法是叙述；议论只可在关键之处偶一为之，或限于叙述之前用以提出某种主题或观点，或在叙述之后画龙点睛地说出结论，而不允许大段大段地发表议论。

二、通讯与消息的不同点

通讯与消息比较，也有不同的特点。这些不同点，大致如下：

1. 从内容上说　消息大都以事为主，一事一报，内容简单而要求迅速；通讯以写人物活动和事件进程为主，内容较为复杂，材料较为丰富。

2. 从报道任务上说　消息主要是向受众提供信息，虽有潜在主题，一般取客观报道方式；通讯的报道主题明确，结构安排、表达方法极力服从主题需要，不恪守客观报道方式。

3. 从文章结构上说　消息一般采取“倒金字塔式”，按照导语、主体、背景、结束的模式组织材料；通讯的结构相对灵活，按照开头、正文、结尾的散文模式，为主题服务。

4. 从表达方式上说　消息一般是概括准确的叙述，极少议论描写；通讯则可以使用一般的或具体的叙述，适当的细节描写和自然的抒情及必要的议论等，以充分表现主题服务。手法灵活多样，不但要让事实说话，也要用形象感人。

5. 最后从篇幅上来说　消息要求简短精粹，一般以千字以下为宜；通讯则要反映人物活动的历程或事物发展的全过程，篇幅不受限制，一般以两千字上下为宜。但也有例外，如长篇通讯《天安门真相》(1978 年 11 月 21—22 日于《人民日报》)共约 2 万多字，篇幅史无前例，值得一看。

以上是通讯和消息的不同点。在这些不同点之中，最主要的不同是通讯要求提炼一个明确的主题。这个不同也就决定了其他的区别。

【例文 08】

温总理“5·13”在四川德阳县看望灾民

地震发生后，距离震中不远的绵阳市也成为重灾区。因为地震导致的大滑坡和泥石流，绵阳境内的北川县县城建筑在顷刻间垮塌，从灾难中救出的 1 万多群众目前安置在绵阳市九洲体育馆。

13 日下午 4 时许，温家宝来到体育馆看望安置群众。听说总理来了，许多群众都拥挤过来，向总理问好。在孤儿室，温家宝握住孩子们的小手，亲切地倾听他们的叙述，询问家里的有关情况，鼓励他们要勇敢面对灾难，好好生活。他要求有关部门要创造一切条件，好好照顾这些孩子，在生活上、心理上都给予关心，使他们能够和其他孩子一样健康成长。在体育馆主场地，安置着北川等地的受灾群众，其中相当一部分是孩子们。温家宝一路走过去，亲切地和孩子们握手交谈，了解他们的想法，希望他们早日从这次灾难的阴影中走出来，要相信在党和政府关心下，一定会有一个美好的前途。

地震给德阳市也造成了重大损失。据初步统计，全市死亡 2300 多人，受伤 7600 多人，被埋 7800 多人。截至上午 10 时，抢救伤员 7000 多人。

温家宝来到德阳境内受灾较为严重的什邡市龙居中心校。地震发生时，学校教学楼倒塌，上百名孩子被掩埋在废墟中。经过预备役民兵和部队指战员的连夜工作，已经从废墟中抢救出 70 多人。

在现场，温家宝了解了有关情况后对当地干部说，当前第一位的还是要救人，所有倒塌的房屋都要彻底检查，有一线希望就要全力抢救；第二要立即普查清楚死亡人数、掩埋人数、失踪人数，有关部门和学校要做好学生家长的工作；第三要把群众生活安置好，食品、帐篷、医护人员和药品等要及时到位。他强调，危难之际，每个干部党员都面临着严峻考验，务必要站在抗震救灾第一线，全力以赴做好抗震救灾工作，这样群众才会放心。

温家宝非常关心国有大企业东方汽轮机厂的受灾情况。地震发生后，这里大部分建筑坍塌或者被破坏，学校和办公楼里还掩埋着许多孩子和职工。听到这些，温家宝当即决定迅速调集专业化的中国国际救援队前来救援，尽快抢救废墟中的生命。温家宝强调，我们第一步还是救人，地震刚刚过去 24 小时，废墟里的人仍然有生还的希望，我们要尽最大努力，不惜采取任何手段，付出任何代价，要用一百倍的努力抢救生命。他希望广大职工注意余震，防止次生灾害，要把受灾职工的家属安置好，越是困难的时候，越需要大家团结一致，同甘共苦，互相帮助，做好抗震救灾工作。

据不完全统计，截至 13 日 19 时，地震造成四川人员死亡 12012 人，9404 人被掩埋仍未脱险，失踪 7841 人，治疗 26206 人。

这是一则新闻速写。速写原为绘画作品的一种形式，后引为新闻体裁的一种，似消息，又似通讯，这里按其写法放置在通讯中。这篇速写在一个主题下按事件发展的次序展开，而不按消息的“倒金字塔”式结构行文。它真实地展现温总理不分昼夜，视察灾情，救助灾民，安抚群众的急民之急和爱民之心。读了这则短小速写，人们不禁心急如焚，心潮涌动。文章虽为短制，但文字真实质朴，感情真实。

第三节 通讯的体例结构

通讯特点之一是结构灵活自由，可以使用各种表达方式，从这点来说，无所谓格式体例；但另一方面，也有几个深层的规律制约着通讯的组织结构和表达方式，只不过是可以变通而已。根据通常所见，通讯可分为开头、正文、结尾三个部件，外加多样化的标题，从略。

一、开头

通讯的开头是应该仔细琢磨的，它不像写消息那样，抓住事件最要紧的部分即最新鲜、最重要、最能吸引人的部分简要写出告诉读者，而需要考虑读者的阅读心理，结合通讯的写作意图，引导读者有兴味地读完全文以注意事件的发展和人物的精神面貌，最终把人物或事物的本质揭示出来。为此，开头的关键在于截取人物或事物的一个部分或横断面，作为"切口"进入叙述。通常这个"切口"可以是：

1. 开门见山法　即：开宗明义，言归正传，落笔入题或单刀直入。这种开头或是直接进入通讯的主旨，可马上叙述通讯的故事，或交代通讯写作的缘由，或立即展开通讯的主题。要之，简短明快，一下子抓住读者的注意。

2. 形象化的写作　即：开头或推出环境描写，借以引出通讯的人和事；或偶发几句感情，渲染通讯将要报道的气氛；或先说简短委婉故事，借以引出通讯的深刻含意；或引用名诗名句，为通讯暗立地步即隐含的主旨；等等。要之，形象化的开头主要是利于从情感上引起读者的注意。

二、正文

通讯的正文结构，实质上是客观事物的内部规律的相互联系，通过作者头脑的思索和加工在通讯中的反映。因此，要正确反映客观事物的内在联系和发展规律，服从通讯表现主题的需要。根据这个原则，通讯的结构形式千姿百态，多种多样，但一般可以划分为纵式结构、横式结构和纵横式结构三种方法：

1. 纵式结构　也称顺序结构，是以时间的推移为顺序安排段落材料。这是一种常见的结构方式，它按照事物的开头、发展、结束的过程以时间为序，来龙去脉，有条不紊，非常清晰，一般用于叙述人物的经历和事物的发展进程。

2. 横式结构　以空间的变换为标志来安排层次，或以事物的不同侧面来安排段落。这种结构的第一种方式是以空间方位的变换来组织材料，把多方面的事物围绕通讯的一个主题联系起来，务求中心突出。这种结构的第二种方式是以事物的划分归类来组织材料，按其性质的各种表现围绕着通讯的一个主题联系起来，中心也十分突出。由于这种结构方法利于突出通讯的主题，所以一般工作通讯常常采用它。

3. 纵横式结构　也称合式结构，即以时间为"经"，以空间为"纬"，采取"纵横交叉"的方式来安排层次。这种结构方式是把事物发展的时间作为经线，从纵的方面划分层次，介绍事物的发生、经过和结果；又以空间作为纬线，在经线的交叉点上把不同方位上发生的事物细节展开描述。它既照顾到时间的连贯性，也照顾到空间的平行性，穿插自然，跌宕起伏，变而不乱。这种结构方式比前两种复杂些，但非常灵活自由。

此外，还有所谓电影创作法的蒙太奇式结构及对比式结构等。

三、结尾

通讯的结尾多姿多态，常见的有：总结全文，深化主题；展示未来，坚定信念；抒发情怀，感慨系之；蕴含哲理，发人深省；含蓄委婉，回味无穷；等等。要之，通讯的结尾也是可以多种多样。

【例文 09】

政　府　形　象
——上海力行廉政纪实

一碗面条，习以为常

在上海，有许多局外人想象不到的事情。

两个月前的一天下午，记者去采访市长朱镕基约请的市人大代表座谈会。会议开到下午一点钟，十几名代表被请到大楼的最高一层——市府领导干部小食堂用膳。走在人群中的朱镕基向代表们介绍："泽民同志每次来这里吃饭都是一碗面条，我也多半如此。"

进得门来，环顾四周，没想到市府最高领导层的食堂竟如此俭朴，和一般工厂的职工食堂差不多。大家各自坐定，中餐上来，果然是一碗排骨热汤面。代表们和市长边吃边继续着座谈会的话题，看来已经习以为常。

据记者了解，上海市领导同志下基层，招待饭一律不得超过市政府的有关规定，并按标准付费。唯恐下面出格，领导部门常常要"倒打招呼"。

宴会坚持"四菜一汤"

在改革开放搞活的新形势下，内外宾客如云的上海，需要有一个比较规范的政府礼仪、接待标准。今年年初，当时的上海市市长江泽民提出，政府礼仪活动所必需的招待宴请，一律"四菜一汤"，并严格控制陪餐人员。

有人不信："四菜一汤"没有质和量的标准，还不是可以随心所欲？记者饶有兴致地"盘问"过好几位经常主持和参加过宴会的同志，获知一点"内情"，市政府对不同级别的宴会都规定了严格的费用标准。因为菜肴较少，便辅以主食，让客人们吃饱、吃好。

朱镕基说："就怕我做不到"

春节前夕，现任市长朱镕基赴沪。一下飞机，就向前来迎接的政府同志谈了自己的戒律：不受礼、不剪彩、不题词。从这个"声明"中，人们第一次认识了这位不含糊的新市长。

今年5月10日，新一届市政府成立后的第一次常务会议，讨论通过了市政府机关艰苦奋斗、廉洁奉公的8条规定，其中有些内容近乎苛求：不能以任何理由送礼和收礼，哪怕一支圆珠笔、一个拎包；下基层一律吃普通客饭。对此，干部中有议论：管得这样紧，太过分了。但市委和市政府领导认为，这是一个象征，一种示范。市政府自身有个形象问题，要"做出规矩"来。

邻省一位同志问朱镕基：这些规定你做得到，你能保证市政府的人都能做到吗？朱镕基同志说："就怕我做不到，我能做到，我们的局长就能做到。"

朱镕基到上海上任半年，处处身体力行。

监察局牢牢盯住“506位”

在上海市政府官员的政治生活中，出现了一种叫《监察书》的特殊文件。上海市监察局局长受市长之命，“牢牢盯住”政府系统506名局级以上干部，凡是涉及这个范围的吃请受礼问题，每举必查，对违反政纪的当事人直接发送《监察书》，限时限日整改。

9月下旬，市邮电局举办一合资项目的开局仪式，发给150名参加者每人“可乐”一听、圆珠笔一支、对笔一盒、毛巾被一条。第二天，举报信息就到监察局。监察局逐一查清了参加活动的局级以上干部对礼品的处理情况：副市长倪天增当场拒领，五位局长副局长随即上交，一位副局长转送招待所，一位副区长转送小车司机，两位收归己有。很快，市邮电局收到一份红头《监察书》，对这次活动的“违章”作法提出严正批评，并要求总结经验教训；另几位收受礼品的局级干部也各收到一份《监察书》。一纸虽薄，政纪如山，他们都按期全部上交了礼品，转送他人的，也由转送人折价付款。

记者在监察局采访之日，《监察书》已到了第9号，还有几件正在查处之中。

追求“廉洁、高效”新境界

“8条”和“盯住506位局级干部”产生了一种示范效应，它使许多机关干部开始有了一种“代表政府形象”的自我意识。

不久前，市政府几个部门联合到一家酒厂检查法制工作。午餐时，接待人员拿出本厂生产的酒来请大家品尝，再三声明：“这不同于一般的设酒招待。”但是，来自政府机关的普通工作人员言辞恳切：“我们的任务不是来品酒，还是算了吧。”

当然，要维护政府廉洁的形象，并不是一件易事，机关干部中也有不少想法。但是，为政清廉、克己奉公的大氛围，在上海党政机关已开始出现。

记者在几次会议上看到，市里两位副秘书长用的文具盒，都是修整过的，其间除了自置的金笔外，只拿得出几支极普通的圆珠笔。他们的行政职级并不低，但经济收入还赶不上有的小车司机。一次，在交谈中，他们说道：“我们有时候也觉得吃亏，但毕竟是共产党员，应该有自己的情操和价值观。”

上海外滩，巍峨的市政府大楼，许多办公室空间狭小，七位副市长的秘书挤在两个小间办公，副市长本人也是二三个人合用一间办公室。但许多部门自觉地加快节奏，超负荷运转。有的同志文件柜里放着干面包、速泡面，以备夜间加班时充饥。

中央号召政府要“廉洁、高效”，这正是上海市在努力塑造的政府形象。

（1988年11月15日《文汇报》）

这是一篇工作通讯。文章从新任市长朱镕基飞沪赴任履职写起，一直写到记者在监察局采访之日的“最近”；从市长、副市长、秘书长写到普通的工作人员，从市政府办公室、食堂写到与之有关的基层工厂；具体内容包括有关市长“下机声明”、“市府的廉洁8条规定”、“宴会改革”、“监察举报”等等。这些材料完整地反映了上海市党政机关和企事业单位等反腐倡廉和厉行廉政的各个方面，并作为一个成功的范例来报道。

第四节　通讯的写作要领

一、通讯写作首先要注意提炼主题

主题是一篇通讯的“灵魂”，它决定一篇通讯质量的高低、价值的大小，要求正确、集中、鲜明、深刻，有现实意义，能切中社会生活中绷得很紧的那根弦，能在群众中引起广泛的反响。所以一篇通讯的主题需要精心选择,并通过材料加以确立。有很多人手中有一大堆材料,却写不出通讯;或虽写了通讯,却思路不清,缺乏意义。这都是不善于选择和提炼主题的缘故。写通讯应把选择和提炼主题放在首位,然后再考虑谋篇布局、表现方法诸问题。这种对待题材的思路的写法,可以认为和消息大不相同。

二、注意事件、人物的完整性

尽管人物通讯与事件通讯具体侧重有所不同,人物通讯"以事写人,以事托人",事件通讯"以人记事,以事带人";但不管怎样,它们的写人记事都要注意事件和人物的完整性。

三、注意材料和故事的真实性、具体性、典型性和完整性。

通讯要求具体、生动、形象地表现人物的思想或事件的意义,要注意材料、故事的真实性、具体性和典型性。而要做到这一点,通讯的作者必须了解社会上的思想动向,准确掌握时代的脉搏,倾听群众的心声,才能抓准具有重大意义的各种题材;同时要注意选择好典型的事例,对材料、故事运用具体的描绘,采集生动的细节以求得较好的说服力和感染力。

比如党、政府和全社会共同关切的反腐倡廉、端正党风的问题,记者在《政府形象》这篇通讯中用五个小标题列出:"一碗面条,习以为常"、"宴会坚持'四菜一汤'"、"朱镕基说:'就怕我做不到'"、"监察局牢牢盯住'506位'"和"追求'廉洁、高效'新境界"。其中又有十几个小故事,每个故事虽小,但通过这些小故事真实、具体、典型、完整地叙述勾画了上海市政府的形象。

四、行文自由,笔法多样

灵活恰当地运用叙述、描写、议论和抒情等多种表达手法。通讯以叙述为主,明白简练地直叙其事是它的基本表现手法。像《政府形象》中上海市厉行廉政纪实那样,叙事直接,明白易懂,容易为广大读者所接受。人物的对话平实自然,实话实说,个性突出,也是极易博得读者的欢迎。通讯中的描写不同于文学作品中的细致描绘,它往往用一目传神的白描手法,轮廓鲜明,清晰可见。抒情要准确恰当,切忌矫揉造作。议论要自然,合乎逻辑,顺理成章。文章结构要完整,有头有尾;前有伏笔,后必有照应。

【例文 10】

10月17日,一颗火热的心停止了跳动——

巴金:巨星陨落,光还亮着

李　辉

2005年,10月17日,星期一,晚7时06分。巴金老人停止了心跳。一颗文坛巨星陨落了。

再过一个多月,11月25日就是巴金101周岁华诞。但他没有等到这一天来临,他从病魔痛苦的折磨中解脱了。

几天前,得知巴金病危的消息,记者打通巴老女儿李小林的电话,她告诉记者:"爸爸昨天突然状态特别好,拼命想说话的样子……"

"生之目标就是丰富的、横溢的生命"

虽然早有思想准备,但巴金的去世仍令作家王蒙感到悲痛。他说:"去年3月,听到过巴老病情不好的消息，后来，老人家转危为安了，大家相信也祝愿，巴老不会有事，巴老永在，巴老的健在是我们的使命感和力量的源头之一。但是噩耗终于传来，巴老走了。早晨刚刚为神舟六号的胜利归来而狂喜，晚间便传来了这样的消息。一面旗帜降落了，一个老人老师闭上了眼睛，一个好人好友永别。一曲悲歌从心头响起。”

年届90岁的老画家丁聪，早在上世纪30年代就认识巴金。抗战期间，曹禺将《家》改编成话剧，在四川上演时，就是由丁聪负责舞美设计。后来，他还给巴金的作品配过插图，上世纪80年代，他还画过写作《随想录》时的巴金肖像。在熟悉巴金的人看来，丁聪笔下痛苦地沉思的神情，准确地刻画出了巴金的特点。在得知巴金去世的消息后，他对记者说：“他是一个伟大的作家，他的去世是文学事业的巨大损失。”

作为与晚年巴金交往甚多、与巴金主编的刊物《收获》关系密切的一位作家，冯骥才显得沉郁。“‘文革’结束后不久，我开始文学创作，从《铺花的歧路》开始，《收获》发表了我的主要作品。当时，是巴老亲自决定发表我的作品，他的培养和影响，我终生难忘。”几天来，他一直在关心着病危中的巴金，不停地打电话询问。他说，巴金的逝世让他难过，但也为老人摆脱痛苦而宽慰。他说，巴金永远不会离开我们：“一个伟大的心停止了跳动。从‘五四’到‘文革’，再到改革开放，巴金都是中国作家良心的代表，他的精神影响了一代又一代的作家。他把一切都留给了我们，时代良心、社会责任、火一样的情感、悲天悯人的精神，好像一样也没有带走。”

作家池莉则愿意以她的方式，送一个生命的远去。她在电话里平静地对记者说：“在这样的时刻，对一位高寿的作家的去世，我想以静默的方式送他远行。一个生命的自然过程，会带给我们更深的感悟。”

早在70年前，年轻的巴金就这样感受过生命的运动：“我常将生命比之于水流。这股水流从生命的源头流下来，永远在动荡，在创造它的道路，通过乱山碎石中间，以达到那唯一的生命之海。没有东西可以阻止它。在它的途中它还射出种种的水花，这就是我们生活的爱和恨，欢乐和痛苦，这些都跟着那水流不停地向大海流去。我们每个人从小到老，到死，都朝着一个方向走，这是生之目标。不管我们会不会走到，或者我们在中途走入了迷径，看错了方向。生之目标就是丰富的、横溢的生命。”

“理想，是的，我又看见了理想”

1985年，年过八旬的巴金，收到了江苏农村10位小学生的来信，他们向敬重的巴金老人询问“寻找理想”的问题。虽然年老体衰，巴金仍如当年一样对理想充满激情。“理想，是的，我又看见了理想。我指的不是化妆品，不是空谈，也不是挂在人们嘴上的口头禅。理想是那么鲜明，看得见，而且同我们血肉相连。它是海洋，我好比一小滴水；它是大山，我不过一粒泥沙。不管我多么渺小，从它那里我可以吸取无穷无尽的力量。”

他承认自己人生的坎坷和艰难，但支撑他与命运抗衡、执着地走向生命终点的，永远是对理想的热爱和坚信。理想和信仰是火，点燃巴金心中的激情，也点燃巴金的道德勇气。年轻时如此，年老后仍然如此。没有一种对美好理想的追求，没有一种对完美人格的追求，老年巴金就不会写下巨著《随想录》。他在《随想录》中痛苦回忆；他在《随想录》中深刻反思；他在《随想录》中重新开始青年时代的追求；他在《随想录》中完成了一个真实人格的塑造。

巴金说过，他为读者而写，为读者而活着。其实，他也是为历史而活着。

于是，历史的风风雨雨，一个个朋友的坎坷命运，自己人生的复杂体验，在他的笔下一一呈现。他不再人云亦云，不再丧失自我。他直面“文革”给民族带来的浩劫，直面自己人格曾经出现的扭曲。他愿意用真实的写作，填补一度出现的精神空白。他终于以在当代中国产生巨大影响的《随想录》，履行着一个知识分子，一个作家应尽的历史责任，达到了他的文学和思想的最后高峰。

走得很累，却很执着。有过苦闷，有过失误，也不断被人误解，但他始终把握着人生的走向，把生命的意义写得无比美丽。

人们以敬重的目光凝望他，更有人把他称为“世纪良知”、“知识分子的良心”。不是溢美之词，而是人们的真实感受。中国文化界、思想界应该为拥有巴金而骄傲。有《家》，有《寒夜》，有《随想录》，有真实的人格，这样的生命，永远与历史同在。

“化作泥土，留在人们温暖的脚印里”

年过90之后，巴金一直经受着病魔的折磨。他的生命在病房里艰难地延续着。

写作过程常常艰难而痛苦。他说他有许多话要说，有许多文章要写，却力不从心。字越写越大，手也抖得越来越厉害，一次记者看到，他给萧乾写封信，两页纸写了几天，还没有写完。尽管早就说过要封笔，但是，他却从来没有做到。像他这样一个把创作视为生命的作家，只要身体状况允许，是不可能放下手中的笔的。1997年，他完成了译文全集的所有序跋，接着对曹禺的怀念，又占据了他的心。

1998年年初，记者去上海华东医院看望巴金，他说他正在写一篇怀念曹禺的文章。说是写，不如说是“说”。他写字很吃力，只得每天口述几句，由女儿小林记下，再念给他听，加以补充。他用了两个星期时间，刚刚完成前面一个部分，大约几百字。他说还要继续写下去。

一个月后，记者再去看望巴金，他已经完成了这篇《怀念曹禺》。似乎想说的话很多，老人留恋的往事也很多。令人惊奇的是，靠每天一句一句续写而成的文章，仍如他过去的作品一样浑然一体，流淌着动人情感。还是那种真诚，似乎平淡的表述，却又分明有着意犹未尽的深沉。读它，完全可以感受到这位94岁高龄的老人，思想还依然活跃，还在用笔倾诉着心中的感情。他同意将这篇《怀念曹禺》交给《人民日报》副刊发表。

写完这篇《怀念曹禺》，巴金还想继续写下去。然而，一篇已经动笔的文章，再也没有写完。这样，《怀念曹禺》也就成了写作生涯将近80年的巴金最后完成的作品。

病中的巴金还是一团火，用他的真诚用他的爱感染读者、感染周围的人。每当看到有哪个地方受灾，第二天就会吩咐家人到邮局去，化名给受灾地区寄钱。对于巴金，想做的就是献出他对这个世界的全部的爱。不求回报，不求张扬。从热情投入社会革命到勤奋创作一生，从1983年捐款15万元倡议建立中国现代文学馆，到不间断地资助贫困学生，他都在奉献着自己。上世纪30年代初他曾这样说过：“让我做一块木柴罢。我愿意把我从太阳那里受到的热放射出来，我愿意把自己烧得粉身碎骨给人间添一点温暖。”

巴金所经历的这一个百年，堪称中国历史上变化最为迅疾的百年。多少风云人物在百年历史舞台上走过。巴金以他自己的个人姿态走在历史画卷中。

很难用单一的比喻来概括巴金。有时他如电，如雷，如激流；有时又如阴云，如浓雾，如溪水。不同生命阶段，表现出不同的感情形态、生活形态。他就是这样以独特的生命方式走过了一百年。他为百年中国创造的一切，他的思想、精神、作品，以及他的复杂、矛盾的性格，都已成为巨大的存在，为我们解读百年中国的政治、思想、文化，提供了一个内涵丰富的范例。

“我惟一的心愿是：化作泥土，留在人们温暖的脚印里。”这是巴金晚年的心愿。这也是他的自信。

巴金，永远与读者同在。

（2005年10月18日）

这篇通讯是人民日报社为庆祝建国60周年出版的《优秀通讯选》中的一篇。该文是在我国最著名的伟大作家巴金先生逝世时发表的，从中人们可以感受到一个活了100岁具有“世纪良知”和具有“知识分子的良心”的人，如何从追求革命、丧失自我、到直面“文革”、直面自己人格的扭曲，最终在《随想录》里“履行一个知识分子、一个作家应尽的历史责任”，达到了他的文学和思想的最后高峰的心理过程（见该文）。从这里让我们可以通过阅读该文，学习他晚年的最成熟作品《随想录》，学习他所追求的那种真实人格。

这篇优秀通讯具有极高的抒情气氛，虽然这里的记叙没有惊涛骇浪，没有狂风暴雨，都是一些平平常常的事情；却用三言两语把一位伟大人物的心灵刻划出来，令人感动不已。认真琢磨作者的运笔、选材、抒情，也能够提高我们写通讯的叙事能力。

第四章 新闻述评

第一节 新闻述评的含义和分类

一、新闻述评的含义

新闻述评是新闻报道的一种，是指以夹叙夹议的表达方式反映国内外重大事件与问题的带评论性的新闻体裁。它是以事实为基础的评论，又是以评论为核心的新闻。

二、新闻述评的分类

从内容上分，新闻述评主要可分为：

1. 形势述评　即对国内外政治形势、经济形势的综合叙述评论，也包括对国内外某一区域或某一地区、某个系统、某个单位在一定时期的特定形势进行叙述评论。这类述评常着眼于形势发生变化，抓住带有倾向性问题及时概述全局，指明趋向，以帮助读者正确认识问题，把握形势发展的动向。

2. 工作述评　即对国内具有一定普遍意义的工作，抓住典型事例，述评其取得的经验和存在的问题，提出新的意见和建议，借以指导实际工作。

3. 事件述评　即对国内外发生的重大事件的来龙去脉，及其重要的经验教训进行叙述评论。这类述评较多地用于述评国内外重大突发事件，对它的性质、影响、原因等明确地加以叙述评论，借以澄清事实，以让读者明白其意义和动向。

4. 思想述评　即对国内思想领域带萌芽状态的、带倾向性的或是有普通意义的观念、倾向问题，适时地做出叙述评论。这类述评应从实际有力的材料中提出问题和分析问题，帮助读者明辨是非，澄清思想。

第二节 新闻述评的特点

1. 新闻述评同消息比　新闻述评不像消息那么单纯，可以一事一报；而是能够综合叙述一个事物的若干事实而归于一议。写作笔法也比较复杂：有述有评，述多于评；评因于述而重于述，评是文章的意义所在。从这点看，它更接近评论。所以称为“述评”，述是手段，评才是目的。

2. 新闻述评同通讯比　新闻述评的内容固然比较重大复杂，但其中每个事件不一定从头至尾写得那么完整。新闻述评的材料不像通讯那样详细、具体、生动、形象；并且从不以情动人，而是以理服人。这是它不同于通讯而近于评论的又一特点。

3. 新闻述评既应有相当深度的材料，又应有一定广度的材料　新闻述评搜集报道了现实材料和背景材料，往往也有正面材料或反面材料，还可能有“面上”的材料和“点上”的材料。立足于大量材料的基础上进行严格的甄别、选择，然后再进行科学的综合和分析，这种述评对于认清事实、提高认识，大有裨益。

【例文 11】

从楼堂馆所看基建热浪

人民日报记者 鲁　牧

由于北京城池地盘太大，北起清河，南至南苑，东自定福庄，西到首都钢铁公司，750 多平方公里面积上点缀着二三百个楼堂馆所工地，似乎不显怎样稠密。因而，有人至今还在说：“楼堂馆所不能不盖，否则如何实现首都现代化，美化市容市貌？”

“高、大、阔”：“超前消费”思潮的产物

“高”者，楼层愈来愈高也。在城市建设中，为节省土地而发展高层建筑，是极其自然的。但那种脱离我国经济发展水平，盲目攀比，追求层高，却不能不说是个问题。请听，来自建设部门、单位的流行语言：“三层五层的早已过时，十层八层的不在话下，十五二十层的马马虎虎，三十四十层的才像样子。”

请看，选址于繁华商业区王府井大街的一个“文学会堂”，设计高达 14 层。建在双榆树的一个“大酒店”，高 21 层。定址于阜城门立交桥西北侧的“四川大厦”，地下地上 30 层，建筑面积 8.89 万平方米，而真正为“繁荣首都市场”的商业用房面积只占 1/10。还有更高的，一座 50 层“大厦”将在亮马桥畔崛起。

“大”者，建筑面积越来越大也。如今，在京城不少建设者的眼里，几千平方米的楼堂馆所已被视为“小玩艺”。他们不搞则已，要搞动辄就是一两万、三四万平方米；建造五六万七八万平方米的楼堂馆所，亦非少数。

请看，位于东三环路的一座“艺术大厦”，建筑面积达 5.8 万平方米。东四十条立交桥东南侧一个中心的“办公楼”，建筑面积为 6.9 万平方米。公主坟一个“贸易中心”的建筑面积，大到 13.1 万平方米。耐人寻味的是，一个名为“电视转播中心”的项目，安装技术设备实际需要建筑面积 4000 平方米，而申报审批却为 4 万平方米。这不是设计图纸上笔误所致，多画了一个“0”，而是有意借机“搭车”，增添了客房、公寓、咖啡厅、娱乐室之类的结果。

“阔”者，建筑物“高”、“大”并蓄，外加建设标准攀豪华比阔气也。

眼下，首都一般招待所、旅馆每平方米的造价，大都在 1000 元左右。而拟建在东长安街的一个机关“办公楼”，建筑面积 1.8 万平方米，投资概算 2900 万元，每平方米造价即为 1600 元。建在复兴门内的一个“金融中心”，3.9 万平方米，投资 9113 万元，每平方米造价达 2300 元。建国门内的一个“海关大楼”，2.8 万平方米，投资 7000 万元，每平方米造价正好 2500 元。坐落在亮马桥畔的那个 50 层“大厦”，13.5 万平方米，投资 5.96 亿元，每平方米造价达 4420 元之巨。

我们并不一般地反对“高、大、阔”，而是强调城市建设必须与国民经济协调发展。同这“超前消费”思潮相反，一些经济专家学者认为，首都现代化理应着眼于现代化的公共设施、科学技术、文化教育和“高精尖”工业的发展，应在方便广大群众上下工夫。

生拉硬扯一个“外”字：扩大规模的借口

实行对外开放，国家采取种种优惠政策，给引进外资、引进先进生产技术设备以鼓励，旨在加快我国国

民经济的发展，社会生产力的提高。诚然，在对外开放初期，旅游事业刚起步时，引进外资适当搞点宾馆、饭店尚属必要。但总不能借此移花接木，不惜付出一切代价，同"外"字挂钩，大搞楼堂馆所。

在京城，已经建成、开张营业的中外合资、联营的楼堂馆所不说，正在施工建设和准备开工的项目又不下数十个之多，而且大都是"大个儿"的。有些项目，材料、设备要用外国生产的，有的项目甚至设计、施工都得要海外公司、人士来承担。资金向国外贷款，投资概算以外币、外汇计算。总之，似乎一切都带上一个"外"字才"好"。更有甚者，少数建设单位个别人士大言不惭地生拉硬扯上一个"外"字来，作为不愿停缓建的挡箭牌。

三元立交桥那里一个项目的有关人员说，某外国元首来华访问路过这里时，曾向他介绍这个项目；若是停缓建了，"对外将产生不良影响"。

大北窑那里一个"信息中心"项目的有关人员则称：该项目3年前曾有外籍厂商要来投资，没让干；如果当时让干了，也就成了中外合资项目，今天可给照顾。言表之中，追悔莫及。

车公庄那里有个饭店扩建工程，有关部门擅自转手动用了国际贷款，于是被说成是涉外项目。如此等等。

机关搞经营：无秩序经济的泡沫

浏览京城楼堂馆所目录，不难发现有不少已有招待所的行政机关、事业单位、群众团体，又在建宾馆或酒店。从经济学角度看，这里正泛起无秩序经济思潮的泡沫。

在复兴门外真武庙兴建的一座21层大楼，说是为接待大型会议而盖的。实际上，该项目的建设单位在建国门外早就有个招待所，新近又在那里建了一个很像样的高层大宾馆，并已对外出租了部分客房。人们在议论，这个单位一年能开几次大型会议？每次大会会期多长？

建在黄寺的一个"大饭店"，建国门内的一个"大厦"，分别建在灯市西口、工体东路的"饭店"、"大厦"等等，都有类似情形。其拥有客房，少者二三百间，多则五六百间，还有大小餐厅、酒吧、车库、康乐、文体等设施。建设单位强调，这样做为的是本系统、本单位使用方便。看来，图方便是名，实质却是想搞经营、赚钱。

有位经济理论工作者认为，行政机关、党群团体利用楼堂馆所搞商业性经营，在理论上是无秩序经济思想的反映，在实践上是否合法值得考虑，因为它同机关经商(办公司)的性质无大区别。

一位长期从事城市建设的老干部呼吁：对宾馆、饭店、办公楼、写字间、各种"中心"等楼堂馆所，是该考虑实行统一管理制度，再不能继续这样各自为政地重复建设，使国家有限的财力物力蒙受如此大量的浪费和损失。

由此看来，治理经济环境，整顿经济秩序，须得治理、整顿一些干部中的浑浑思潮。当然，整治思想，只能在整治经济环境中得以实现。我们欣喜地看到，京城楼堂馆所正在进行认真的清查，不少项目已经明令停缓建，建设部门、单位领导干部的思想认识也在提高，有的还开始注意总结经验，吸取教训。这正是人们所希望的。

(1989年1月21日《人民日报》)

这篇述评的最大特点是材料的全面性。它立足于大量现实材料的综合、分析的基础上，抓住首都建设中的不正之风，理出干部思想上三个主要问题，集中地加以暴露和批评。主题集中、鲜明、深刻，是一篇很有分量的、及时的新闻述评。

第三节　新闻述评的结构

新闻述评的标题之外，分开头、正文、结尾三个组成部分。

一、标题

新闻述评的标题一般比较质直，它不像消息和通讯的标题那么多样。消息的标题往往在质直的标题外，还常常配上说明性的肩题和脚题，光从标题就可看出几成内容，煞是热闹。它也不像通讯标题那么灵活；通讯的标题一般配上脚题以说明文章的缘由、作者动机、文章的范围等。而新闻述评的标题，往往旗帜鲜明地直接标出文章的关键性的思想观点。上述例文的标题是《从楼堂馆所看基建热浪》，可见：第一，这个标题是对事不对人，说的是"楼堂馆所"；第二，楼堂馆所固然是"建设"，但应看到的是炙热灼人的"热浪"，让读者从中悟出褒贬。再看其中小标题，无不更鲜明地表示作者的态度：如"'高、大、阔'：'超前消费'思潮的产物"；如"生拉硬扯一个'外'字：扩大规模的借口"；如"机关搞经营：无秩序经济的泡沫"等。这些都极为鲜明地表达了作者的态度。

新闻述评的标题一般应该具有这样质直和郑重。

二、开头

新闻述评的开头，一般是以各种方法提出文章讨论的问题或说出文章的结论。所谓"各种方法"，指的是并没有一定的方法，可以使用叙述，也可以使用议论；但应尽快推出文章的结论或问题。

三、正文

新闻述评的正文结构，基本上是按照议论文的框架来组织材料。

1. *把问题分为几个平行的方面安排结构*　例文《从楼堂馆所看基建热浪》就以这种方式把问题分为三个方面：(1)"'高、大、阔'：'超前消费'思潮产物"；(2)"生拉硬扯一个'外'字：扩大规模的借口"；(3)"机关搞经营：无秩序经济的泡沫"。这样，就从思想根源、公开旗号和私心利欲三个方面揭示了文章的主题。

2. *把问题分为几个发展的时段安排结构*　如《金融风暴再袭欧洲，货币联盟更渺茫》(载《光明日报》1995 年 3 月 11 日)，就基本上以空间划分的方式把问题分为几个方面：(1)从 1992 年 9 月开始，"英镑和意大利里拉"出现问题；至 1993 年 8 月，"所有南欧货币"跟着出现了问题；而最近是"西班牙比塞塔和葡萄牙埃斯库多"(比塞塔和埃斯库多分别是西班牙和葡萄牙的货币名称)，都遭受了金融风暴的打击，有的脱离欧洲货币体系，有的货币被迫贬值，财政赤字增加。(2)法国经济结构较为健康，但财政赤字同样比北欧国家为高，在这次金融风暴中，法郎也被迫贬值。(3)以上就把南欧各国的情况描述得很糟糕，印证了在德国"超级马克"的压力下欧洲货币联盟进展渺茫的事实。

一般地说，新闻述评正文结构很少按照时间组织材料的；这是因为述评不是纯粹记述事物的发展线索，而是重在评述事物的内在逻辑性。

四、新闻述评的结尾

与通讯、评论的结尾并无二致，基本上是采取"首尾圆合"的方式。开头如提出问题，结尾则集中回答问题；开头推出结论，结尾则加以呼应。如问题和结论在正文中已经做出回答和呼应，则或者提出希望，或者前瞻未来等。

第四节　新闻述评的写作要领

一、注意高屋建瓴的综合分析

新闻述评要求作者站得高、看得远，从全局出发对某个(些)新近发生的、有社会意义的变迁事实作宏观的分析，把微观和宏观联系起来提出问题和分析问题；特别是对一些有争议的问题，新闻述评要透过现象看本质，为读者指明方向。

比如当前我国对国民经济建设实行综合治理，其中的一条措施就是压缩基本建设的规模，尤其是楼堂馆所的基建规模。这个问题原则上好理解，但实际问题难对付。从《从楼堂馆所看基建热浪》一文看还是可以把握的，作者掌握了具有相当广度和一定深度的材料，对首都北京城内的基建热浪(有二三百个楼堂馆所工地)的种种表现作了归纳、综合和分析，根据述评的要求作出了概括的叙述和恰当的评论。全文列举了近30个实例，点面结合，把概括叙述和具体事例结合起来，并依托典型加以引申分析，使评有依据，述有深度。

二、观点和材料紧密结合，叙述和评论水乳交融

新闻述评要求做到观点和材料的紧密结合，叙述和评论水乳交融。这就要求作者在掌握了大量材料以后深入进行思考，形成自己的见解，用夹叙夹议，以叙为主，以议论为目的的方式表达清楚。新闻述评比消息报道要求更高。在写作中要边述边评，虚实结合，不能只述不评，或只评不述，或述评脱节；要以提炼出来的观点统帅材料，又要从具体材料的叙述中对事物进行层层剖析，把道理步步阐明。

如《从楼堂馆所看基建热浪》一文中对当前基本建设出现的“高、大、阔”倾向，其中对“高”是这样述评的：“‘高’者，楼层愈来愈高也。在城市建设中，为节省土地而发展高层建筑，是极其自然的。但那种脱离我国经济发展水平，盲目攀比、追求层高，却不能不说是个问题。”然后述评列举出“文学会堂”、双榆树的一个“大酒店”、“四川大厦”和亮马桥畔的“大厦”，它们的层次分别为14层、21层、30层、50层。这里有观点，有实例，虚实结合自然，叙议运用自如，事实一清二楚，道理不言自明。

三、讲究逻辑，以理服人

新闻述评不按事实的重要次序依倒金字塔式安排结构；也不讲究以导语的运用、悬念的设置来吸引读者。新闻述评讲究的是严密的逻辑。作者往往根据对所掌握的有关的新闻事实的认识和分析来启发、引导读者；或者通过对事物几个侧面的叙述和评论来表明中心论点。这里既不可堆砌事例，漫无中心，也不能空头说教，虚张声势，而应叙事出理，顺理成章，以不可辩驳的确凿事实和无懈可击的逻辑力量来说服读者。

【例文 12】

就是要彻底否定“文革”

本报评论员

在我们国家的政治大舞台上,“文化大革命”这出闹剧已经落幕多年了。但是在生活的一些旮旮旯旯里,少数人有时还要掀起一点“文革”的余波微澜。

十多年前,杭州大学地理系曾搞过侮辱人格的“活人展览”。七位老教师被打扮成“地主”、“资产阶级太太”、“反动学术权威”、“‘牛鬼蛇神’保护人”,受辱于大庭广众之前。这种践踏斯文、戏弄正义的政治恶作剧,令人发指。尤其不能容忍的是,当年进驻杭州大学地理系,参与策划这一事件的个别人,至今仍然认为这种摧残知识分子的做法是正确的,是“严格按照党的方针政策,实事求是做耐心过细的思想工作,以政策开道,严禁逼供信,启发帮助他们讲清自己的问题”的。

这散发着“文革”霉味的语言,不正反映出“文革”在这些人的心目中并没有推倒吗?党的十一届六中全会通过的《关于建国以来党的若干历史问题的决议》明确指出:“‘文化大革命’不是也不可能是任何意义上的革命或社会进步。”这个结论,反映了全党、全国人民的共同认识。对“文革”就是要彻底否定。不彻底否定“文革”的那一套“理论”、做法,就不可能有三中全会以来的路线、方针、政策,就不可能有政治上安定团结、经济上欣欣向荣的新局面。这是人所共知的。

但是,在这次整党中,一接触到“文革”中的某些问题,有人就“剪不断,理还乱”了。他们拐弯抹角,千方百计,肯定当时的所作所为,甚至为搞“活人展览”以及比这更丑的恶行辩护。尽管作这种“表演”的只是极少数人,仍然值得引起我们的严重注意。

粉碎“四人帮”以后,对参与搞“活人展览”之类恶行的人,除了打砸抢分子外,一般都未予查处(有些地方打砸抢分子也未查处)。这是考虑到“文革”的历史背景,不过多地去追究个人责任,也是为了给这些犯错误的人一个认识错误、改正错误的时间。如果他们至今仍然坚持错误,有的甚至身居要职,被当作“接班人”加以培养,人们就有理由责问,这还有什么是非呢?这样的人究竟会是谁家的“接班人”?

这次整党,《关于建国以来党的若干历史问题的决议》是列为必读文件的。认真阅读这个文件,对每个党员都是必要的。尤其是那些在“文革”中犯有严重错误,至今尚无正确认识的同志,更要认真学习,严肃地对照检查,这一课必须补,来不得半点含糊。

(《人民日报》1984 年 4 月 23 日)

这是一篇《人民日报》以“本报评论员”的名义发表的短评。述评用理直气壮的话:《就是要彻底否定“文革”》为题,对一些人的极端错误思想进行了批驳。文章特别点出杭州大学(现已与浙江大学合并)一些人在“文革”中搞“活人展览”等一些践踏斯文、戏弄正义的恶行令人发指;并指出党的十一届六中全会通过的《关于建国以来党的若干历史问题的决议》对“文革”的结论反映了全党、全国人民的共同认识;并进一步指出,不彻底否定“文革”的那一套理论、做法,就不可能有三中全会以来的路线、方针、政策,就不可能有政治上安定团结和经济上欣欣向荣的新局面。这篇述评虽短,但这个意见直到今天仍然是正确的。坚持这个观点,首先就是要彻底否定“文革”。

第五章 新闻评论

第一节 新闻评论的含义和分类

一、新闻评论的含义

新闻评论是大众传播媒介对社会现实问题进行论述和评价，而着重于判别是非、议论从违的宣传文章。新闻评论有独立的新闻价值，是新闻媒介的“旗帜”。其主要作用在于宣传教育、引导舆论和指导工作，它与新闻报道被称为报刊的两大体裁。

我国近代史上第一批报刊主要是政论报刊。19世纪末期和20世纪初叶以康有为、梁启超为首的改良派报刊，后来以孙中山为首的革命派报刊，都以刊登精彩的评论著称于世。1921年中国共产党成立以后，继承我国报刊的政论传统，报刊上除新闻报道外基本上是各种评论。因而评论逐渐形成自己的独特风格，成为我国报刊两大体裁之一。

近年来，我国随着以经济建设为中心的总方针取代以阶级斗争为纲的总路线，报刊的评论相对说是少了些。但是，评论从来不仅仅是评论政治斗争，也评论经济、文化等方面的问题。因而评论仍是新闻媒介上的旗帜，从评论中可以体现出新闻媒体的主要倾向和风格。

二、新闻评论的分类

1. 按内容分

(1)政治评论。它是以评论政治问题和现象为内容的评论，是新闻媒介的政治灵魂，体现编辑部的政治观点。

(2)经济评论。它是以经济现象和问题为内容的评论，以内容丰富、涵盖广泛、题目繁多为特点。

(3)文化评论。它是以社会文化领域的现象和问题，包括文学、艺术、科学、技术、体育、卫生等，范围亦相当广泛、题目繁多的评论文章。

(4)思想评论。它是以社会上各种思潮和问题，包括道德领域中新旧观念的冲突、思想领域中新旧观念的矛盾等，范围亦十分广泛，品类不同的评论文章。

(5)其他不能划入上述各项中的评论文章。

2. 按品类分

(1)社论。它是代表编辑部对重大问题所发表的意见，通常放在头版头条位置。

(2)编辑部文章。它是一种大型的、重量级的、标明“编辑部文章”的专题评论，一般不常使用。在我国，大都刊载于头版。

(3)评论员文章。它是代表编辑部的观点，由于题目有一定局限性或专业性，故以评论员文章名义在各版重要位置上发表。

(4)短评。它的篇幅较短，涉及的问题和范围也比较窄，往往配合某条特定新闻而发表。它也可能是编辑部的意见。

(5)编者按。它是随新闻、文章而发表的编辑部意见，可以支持、反对和要求讨论新闻报道和文章的内容，或指出其意义以提示读者等。其位置在各该新闻或文章之前的称为“编者按”；放在报道或文章之后的则称为“编后”，编后相对说不如编者按那么重要。

(6)署名文章。它是编辑部人员、机关工作人员、科学研究人员、专家教授、业内人员等撰写的对各种问题发表的专题文章。因为是署名发表的，因此各抒己见，文责自负，并不代表传媒的观点。这类文章从前也称为“署名时评”，原先在传媒上是较多的，很受读者的注目；但长期以来萧条低沉，最近有人积极呼吁提倡，有望兴旺。

第二节　新闻评论的作用

新闻评论的作用，是针对当前发生的各种典型事件和存在的社会问题，进行论述和作出评价，以帮助人们明辨是非，知所适从。简言之，它有宣传教育、引导舆论、指导工作三方面的功能。

一、宣传教育

新闻评论是作为宣传党的路线、方针、政策和国家的法律、法规和规章等的重要工具，是教育群众的重要手段。评论在宣传和阐释党和国家的方针政策方面与其他文章体裁不同的是，它总是和当前形势的发展和实际工作的进程结合起来，与社会现实中的主要矛盾和广大群众的思想情绪挂起钩来，因而更能打动人的心弦。评论不但能帮助读者正确认识客观形势和社会现实，而且还能通过对实际问题的精当分析，帮助群众提高马克思主义的理论水平，学会与错误思想倾向作斗争的本领。如 1978 年 5 月 11 日《光明日报》发表了特约评论员的文章《实践是检验真理的唯一标准》，接着全国围绕真理标准问题开展了一场大讨论。这些讨论，提高了广大群众识别唯心主义和形而上学的能力，打破了“左”倾思想的枷锁。

二、引导舆论

引导舆论是我们国家传播媒介极为重要的功能，也是评论的另一个重要功能。所谓舆论，是指人民大众对社会现实中某种事态所持的大体一致的意见，它是一种社会思潮，是一种动态的意见，对人们的行为起着重要的导向或制约的作用，因此社会舆论有推进或阻滞时代前进的两重性。大众传播媒介机构是社会中最重要的舆论机关，它不但要通过报道消息反映社会舆论，而且负有引导和影响社会舆论的责任。评论是完成这个使命的主要手段，报刊往往通过评论重要的事件，分析突出的问题，以阐释对待重要事件、事实和现象的正确态度，起到动员人民群众团结一致，投入具有中国特色的社会主义的事业中。

三、指导工作

指导工作是新闻评论的直接目的之一。社论、编辑部文章、评论、短评等，都是代表报刊编辑部对当前重大事件表示观点和意见的，态度鲜明，直抒己见。我国大众传播媒介是社会主义的新闻事业，党报是它的核心，党报上的评论要体现党的声音，它指导全体党员和全国人民沿着自己的方向前进。因此，报刊评论除了宏观上引导社会舆论以外，还发挥具体工作的指导功能。比如在农业生产、水利建设、工业布局等重大决策问题上经常可以在报纸上读到指导性的意见。当前报刊上的评论文章比从前少了许多，这不是报刊指导性的削弱，而是因为党和国家领导全国人民的方式比过去更具多样化。但作为大众传媒的重要手段，评论的任务并没有改变；遇有重大决策的实施，各级党报和各种媒介还是要用评论形式发表意见。至于署名评论、短评、编者按等则应随时发表，以提供有关部门和广大受众正确对待各种工作和社会问题。总之，评论是大众传媒的旗帜，其指导作用任何时候都应客观肯定。

【例文 13】

打私反腐　取信于民

人民日报评论员

厦门特大走私案，是新中国成立以来查处的涉案金额特别巨大、案情极为复杂、危害极其严重、影响极其恶劣的走私犯罪案件，揭露出来的问题触目惊心。对查处这起特大走私案，党中央、国务院高度重视，态度坚决；有关部门积极配合，部署得当；司法机关办案有据，重拳打击；使走私团伙土崩瓦解，腐败分子无所遁形，有效地遏制了走私和腐败现象的蔓延。

铁的事实证明，赖昌星集团的走私犯罪活动危害极大。他们大肆走私各类货物，偷逃巨额税款，扰乱市场秩序，败坏社会风气，给国家和人民利益造成巨大损失。仅三年时间，赖昌星等走私犯罪分子走私货物价值就达人民币 530 亿元，偷逃关税人民币 300 亿元。恶劣影响波及 20 多个省市，给国家的经济安全和改革开放的事业造成了相当大的危害。

赖昌星走私犯罪集团所以能如此嚣张，靠的是一伙腐败分子的纵容和庇护。赖昌星一伙也明白，走私犯罪活动严重损害国家利益，是国家法律所不容的。为逃避监管和法律的惩罚，他们不择手段大肆贿赂党员领导干部及重要岗位的工作人员，为其走私犯罪活动多方寻找“保护伞”。他们精心设置的陷阱，使一些党员干部和海关工作人员成了他们的俘虏和工具，成为国家和人民的罪人。这是他们犯下的又一罪行。

走私犯罪与腐败行为密不可分，是一根血管上的两颗毒瘤。走私滋生腐败，腐败助长走私；走私支撑腐败，腐败加剧走私；走私越严重的地方，腐败也往往越严重。打击走私必须惩治腐败，清除腐败才能更有效地打击走私。打私反腐必须双管齐下。只有这样，才能维护法律的尊严，才能建立公平公正的市场秩序，才能形成良好的投资环境，才能赢得人民的拥护和信任。

赖昌星走私犯罪集团的覆灭，再次向全社会表明：党中央、国务院打击走私惩治腐败的决心是不可动摇的，不管犯罪分子多么猖狂，最终都要受到正义的宣判，法律的严惩。打私反腐的斗争将是长期的、复杂的，有时甚至是很激烈的，我们绝不能掉以轻心。要按照江泽民同志“七一”讲话的要求，始终把打私反腐作为一个关系改革开放和社会主义现代化建设全局的重要问题来抓，对任何经济犯罪分子和腐败分子，都要一查到底，决不姑息，决不手软。我们一定要也一定能以党风廉政建设的实际成果取信于民。

（2001 年 7 月 26 日《人民日报》）

这是一篇集宣传教育广大干部和群众、影响舆论、指导工作于一文的重要评论。开头指出，查处厦门特大走私案的胜利，是“党中央、国务院高度重视、态度坚决；有关部门积极配合，部署得当；司法机关办案有据，重拳打击”的结果，它“有效地遏制了走私和腐败现象的蔓延”。第二段指出，“铁的事实证明，赖昌星集团的走私犯罪活动危害极大”，并以“走私犯罪分子走私货物价值就达人民币530亿元，偷逃关税人民币300亿元”的事实加以证明。第三段揭露，“赖昌星走私犯罪集团所以能如此嚣张，靠的是一伙腐败分子的纵容和庇护”。第四段综合前两段指出“走私犯罪与腐败行为”是“一根血管上的两颗毒瘤”，打击必须“双管齐下”。最后一段结尾：“党中央、国务院打击走私惩治腐败的决心是不可动摇的”，并指出“我们一定要也一定能以党风廉政建设的实际成果取信于民”。这篇评论发表在厦门走私案被查处、判决之后，增强了群众反腐倡廉的信心。

第三节　新闻评论的特点

我国社会主义事业的评论有鲜明特征，即政治性、思想性、评价性和现实性。

一、政治性

社会主义新闻传播媒介，一定要坚持无产阶级的党性原则；而作为传播媒介的灵魂和旗帜的评论，比其他新闻形式更鲜明地体现着它的立场、观点。评论的内容必须符合党的路线、方针、政策和基本主张，在政治上与党中央保持一致。具体地说，它必须体现对党负责和对人民负责的一致性原则：一方面，它应关心人民疾苦，反映人民呼声，捍卫人民利益，反对各种祸国殃民的言行，使人民群众从切身体会中理解党和国家的政策，拥护党和国家的主张；另一方面，要引导人们树立全局观念，自觉地为国家民族的根本利益而奋斗，而不被局部利益和暂时利益所迷惑，以致一叶障目而不识大体。

二、思想性

评论作为辨是非、定从违的文章，思想性是它的灵魂，直接决定它的社会价值。评论的思想性，首先取决于论题能否触及当前政治生活和实际工作中的重大主题，提出并解决人们普遍关心和急待解决的问题。这正如一位老评论工作者所说的：“写评论好比医生针灸要找准穴位一样，首先要抓准问题，运用马克思主义的立场、观点和方法，通过科学的分析和研究，实事求是地给予解决和回答。”其次，还取决于作者对当前政治生活和实际工作中的主要矛盾敢不敢直言无忌，善破善立，这些是评论之思想性的所在。

三、评价性

评论和新闻报道是构成新闻传播媒介的两类主要体裁，两者在总的宣传思想的指导下，既有分工，又有配合。新闻重在报道事实的客观真相，评论重在评价事物的内在本质。新闻事实只有通过评论的揭示、分析、引申、升华，才能充分地为人们所认识。评论的主要功能是对新闻事实作出实事求是的和恰如其分的评价，评价性是评论得以与新闻报道相辅相成并成为报纸须臾不可或缺的内容的理由。

评论的评价性与一般理论文章的评论性有所不同。首先理论文章所据以评价问题的标准是客观事物的规律性，而评论所据以评价事物的标准则偏重于价值观念。虽然这两者常常并不矛盾，但两种文体的侧重点还是不尽相同的。其次，出发点和归宿点也有区别。评论一般都依托新闻报道，通过对新闻事实或当前倾向的由表及里、由此及彼的分析，进一步揭示其要点和实质，引导人们辨清是非，决定从违，其归宿不在于理论的探究和阐发，而在于行动的指导。

四、现实性

评论以新闻为前提，或是以当前事件为前提而发表的。无论是社论、评论员文章、短评，都是为着时事而发表的，或者为了配合消息、通讯而发表的。无事生非、无病呻吟，这样的所谓“评论”在大众传媒上没有地位。而编者按更是要在新闻报道文章发表时配制的。所以，任何评论都是需要以现实事件和现实情况为前提而发表，这叫评论的现实性。此外，评论的现实性还具体表现在时效性、针对性和可行性等方面。它有强烈的时效性，贵在解决问题于当时，并不期望垂教于将来。它有鲜明的针对性，能切中时弊，准确中的。它又有切实的可行性，不仅指明问题的症结，而且提出解决问题的措施。

【例文 14】

改革是压倒一切的任务

人民日报社论

党中央领导同志最近一再指出，经济体制改革是我国当前压倒一切的任务。这对于我们正确认识形势，坚定改革的决心和信心，做好当前的工作，十分重要。

改革是中国的第二次革命，是关系我们国家命运和前途的大事。搞好经济体制改革，相应地进行科技、教育等方面的改革，才能实现到本世纪末工农业年总产值翻两番的目标。这个目标是宏伟的，但还只是第一阶段的目标。我们的第二个目标，是在下个世纪的前半世纪接近或赶上经济发达国家的水平。这都有赖于改革的成功。改革的意义，是为下一个十年，以至下一个五十年奠定一个良好的持续发展的基础。没有改革，就没有今后的持续发展。我们深刻地认识改革这个大局，自觉地使自己的工作服从这个大局。

最近中央强调对共产党员、全国人民进行理想和纪律教育，有人觉得似乎改革要“收”了，不搞了。完全不是这回事！我们讲理想，讲纪律，是要在现代化建设中、在改革中坚持社会主义方向，坚持全心全意为人民服务的宗旨，坚决执行党和国家的政策，严格遵守国法和党纪。整党也好，进行理想和纪律教育也好，都是为了保证和促进改革，怎么能认为是“收”呢？

党的十二届三中全会作出经济体制改革的决定，至今九个月了。实践证明改革的路子是对的。曾经出过一点问题，很快得到了控制和纠正。目前改革的势头很好。今年的价格改革议案已经陆续出台，执行比较顺利；工资改革议案正在实施；农村改革也迈出了新的步伐。总的情况，比预想的还好一些。势头好，就要坚持下去。即使遇到一些风流，也要坚持下去，否则下一个十年的经济发展就没有希望。改革有个时机问题。时机选择得好，事半而功倍；时机不好，事倍而功半。这是外国的经验所证明了的。现在我们国家的政治、经济形势都很好，是改革的“黄金时代”，决不可以错过这个有利时机。

实行改革、开放、搞活，难免带来一些消极因素，出现一些不健康的东西。但是，利要比弊大得多，最大的益处是发展了社会生产力，可以使国家富强起来、人民富裕起来，使社会主义的优越性更充分地发挥出来。任何头脑健全的人，都不会因噎而废食。我们共产党人也不会因为有一些消极影响，就放弃改革、开放、搞活的方针。走回头路，前途绝不会美妙。消极因素肯定会有，无须奇怪，更不必惊慌失措。只要我们头脑清醒，坚持社会主义的物质文明建设和精神文明建设一起抓，特别是抓好党风，消极因素是可以抵制和克服的。

改革，是大势所趋，人心所向。这样一件顺应历史潮流的事情，只要在指导上不犯大的错误，是肯定会成功的。我国的农村改革，有些地区也出现过一些问题，我们按照实际情况一一加以解决，三年就大见成效。城市的改革，情况更复杂，问题会比农村多。但是我们毕竟积累了一些可贵的经验，又采取走一步看一步、及时总结经验、解决问题的谨慎态度，经过三年到五年，也一定会大见成效。我们对改革的胜利充满信心，对经济发展的前景充满信心。

（1985 年 7 月 20 日）

这篇评论是一篇理论性、政治性、现实性和指导性意义很强的评论，虽然已经过去 25 年了，但至今读起来仍具有实际意义。评论的最后一段话指出："改革是大势所趋，人心所向。这样一件顺应历史潮流的事情，只要在指导上不犯大的错误，是肯定会成功的。"这是至理名言，至今不废；再过 25 年亦要不断改革，改革、改革、再改革！

第四节　新闻评论的结构

新闻评论的结构，通常可以分为标题、正文两部分组成。短的评论，如编者按，也可以不加标题。实际上如果在评论的正文之中再按引论、本论、结论三个组件来看待，它不仅同任何一种议论文没有原则区别，就是和它相近的述评也基本一致。

一、标题

评论的标题，主要用来规定论述的范围，或者体现文章的中心思想，或者揭示文章的主要倾向，以简短明了者为多，通常以质朴率直的文字点出题旨，不尚曲折委婉。例如本书提到 1978 年《光明日报》刊出的文章《实践是检验真理的唯一标准》，就是一个非常简短、朴实、准确的简单句，一句话点明了该文的题旨。

二、正文

正文分别由引论、本论、结论三部分组成。

1. 引论　又叫绪论，是文章的开头。一般开头用：(1)提出问题；(2)推出结论；(3)或简要地提出问题及推出结论共同作为开头等。当然，也有用记叙文的开头，如叙述一件事实、故事、引语之类作为引论的。但归根到底引论还是应该引出论点来的，使用文学方法无非为了评论生动别致。

引论的要求应该简明，尽快切到主题上去。如李斯《谏逐客书》一开头就说："臣闻吏议逐客，窃以为过矣。"这话单刀直入，指出"逐客"的错误。其次要尽可能新鲜，不落俗套。

2. 本论　本论是评论的主体，通常在形式上处在文章的中间部分。本论担负着阐述论题，反驳论敌的主要任务。

评论的本论，基本上采取并列式(横式)、纵深式(纵式)或纵横交叉式三种结构方式。

(1)并列式结构。在中心论题确定之后，根据问题的事理再划分为几个分论点；它们彼此之间的关系是并列关系，每一个分论点分头证明中心论题的一个侧面，然后综合起来论证中心论题，做出结论。

(2)纵深式结构。这是在中心论题确定之后，根据客观事实的因果逻辑，划分为几个互为因果的分论点；也就是说，各个分论点之间的关系是因果关系，从一个由头开始，依次纵深分析下去，就可以完成对中心论题的论证，推出结论。

(3)纵横交叉式结构。文章是千变万化的，上述并列式结构和纵深式结构是反映事物的基本形式，也是思维一个论题的基本方式。除此之外，还有一种并列式和纵深式交叉的结构形式，也是经常看到的写作形式。总之，结构形式问题应视具体情况而定，要点是一句话，即文章应按照"提出问题、分析问题、解决问题"来组织本论结构。

3. 结论　评论的结论出现在解决问题之后，一般处在文章的结尾，与开头(如引论部分已出现)相呼应。它的任务是综合本论各点并集中推出结论，借以引起读者重视。

结论并不等同于结尾。结尾是文章的最末一段话，可能是结论，也可能超出结论。如结尾和结论相一致，综合本论的论点加以集中表达，则结尾即是结论。如结尾超出本论另提别的问题，或推出未来设想、打算之类，或以号召、鼓动之词等为之，这属于"锦上添花"，添不好则是"狗尾续貂"了；因为本论当中已经把提出的问题分析过了，解决妥了，再啰嗦就没有必要。

结论的要求是：简短干净，语调坚定；照应引论，首尾圆合。

第五节　新闻评论的写作要领

一、针对性强

评论针对现实中迫切需要解决的问题，加以褒贬，及时引导，而不是坐而论道，言不及义。它或者针对社会上的某种倾向，提醒人们注意；或者针对工作中的种种弊病，要求加以克服；或者针对大家关心的问题，给予正确回答；或者针对陈旧落后的观念，冀人弃旧图新；或者表彰新生事物，引起人们关注；或者揭示腐败现象，使之无处遁形。总之，它能起到扶正祛邪、兴利除弊的作用。如 1982 年 2 月 7 日《福建日报》社论《有些案件为什么长期处理不下去》，发表在打击经济领域的严重犯罪活动，查处大案要案的关键时刻，全文仅 140 字左右，字字语无虚发，命中要害，对有人重重设置的阻挠案件查处的障碍，起到了摧陷廓清的作用。文章很短，不妨一读：

"今天本报又公布了两份重要案件。坏人受到揭露处理，这很好。/有些问题群众看得很清楚，干部也有很多议论，问题的性质已经非常明白，但是就是处理不下去，而且长期处理不下去。为什么？/一、是自己屁股有屎；/二、是派性作怪；/三、是软弱无能。/还有什么呢？也许还有其他原因，但主要是这三条。/你这个单位的问题长期处理不下去，是什么原因，算哪一条，不妨想一想。"

这篇 140 字的评论，只能算不能再短的短评，但它直截了当地指出了问题之所以长期处理不下去的四个原因，号召大家"想一想"。文短意长。

二、开门见山

新闻贵在短小快捷，评论亦须简洁明快。评论文章最好开门见山，落笔入题，单刀直入，不生枝蔓。时论大师梁启超曾说："作文时最好将要点起首便提出。"俄国著名政论家别林斯基也说："假如第一行落笔太远，那么这篇论文一定是废话连篇，离题万里；假如第一行就接触事件，那么这……就是好文章。"

评论的所谓开门见山，不等于信笔拈来，而是要求"首句标其目"（白居易《新乐府序》），紧贴题旨。有些评论在点明题旨以前，作者感到有必要说明原委，交代动机，借端生议，引人入胜等，这也不应完全排斥。但是开头行文须尽量简短，以免分散读者注意力，使之减弱以至失去阅读兴趣。

三、态度鲜明

评论的任务是辨别是非，议定从违，教育读者，引导舆论，因而态度必须鲜明。作者赞成什么，反对什么，提倡什么，批判什么，必须明白无误，不能吞吞吐吐。它不像文艺作品那样，要讲究含蓄蕴藉，含而不露，或余韵无穷，而应该直截了当。但鲜明也不等于一览无余的浮浅表态和没有回味的平庸说白。

四、讲究时效

发现问题，立即命笔，迅速发表，以期及早发挥作用，这是评论不同于一般论文的特有的写作要求。这正如有人所说的那样："报纸不能要求自己的评论是不朽的，而要有使评论和所指的缺点'同归于尽'的精神。因为问题解决了，评论也就死亡了。"（丁法章：《新闻评论学》，复旦大学出版社）

这就要求，评论的作者有捷思之才临阵方能应急。这种才能全靠平日磨砺；同时也说明，写作评论不像其他文章那样依靠精雕细琢，而更多地依仗作者的政治敏感，能及时抓到有意义的应时主题和题材。

【例文 15】

一切权力属于人民

人民日报社论

五届人大五次会议的宪法内容丰富，灵魂是八个字："一切权力属于人民。"正如彭真同志指出的："这是我国国家制度的核心内容和根本准则。"

"中华人民共和国的一切权力属于人民。"这一条，在新中国的第一部宪法——1954 年宪法里，就作了庄严的规定并且付诸实行。在几千年的封建社会里，权力不属于人民。在近百年的半殖民地半封建社会里，权力也不属于人民。1911 年孙中山先生领导的辛亥革命，废除了封建帝制，创立了中华民国，在《中华民国临时约法》中规定"中华民国之主权，属于国民全体"，但是没有也不可能变成现实。只是在中国共产党的领导下，我国各族人民经过长期艰难曲折的斗争，推翻了三座大山，建立了中华人民共和国，多少代人梦寐以求的人民当家作主的理想才变成现实。

人民取得当家作主的权利，来之不易；真正做到"一切权力属于人民"，也不是轻而易举的。建国以来三十三年的历史告诉我们："一切权力属于人民"，它的彻底的、全面的实现，离不开同国内外敌对势力的斗争，离不开逐步克服人民自己的落后意识，离不开逐步克服党和国家工作中的失误，离不开逐步完善法律和制度。它不能不表现为一种历史过程。这里特别重要的是：

首先，要有比较健全的法律和制度。

1954年的宪法是一部好宪法。这部宪法是新中国建立才五年的时候制定的。当时我们党和人民的经验都不足，更没有料到以后会发生"文化大革命"那样的事，因此对怎样切实保证一切权力属于人民，没有做出像1982年新宪法这样有针对性的严格的规定。1975年宪法是在党的指导思想发生严重错误，全国政治生活极不正常的情况下制定的。1978年宪法也没有从根本上清除"左"的指导思想，因而也有重大的缺陷。

新宪法深刻地总结了历史经验，围绕一切权力属于人民这个核心内容，做了多方面的比较完备的、切实的规定。首先和主要的，是加强了人民代表大会制度，将原来属于全国人大的一部分职权交由它的常委会行使，扩大全国人大常委会的职权和加强它的组织，使它能够更好地代表人民行使国家权力。新宪法还规定，县一级人民代表由选民直接选举，这是以前三部宪法所没有的。一切权力属于人民，还包括人民依照法律规定，通过各种途径和形式，管理国家事务，管理经济和文化事业，管理社会事务。新宪法规定，国营企业通过职工代表大会和其他形式，实行民主管理；集体经济组织由它的全体劳动者选举和罢免管理人员，决定经营管理的重大问题；城市的居民委员会和农村的村民委员会是群众自治性组织，办理本地区的公共事务和公益事务。这些规定也是过去的宪法所没有的。还应当提到，鉴于"文化大革命"中人民的民主、自由的权利没有保障，备受摧残的教训，新宪法对于切实保证公民的民主、自由权利做了比过去完备得多的规定。新宪法的上述这些规定，使人民当家作主的权利得到充分有力的保证。

其次，必须坚持和改善党的领导。

我国人民在党的领导下取得国家的权力，也只有在党的领导下才能牢牢掌握和正确运用这一权力。必须坚持党的领导，是不容置疑的。我们党除了人民的利益，没有自己的特殊利益。党的任务就是领导和组织人民实现当家作主。我们要坚持党的领导，又要改善党的领导。现在，我们党已经纠正了指导思想的错误，充分认识到切实保证一切权力属于人民的极端重要性。十一届三中全会以来，党采取一系列重大步骤，扩大人民民主，健全社会主义法制，并且着重克服党政不分、以党代政的倾向，克服某些工作人员中的官僚主义、命令主义作风。党的十二大通过的新党章明确规定："党的领导主要是政治、思想和组织的领导。""党必须保证国家的立法、司法、行政机关，经济、文化组织和人民团体积极主动地、独立负责地、协调一致地工作。"新党章还规定："党必须在宪法和法律的范围内活动。"这些规定都是以前的党章中没有的。现在，新宪法又明确规定："一切国家机关和武装力量、各政党和各社会团体、各企业事业组织都必须遵守宪法和法律。""任何组织或者个人都不得有超越宪法和法律的特权。"这也是以前的宪法中没有的。新党章和新宪法的这些规定，互相呼应，互为保证，对于进一步坚持和改善党的领导，实现一切权力属于人民，具有十分重大的意义。

第三，必须提高全体人民的政治水平和文化水平。

为了实施一部比较完备的宪法，还需要不断提高各族人民的政治水平和文化水平，不断加强法制教育。在一个文盲众多的国家里是不能建设社会主义的。如果对于什么是社会主义、为什么要毫不动摇地坚持四项基本原则等问题没有正确的认识，如果没有起码的文化知识，要正确运用自己的权力，是不可能的。列宁指出："即使处理最简单的国家事务也必须有文化"。一个人民代表，如果没有文化，不懂政治，不懂法律，怎么能够很好地行使人民交给他的权力呢？一个公民，没有文化，也很难有效地参加经济、文化事业和社会事务的管理。提高全体人民的文化水平，不但是实现四化的需要，也是建设高度民主的需要。我们的各条战线，特别是宣传文教部门，都要为新宪法的宣传，为使它深入人心、家喻户晓做出贡献。

五届人大五次会议庄严通过的新宪法，是新时期治国安邦的总章程，是切实保证一切权力属于人民的根本法律依据。当然，并不是宪法一公布，问题就完全解决了。有关的法律和制度要进一步制定和完善起来。我们党也要同人民群众一起，通过民主生活的实践学习民主。人民有依照新宪法办事的强烈要求，党有遵守和维护新宪法的坚定决心，我们对新宪法的充分实施充满信心。十亿各族人民掌握新宪法，掌握自己的命运，掌握国家的命运，这是我们伟大祖国长治久安的根本保证。

(1983 年 1 月 6 日)

这是《人民日报》于 1983 年 1 月 6 日发布的一篇社论，它的标题非常有力：《一切权力属于人民》。这个标题曾带给全体中国人民以极大的鼓舞和力量。与这篇社论同时，还公布了经过修正的新《宪法》。新《宪法》强调的最重要一点就归结为“一切权力属于人民”。中国人民经过千辛万苦、努力奋斗、流血牺牲，经过曲折的道路终于初步实现了梦寐以求的希望，获得了伟大胜利；今后还应继续努力，为真正实现“一切权力属于人民”这个伟大的口号而奋斗。

第一章 杂文概述

第一节 杂文的含义

杂文，指文艺性的社会论文，是文艺与理论有机结合的产物，具有说理的严密性，又要求一定的趣味性和真切情致，因而不同于一般议论文。它既具有文学的形象性、典型性，又要求充分的说理，因而也不同于诗歌、小说、戏剧等文学作品。杂文就其实质来说，更多的是议论文；就其形式来说，又接近文学作品。杂文把各种文体长于表达自己观点的手段创造性地集于自己，它既非小说、戏剧、诗歌等一类文艺作品，又不同于公务文书等应用文体，还不同于学术文体。广义地说，凡无以归属的杂感、漫评、序跋、书信、讲演录、对话录、读后感等等，均可称之为杂文。

杂文是报刊常用文体之一。它像其他的新闻体裁一样，以迅速反映社会生活和及时作出评价见长；它又以运用文学语言和其他文学手段反映作者的独特观察所得为其特色。

第二节 杂文的历史

一、古代杂文

杂文作为文章体裁之一，在我国有着悠久的历史。它包含在许多先秦史传文集之中，如《国语·召公谏厉王弭谤》、《战国策·冯谖客孟常君》、《孟子·齐桓晋文之事章》、《墨子·非攻(上)》等，这些篇章文字都可以看作杂文，而《庄子》全书就其表现方法来说，几乎处处可见具有特色的杂文。

秦汉以降，可以称为杂文作品的代有佳作。汉代以辞赋称世；辞赋中固有杂文的影子。但辞赋崇尚骈偶，讲究辞藻，影响了辞赋的地位，也改变了原有的杂文特色。但司马迁《史记》里的《伯夷列传》、《屈原贾生列传》等，除了引用骚赋外，其实亦不过是小品或杂文(见鲁迅《且介亭杂文三集·杂谈小品文》)。到了唐代，唐诗大盛；但韩愈、柳宗元之后，“杂说”渐多。如韩愈的《伯乐相马》，柳宗元的《黔之驴》等，都是极好的杂文。及至晚唐，世道渐衰，便出现了鲁迅极为赞赏的具有“激愤”色彩的不朽之作。他说：“罗隐的《谗书》，几乎全部是抗争和激愤之谈；皮日休和陆龟蒙自以为是隐士，别人也称之为隐士，而看他们在《皮子文薮》

和《笠泽丛书》中的小品文，并没有忘记天下，正是一塌糊涂的泥塘里的光彩和锋芒。”（鲁迅《南腔北调集·小品文的危机》）由此可见，鲁迅从来就坚持杂文“没有忘记天下”这一条普遍理性或抗争精神，而这是他所处的时代形势所使然的。因此，他不能赞成宋元明清以来那种吟风弄月、茶话酒谈一类“独抒性灵”的小品文，认为那不过是“太平盛世”的“小摆设”。虽然他坚定称道那时一些激愤不平的小品文，说明清时代也有“有不平、有讽刺、有攻击、有破坏”的小品文，要之是在他看来，这类小品文才是现代杂文的祧祖。

【例文 01】

汉武山呼

［唐］罗　隐

人之性未有生而侈纵者。苟非其正，则人能坏之，事能坏之，物能坏之。虽贵贱殊，及其坏，一也。前后左右之谀佞者，人坏之也；穷游极观者，事坏之也；发于感悟者，物坏之也。是三者有一于是，则为国之大蠹。汉武承富庶之后，听左右之说，穷游观之靡，乃东封焉，盖所以祈其身，而不祈其民，祈其岁时也。由是万岁之声发于感悟，然后逾辽越海，劳师弊俗，以至于百姓困穷者，东山万岁之声也。以一山之呼犹若是，况千口万口者乎？是以东封之呼不得以为祥，而为英主之不幸！

这篇是罗隐《谗书》里的一篇杂文。文字很短，全文共 180 多字。他从一句“山呼万岁”入手，得出汉武帝因东巡泰山，以聆听“一山之呼”，而终致百姓困穷者的结论。误民误国，贻祸匪浅。文极短，意极深，可谓一字千金。

二、现代杂文

现代杂文的发展，是在“五四”新文化运动前后。辛亥革命之后的“五四”运动，极大地激发了全国人民的革命复兴热潮。“五四”以后，我国的一些知识分子，特别是鲁迅先生个人，在思想文化领域里写下了大量的杂文。他的杂文著作不是几篇、几本，而是几十个集子，成为他的主要作品。他是一位对社会压迫、腐败、不公等现象战斗性最强，立场最鲜明，艺术性最高的杂文作家。他的杂文在旧社会里充满着抗议和激愤之情，像“匕首”，似“投枪”；也是他的“感应的神经，攻守的手足”。鲁迅的杂文对人民充满真挚的爱，对丑恶势力闪现着犀厉的刀光剑影，鼓励着人们奋起而斗争。

【例文 02】

夏 三 虫

鲁　迅

夏天近了，将有三虫：蚤、蚊、蝇。

假如有谁提出一个问题，问我三虫之中，最爱什么，而且非爱一个不可，又不准像“青年必读书”那样的缴白卷的。我便只得回答：跳蚤。

跳蚤来吮血，虽然可恶，而一声不响地就是一口，何等直截爽快。蚊子便不然了，一针叮进皮肤，自然还可以算得有点彻底的，但未叮之前，要哼哼地发一篇大议论，却使人觉得讨厌。如果哼哼的是在说明人血应该给它充饥的理由，那就更其讨厌了，幸而我不懂。

野雀野鹿，一落在人手中，总时时刻刻想要逃走。其实，在山林间，上有鹰鹯，下有虎狼，何尝比在人手里安全。为什么当初不逃到人类中来，现在却要逃到鹰鹯虎狼间去？或者，鹰鹯虎狼之于它们，正如跳蚤之于我们罢。肚子饿了，抓着就是一口，决不谈道理，弄玄虚。被吃者也无须在被吃之前，先承认自己之理应被吃，心悦诚服，誓死不二。人类，可是也颇擅长于哼哼的了，害中取小，它们的避之惟恐不速，正是绝顶聪明。

苍蝇嗡嗡地闹了大半天，停下来也不过舐一点油汗，倘有伤痕或疮疖，自然更占一些便宜，无论怎么好的，美的，干净的东西，又总喜欢一律拉上一点蝇矢。但因为只舐一点油汗，只添一点腌臜，在麻木的人们还没有切肤之痛，所以也将它放过了。中国人还不知道它能够传播病菌，捕蝇运动大概不见得兴盛。它们的命运是长久的，还要更繁殖。

但它在好的，美的，干净的东西上拉了蝇矢之后，似乎还不至于欣欣然反过来嘲笑这东西的不洁：总算还有一点道德的。

古今君子，每以禽兽斥人，殊不知便是昆虫，值得师法的地方也多着哪。

这是鲁迅先生一篇又幽默、又深沉的杂文；同时又是充满着激愤和冷峻感情的杂文。文章出人意外，问及夏天将有三虫蚤、蚊、蝇；并问鲁迅喜爱什么。这当然都是假设，但万万想不到鲁迅会回答他爱跳蚤。然后文章就饶有幽默的叙述起三者咬人的办法：“正如跳蚤之于我们罢。肚子饿了，抓着就是一口，决不谈道理，弄玄虚。被吃者也无须在被吃之前，先承认自己理应被吃，心悦诚服，誓死不二。”这何等痛快，至于蚊、蝇却不一样。最后鲁迅又貌似认真地总结：“古今君子，每以禽兽斥人，殊不知便是昆虫，值得师法的地方也多着哪。”这最后一句，明白人可以听出鲁迅面对统治者既要吃人，又要人民自己承认理应被吃的虚伪、残暴，是何等的激愤！

三、当代杂文

1949 年中华人民共和国成立以后，杂文的发展进入了新的阶段，发表过一些有影响的作品，出现了一批知名的作家。过去那种主要以暴露、抗争、批判为主的杂文风格，不再被人视为正宗了。随着共和国的建立和社会主义建设事业的发展，出现了以颂扬社会主义事业和批评人民内部问题为主调的杂文风格，其中尤以邓拓的杂文具有代表性。邓拓善于议古论今，在繁忙的公务活动之余写下了许多广为传咏的杂文。他在 50 年代后期发表的大量杂文在批评人们一些不当之举和值得张扬之举的人和事方面，都写出了发人深省、令人称善的杂文。可惜邓拓在“文革”中被批斗自杀而死。

在“四人帮”被粉碎之后，报刊上又出现了痛斥“文革”中许多匪人所思的武斗、混乱和破坏的现象，以及怒责“四人帮”种种罪恶行径的杂文。中共八届三中全会以后，我们国家起始了改革开放的新时代，杂文亦在报刊上经常出现，是广为人民群众欣赏的好作品。要而言之，杂文依旧很活跃，出现了许多锋芒毕露的作者。他们的杂文也各有特点，可谓百花齐放。随着我国民主进程的发展，以及群众写作欲望的高涨，杂文这种集应用与文学于一体的文章形式，必定发扬光大，显现出她短小锋利的光芒。

【例文03】

朝三暮四

王　蒙

有一个动物园，养了二百五十只猴子，特成立一饲猴室，并任命侯老大为室主任。

侯老大召集众猴开会，说："我们的食物是桃子，每猴每日定量七枚，每天早晨各吃三枚，下午各吃四枚……"

话没说完，众猴就喊起了口号："我们要吃桃！""反对朝三暮四！""想吃多少就吃多少！""打开动物园，砸烂饲猴室！"

侯老大给众猴解释，朝三暮四完全符合营养的需要，再说，今年风灾，桃子歉收，人吃都不够，每猴每日七枚是最高限额。众猴根本不听，侯老大想起庄子当年的启示，便说：

"这样好不好，每天早上四枚，晚上……"

一听到早上吃四枚，众猴鼓起掌来。便喊口号："侯老大好！""坚决赞成朝四暮四！"

侯老大纠正说："不是朝四暮四，是朝四暮三！"

众猴没有注意他的话，反正都很高兴。

最难管理的猴子们都踏实了，动物园园长奖给侯老大二百块钱"管理有方奖"。

侯老二妒火中烧，便伺机去找猴子，说是如果侯老二管饲养，他每天早晨给各位吃五枚桃子，晚上吃……

不等他说完，众猴闹将起来，他们高呼："要老二，老二好！"把侯老大轰走，接受了侯老二。

侯老三不服气，便来搞朝六暮一。弄了一段。侯老四不服气，便提出一早就把七枚桃子分下去，爱怎么吃怎么吃。众猴非常高兴。侯老四终于当上了主任。众猴狂欢三天。

不久，便乱了。有的猴一上午就把七枚桃子吃光，下午又叫又打又闹，抢别的猴的桃子。……

只好从饲虎室调来了侯老五，侯老五带着一只老虎来到了饲猴室。他对众猴说："转了一圈，咱们还是早上吃三枚，晚上吃四枚吧。夜长肚饿，晚上多吃一点是对的。而且各位猴先生猴女士莫忘，反正每猴每日七枚，不可能多呀！"

众猴很不满意。正要闹，只听虎说："虽说我是饿虎，朝三暮四我可吃不了。像这样的猴子，早晨吃一个，晚上吃二个我也就够了。"

猴子一听，面面相觑，魂飞天外，一声不响了。

侯老五见问题已解决，便要求老虎回洞。偏偏老虎不肯回洞，表示愿意协理饲猴或猴饲养务。惹得侯老五掏出静电棒来，才把老虎请了回去。

侯老五问："各位猴君。一天七枚桃子，到底够不够，到底缺额是多少？明年我们可以向游客申请赞助嘛！"

（一九九三年三月十四日）

这是王蒙先生在1993年发表的一篇寓言式的杂文。"朝三暮四"这个成语出自《庄子·齐物论》，原是指愚弄的手法，后来就用作翻来覆去，变换手法的骗人典故。王蒙借用这个典故演绎成侯氏五兄弟轮流执政饲猴，忽悠猴群的故事。故事极其简单，手法也颇为单调，就是侯氏一家每天轮流换一个人主饲猴，每天只用二分法把七只桃子分给猴子：有时三、四分，有时二、五分，……虽然花样可以不同却始终只是七只。猴子不是上顿挨饿就是下顿忍饥，把猴群忽悠了五天。最后当群猴起哄造反时，侯老五请来了一只猛虎，又把猴群给镇住了。故事如此简单，却包含着深刻的意义。

第二章 杂文的特点

杂文顾名思义，首先要杂；但是杂又不是杂乱无章。正如散文要求形散神不散一样，杂文要求文杂意不杂：杂文是杂和不杂的辩证统一。立意不杂，就是主题集中，这是一般写作规律对杂文的要求。在遵守写作的基本规律的前提下，又在形式上、表达上要“杂”，这是杂文的特殊规律，是它和其他文体的主要区别。这个“杂”的特点，主要表现在内容广泛、形式不一、笔法灵活、风格多样等方面。而这一切又都含蕴在短小精悍的方寸尺幅之中。

现对杂文的主要特点概述如下。

第一节 内容广泛 材料博杂

杂文的内容，包括它的议论对象和使用的材料，都极为博杂。首先是论题范围杂，各个领域、各个行业的问题，无不涉及：从现实观感到历史反思，从理论问题到实际问题；从社会科学到自然科学，从微观世界到宏观世界，都无所不谈。只要翻看杂文结集或报刊杂文栏目，往往可以看到琳琅满目的大千世界和人间万相。如鲁迅的杂文，从山南海北，天上人间到人情世故，政坛事变再到鸟虫鱼虾、花草树木等等，事无巨细都广为涉猎，真知灼见，见解深刻，像活的大百科全书。又如邓拓的《燕山夜话》，其所收编的杂文篇目，令人心迷神驰，视通万里。《“扶桑”小考》、《米氏三园》、《“推事”种种》、《养猪捕鼠》，《甘薯的来历》、《养牛的好处》、《贾岛的创作态度》等等，宛如小百科全书，醒人耳目。其次是使用材料散杂，古今中外，天南海北，风俗世态，人物掌故，山川草木，鸟兽虫鱼，都可信手拈来，涉笔成趣。杂文的事实材料和一般议论文中的事实材料在文章中的作用有所不同，后者大都作为证明或反驳论点的论据，有着坚实的可靠性；而前者中的材料往往只是从大千世界的纷纭多姿的现象中引出的一点比喻、联想，导出一种新的思想、新的感慨就行了：材料在杂文中只是表达一个思想或一个观念的媒介和手段。

第二节 形式繁多 短小精悍

杂文的形式不拘一格，式样丰富繁多，凡把抽象道理化为具体形象，写出的精悍隽永、耐人寻味的文章，均可归入杂文的谱系宗支。鲁迅的杂文，有的是政论，如《“友邦惊诧”论》；有的是短评，如《论人言可畏》；有的是抒情文，如《为了忘却的记念》；有的是叙事文，如《阿金》；有的是随笔，如《看书琐记》；有的是杂感，如《扣丝杂感》；有的是速写，如《秋夜纪游》；有的是书信，如《厦门通讯》；有的则是寓言，如《战士和苍蝇》；有的竟是诗歌，如《南京民谣》；有的是深茂厚朴的论理文字，如《魏晋风度及文章与约及酒的关系》；有的是如电石火花般的絮语拾零，如《小杂感》。鲁迅杂文的形式还不仅在于此，如就书序而言又有“自序”、“序言”、“前记”、“题辞”、“小引”等多种不同名目。其他名家的杂文，也大都文无定式，千姿百态。

杂文的短小精悍，是指杂文一般都表现出篇幅短小，内容丰富，而且锋利的特点。它不是万言书，而只是“千字文”。二千字以上的杂文也有，但更多是千字以下，有的甚至只有几百字，百十字。杂文只有这样篇幅短小才能迅速反映生活，及时参与生活。这就要求纸短意长，咫尺千里，言有尽而意不止，让读者在现代繁忙的社会生活里抽空阅览。

纵观鲁迅先生的杂文，长的虽如他发表的《魏晋风度及文章与药及酒的关系》（1927 年在厦门大学的讲演稿）长约 5000 字左右，短的却只有如《热风 · 三十六》不到二百字，内容直到现在还极有用处。

【例文 04】

随感录 · 三十六

鲁　迅

现在许多人有大恐惧；我也有大恐惧。

许多人所怕的，是“中国人”这名目要消灭；我所怕的，是中国人要从“世界人”中挤出。

我以为“中国人”这名目，决不会消灭；只要人种还在，总是中国人。譬如埃及犹太，无论他们还有“国粹”没有，现在总叫他埃及犹太人，未尝改了称呼。可见保存名目，全不必劳力费心。

但是想在现今的世界上，协同生长，挣一地位，即须有相当的进步的智识，道德，品格，思想，才能够站得住脚：这事极须劳力费心。而“国粹”多的国民，尤为劳力费心，因为他的“粹”太多。粹太多，便太特别。太特别，便难与种种人协同生长，挣得地位。

有人说：“我们要特别生长；不然，何以为中国人！”

于是乎要从“世界人”中挤出。

于是乎中国人失了世界，却暂时仍要在这世界上住！——这便是我的大恐惧。

这是鲁迅在九十年前写的文章，尽管只有 200 字左右，至今仍放射出惊人的光芒。目前的情形也如近百年前一样，许多人也暗暗地发慌。因为有更多的人缺乏谦逊，以为“中国人终于站起来了”，有点自傲，对于别人好的东西，自己却打算“决不能怎样怎样”。恕不知不将世界上一切进步的东西都学过来，等于丢掉整个地球而孤芳自赏。这不能不让人大恐惧、大恐慌！

第三节　纵横捭阖　笔法灵活

我国现代杂文，自五四以来继承和发展中华民族文化的优良传统，吸收外来先进文化的营养，经过鲁迅等一代杂文作家的创作实践，已经逐渐发展为一种比较完善和成熟的独立文体，具有鲜明的艺术特色。这些特色除了形式方面的以外，笔法灵活和风格多样最为突出。风格问题留待后面阐述，这里先谈杂文的构思立意、谋篇和布局问题；这都属于杂文创作过程中的首要问题。

我们已经认定杂文是一种文艺性社会论文，它既不同于一般文学作品，如小说、诗歌、戏剧那样以塑造形象为主要任务的，也不同于一般应用文，如各类公务文书、事务文书以及各种学术和专题论文和传播文体。它是一种具有一定文艺性的社会论文，介于文艺作品和议论文之间，目的是议论当前的社会问题，而又限于一定的篇幅，通常是要把大千世界，形形色色的各种社会景象聚集在咫尺篇幅之中，用数百字、上千字，或略多一点的字勾勒出来。而这就要求杂文在构思立意、谋篇布局方面要有自己的特点。这种特点可简言之曰笔法灵活，不拘一格，以独特的慧眼和灵活多变的笔法写出一篇具有独特韵味的杂文。

这种笔法灵活、不拘一格的特点，不是单靠教科书能学会的，而是作者在社会生活的风浪里，从特定视角和特定体验中得来的独特的感受和认知。如果作者在生活中没有这种独特感受或认知，而要在写作杂文时讲一番道理，那必定不会成功。在这种情况下也不要勉强自己，需知勉强自己硬去写不熟悉或缺乏感悟的事情，即使能写得出来也必定刻板、冗长、枯燥、读起来平淡无奇，一无兴趣，味如嚼蜡，严格地说，那不能叫杂文，因为它既无幽默讽刺，也缺乏辛辣锋利，只不过是一块“豆腐干”而已。

至于杂文不拘一格的种种方法，这里只能从略。要之，在一些杂文中往往可以看到，点子多而问题小，见出真知灼见；比喻绝妙精彩，联想丰富自然等等；最后还有妙语连珠，惊句迭出。读优秀的杂文，其构思立意、谋篇布局多属如此。

【例文 05】

大字报的兴亡

东方蝉

任何事物都有它产生、发展和灭亡的历史，不得人心的“四大”和它的“台柱”——大字报的灭亡，当然更是合乎常理了。

一提起大字报，人们自然而然地联想到大鸣、大放、大辩论，因为它们本来就是孪生兄弟。按照通常习惯，大字报是被屈排在末尾的。其实，论名声，论作用，论“功绩”，大字报排行应为老大，其它三者，皆是靠着这个老大而“大”起来的。因此，我们只在对大字报做一番粗略的考察，对整个“四大”的身世，就会了解个八九不离十。

有人说，大字报之所以被称作大字报，就是因为字写得大。这是个天大的误会。君不见，街头巷尾引人注目的标语、告示、海报、广告，以至厂矿、公司、商店之招牌乎？字不可谓不大，但哪里有大字报那样显赫，也没有人叫它们作大字报。

但大字报也确与“大”字结有不解之缘，有和一系列“大”字相联系着的特殊含义。它同大鸣、大放、大辩论一起呱呱坠地，与大跃进、大炼钢铁、大办食堂、大放卫星、……以及大拔白旗、大反右倾同生共长。它诞生于一九五七年整风反右派之时，发迹于“文化大革命”运动中，是大民主、大串联、大刮夺权风暴的高效工具，在大揪“走资派”、大抓“军内一小撮”、大挖“叛徒集团”、大砸大抄、大罢大提、大赞大颂……以及“必须大乱”、“大搞红色恐怖”、“大反右倾翻案风”、“大辩论带来大变化”、“大学就是大家学”、“把眼睛瞪得大大的”、“动大手术”等一片喧嚣声中青云直上。它被披露于大庭广众之中，悬挂于大厅之内，张贴于大墙之上，刷糊于大街两旁，吼起来口气大，肚子里水分大，一向以夸大其词、大话吓人、大上其纲为专长。曾几何时，真右派利用它向共产党大肆进攻，假左派依靠它为野心家大树特树。有许多时候则是真假难分，你说我“右”，我说你“修”，汉着胡帽，胡着汉帽，大造舆论，大打出手，全面内战，空谈大联合，实干大分裂。可以说，这一系列“大”字，构成了大字报的本质特征，可见其千秋功罪。

有人说，大字报这个东西，其实“古已有之”，那就是“揭帖”。看过电影《桃花扇》么？影片开头就出现过，贴在街上，众人围观的就是。然而，古来的“揭帖”，乃官方张贴之公告，或私人的启事，同大字报是风马牛不相及的两种东西，全没有大字报的上述特征。大字报发展到后来，已经不承担任何事实的、政治的责任了。例如至今人们还把凡不顾事实的某些辞令，称之为“大字报语言”。“揭帖”哪有这等“光荣”？

十年动乱，算是大字报的鼎盛时代。只要是过来人，一定会记忆犹新：大字报这个“千钧棒”、“全无敌”、“鬼见愁”，那时是铺天盖地，无孔不入，无论是大街小巷，还是深宅独院，不管人间森严机关，还是世外桃源，明窗漆门，墙角床头，甚至厕溷秽壁，到处都有它的足迹，真是达到了“抬头见报”的程度。在那惊心动魄的日子里，经它的关照，“共诛之”，“共讨之”，“炮轰火烧”，“油炸枪挑”，“砸个稀巴烂”，“捅个底朝天”，到底有多少好干部被打成“叛徒”、“特务”、“走资派”？究竟炮制出多少“假党员”、“三反分子”、“反革命”？总共批了多少“臭老九”？有谁能数得清呢？在集中统一、纪律严格的部队里，不也是深受其害，不少人至今仍有切肤之痛吗？不论是机关、院校、医院、连队，一经它光顾，就会党委瘫痪，群众分裂，人心浮动，妖风大作，邪恶蒙盖了真理，这已经是屡试不爽的了。

粉碎“四人帮”之后，对于大字报这个历史怪物，可以说早已人人摇头了。然而，它虽已显衰微，但却作威犹在，并不甘心于自己的灭亡。几个月前，有人曾为它拼四六骈文道：

“……街头巷尾，时而再露峥嵘；西单墙上，竟然安营扎寨。自谓年壮，不甘就木；重作冯妇，再施淫威。可制造混乱，可挑起风波，可分化人心，可酿成派系，可联络外人，可拱送情报，可丑化社会主义，可疲惫专政机关。于‘民主’大旗之下，哗众取宠；在‘人权’口号声中，暗渡陈仓。任我信口雌黄，围观者摇其首而莫奈何，宪法保障也；纵然透顶反动，反对者敢怒而不敢撕，心有怍悸焉。夕阳斜照，华灯初放，风头出尽，神气十足。好事者如堵，外国人止步，闪光灯卡卡，电磁波飞驰，今日北京、香港，明日莫斯科、华盛顿，不胫而走，寰宇惊闻，沉沉没没无闻者，一举成名天下知。——管它团结安定，我自兴风作浪。……而偏有胆大如拳者，控我为一害，申我以五罪：‘易被坏人利用，易混淆两类矛盾，扰乱社会秩序，破坏安定团结，阻碍四化建设’，而主张取缔于街头。然溯之历史，我固姓左姓革，反我者必右必修，骂我者非砍旗即怕群众，刁难我者乃资反路线还魂。……我有‘四人帮’倒台后失意者的捧场，有思想僵化坚持‘凡是’者的保护，妄云取缔，谈何容易！……”

这位作者把大字报有恃无恐，洋洋得意之状，描绘得活灵活现，其意在暗示取缔不易，大字报福寿尚长。然而，我们可以续上几句：

“多行不义，自取灭亡。大势所趋，人心所向。实践标准，不可阻挡。宪法可改，汝命不长。”

伟大的中国共产党领导中国人民经历了无数艰难险阻，推翻了三座大山，建立了社会主义的新中国，粉碎了林彪、“四人帮”，改变了历史面貌，有千百万党员为中流砥柱，有广大人民群众拥护，难道对一个已被历史证明为害甚多的小小怪物却动弹不得？“大”字号的四个孪生兄弟应该退出历史舞台了。为了更好地安定团结搞四化，党的十一届五中全会作出决定：向全国人民代表大会建议，把“四大”从宪法第四十五条中除去。全党、全国、全军，万众欢呼马列主义、毛泽东思想的实事求是精神取得又一胜利！

这篇《大字报的兴亡》的杂文是登在《人民日报》1980 年 3 月 17 日第三版上的，作者署名“东方蝉”。文章标题醒目诱人。文章从大字报的“大”字说起，一上手就说它同那个时期的“四大”连在一起。并说明和任何事物都有它产生、发展和灭亡的历史一样，“大字报”亦然。由此文章历叙“大字报”唯恐天下不乱的恶迹；又引用了一个大字报“专家”为吹捧“大字报”如何神通广大而写的四六骈文，自吹自擂。但是，诚如本文作者为骈文所续写的四言八句所述：“多行不义，自取灭亡。大势所趋，人心所向。实践标准，不可阻挡。宪法可改，汝命不长。”

这是当时一篇十分重要的杂文。虽然更多的是理性批判，但从选题立意以及行文和考据上看，更具杂文的讽刺性。

第四节　风格多样　讽刺幽默

杂文不仅内容广泛，形式繁多，笔法灵活，而且风格多样。可以毫不夸张地说，在所有文体中杂文的风格最为丰富多彩。杂文或为隐晦曲折，委婉多讽；或为辞严意正，犀利尖刻；或为曲抒胸臆，蕴藉含蓄；或为剧谈雄辩，热讽冷嘲……要之嬉笑怒骂，皆成文章。因为杂文是作者自由思想的产物，是他们的心声。有的作者生活、性格、学识、处境、经历等等不同，描写对象和写作目的不同，其风格也会不尽相同，所以就整体而言，杂文自五四以来各种风格就呈现出百花齐放的局面，风格多样，不一而足。

但是，总起来看最为突出的风格是它的讽刺与幽默。讽刺与幽默始终是杂文的重要特征，尽管不是唯一的。

一、关于讽刺

作为一种手段或笔法，讽刺是与讽喻、讽谏相近，都是以含蓄的语言来嘲讽或刺痛别人的。古文"讽"与"风"同，即是"譬喻不直言"，是一种委婉的意思。而"风"又有歌谣之义。如《诗经》里的"国风"。《诗序》上说："上以风化下，下以风刺上，主文而谲谏，言之者无罪，闻之者足以戒，故曰风。"想必此"风"就如自然界的风那样。但它对人的批评不同于雷鸣闪电，直劈横击；而是像和风细雨般地吹打润化。所以《诗经》里有许多这样的"风刺"，如"魏风"中的《硕鼠》，"小雅"里的《黄鸟》和《何草不黄》，"王风"内的《黍离》等等，都说明"风"是用委婉的语言表达暗示、劝告或谴责之意。

这里有一个讽刺对象的问题。用委婉的语言暗示、劝告、谴责对象，是希望被讽刺者能立地成佛。所以讽刺这个概念基本上是处置内部矛盾的办法。尽管你可以挖苦嘲笑他，却不能指望用杂文打倒他；要打倒他的是檄文，是讨伐书，那是另一类文体。

但是，讽刺无论对谁说都必须是"公然的"真实，而不是扯谎诬蔑。鲁迅说："'讽刺'的生命是真实"；又说："'讽刺'不是'捏造'，也不是'诬蔑'"；"它所写的事情是公然的，也是常见的，平时谁都不以为奇的，而且自然是谁都毫不注意"(且介亭杂文二集《什么是"讽刺"?》)。这就是说，在杂文风格的讽刺中，归根到底是写真实：真实到令人生"厌倦和不快"的程度；在具体写法上除了真实以外，还可以有点夸张，突出地显示被讽刺的人和事物的本性和本质，使人留下不可磨灭的印象。

二、关于幽默

幽默原是英语中"humour"的音译。约在上个世纪30年代初期，林语堂主持的《论语》(申月刊)首倡幽默。当时他们对"humour"这个词儿实在无法在汉语中找到对应的词可以对译，就干脆学习严复曾把"logis"音译为"逻辑"的方法解决了问题。于是他就把"humour"音译为"幽默"以指陈英语中"humour"一词条下的"滑稽"、"谐谑"、"诙谐"等意思；而实际上"幽默"这个词从前在汉语中有"寂静悄然"的意思，是更接近英语"humour"；它包含"插科打诨"，"会心一笑"，"谑而不虐"，"哭笑不得"等意味。

但是，像讽刺一样，幽默作为杂文的主要风格也适宜于解决人民内部问题，而不适宜处置刺刀见红的所谓敌我矛盾问题。另外，更为重要的是，幽默最后的结果也只是让读者产生某种情绪而已；它可以有积极的作用，也可能不会达到实质的效果，这是幽默的局限性。

【例文 06】

说大话的故事

邓 拓

看过《三国演义》的人都记得，诸葛亮挥泪斩马谡的时候，曾经提到刘备生前说过，马谡言过其实，不可大用。演义上的这一段话是有根据的。陈寿在《三国志》的《蜀志》中确曾写道："先主谓诸葛亮曰：马谡言过其实，不可大用。"看来，刘备对于马谡的了解，实在是很深刻的。马谡在刘备的眼里就是一个好说大话的人。说大话的害处古人早已深知，所以，管子说过："言不能过其实，实不得过其名。"这就是告诫人们千万不要说大话，不要吹牛，遇事要采取慎重的态度，话要说得少些，事情要做得多些，名声更要小一些。

历来有许多名流学者，常常引用管子的这些话，作为自己的座右铭。然而，也有的人并不理会这个道理。据汉代的学者王充的意见，似乎历来忽视这个道理的以书生或文人为最多。王充在《论衡》中指出："儒者之言，溢美过实。"他的意思显然是认为，文人之流往往爱说大话。其实，爱说大话的还有其他各色人等，决不只是文人之流而已。

古人的笔记小说中写了许多说大话的故事。明代陆灼在《艾子后语》中写了几个故事，我看很有意思。一个故事写道："艾子在齐，居孟尝君门下者三年，孟尝礼为上客。既而自齐返乎鲁，与季孙氏遇。季孙曰：先生久于齐，齐之贤者为谁？艾子曰：无如孟尝君。季孙曰：何德而谓贤？艾子曰：食客三千，衣廪无倦色，不贤而能之乎？季孙曰：嘻，先生欺予哉！三千客予家亦有之，岂独田文？艾子不觉敛容而起，谢曰：公亦鲁之贤者也；翌日敢造门下，求观三千客。季孙曰：诺。明旦，艾子衣冠整洁而往。入其门，寂然也；升其堂，则无人焉。艾子疑之，意其必在别馆也。良久，季孙出见。诘之曰：客安在？季孙怅然曰：先生来何暮？三千客各自归家吃饭去矣！艾子胡卢而退。"

这个故事大概是杜撰的。不但艾子是作者的假托，而且季孙氏也是由附会得来的。凡是春秋战国时代鲁国桓公的儿子季友的后人，都称为季孙氏。陆灼讽刺季孙氏嫉妒孟尝君能养三千食客，就胡乱吹牛说自己也有三千食客，可是经不住实地观察，一看就漏底了。陆灼写出这个杜撰的故事，其目的是要教育世人不可吹牛。我们应该承认他是善意的，似乎不必用考证的方法，对他斤斤计较。

在同书中，还有类似的一些故事。例如说赵国有一个方士好讲大话，自称见过伏羲、女娲、神农、蚩尤、仓颉、尧、舜、禹、汤、穆天子、瑶池圣母等等，以致"沈醉至今，犹未全醒，不知今日世上是何甲子也"。恰好当时"赵王坠马伤胁，医云：须千年血竭敷之乃瘥。下令求血竭不可得。艾子言于王曰：此有方士，不啻数千岁，杀取其血，其效当愈速矣。王大喜，密使人执方士，将杀之。"这才吓得方士不得不"拜且泣曰：昨日吾父母皆年五十，东邻老姥，携酒为寿，臣饮至醉，不觉言词过度，实不曾活千岁。艾先生最善就谎，王其勿听。赵王乃叱而赦之"。

这个方士最后要求饶命的时候说的这一段话，当然还是一派胡言，并且倒打艾子一耙，诬他说谎，可见方士的用心颇为不善。这又反映了一种情况，就是说大话的人也有秉性难移，死不觉悟的。

历史上说大话的真人真事，虽然有许多，但是这些编造的故事却更富有概括性，它们把说大话的各种伎俩集中在典型的故事情节里，这样更能引人注意，提高警惕，因而也就更有教育意义了。

这是邓拓在1961年间发表的一篇十分辛辣、锋利并广为人知的一篇杂文。邓拓原在上世纪50年代早、中期任《人民日报》社长兼总编辑，因受到毛泽东的批评，退出《人民日报》而到北京市委工作。工作之余他又在北京的报纸上开辟《燕山夜话》专栏，发表多篇杂文。在这一篇杂文中，他把历史上说大话的人所表现的滑稽心态和夸张口吻刻画得惟妙惟肖，读后不禁令人捧腹大笑。但笑过之后仔细想想，生活中确确实实就有那么一些利令智昏的吹牛大王，他们编造你想象不到的、异想天开的谎言在欺骗群众，又不禁觉得十分可恶。所以这个故事尽管邓拓写得不长，但却名震一时，经年不朽，常读常新。但作者在“文革”中又陷入深渊，被打成反党反社会主义的黑帮而自尽身亡，1977 年获得平反。当时胡耀邦同志在北京八宝山革命公墓礼堂亲自主持邓拓追悼大会，给予邓拓极高的评价。

第三章 杂文的写作要领

杂文是短制，少则百十字，一般数百字，多则一二千字，而罕见万字文。但它不像日记、书信、回忆录那样刻板、千篇一律。杂文形式多、内容丰富，海涵千奇百怪的社会现象。因此，杂文尽管是短制，但如缺乏一定的社会经历和强烈的社会责任感，要写好却实在不容易。现从部分杂文作者的写作体会和杂文研究者的部分文章中，概括几条杂文写作经验体会，以为参考。

第一节 选题立意 务求尖新

杂文写作最优先、最重要、最关键的一步是选题立意，务求尖新。选题立意，务求尖新，也是评价杂文作品的首要标准。它要求杂文作者始终站在时代的前列，反映时代的新问题、新思想，推动时代前进。因此，一个人是否能成为一个名副其实的杂文作者，首先要看他(她)能否和人民同呼吸、共患难，反映群众的思想，走在时代的前列。鲁迅和我国许多优秀杂文作者，就是生活在人民中间，从人民当中走出来的。他们写的杂文的主题，一般都是时代最迫切、最尖锐、最敏感的问题。

一、杂文的“立意”

杂文的“立意”，就是杂文的当下写作的角度和目的；也就是当一件事物或一个事实进入视觉之后，作者为什么要写这个题材，从什么地方入手和为了什么样的目的。而这是杂文作者在动手之前要认真思考的第一步。这件事讲起来很简单，做起来却非常困难，几乎可让你废寝忘食、思考个几天几夜下不得手；但是却一定要解决。一旦这个问题解决了，下一步的事情就好办了，就是把问题集中到立意务求“尖新”上面。

二、杂文的“尖新”

“尖新”指的是杂文的主题即指立意一定要保持在时代的最新水平之上，具有当前新颖而尖端的思想；也就是把别人不曾注意到、意识到和见怪不怪的社会现象和问题，根据社会需要的原则确定一个意义深刻、见解独特、十分有价值的主题来，它能对当前社会现实提出一种新的看法和观点；而这个观点和看法能鼓动人们对于社会新思想抱有强烈的追求，能够启发人们对于新事物的热烈向往。这样的杂文主题才是尖新的主题，才是可能取得成功的杂文主题。

【例文 07】

况钟的笔

巴人(王任叔)

看了昆剧《十五贯》,叫我念念不忘的是况钟那枝三落三起的笔。

自从仓颉造字、蒙恬造笔以来,凡是略识"之乎"的人,都是要用用笔的。读书人著书立说,吟歌赋诗,要用笔;种田的,赶买卖的,记记豆腐白酒账,要用笔;甚至像阿Q那样人物,临到枪毙之前,还要拿起笔来,伏在地上,在判决书上面画个圈圈,并且有慨于圈圈之画得不圆,这就可见笔之为用是大得很哩。

自然,笔各有不同,我们用的或毛笔,或钢笔,而况钟所用的是朱砂笔,况钟虽然是苏州府尹,但这回担任的工作,却是监斩。他的职责就是核对犯人和榜上名字是否属实。如果属实,那就算他"验明正身了",大可朱砂笔一挥,向榜上名字一点,叫刽子手拉出去,一斩了事的。然而况钟偏不这么做,一听到犯人呼冤,拿起来的笔,便点不下去了。拿过判决书来看,竟是三问六审,经过不少人手,想来案情属实;又拿起笔来,又听到犯人呼冤,并且自叙经过,又点不下去了。经过临时一次调查,冤情已经属实,但他既是监斩官,无权过问判决,于是又拿起笔来,但又看到犯人含冤莫伸的情形,又点不下去。他想到人命关天,要对人负责。他终于立下决心,自担干系,延缓处斩,向巡抚大人据理力争,并且亲自勘察,破了案情,平反了冤狱。这样,况钟的朱砂笔,终于点中了真正的杀人犯。可见一个人会不会用笔是大有讲究的。

我们的机关首长、单位的负责人,以至一般的工作人员,都是要用笔的。有的是起拟计划、稿件等等,有的则是拿起笔来在计划、稿件之类上面批示一下,或同意,或另拟,或写上个名字。但是,我们用笔有没有像况钟那样用得慎重而严肃实在是大可深思一下的。我们之间固然不缺乏像况钟那样的人,善于在笔底下看到"人",并且用行动来帮助用笔。

但我们之间,也不缺乏像过于执那样的人,只知大笔一挥,看不到笔底下有"人";或者把任何工作,往上一推,往下一压;自己仅仅经过手,签个名,只考究自己签名的字,是否"龙翔凤舞",足够威势,也算是用过笔了。

没有对人负责的精神,不可能作出对工作负责的事。况钟的笔底下有"人",就是况钟用笔的可贵精神。

但况钟的用笔是很不容易的。首先,这枝朱砂笔必须点中真正杀人犯,那才能为社会除掉坏人。而除掉了坏人,也就是保护了好人。但要做到这一点,他得展开两条路线的斗争:一方面,他要同只知排比事件的表面现象,并且会用"人之常情"来作推理根据,却不研究事情的实质的主观主义者作斗争;另一方面,他还要同满足于自己的高官厚禄,闭着眼睛签发文件,而又讨厌下属提出不同意见,为了去掉不顺手的干部,就故意设下陷阱叫你跳下去的官僚主义分子作斗争。这样,况钟的笔就是处在主观主义者过于执和官僚主义者周岑的两枝笔锋夹攻之间了。他要在这两枝笔锋夹攻之间,杀出一条真理的路来,实在是需要有大勇气、大智慧的。

但一个能对人负责的人,一定会得到人民力量的支持,就会有大勇气;而一个得到人民力量支持的人,一定能集中群众的智慧,就会有大智慧。况钟就这样地战胜了两枝夹攻的笔锋,平反了冤狱。况钟可说是善用其笔的人了。

经常用笔而又经常信笔一挥的人,是不能不想想况钟的用笔之法的。

这篇杂文的作者巴人,是解放前的老党员,解放后出任驻印度尼西亚首任大使,名叫王任叔。他在1952年奉调回国任职,1959年被康生指名批评,作为文学界的代表人物被撤销党内外的职务,遭到极严重的批斗和折磨。"文革"后期被遣返原籍浙江奉化,安置在破茅屋里,两年即因贫穷郁愤,老病而死。他在回国后曾写了多篇短文章,这一篇是反响最大的杂文之一,是他当时看婺剧《十五贯》时所得到的真切感悟。剧中苏州府尹况钟在做监斩官时听到囚犯呼冤，举起的朱沙笔三起三落，终于忍不得下笔处斩而自担干系延缓处斩，后又亲自勘案，最后平反冤狱，捉了元凶。这个故事引起他的联想，认为我们的各级领导人员应该像况钟那样做到“笔下有人”，对人民负责。该文在当时环境下是十分可贵的，影响很大，受到好评。

第二节　小处入手　大处着眼

杂文少则百十字，多则几百字，千字文以上几乎少见。但它不是雕虫小技，而是自成一体，有自己的写作规律的文体之一；用魏·曹丕的话来说，我们也可以纳入他的“经国之大业，不朽之文章”的事业，肩负着高尚的社会责任。而不应像鲁迅所批评的宋元明清时代那些“吟风弄月”式的、“独序性灵”的小品文；那是些太平盛世的装饰品。

那么，这样短小精练的杂文要写出具有相当社会意义的文章，怎么着手？这就要提到选题应从“小处入手”，从“大处着眼”了。

一、从小处入手

在一件小事之中挖掘出重大的主题来，比方说，从某个要人说的某句不甚重要的话，议论到“长官意志”或“官本位”的问题；或从日常惯见的某类生活现象如随地吐痰，切磋到环境同生活习惯与疾病或可流行的问题；从某地大灾大难中人们互助互爱，看人间真情实感的问题；等等。这些现象都是杂文可用的题材，又都在日常生活之中，看你是不是能够敏感地挖掘出来。如果这些主题既是时新的，又能出新观点的，那么就由这些不起眼的题材生发出有意义的主题来，甚或从中挖掘出更为重大、更有价值、更为尖新的主题来，只要它们能给人以启发。

二、从大处着眼

从小处入手，就已经接触到从大处着眼的问题了。所谓从大处着眼，这里有两种含义：第一、是就作者写作杂文的出发点来说的。作者既然不是为给所谓的“太平盛世”增添些“小摆设”，而是要以一个具有崇高社会责任感的人来观察社会、服务人民而写作，想人民之所想，急人民之所急，做人民之欲做，将杂文当作一件严肃工作或一个有力武器来使用，那么这样的出发点和着眼点就是极高的，就是从大处着眼了。第二、从大处着眼来选择、确定、表现主题，还指的是作者应善从宏观上、从全局上、从整体上来判断具体社会现象或社会事实，对它作出种种必然的、或可能的重要结论。而这也就是说，杂文要从具体问题入手，挖掘出它在宏观上、在全局上、在整体上的尖新意义，而这就叫“以小见大”，“以微显著”吧，它是杂文作品的精华所在。

有些作者写杂文可能是从小事入手，但就是在行文发挥时不到位，变成就事论事，不能在更高层次上通过联想、判断、推理出更重要的问题。所以，文章的意义就不大，很可惜。

【例文 08】

台上人多

一个戏动辄出动龙套、宫女、兵将、侍从数十人的铺张浪费现象，是舞台上公开表现出来的“人才积压”。元帅升帐，麾下猛将如云，可执长枪短刀者三四十名，连“中军”也超编制，设了两员。豪华的宴筵之前必有豪华的歌舞，这也是按例举行的。一舞则是“金钗十二行”，台上又是三四十人；因为观赏歌舞者的人数总要多些，既要讲捧场，这是马虎不得的。

一切以多取胜：踢枪，由四根加到八根，又加到十六根；翻筋斗，由三个五个加到十个二十个，甚至三四十个；吐火，由吐一口而三口，再加码，连吐二十口、三十口……，引导观众看热闹而不看门道的结果，是同时把自己的艺术变为简单的技术。这是“艺术的复归”。

喜欢在舞台上任意铺摊子的做法，可能是从实际生活中学来的。人才积压得最多的地方，事情一定做不出来；台上挤满了人，除了虚热闹，戏也就没有了。

中国的传统戏曲艺术，一向主张小中见大，以少胜多，虚中见实，无中生有。用三五个人表现出千军万马，是艺术；满台的人，只能说是窝工。

这就是从小处着眼，以小见大。是思想和哲理显示在具体事例之中的范例。文字虽然不够幽默，有点直率；但由“台上人多”这种不追求真正的艺术效果，只以台上人多势众这种所谓的“艺术的复归”，实是艺术的退步于“技术”(即追求原样复制)，是很可悲的。并且指出：艺术的这种倾向“可能是从追求实际生活中学来的”；实际生活中到处铺摊子，凑热闹，不讲效果，更不讲“艺术”，像“台上人多”那样在台上呼呼隆隆一阵，那是不会给人以深刻印象的。作者由此想到社会上的“人才积压得最多的地方，事情一定做不出来。台上挤满了人，除了虚势热闹，戏也就没有了”。

第三节　概括取类　纵横勾联

鲁迅曾说过：“然而我的坏处，实在论事不留面子，贬痼疾常取类型。”(《伪自由书·前记》)看来，杂文之所以要在报刊上刊登，绝不是为了个别的人和个别的事，比方像某些文章中写的某个张某人或李某人做的某件事那样；而是从一个人一些人进而讲到一类人，从一件事一些事进而讲到一类事：然后比兴联想、纵横勾联，进而议论到国家或人民的事。而且只有一类人或一类事的问题，才是社会中有价值的、可以成为杂文议论的事，可以成为报刊上占据篇幅的事。也因此故，杂文中的批评、讥讽、揭露和鞭笞等等，才需要概括、归纳出一定的类型，使之具有一定的代表性；才能不拘泥于某一个人、某一件事，才能使署名的小品文变成深刻犀利的社会论文。

一、杂文的概括取类

杂文的概括取类，其具体做法是与文艺创作中的典型塑造不相同的。在文艺作品中，典型形象是作为典型环境中的典型性格来塑造的。典型要写得逼真细致、活灵活现。但是，杂文中的典型、或类、或代表，是作为一个“图示”和“标本”的面目而出现的；正确地说它是为了用一个形象来说明杂文议题的一类人而已；即使是他们有名有姓、真名真姓也复是一个类、一个代表而已，并不需要逼真和活现。所以，杂文中的典型并不需要精雕细刻，只要抓住特征，点染勾勒，寥寥几笔就行。

在现代杂文史上，有许多杂文典型即杂文的“类”出现过，流行过。如：鲁迅杂文中的许多知名的大小人物，阿Q、祥林嫂等；胡适的《差不多先生》中的“差不多先生”；方泽的《差一点儿》中的“差不多先生”；等等。他们都是由作者对社会同类人物进行概括综合而来的。这些大大小小人物的影子都曾在中国大地上游荡，至今还有着他们的徒子徒孙，给予人们许多的启发。

二、杂文的纵横勾联

纵横勾联，是在杂文的叙事上说的。叙事上取材立意往往上下几千年，纵横数万里，上至宇宙之大，下至蝼蚁之微，皆驱之笔端，借物寓意，融情入理，褒贬扬抑，均能惬人心肺。这样的杂文不但具有促人深思的思想性，而且还有启人智慧的知识性和引人入胜的趣味性。

为了取得这样的教育作用和艺术效果，在材料的聚合上必须发挥联想的作用，发挥想象，纵情驰骋。联想，古人称之为从一个事物由此及彼、引出另一个基本相同、相似和相关的事物的能力。在材料的组织上，犹如众星拱月，轮辐向心，使斑驳陆离的素材服从于和服务于一个主题的确实需要，这就要有勾联之功。

杂文需要勾连之处甚多，大致有借古论今、古典新用、比兴象征、连类归纳等等，其中最为典型的是借古论今和古典新用：

1. *古典新用* 杂文的用典，往往比一般文章更普遍广泛，更灵活巧妙。典故原指历史上有影响、有价值的典籍故事，它们常常浓缩凝结在成语中，故合称为“成语典故”。推而广之，凡文章中所引的谚语格言、寓言故事、诗词名句、历史掌故、文学名著、民间传说等，也可算作典故。而杂文的用典，有明用、暗用、正用、反用等方法，目的是要用典故翻出新意和深意。面对着变化无穷的新事物，人们要想“不惑”是不容易的。为了顺利前进必须天天以典破惑，善翻新义，发人深省，不断前进。

2. *借古论今* 借古论今是一种把今天的思想锋芒隐藏在对古人故事的议述之中，让读者通过古今对照，从中领悟道理的方法。《况钟的笔》是上个世纪50年代发表的，作者是王任叔（巴人）。他从婺剧《十五贯》中的监斩官况钟的朱砂笔三起三落写起，追溯到发明笔的历史、笔的种类和笔的妙用。再笔锋一转，赞称况钟的朱砂笔“笔下有人”，赞扬他用笔即用权，用权必须公正谨慎，不可轻易出笔。而最后他终于用手中的朱砂笔“点中了真正的杀人犯”，保护了无辜受冤的窦娥。作者最后让自己的笔锋联想到我们今天掌权的政府官员们究竟应该怎样用笔，把文章说到了“笔”的紧要处。

【例文09】

“推事”种种

邓 拓

古代审判案件的官员叫做“推事”，这个职务相当于现在法院的审判员。我们人民的法院现在已经没有“推事”了。这是正确的。因为顾名思义，推事当然不如不推事的好。所以，我们不但不需要“推事”这个职务名称，而且还要扫除“推事”的一切遗风余毒。

"推事"在古代,远不只是寻常的小官职,而是很高的官职。比如宋代的封建政府,设有最高的法院,叫做"大理寺"。所有重大的案件都必须交由"大理寺"审判。在"大理寺"中直接审判各种案件的大官,便是"左推事"和"右推事"。可见这个官职在过去多么重要了。

一直到解放以前,在旧中国,推事居然成了一个制度,名目繁多,有什么监督推事、代理推事、署理推事、受命推事、受托推事、首席推事、陪席推事、独任推事、合议推事、学习推事、候补推事等等。光从推事的这许多名目上,就可以看出当时的官僚制度庞大、臃肿、腐败、落后到何等惊人的地步。

本来,推事之"推"包含有推求、推举、推进的意思。但是,它同时又包含有推却、推让、推托、推移的意思。而且,通常这个字更多地被使用在后一类的意义上。因此,一提到推事,人们就会以为是把事情推出去不管。这样,推事越多,事情就越发没有人管,彼此左推右推,谁也不肯负责,岂不糟糕!

特别是在社会分工方面,如果有不合理的地方,那末,推事的人就一定会多起来。他们可以用种种借口,真个是左推事,右推事,力图推卸自己应负的责任。这类事例,实在多得很。大家比较熟悉的明代江盈科的《雪涛小说》中有一段记载,十足地证明了古时推事遗风的为害。请看这一段文字吧!

"有医者称善外科。一裨将阵回,中流矢,深入膜内,延使治。乃持并州剪,剪去矢管,跪而请谢。裨将曰:镞在膜内者,须急治。医曰:此内科事,不意并责我。"

不看这段文字的,还不了解古代的人竟然有这样严格的分工观念!受箭伤的明明属于外科的范围,而这位外科医生只把箭杆切掉,就算完事;至于箭头深入皮肉之内,则属于内科的范围,似乎与他毫无关系了。这虽然是笑话,但是,说这个笑话的人却表现了一种严肃的批评精神。

显然,这种推事之风,在私有财产制度没有彻底消灭以前,大概是不可能完全绝迹的,正如旧社会的其他坏思想,坏习惯的残余不可能一下子被扫除干净一样。由于私有财产制度的影响,个人主义到处都有滋生的可能。推事之风也不过是个人主义的一种表现形态而已。一切对自己不利的,一切非自己所愿意的,一律不管,这就是极端个人主义者的中心思想。甚至于遇到危险,有的人会像鸵鸟一样,只要把头藏起来就觉得很安稳了,即便身子露在外面似乎也没有什么关系。这不也是极端个人主义思想的一种变态吗?

这里应该提到江盈科说的另外一个故事,可算得是这种思想的又一表现。他说:

"盖闻里中有病脚疮者,痛不可忍。谓家人曰:尔为我凿壁为穴。穴成,伸脚穴中,入邻家尺许。家人曰:此何意?答曰:凭他去邻家,痛无与我事。"

用推事的观点看来,这位脚上长疮的人,把脚伸到邻家,当然他的脚痛也就被推出去了,于是,他自己在精神上无疑地可以得到了安慰。然而,这样自欺欺人的把戏又有谁相信呢?

我们现在提倡的是大胆负责的精神,在我们看来,推事之风决不可长。如果在什么地方发现有这种遗风余毒,就一定要把它扫除干净。

这是邓拓写的另一篇杂文,收在他的杂文集《燕山夜话》中。在"文革"中,该书被激烈地批判为反党反社会主义的文集。但这一切说法是极为荒谬的。就这篇杂文看,突出地表现了选题立意应"务求尖新",以及应从"小处入手"和"大处着眼",写出平凡事务中的重大意义来。本文从封建王朝内一个相当高位的官职名为"推事"者说起,它既有推求、推荐、推举、推进之义,又暗含有推却、推让、推托、推移之义。后来人们提到"推事",就会以为把事情推出不管,说明古代官吏的堕落和腐败。作者由此进而把"推事"与治病及医疗事务相联系,引证古书,说有治外科者仅用利剪把矢的箭头剪去,而不顾钻到皮肉里的箭镞,说"此(剪镞)内科事,不意并责我",这简直荒唐。作者进而想到,"这种推事之风,在私有财产制度彻底消灭以前,大概是不可能完全绝迹的"。文章还叙述一则小故事,说有位生脚疮的人,痛不可忍,居然异想天开命家里人给他挖个墙洞,他把病脚伸到邻居家里,说"凭它去邻家,痛无与我事"。居然如此荒唐透顶!作者站在现代正确立场,进而说:"我们现在提倡的是大胆负责的精神,在我看来,推事之风决不可长。如果在什么地方发现有这种遗风余毒,就一定要把它扫除干净。”这样的文章就是“构思立意，务求尖新”和从“小处入手，大处着眼”了。因为文章不仅幽默、讽刺，令人捧腹；而且通篇严肃、郑重。

第四节　设譬取喻　即景生情

杂文的设譬取喻，即景生情，这是套用文学作品惯用的笔法，其主要内容就是“比”和“兴”。“比”、“兴”二法，这是劳动群众创造的语言表现方法之一，也是古代文学作品的表现方法之一，还是现代杂文作品惯常使用的表现方法之一。

我国古代《诗经》有“六艺”，曰“风”、“雅”、“颂”、“赋”、“比”、“兴”。在这六艺之中，“风”、“雅”、“颂”是体裁，只有“赋”、“比”、“兴”是表现手法。而“赋”的意思，具体说就是指一种“铺叙其事”的手法；这种手法至汉代，大赋已经发展到了极端，大都走上了通篇排比，堆砌辞藻，一味追求华而不实的穷途末路，为后人所诟病。但“比”、“兴”二法则继续繁荣，尤为杂文作者所器重和弘扬。可以这么说，如果现代杂文没有“比”、“兴”，或不善“比”、“兴”，没有比拟和兴发，就没有杂文的短小、简练、形象、易明；也就缺乏幽默、讽刺、抨击和风趣。所以“比”、“兴”二法可以说是现代杂文的最基本的表现手法。

一、比：设比取喻

杂文的“比”是语言修辞学中的譬喻，原是“以彼物比此物”，使当下之物更易懂、更突出、更形象、更传神。但在杂文中的“比”又比修辞中的比较、比喻前进了一大步，从一般作为修辞格的比喻，发展为文章写作中的一种特殊的表现手法。它更具有生发、发挥、联想的意义，和修辞格中的两物对比、比较有更大想象的空间和韵味。

至于在散文中的比拟和比喻的认识意义，人们很早就有较充分的了解。例如，在先秦诸子书中，如《孟子》、《墨子》、《庄子》、《荀子》等，都擅长比喻这种表现手法。据说有人研究过《孟子》，说它全书仅有3.4万字，其中用比喻表达自己思想观点和至理名言的地方，就有60多次、数千个字。《庄子》全书亦大多使用比喻以发挥他的哲学思想，而几乎很少利用严密的、刻板的哲学概念。庄子其人用许多小故事（很多是寓言故事）和对话来隐寓自己的哲学观点，以至于玄而又玄，走上极端，使得寻常人不大能读懂。总之，在先哲们看来，说话、写文章能够设譬取喻是一种很好的表达方法，其最大好处是通俗易懂。

易懂这条道理，汉代刘向曾在其《说苑》里记录着这样一个故事：先秦时代和庄子同时、又跟庄子辩论过问题的惠施也善于打比方。有一天梁惠王要开他的玩笑，要他“言事直言尔，无譬也”。惠施则说：“今有人于此，而不知弹者。曰，弹之状若何？应曰，弹之状若弹。则喻呼？”王说：“未喻。”惠施接着就对惠王说：“弹之状若弓，而以竹为弦。则知乎？”惠王只得甘拜下风，还是要用“譬谕”。所以，在先哲们看来，设譬取喻这种手法对于复杂、深奥、精致的问题，表达得更生动、更通俗、更简洁、更易为听者和读者所接受。

也许人们要说，世界上没有一模一样的东西，石头、草木……都是存在于特定的时空之中，何以同时拿来可比可喻？——是的，是没有一模一样的东西。但万事万物都在一个巨大无边的系统中，彼此或是出于同源，又在同一个天体中，总有某一点是相同、相近、相通、相似的；总是可知、可比、可依、可喻的。因此，那种要求比拟一定要彼此绝对相同是不对的。杂文作者只是取其相同、相通、相近或相似的某一点就行，读者也不会误会。而为了喻体的鲜明形象起见，杂文作者的运笔甚至可以有一点夸张，尽管并不主张经常使用夸张这种手法。

二、兴：即景生情

杂文的“兴”用为动词，启兴也。古人的解释是感物兴怀，引辞表旨；或是托事于物，借景生情。又说，“先言它物以引起所咏之辞也”。要而言之，“兴”是启兴、生发、发挥的意思。“比”和“兴”二者虽然有所不同，但均起始于联想，一也。“比”和“兴”的主要区别，只是在于它们所发挥的作用不同而已。“比”和“兴”的作用是让人作出判断，能够得出或隐或显的结论。“比”是以彼物比此物，是物与物自体本身的某一特点对比。在这种比较、比拟或比附中作出判断，得到晓谕和认知。而“兴”是用他物来兴发作者自己的真实感觉和情怀，从而“引辞发旨”，引出辞语导致读者产生相似的感怀。

在作者和他物之间，也许可以有某种意义上的比较。但却并不在于他物和作者自身之间一定有着某种相似的特性可以做比较，而是这某种相似之点引起了作者强烈的思索，也就是联想。要而言之，我们应注意“比”、“兴”二者的区别，既不能混为一谈，又不能截然分离，而是它们应该互相配合、各得其所。比较而言，启兴的任务似乎更多些、更大些。它不仅要由它物引起所咏之辞，还要引致超出平常人想象的情怀，包括感情、思想和结论。因此，在一定意义上说，它往往会决定文章的高下。

“兴”在更广泛的意义上是包含着联想意义；就是说，如果没有丰富的联想，也就没有文章中的启兴、生发、发挥。联想是“兴”的唯一手段，也是最有效的手段；有了这个手段，就能为文章的生发、发挥提供了一个强有力的武器。而这应是一位杂文作者一定要认识清楚的。

那么怎样掌握这个启兴联想的有力的武器呢？除了对事物的广博知识和对人民的挚爱之外，就是思维反应的敏捷和机灵的程度。程度越高，生发联想的能力就越强，生发、发挥也就越流畅、越丰富、越能引起更多读者的共鸣。

有时“兴”在杂文中，还被作为“由头”使用。由一个恰当的由头说开来，可以引出文章的题材和主题，以及引出或隐或显的判断或结论。这种写法往往能把文章写得运笔自由、风趣昂然、循理成章、水到渠成等等。有一些文章的开头使用以往某个事物而启兴，或用别人说过的某几句话来做由头；但是常常不是出于写作本身的正常原因，而是由于当下问题的话题在政治、或经济、或文化等诸方面较为敏感，不宜直言直语、快言快语，这时便由启兴开头，托事入题。然后针对耳闻目睹的事例进行影射，借景生情和议论发挥，以宣泄内心的不满和愤懑的情怀。这种手法往往只是看起来貌似委婉、辛辣，实则异常尖锐、锋利。这就叫做“曲笔”；曲笔也是杂文常见的手法。

【例文 10】

当心“水灾”

林 帆

从前广东人俗称钞票为“水”，比如兑换贴补及汇费叫“贴水”和“汇水”，付钞叫“磅水”，把港币叫做“咸水”。究竟为什么会有这个叫法，我忝属粤籍，却百思莫解。最近偶有灵感，似乎有所领悟。也许在旧社会钞票像水那样，可以载舟也可以覆舟，喻其万能也万恶的缘故罢。

尽管不免牵强，但我觉得绝非无稽的附会；顺着这个比方思考，至少可以对周围某些事物进行解释。因为经过“史无前例”的浩劫，国民经济被拖到崩溃的边缘，国家弄得太穷了。为了振兴中华，首先要富起来，把经济搞活。于是鼓励大家想方设法，尽快尽多地积累财富。这当然不是坏事，没有钱，鸿图何以大展？从前说，“有钱能使鬼推磨”，像大仲马笔下的基度山伯爵，有了一笔财富就吐气扬眉。他的鸿运的确迷惑了不少人。这固然不好。但“君子安贫，达人知命”又如何？这也不过是阿Q精神，那是注定要一辈子受穷的！

问题是挖“穷”根还需要讲志气，有些人为钱可以六亲不认，可以不择手段，可以损公肥私，可以买卖灵魂，恐非正道。水也有源，顺其自然水到渠成；否则就会泛滥成灾。我之所以有此引申，是由于有感于如今在某些方面的非分追求；弄得不好会起消极影响，甚至带来破坏作用。不待说，因为政策对头，农村改革造就了不少万元户，但不能由此推论城市改革，城里的职工和广大知识分子也与之比肩，摇身一变就财源滚滚来。在“恭喜发财”这个口号的迷惑下，有些同志头脑不免发热，“红眼”病毒滋生蔓延了。比如说，摇奖成风，无业不奖，无奖不利，而且无奇不有；比如说，学校经商，有的高校一个系为别系学生开课也要收高价；比如说，厂矿滥发财物，图书馆要门票，连解放军也做转手买卖，……一行一动唯财是问。这样发展下去，不令不行，有禁不止，金钱主宰一切，每个人（不是为国家和集体）都唯钱是图，唯利是贪，并由此导致个人消费资金的失控，造成国民经济的失调，不是把经济搞好而是把经济搞乱，那就真要闹“水”灾了。

当然，罪不在钱，它的确像水对社会生活那样不能须臾或缺，然而水能载舟也能覆舟，这毕竟是个哲理。——当心“水”灾！

本文比兴的方法同时并举。起兴由此而衍生，通篇扣住一个“水”字为喻。“水”为财，这是民间很普通的观念，通俗而易懂。杂文里的比主要为了生发，比得恰当，铺陈也顺手。把“钱”附丽于“水”，许多问题都容易讲透，讨好不吃力。俗话说：“提领而顿，百毛皆顺”。后来干脆以“水灾”为题，以便引导读者联想起泛滥。杂文作者都懂这个道理，所以不乏这种点睛之题，可仔细揣摩。

第五节　叙议结合各有特点

杂文是议论文，也像文学作品，更准确说是“社会论文”。但它的叙述和议论同一般的记叙文和一般的议论文不尽相同，有很多特点。

一、杂文叙述的特点

第一，一般记叙文的叙述，最应注意的是要有头有尾，一篇如此，一段亦如此。叙述事实的中间部分，则偶可省略。杂文呢？仔细揣摩杂文的叙述常常可以看到，它是有头无尾或有尾无头的；且头和尾中间的事实过程则极少叙及，这是它的特点。

第二，杂文在叙述一件事情的时候，常常并不是从事件的开头开始，也不一定从事件末尾倒叙开始；它往往从事件最能引人关注、最为焦点、最能引致议论的地方开始。而且这个地方说完就中断叙述，转而集中到议论中去。这种把叙事作为第二位的手段，在有些杂文中是十分明显的。

第三，杂文的叙述是为杂文中的议论布道开路的叙述，并且依此为限。这一点在几乎每一篇杂文中都可见到，总之以议论为主。

以上三点就是杂文叙述所具有的特点。

二、议论是杂文的灵魂

第一，一般议论文差不多都要严格按照概念、判断、推理、证明、反驳等形式逻辑规则进行，虽然可以或简或繁。但是，杂文中的议论形式非常生动、非常活泼，常常使读者感到意外，而又能旋即大彻大悟、觉得合情合理，感到文章具有强烈的震撼力和说服力。

第二，杂文的议论，可以借古论今，旁征博引；可以纵横勾联，说东道西。但都是在严格的逻辑中为了让读者在理性的指引下找到真理，崇信真理，往往使读者拍案称绝，是一种短、频、快、准、狠的议论。

第三，杂文的议论，有对坏人坏事、孬人孬事的批判和抨击；也有理直气壮地与之说道论理的文章，但更多是用比附论证来达到引而不发的效果。这种方法常常让那些被指责的人们处于大吃一惊、有口难辩，甚或目瞪口呆的境地。

【例文 11】

不准讲话记

吴有恒

“文革”之祸，我曾与原中南局、广东省领导干部十余人同系一狱。狱在广东省乐昌县某处，看管甚严，各住单间，分别被隔离，禁止接触交谈，只是被管押去劳动时，或可以讲一两句话，但只限于劳动中用话，不准言及其他。

一日，管押着去劳动。管押者宣布：“开始劳动！”原中南局书记金明应声说：“开始劳动。”挥锄锄地，继续说：“劳动创造财富，劳动创造财富。”挖一锄，说一句。原中南局常委李尔重在旁，他补充说：“不是所有的劳动都能创造财富。有效的劳动创造财富，无效的劳动不创造财富。”管押者大声喝斥“不准讲话！”李尔重默然。其他的人，也不敢再讲话。那时，我们所在的这整个监狱，总共只关着我们这十余人，每人有一个专案组专管，各个专案组又联合为一个大组，有人总管。喝叫不准讲话，是位副总管。我们只能绝对地服从他的话。

听金明和李尔重的言语，我觉得有意思，正拟插话，忽被专我们政者一喝，才愕然惊觉，把话煞住。我赞成李尔重的话，他懂得经济学。有效的劳动产生财富，无效的劳动不产生财富，这样聪明，切中时弊。自“总路线”、“大跃进”、“人民公社”以来，我们的无效劳动多极了。它不产出财富，反而导致民穷财尽。李尔重可能是有感而发的吧？可怜他立即就遭到斥叱。那些人要我们劳动，原就只问耕耘，不问收获，只顾迫我们去流大汗吃大苦，迫我们承认自己是反革命分子，他们就大功告成，完成任务了。所以，那喝斥李尔重的人，其实根本不注意你讲什么有效劳动，无效劳动。他的原则很简单，只是不准你讲话。

我却因此而苦闷。李尔重说的是有关经济学的根本性问题，不准他讲，这是愚蠢的。我们这些老人，本来不愚蠢。我们曾打倒了日本侵略者，又打败了蒋介石。建国以后，我们才蠢起来，搞过许多无效劳动。让这些老人总结经验，增加知识，岂不甚好？我这个人有书呆子气，在那种时候，在那种环境里，也还自以为虽在缧绁之中，非其罪也，还在那里忧国忧民哩。这就使我每日孤独幽闭在单间的牢房内，不住地诸多思索，思索过了又无人可与言，无处可诉说，不胜其苦，不胜其闷了。

我的苦闷竟至于似是得了神经病。我坐了四年牢，要把我转移往别处了，专案组问我四年来有何感受，我直直地便答，最难受的是不准讲话。我说：“再这样关我几年，我的嘴巴的讲话功能也消失了。”我没有讲其他感受，好像是只须讲此一项，已足以包括一切。

我自以为因不准讲话而苦闷，无有甚于我者，谁知亦大大不然。我的老友曾生，原任广州市长，“文革”之初就被捉往北京，坐了八年牢，得毛主席批："曾生无罪释放！"才放了出来。他亦是一直被隔离，住单间的，出来后，我问他："有何感受？"他说："最难受的是不能同人讲话。"八年来，一直无人同他讲话，连审问也不审问，也不强迫他去劳动，连偶然同人讲句话的机会也没有，只是把他关在那里，像关着一头动物。他怕把语言忘记，便自在牢房里用家乡话唱山歌。他初放出来时，语言生疏，说话带结。我们苦闷者和曾生比，还差得远。

噫！不准讲话之为患，有如是者。记之，以广异闻。

（《同舟共济》百期作品选）

这是一篇回忆性的散文，其中没有夸张，说的都是实话；但实话也可以看成具有杂文风格。吴有恒这位老革命在"文革"中坐了多年班房，所幸已经平反释放之后，唯一（至少在这篇文章中）的感受就是受不了"不准讲话"的牢房规则，几年不准讲话。这对于整天叨叨不绝发议论、做指示的高级干部来说，对于昔日与日本鬼子斗、与国民政府斗、与天与地斗的人来说，忽然有一天来了"文革"，坐进了监牢，这是何等大的反差！吴有恒先生说的确是实话。但这只是"文革"中受到冲击较轻的人的感受，写的也有点幽默，带点讽刺，更有些言外之意。那些在"文革"中比他受到更残酷折磨的"大人物"们，像国家主席刘少奇、元帅彭德怀等等，竟被活活折磨而死，又是何等的残忍。相对于吴有恒这篇文章来说，如果刘、彭等能写下回忆文章的话，会让人们怎样阅读呢?!

后 记

《应用写作教程新编》终于结撰出版了。回顾该书的来历，原是来自《应用写作教程》一书。它在上世纪80年代后期(1987年)刊为内部试用版，至90年代初(1990年3月)正式出版发行。其后的20年又次第进行了五次修订共六版。到2009年春天，考虑到原书已经落后于形势，决定重新编著《应用写作教程新编》，以正其本源，续其发展，力求反映我国当代应用写作中的新成绩、新经验，为教学工作提供一本新教材。

还应特别说明的是，本书所以能在今天得以新的面孔与广大读者见面，也要为二十多年前曾应邀为原《应用写作教程》内部试用版和初版提供过一部分(主要在“基础知识”几章)稿件的朱传忠、孙沛然、邬武耀、李伯良、钱祖承、陈定国、范裕华、杨太辛、李荣华诸位先生，并致谢意。除此以外，原书在历次修订中，以及在本书《应用写作教程新编》的编撰过程中，以查询、撰写、复印、校对有关资料、文稿等过程中，曾给以帮助的凌锡珍、张波、陈晓园、张玲君等四位女士以及邵志泽、何山久先生，致以感激之情。正是有这么多人的帮助和支持，才使本书得以顺利完成。

张达芝

2010年12月31日